머리말

2026년 사회복지사 1급 시험을 준비하는 수험생 여러분의 최종합격을 소망합니다.

[2026 사회복지사 1급 핵심요약집]은 사회복지사 1급 시험의 전 영역에 대한 중요이론을 최종 정리할 수 있는 '파이널 핵심이론서'입니다. 이 교재를 통해 사회복지사 1급 시험의 3과목(8가지 영역)에 대해 핵심이론 내용을 반복적으로 학습하여 잘 정리한다면, 좋은 결과가 있을 것입니다.

[2026 사회복지사 1급 핵심요약집]의 주요 특징은 다음과 같습니다.

첫째, 사회복지사 1급 시험의 3과목(8가지 영역)에 대한 핵심내용을 도표와 간략한 개조식 문장으로 정리하여, 높은 가독성과 학습 효율성에 도움을 제공할 것입니다.

둘째, 2011년부터 2025년까지의 공개된 사회복지사 1급 기출문제의 핵심적인 중요이론을 잘 반영하여 빈출 영역에 대한 철저한 대비를 할 수 있도록 서술하였습니다.

셋째, 특히 사회복지정책론과 사회복지법제론 등의 영역은 최근에 변경된 제도뿐만 아니라, 개정된 법령내용을 반영하였습니다.

넷째, [실력다지기], [심화학습], [기출문제 확인학습] 등과 같은 [Tip] 자료를 많이 서술하여, 충분한 보충학습으로 추후 문제풀이에 자신감을 가질 수 있을 것입니다.

마지막으로 궁금한 내용은 [나눔복지교육원] 홈페이지(www.hrd-elearning.com) 또는 다음(Daum) 카페와 네이버(Naver) 카페인 [김형준_나눔복지교육원]를 통해 답변을 받을 수 있으며, 저자 직강의 기출문제 동영상 강의도 [나눔복지교육원] 홈페이지에서 유료로 제공하고 있습니다.

감사의 말씀을 전합니다.

[2026 사회복지사 1급 핵심요약집]이 출간될 수 있도록 도움을 주신 고시고시 대표님과 여러 임직원 여러분께 감사드립니다.

2026년 제24회 사회복지사 1급 시험에서 꼭 합격하시길 바라며, 수험생 여러분과 온 가족의 강건함과 화목을 기원합니다. 사회복지 전문가로서의 꿈을 이루시길 염원하면서...

편저자 김형준 씀

이 책의 정보

사회복지사 1급 국가자격시험 안내

1 시험과목 및 시험방법

시험과목	시험영역	문제형식
사회복지기초(50문항)	• 인간행동과 사회환경(25문항) • 사회복지조사론(25문항)	객관식 5지 선택형
사회복지실천(75문항)	• 사회복지실천론(25문항) • 사회복지실천기술론(25문항) • 지역사회복지론(25문항)	
사회복지정책과 제도(75문항)	• 사회복지정책론(25문항) • 사회복지행정론(25문항) • 사회복지법제론(25문항)	

※시험영역 중 「사회복지법제론」은 시험시행일 현재 시행 중인 법령을 기준으로 출제함(단, 공포만 되고 시행되지 않은 법령은 제외)

2 수험자 유형별 시험시간

(1) 일반수험자

구분	시험과목		입실시간	시험시간
1교시	사회복지기초 (50문항)	• 인간행동과 사회환경 • 사회복지조사론	09 : 00	09 : 30 ~ 10 : 20(50분)
휴식시간 10 : 20 ~ 10 : 40(20분)				
2교시	사회복지실천 (75문항)	• 사회복지실천론 • 사회복지실천기술론 • 지역사회복지론	10 : 40	10 : 50 ~ 12 : 05(75분)
점심시간 12 : 05 ~ 12 : 25(20분)				
3교시	사회복지정책과 제도 (75문항)	• 사회복지정책론 • 사회복지행정론 • 사회복지법제론	12 : 25	12 : 35 ~ 13 : 50(75분)

사회복지사 1급 핵심요약집

(2) 시간 연장 수험자

단, 시간 연장 수험자의 경우, 시행지부/지사 사정 등에 따라 점심시간 유동적 적용 가능

ㄱ. 응시편의 제공 대상자 1.2배 시간 연장

구분	시험과목		입실시간	시험시간
1교시	사회복지기초 (50문항)	• 인간행동과 사회환경 • 사회복지조사론	09 : 00	09 : 30 ~ 10 : 30(60분)
휴식시간 10 : 30 ~ 10 : 50 (20분)				
2교시	사회복지실천 (75문항)	• 사회복지실천론 • 사회복지실천기술론 • 지역사회복지론	10 : 50	11 : 00 ~ 12 : 30(90분)
점심시간 12 : 30 ~ 13 : 20 (50분)				
3교시	사회복지정책과 제도 (75문항)	• 사회복지정책론 • 사회복지행정론 • 사회복지법제론	13 : 20	13 : 30 ~ 15 : 00(90분)

ㄴ. 응시편의 제공 대상자 1.5배 시간 연장

구분	시험과목		입실시간	시험시간
1교시	사회복지기초 (50문항)	• 인간행동과 사회환경 • 사회복지조사론	09 : 00	09 : 30 ~ 10 : 45(75분)
휴식시간 10 : 45 ~ 11 : 05 (20분)				
2교시	사회복지실천 (75문항)	• 사회복지실천론 • 사회복지실천기술론 • 지역사회복지론	11 : 05	11 : 15 ~ 13 : 08(113분)
점심시간 13 : 08 ~ 14 : 00 (52분)				
3교시	사회복지정책과 제도 (75문항)	• 사회복지정책론 • 사회복지행정론 • 사회복지법제론	14 : 00	14 : 10 ~ 16 : 03(113분)

이 책의 정보

ㄷ. 응시편의 제공 대상자 1.7배 시간 연장

구분	시험과목		입실시간	시험시간
1교시	사회복지기초 (50문항)	• 인간행동과 사회환경 • 사회복지조사론	09 : 00	09 : 30~10 : 55(85분)
휴식시간 10 : 55~11 : 15 (20분)				
2교시	사회복지실천 (75문항)	• 사회복지실천론 • 사회복지실천기술론 • 지역사회복지론	11 : 15	11 : 25~13 : 33(128분)
점심시간 13 : 33~14 : 25 (52분)				
3교시	사회복지정책과 제도 (75문항)	• 사회복지정책론 • 사회복지행정론 • 사회복지법제론	14 : 25	14 : 35~16 : 43(128분)

3 합격(예정)자 결정기준 등

(1) 시험의 합격결정에 있어서는 매 과목 4할 이상(정답수 1교시 20개, 2교시 30개, 3교시 30개 이상), 전 과목 총점의 6할 이상(전체 정답수 120개 이상)을 득점한 자를 합격예정자로 결정

(2) 합격예정자에 대해서는 한국사회복지사협회에서 응시자격 서류심사를 실시하며 심사결과 부적격자이거나, 응시자격서류를 정해진 기한 내에 제출하지 않은 경우에는 최종불합격 처리함 ※ 필기시험에 합격하고 응시자격 서류심사에 통과한 자를 최종합격자로 발표

(3) 최종합격자 발표 후라도 제출된 서류 등의 기재사항이 사실과 다르거나 응시자격 부적격 사유가 발견될 때에는 합격을 취소함

4 응시자격

다음의 어느 하나에 해당하는 자

(1) 고등교육법에 따른 대학원에서 사회복지학 또는 사회사업학을 전공하고 석사학위 또는 박사학위를 취득한 자(해당연도 2월 말까지 학위를 취득한 자 포함)다만, 대학에서 사회복지학 또는 사회사업학을 전공하지 아니하고 동 석사학위를 취득한 자는 보건복지부령이 정하는 사회복지학 전공교과목과 사회복지관련 교과목 중 사회복지현장실습을 포함한(2004. 7. 31. 이후 입학생부터 해당) 필수과목 6과목 이상(대학에서 이수한 교과목을 포함하되, 대학원에서 4과목이상을 이수하여야 한다), 선택과목 2과목 이상을 각각 이수하여야 한다.

(2) 고등교육법에 따른 대학에서 보건복지부령이 정하는 사회복지학 전공교과목과 사회복지관련 교과목을 이수하고 학사학위를 취득한 자 ※ 해당연도 2월 말까지 학사학위를 취득한 자 포함

사회복지사 1급 핵심요약집

(3) 법령에서 「고등교육법」에 따른 대학을 졸업한 자와 동등 이상의 학력이 있다고 인정하는 자로서 보건복지부령으로 정하는 사회복지학 전공교과목과 사회복지관련 교과목을 이수한 자 ※해당연도 2월 말까지 동등학력 취득한 자 포함

(4) 외국의 대학 또는 대학원(단, 보건복지부장관이 인정한 대학 또는 대학원)에서 사회복지학 또는 사회사업학을 전공하고 학사학위 이상을 취득한 자로서 위 (1) 및 (2)의 자격과 동등하다고 보건복지부장관이 인정하는 자

(5) 다음에 해당하는 자로서 사회복지사 2급 자격증을 취득한 자 중에서, 그 자격증을 취득한 날부터 해당연도 시험일까지의 기간 동안 1년(2,080시간) 이상 사회복지사업의 실무경험이 있는 자

① 고등교육법에 의한 전문대학에서 보건복지부령이 정하는 사회복지학 전공교과목과 사회복지관련 교과목을 이수하고 졸업한 자

② 법령에서 「고등교육법」에 따른 전문대학을 졸업한 자와 동등 이상의 학력이 있다고 인정하는 자로서 보건복지부령이 정하는 사회복지학 전공교과목과 사회복지관련 교과목을 이수한 자

③ 사회복지사 3급 자격증 소지자로서 3년 이상 사회복지사업의 실무경험이 있는 자

- **응시자격 - 정리**

구분	응시자격
대학원 졸업(예정)자 ※해당년도 2월 말까지 학위취득자 포함	고등교육법에 의한 대학원에서 사회복지학 또는 사회사업학을 전공하고 석사학위 또는 박사학위를 취득한 자. 다만, 대학에서 사회복지학 또는 사회사업학을 전공하지 아니하고 동 석사학위를 취득한 자는 보건복지부령이 정하는 사회복지학 전공교과목과 사회복지관련 교과목 중 필수과목 6과목 이상(대학에서 이수한 교과목을 포함하되, 대학원에서 4과목 이상을 이수하여야 한다), 선택과목 2과목 이상을 각각 이수하여야 함
대학교 졸업(예정)자 ※해당년도 2월 말까지 학사학위 및 동등학력 취득예정자 포함	① 고등교육법에 의한 대학에서 보건복지부령이 정하는 사회복지학 전공교과목과 사회복지관련 교과목을 이수하고 학사학위를 취득한 자 ② 법령에서 고등교육법에 의한 대학을 졸업한 자와 동등 이상의 학력이 있다고 인정하는 자로서 보건복지부령으로 정하는 사회복지학 전공교과목과 사회복지관련 교과목을 이수한 자
전문대학 졸업자	① 고등교육법에 의한 전문대학에서 보건복지부령이 정하는 사회복지학 전공교과목과 사회복지관련 교과목을 이수하고 졸업한 자로서 졸업 후 시험일 현재까지 1년 이상 사회복지사업의 실무경험이 있는 자 ② 법령에서 고등교육법에 의한 전문대학을 졸업한 자와 동등 이상의 학력이 있다고 인정되는 자로서 보건복지부령이 정하는 사회복지학 전공교과목과 사회복지관련 교과목을 이수한 자로서 2급 자격 취득 후 시험일 현재까지 1년 이상 사회복지사업의 실무경험이 있는 자
양성교육과정 수료자	① 사회복지사 양성교육과정 수료자로서 사회복지사 2급 자격증 취득일로부터 시험일까지 상근직으로 사회복지사업 실무경험 1년(2,080시간) 이상인 자 ② 사회복지사 3급 자격증 소지자로서 시험일 현재까지 3년 이상 사회복지사업의 실무경험이 있는 자
외국대학(원) 졸업자	해당국 교육관련법에 의해 허가된 학교에서 사회복지학 또는 사회사업학을 전공하고 학사학위 이상 취득해야 함

이 책의 정보

역대 사회복지사 1급 시험 합격률

구분	접수인원(명)	응시인원	합격자(명)	응시자 중 합격률
제1회(2003)	6,114	5,190	3,487	67.2%
제2회(2004)	9,082	7,233	4,543	62.8%
제3회(2005)	10,287	8,635	3,731	43.2%
제4회(2006)	14,617	12,151	5,056	41.6%
제5회(2007)	20,580	16,024	4,006	25%
제6회(2008)	27,435	19,639	9,034	46%
제7회(2009)	29,770	22,842	7,081	31%
제8회(2010)	26,587	23,050	9,700	42.1%
제9회(2011)	25,471	21,868	3,119	14.3%
제10회(2012)	28,143	23,627	10,254	43.%
제11회(2013)	25,719	20,544	5,809	28.3%
제12회(2014)	27,882	22,604	6,364	28.1%
제13회(2015)	26,327	21,393	6,764	31.6%
제14회(2016)	25,949	20,946	9,919	47.4%
제15회(2017)	24,674	19,514	5,284	27.07%
제16회(2018)	27,520	21,975	7,422	33.77%
제17회(2019)	28,273	22,646	7,733	34.14%
제18회(2020)	33,788	25,462	8,457	33.21%
제19회(2021)	35,598	28,391	17,295	60.92%
제20회(2022)	31,018	24,248	8,882	36.62%
제21회(2023)	30,544	24,119	9,826	40.70%
제22회(2024)	31,608	25,458	7,633	29.98%
제23회(2025)	32,448	25,305	9,980	39.44%

사회복지사 1급 핵심요약집

사회복지사 1급 국가시험 출제영역

과목	주요영역	세부영역
사회복지기초	인간행동과 사회환경	인간행동, 인간발달, 사회환경과 사회복지
		인간행동에 관한 주요 이론
		사회체계이론과 생태학이론
		사회환경의 수준
		인간의 성장과 발달
		기타 인간행동과 사회환경에 관한 사항
	사회복지조사론	과학과 사회조사방법
		사회복지조사의 기본 이해
		조사주제의 선정과 조사연구
		측정과 척도구성
		신뢰도와 타당도
		표본추출
		자료수집방법
		실험설계
		단일사례설계
		질적 조사방법론
		기타 사회복지조사론에 관한 사항
사회복지실천	사회복지실천론	사회복지실천의 개념 및 정의
		사회복지실천의 역사적 발달과정
		사회복지전문직의 역할과 정체성
		사회복지실천의 가치 및 윤리
		사회복지실천과 다양성
		사회복지실천현장에 대한 이해
		사회복지실천의 관점 - 환경속의 인간관점
		사회복지실천의 관점 - 통합적 접근
		사회복지실천과 관계
	사회복지실천기술론	사회복지상담(면접) 지침
		과정론
		사례관리
		기타 사회복지실천론에 관한 사항
		사회복지실천기술에 대한 이해
		사회복지실천기술의 기초
		사회복지실천 이론 및 모델에 따른 개입기술

이 책의 정보

사회복지실천	사회복지실천기술론	개인대상 사회복지실천
		가족대상 사회복지실천
		집단대상 사회복지실천
		사회복지실천기록
		사회복지실천평가
		기타 사회복지실천기술론에 관한 사항
	지역사회복지론	지역사회와 지역사회복지실천의 이해 및 개념과 가치
		지역사회복지 역사 개관
		지역사회분석틀
		지역사회복지실천의 원칙과 가치·윤리
		지역사회복지의 실천모델과 사회복지사의 역할
		지역사회복지실천의 과정
		사회복지사의 역할과 기술
		지방자치와 지역사회복지
		지역사회보장계획
		지역사회보장협의체
		지역사회복지 추진기관
		지역사회복지실천의 특수 분야
		지역사회복지운동과 주민참여
		지역사회복지의 동향과 과제
		기타 지역사회복지론에 관한 사항
사회복지정책과 제도	사회복지정책론	사회복지정책에 대한 개괄적 이해
		사회복지정책의 가치와 이념, 발달사 및 최근동향
		정책결정 및 평가
		사회복지정책의 구성요소, 분석 및 평가
		사회복지정책의 이해
		기타 사회복지정책론에 관한 사항
	사회복지행정론	사회복지행정의 개념과 역사
		사회복지조직 이론
		사회복지조직의 구조와 환경
		리더십과 동기부여
		인적자원관리
		재정관리
		서비스 질 관리와 위험관리
		사회복지서비스 전달체계

사회복지정책과 제도	사회복지행정론	기획과 정보관리
		사회복지조직의 마케팅과 홍보
		책무성 및 활용
		사회복지시설의 평가와 혁신
		사회복지행정 전망과 과제
		기타 사회복지행정론에 관한 사항
	사회복지법제론	사회복지법의 개념·역사
		사회복지법의 체계·법원(法源) 등
		사회보장기본법
		사회복지사업법
		공공부조법
		사회보험법
		사회서비스법
		사회복지관련법
		판례 및 사례
		기타 사회복지법제론에 관한 사항

이 책의 정보

합격 수기

기출문제의 완벽한 학습이 만들어낸 합격

박향*

안녕하세요!!
저는 이번 2017년 제15회 사회복지사 1급 시험에 합격한 사회복지를 전공한 학생입니다. 나눔복지교육원 덕분에 합격을 하고, 이렇게 수기를 적을 수 있게 되어 너무 감사한 마음입니다.

시험공부의 시작

저는 2016년 6월에 사회복지사 1급 시험대비 공부를 시작해야겠다고 다짐을 하고 나눔복지교육원의 교재와 강의로 공부를 시작하게 되었습니다. 시험 과목이 많은데다가 몇 년 전에 배운 과목들을 다시 공부하려고 하니 기억도 가물가물 하고 두려웠습니다. 하지만 김형준 교수님의 꼼꼼하고, 부드러운 강의로 인해 집중도 잘 되었고 이해하기도 쉬웠습니다. 교재도 핵심 내용을 한눈에 볼 수 있게 구성되어 있어서 공부하는데 많은 도움이 되었습니다.

무더운 여름

인행사 이론공부는 마쳤지만, 여름 방학중이라 약속도 많고 여행계획들도 생기면서 공부에 소홀하게 되었습니다. 9월에 개강을 하고나니 학기 중에 사회복지 1급 시험 공부를 병행하는 것은 쉽지 않았습니다. 그렇게 시간이 흐르고 12월이 되어서야 본격적으로 공부를 시작하였습니다.

조급해진 12월

6월에 공부를 시작할 땐 시간이 많이 남아있다는 여유로움이 있었는데, 12월이 되니 마음이 급해졌습니다. 하지만 이론 강의는 다 듣겠다는 의지로 사회복지실천론부터 시작하였습니다. 그러던 때에 '손글씨 서브노트'라는 책을 알게 되어 이론공부를 함에 있어서 큰 도움이 되었습니다. 그러나 시험까지 남아 있는 시간에 비해 이론 강의는 많이 남아 있었기 때문에 조급한 마음에 공부 방법을 바꾸기로 했습니다.

사회복지사 1급 핵심요약집

기출문제에 집중한 1월
1월부터는 기출문제집으로 공부를 시작하였습니다. 기출문제를 푸는데 중점을 두지 않고, 기출문제 강의를 들으며 메모하고 문제에 출제된 이론들을 이해하고 외우는 데에 중점을 두었습니다. 김형준 교수님의 기출문제 강의는 문제 하나하나 자세하게 설명해 주셔서 문제에 제시된 이론들을 이해하는데 충분했습니다. 기출문제집 정답 및 해설 또한 어찌나 꼼꼼하고 이해하기 쉽게 되어있는지 깜짝 놀랐습니다.
그렇게 저는 8과목의 전체적인 이론을 공부하지는 못할지라도 기출문제에 출제된 이론과 유형만큼은 마스터 해야겠다는 마음으로 시험 1주일 전까지 열심히 공부했습니다.

실전모의고사로 마무리
시험을 6일 남겨두고 실전모의고사집의 문제를 풀어봤습니다. 생각보다 많이 틀려서 당황했었지만 해설집을 참고하여 꼼꼼이 풀이하고 정리했습니다. 시험 2일 전에는 긴장도 많이 됐지만 곧 끝난다는 설레임을 안고 기출문제집과 손글씨 서브노트 책을 훑으며 복습을 하였습니다.

시험당일
대망의 시험당일! 수험표와 신분증, 컴퓨터용 싸인펜을 챙겼는지 확인을 하고 시험장으로 향했습니다. 시험장에 들어서니 더 긴장이 되었고 다른 시험장들보다 난방이 덜 되는지 추웠습니다. '담요라도 챙겨 올 걸' 후회 되었지만 따뜻한 물을 마시고 긴장을 달래며 서브노트를 훑어보았습니다.
곧 시험은 시작되었고 기출문제들을 풀 때와는 다르게 ㄱ, ㄴ, ㄷ, ㄹ 선택 문항이 각 문제마다 다른 형식으로 출제되어 매우 당황스러웠습니다. 조사론이 정신없을 정도로 어렵게 느껴졌지만 다른 과목들은 꽤 풀만 했고, 다행히도 1, 2교시를 잘 마쳤습니다. 3교시가 집중하는데 힘들다는 이야기를 들어서인지 점심 먹고 3교시 시작 전에 긴장이 많이 되었습니다. 아니나 다를까 3교시가 가장 촉박했습니다. 모르는 문제는 찍으면서 마킹을 마쳤습니다.
저녁에 카페에서 마음을 가다듬고 가답안으로 채점을 하는데 생각보다 많이 맞아서 손을 덜덜 떨었습니다. 다 채점하고 과락 없이 합격점수가 나오긴 했지만, 혹시 하는 마음에 다시 한 번 채점하고 점수를 세어도 합격이기에 그제서야 웃으며 만세를 불렀습니다!!!!
시험공부 전 많은 합격 수기들을 보며 부러워했었는데, 지금 제가 수기를 쓰고 있는 데에 정말 기쁩니다. 그리고 마지막으로 사회복지사 1급 시험을 앞둔 수험자들을 위해 세세하게, 이해하기 쉽게 교재를 만들어주시고 강의해주신 김형준 교수님께 정말 감사하다 전하고 싶습니다. 감사합니다.

이 책의 정보

합격수기

6년치 기출문제를 3회독

카페 ID : cys0****

올해로 40이 되는 주부입니다.
4월 중순에 직장생활하며 사회복지 2급부터 시작했습니다. 10월 중순 실습을 끝마치고, 11월부터 1급 공부를 시작하기는 했습니다. 그러나 2급 기말고사 보고, 실습 출석수업 다녀오고, 김장하고, 이사하고 등등 11월은 김형준 교수님 이론강의를 그냥 쭉 틀어놓기만 한 듯 합니다. 특히 갑자기 이사하는 바람에 거의 2주 정도는 손도 못댔습니다.

이런 가운데서도 어찌어찌 하루에 8강씩 강의만 진행을 하기는 했지만, 12월 16일 첫 기출문제 펼쳐보는 순간 아는 문제가 하나도 없었습니다. '큰일 났구나' 싶어서 12월 16일부터는 정말 초집중 모드로 들어갔습니다. 12월 말에 아들 데리고 눈썰매장 다녀오느라 하루 못 한 날 빼고는 정말 집중 또 집중해서 공부했습니다. 덕분에 허릿살과 뱃살을 3kg이나 더 찌우고…. 아들 어릴 때 쓰던 뽀로로 책상 하나 펴놓고 공부할 때는 몸이 마비된 듯이 움직이지 않았습니다.

시험 공부순서는 '이론 → 기출 1회독 → 기출 2회독 → 단원별문제 → 기출 3회독/모의고사 → 최종모의고사'의 과정으로 진행했습니다.
특히 시험보기 이틀 전까지 기출문제를 3회독 한 것이 가장 큰 도움이 되었습니다. 기출문제 6년치 3회독에 에너지를 쏟은 것이 결정적이었던 것 같습니다.

1회독 때는 강의들으며 이해하고 다시 한번 눈으로 풀어보고, 관련 이론을 정리했습니다(25문제에 2~3시간 걸림).
2회독 때는 연습장에 풀어서 채점하고 관련 이론을 복했습니다(25문제에 2시간 정도 걸림).
3회독 때는 직접 문제집에다 풀고 채점하고 부족한 부분을 정리했습니다(25문제에 30~40분 밖에 안 걸림).
김형준 교수님의 교재와 강의가 정말 도움이 되었습니다. - (해설집도 정말 꼼꼼하게 정리되어 있었어요)
교수님의 암기법이 지금도 머릿속을 맴도네요^^ '성~보성사람 한씨 노가다 발쌈 최짱'/'반장유노'/'지문승강권'/// 너무 많지만 다 쓸 수가 없네요^^;;

사는 곳은 강릉인데 원주에서 시험을 봐야해서 새벽에 출발하려고 했으나, 시험 전날 폭설이 내리는 바람에 이러다가는 시험을 못 보겠다 싶어 그날 저녁에 갑자기 계획을 바꿔 원주로 출발했습니다. 눈이 엄청 쌓여서 정말 너무 불안했지만 무사히 도착해서 시험을 볼 수 있었습니다.

사회복지사 1급 핵심요약집

<결과는 인행사20/조사론17/실천론19/기술론16/지역복지21/정책17/행정14/법제19 - 143>

예전엔 이런 적이 없었는데, 3교시 때는 정말 체력이 딸려 정신이 몽롱하고 마킹 실수도 두 번이나 했습니다. 한 문제 잘못한 걸 그냥 수정테이프로 고치면 되는데, 정신이 몽롱해서 판단력이 떨어졌는지 한 문제 고치겠다고 5분 남겨놓고 답안지를 교체했습니다. 지금 생각해도 정말 제정신이 아니었던게 분명합니다.ㅜㅜ 미친 듯이 집중해서 5분 내에 마킹하는데 심장도 떨리고 손도 떨리고 지금도 후들거립니다. 가채점 결과는 안정권이었지만 마지막 시간 마킹이 어떻게 됐을지 몰라 불안불안했습니다.

정신없는 글이지만 준비하시는 분들께 조금이라도 도움이 되길 바랍니다. 저도 다른 분들의 후기가 많은 도움이 되었습니다.

마지막으로 좋은 교재와 강의를 만들어주신 김형준 교수님께 감사의 말씀을 전합니다!

이 책의 정보

합격수기

시험현장에서 시간배분의 중요성

카페 ID : psalms****

작년 6월 어느날 사회복지사 1급에 도전해 봐야겠다는 마음을 먹고, 1급을 소지한 지인에게 어떻게 공부했느냐고 물었더니 이곳을 가르쳐 주었습니다. 50만 원 조금 더 되는 돈을 카드로 결제하면서 아까워서라도 열심히 공부해서 한번에 붙어보자고 결심하였습니다.

12월까지 강의와 교재를 병행하여, 틈틈이 강의를 듣고 문제를 풀고 하는데 보냈던 것 같습니다. 그런데 교수님이 하신 말씀대로 조사론은 들어도 모르겠고, 법제론 이론은 너무 재미있게 강의를 듣기는 했지만 외울 것이 많이 힘들었던 것 같습니다.

저는 평촌에서 시험을 봤습니다. 전날 눈이 많이와서 도로 사정이 어떨지 몰라 시험 전날 남편과 함께 충주에서 올라와서 모텔에서 잠을 자고 시험장에 1시간 전에 갔습니다.

시험장에서 요약한 것 위주로 최종 점검을 하고 시험에 임했습니다. 1교시에는 시간 안배를 잘못해서 감독관님의 10분 남았다는 말에 깜짝 놀랐습니다. 아직 한 장을 풀지 못하고 있었기 때문에 문제 푸는 것을 잠시 멈추고 마킹부터 하고 나서 나머지 문제를 풀었습니다. 다행히 문제는 다 풀고 마킹도 할 수는 있었지만, 시간의 촉박함에 약간 감정이 동요되어서 감정 컨트롤을 하며 2교시 시험을 기다렸습니다.

쉬는 시간 화장실부터 다녀온 후, 역시 요약노트를 보아 점검을 하고 1교시처럼 시간에 쫓기지 않으려고 시계를 보면서 문제를 풀었습니다. 시험을 완료하고 나니 다행히도 10분의 여유가 있었습니다.

김밥으로 점심을 해결하고 마지막 시험을 준비하였습니다. 이번에도 시간배분을 위해 시계를 보면서 문제를 풀었고, 모르는 것은 별표를 치면서 넘어가서 10분 정도 시간이 남았습니다. 남은 시간에는 여유롭게 이곳 저곳의 문제를 다시 읽어 볼 수도 있었습니다.

저같은 사람은 사회복지를 전공하지 않아서인지 처음 책을 받았을 때 너무 막막하고 용어도 어렵고 힘들었습니다. 나눔복지교육원을 만나지 않았더라면 포기했을지도 모릅니다.

끝까지 안내해 주셔서 감사드리고 비록 턱걸이라도 합격할 수 있어서 감사드립니다.

사회복지사 1급 핵심요약집

합격수기

짧은 기간에 집중적인 공부로 합격

카페 ID : 다정다감

먼저 김형준 교수님께 감사드립니다. 지금 합격의 기쁨을 누릴 수 있는 것은 교수님을 믿고 들은 동영상 강의 덕분입니다.

저는 50대 중반으로, 12월 초까지 석사논문 심사로 인해 사복 공부는 엄두도 내지 못하고 있었습니다. 나눔복지교육원과의 인연은 청소년상담사 교재와 동영상을 보고 합격한 후로 무한 신뢰를 갖고 있었는데, 그 와중에 논문이 통과되어 졸업이 확정되었고 그 즈음에 사복 1급 원서접수 안내 메일을 받았습니다. 사회복지사 1급도 합격을 진심 원했지만 시험공부를 할 시간이 1달여밖에 되지 않았기 때문에 자신은 없었는데, 문제풀이 동영상과 기출 동영상을 할인 가격으로 혜택을 주셔서 교수님 강의를 믿고 도전하게 되었지요.

교재에 안내되어 있는 순서대로 동영상과 교재를 1회 정독하고 그 다음부터는 강의를 배속으로 2회씩 봤습니다. 저는 청소년상담센터에서 찾아가는 상담을 하기 때문에 청소년을 만나러 가고 오는 길에 무조건 보고 들었습니다. 또 하나 도움된 것은, 지난해 나눔복지교육원 이론서를 일하면서 틈틈이 읽고 도전 했으나 떨어진 경험이 있는 데, 그때 이론서를 읽었던 이론이 이번에 짧은 기간이지만, 문제풀이와 기출 동영상을 보고 이해하는 데 도움이 됐습니다. 또한 시험 기일이 다가올수록 이론보다 기출문제를 많이 풀어보는 것을 권했던 이유를 확실히 체감했습니다.

결과는 합격!

짧은 기간에 집중적으로 공부해서 합격하는 방법을 찾는다면 교수님을 믿고 강의를 들어보라고 강추합니다. 외우기 어려운 과목도 쉽게 숙지되도록 암기법을 개발하고 오답정리를 통해 이해를 돕는 노하우를 가지셨습니다.

나눔복지교육원 짱!! 김형준 교수님 강의 짱!! 짧은 시간에 합격을 원한다면 집중하는 노력은 자신의 몫입니다. 감사합니다. 늦은 나이지만 '배워서 남 주자'는 저의 인생 모토대로 배우고 또 도전하며 즐겁게 살겠습니다.

목차

CHAPTER 01 인간행동과 사회환경   20

CHAPTER 02 사회복지조사론   62

CHAPTER 03 사회복지실천론   96

CHAPTER 04 사회복지실천기술론   138

CHAPTER 05 지역사회복지론   170

CHAPTER 06 사회복지정책론   218

CHAPTER 07 사회복지행정론   280

CHAPTER 08 사회복지법제론   316

찾아보기   384

참고문헌   391

CHAPTER 1
인간행동과 사회환경

나눔복지교육원 동영상 강의

CHAPTER 01 인간행동과 사회환경

1 | 발달, 성장, 성숙, 학습의 개념 정리

1) 발달(Development)
인간의 신체적·심리적·사회적 요인 간의 상호작용을 통해 전 생애에 걸쳐 일어나는 성장·성숙 및 노화의 과정

2) 성장(Growth)
연령 증가에 따라 자연스럽게 발생하는 신체적 측면의 양적 변화

3) 성숙(maturation)
성장을 기초로 해서 나타나는 신체 내부의 생리적·생화학적인 질적 변화

4) 학습(Learning)
외부 환경이나 경험에 의해 나타나는 비교적 지속적인 행동의 변화

2 | 인간발달의 원리

1) 발달에는 일정한 순서가 있으며 누적적이다. - 이행과정 : 앉고 서고 걷는다.

2) 발달은 일정한 방향으로 진행된다.
   (1) 두미 발달 : 상부에서 하부로(머리 - 팔 - 다리)
   (2) 근원 발달 : 중심(근위)에서 말초(원위)로(심장 - 손가락, 발가락)
   (3) 세분화 발달 : 전체적인 활동에서 특수화된 활동으로(물건을 잡을 때 손 전체를 사용하다가 손가락을 사용함)

3) 발달에는 개인차가 있다.
   발달에는 일정한 순서가 있지만, 유전인자나 환경이 달라서 발달속도는 다르다.

4) 발달은 계속적(연속적)인 과정이지만, 발달 속도는 일정하지 않기 때문에 비동시적 성장(asynchronous growth), 즉 신체부위에 따라 성장 시기나 성장 속도가 다른 현상이 나타난다.

5) 발달에는 결정적 시기가 있다.

　　발달에는 발달이 가장 용이하게 이루어지는 최적의 시기가 있다.

6) 발달의 각 영역은 상호 밀접한 연관이 있다. 즉 신체적·지적·사회적·정서적 영역 등은 서로 관련된다.

7) 발달은 분화와 통합의 과정을 거친다.

　　처음에는 신체의 각 기관들이 분화되지 못해 미숙하고 둔한 모습을 보이다가, 점차로 필요한 부분만 사용할 수 있게 되며 이를 통합할 수 있게 된다(물건을 잡기 위해 몸을 구부리고 팔을 뻗고 손목과 손가락을 움직여야 함).

8) 발달은 유전과 환경의 상호작용에 의해 나타난다.

9) 발달의 양상은 예측이 가능하다.

　　출생 전후의 환경 조건에 의해 지체될 수도 있고, 부분적으로는 촉진될 수도 있다.

10) 모든 발달 시기마다 그 시기에 대한 사회적 기대가 있다.

　　사회적 기대를 갖고 있는 부모 및 교사들은 각 시기의 아동들이 환경에 잘 적응해 가기 위해 이루어야 할 발달적 변화 및 발달과업이 무엇인지를 알고 이들을 지도하는 과정에서 영향을 미치게 된다.

11) 발달은 점성성(epigenesis)을 갖는다(점성의 원리 – 에릭슨).

　　(1) 이전에 이루어진 발달의 기초 위에서 다음 단계의 발달이 이루어지게 되는 것이다.
　　(2) 발달은 특히 이전 단계의 발달들이 함축되어 전반적으로 영향을 미친다는 원리이다.

3 | 지그문트 프로이트의 정신분석이론 - 주요 개념

정신의 구조 (지형학적)	의식	의식은 개인이 현재 자각하고 있는 생각을 포함하며 현재 자각하고 있는 부분이다.
	전의식	의식과 무의식의 중간 부분으로 조금만 주의를 기울이면 의식영역으로 이끌 수 있는 정신의 부분이다.
	무의식	무의식은 정신의 가장 깊은 수준에서 작동되는 것으로 무의식은 본능에 의해 지배되며 억압된 사고와 감정이 그 내용을 이루고 있고 행동의 대부분은 이 무의식에 의해 결정된다.

성격의 구조 (구조적)	원초아 (id)	1) 완전히 무의식적이고 정신적 에너지의 저장소, 본능과 충동으로 구성 2) 근원적인 생물학적 충동 저장, 쾌락의 원리 3) 프로이트의 정신분석이론에서 가장 중요시하는 무의식 세계의 중요한 메커니즘
	자아 (ego)	1) 현실 원리에 따라 작동하는 성격의 의사결정 요소 - 사회규범, 규칙, 관습과 같은 사회적 현실을 고려해서 행동 결정 2) 즉각적인 만족을 추구하려는 원초아와 현실을 중재하는 역할
	초자아 (super-ego)	1) 초자아는 무엇이 옳고 그른가에 대한 사회적 기준을 통합하는 성격의 요소 2) 양심과 자아의 이상으로 이루어진 정신구조 최고 단계로 고등법원 판사 역할 - 완전의 원리/도덕의 원리 3) 도덕적 목표와 완전을 추구, 쾌락보다 완전을 추구하고 현실보다는 도덕과 이상적인 것을 추구
모형		의식 / 전의식 / 무의식 / 자아 / 초자아 / 원초아 *원초아:완전 무의식 *자아, 초자아:부분 무의식

4 | 지그문트 프로이트의 정신분석이론 - 심리성적발달 5단계

구강기 (출생~18개월)	이 단계의 수유경험은 후기 발달에 중요한 역할을 하며 특히 이유방식이 가장 중요하며 애착형성이 중요하다.

항문기
[18개월~3세]
	1) 부모에 의한 대소변 가리기 훈련은 이후에 성격발달에 효과를 나타낸다.
	2) 잘못 발달된 성격
	  (1) 강박성, 완벽주의, 죄책감, 완고함, 인색한 성격 - 항문보유적 성격
	  (2) 양가감정, 더러움과 지저분함, 반항, 분노, 가학, 피학성을 지닌 성격 - 항문폭발적 성격

남근기 (3~6세)	1) 남아 : 오이디푸스 콤플렉스(Oedipus complex) : 거세불안 2) 여아 : 엘렉트라 콤플렉스(Electra complex) : 남근선망 3) 잘못 발달된 성격 : 욕구 좌절, 욕구 충족이 너무 심했던 양극단의 경우를 겪는 남아의 경우 거세불안과 어른을 두려워하고 여아는 유혹적이고 정서가 불안정한 히스테리 성격이 된다.
잠복기 (6~12세)	성적인 관심이 잠시 잠복되는 시기로서 전(前) 단계까지 경험해 온 성적 욕망이나 성적 갈등 현상은 잠재되고 활발한 문화 활동과 또래에 관심을 보이는 것과 같은 '승화' 현상이 가능해진다.
생식기 (12세~ 성인기 이전)	1) 이성에 대한 관심과 인식이 다시 증가하며 성적, 그리고 공격적 충동이 다시 나타난다. 2) 잘 발달된 성격은 성숙한 이성 관계를 수립하게 되고 주체성 형성, 성숙과 주체성을 가진 성격을 가지게 된다. 잘못 발달된 성격은 과거 잘못된 발달단계에 사로잡혀 정체성에 혼란이 온다.

5 | 안나 프로이트의 자아방어기제 이론 - 방어기제의 개념과 종류

개념	자아가 약하고 미성숙한 자아를 가진 사람은 불안으로부터 자신을 보호하고 부분적으로라도 욕구를 충족시킬 방법으로 활용하는 일종의 적응기술	
정상적·병리적 구분	1) 균형 : 한 가지 방어기제를 사용하는지 또는 여러 가지 상이한 방어기제들을 사용하는지 여부 2) 방어기제의 강도 : 사용 빈도 3) 사용된 방어기제의 연령 적절성 4) 철회가능성 : 자아가 위험에 빠지는 것을 막기 위해 사용된 방어기제가 그 위험이 사라지고도 사용되는지, 사용되지 않는지의 여부	
종류	부정	고통스럽거나 위협적인 상황을 부인(否認)하는 것 **사례** 백혈병으로 죽어 가는 아들의 어머니가 그 아들이 곧 나을 거라고 생각하는 것
	억압	대처할 수 없는 상황을 봉쇄하는 거부와는 달리, 받아들일 수 없는 충동이나 생각을 봉쇄하는 것 **사례** 망각의 한 형태로 지난 밤 술 모임의 당황스러웠던 주정을 잊는 것
	주지화 (지성화)	거부의 교묘한 형태로 어떤 문제로부터 위협받고 있다는 사실을 알고 있을 때, 그러한 문제들에 대하여 분석하고 지성적으로 다루는 척 하면서 실제로는 그 문제 상황으로부터 벗어나려는 방어기제인데, 문제해결에 도움이 되지 않음 **사례** 자녀를 새 학교에 입학시킨 부모가 자녀문제로 면담하는 과정에서 면담이 시작된 지 얼마 후부터 자녀의 교육문제가 아닌 골치 아픈 교육철학에 대하여 말하는 경우
	반동 형성	거부가 행동으로 나타난 것으로 자기가 실제로 가지고 있는 감정과 정반대되는 감정을 나타내는 것으로 보통 과장형식을 띠게 됨 **사례** 유별나게 경쟁자를 칭찬하는 경우, 미운 놈 떡 하나 더 주기
	전치	에너지를 만족되지 않는 욕구로부터 덜 위협적인 다른 대상으로 바꿈으로써 긴장을 완화시키려는 방어기제 **사례** 직장에서 승진하기 위해 상사에게 저자세의 태도를 취한 사람이 집에 가서 아들과 부인에게 큰소리를 치는 경우
	승화	원래의 욕구나 충동을 보다 사회적으로 용납될 수 있는 형태로 전환시킴으로써 만족을 얻고자 하는 방어기제 **사례** 폭력배가 유명한 권투선수가 되는 경우
	투사	한 개인이 가지고 있는 옳지 못한 충동이나 욕구를 다른 사람이나 대상에 전가하여 다른 사람들이 그러한 옳지 못한 욕구나 충동을 갖고 있다고 비난함으로써 자기의 긴장상태의 불안을 경감하는 경우 **사례** 내가 싫어하는 것이 아니라 그 여자가 나를 싫어한다고 하는 경우
	투입	투사의 반대 개념으로 외부 대상을 자기 내면의 자아체계로 받아들이는 경우 **사례** 어머니를 미워하는 것이 자아에 수용될 수 없기 때문에 나 자신이 미운 것으로 대치되는 경우
	동일시	다른 사람의 성격이나 역할을 따라서 자기의 일부로 삼는 과정 **사례** 청소년이 그들이 할 수 있다고 하는 것과 부모나 사회가 허락하는 것과의 사이에서 갈등을 갖게 되어 영화배우, 가수 등과 동일시하여 해소하는 경우

종류	퇴행	심한 스트레스 상황에 처해 있는 사람들이 어렸을 때의 유치한 행동이나 원시적인 방법으로 돌아가는 경우 혹은 과거의 문제가 해결된 방법으로 되돌아가는 것 사례 네 살 난 아이가 동생이 태어나면 대소변을 못 가리는 등 다시 젖먹이 때 행동으로 돌아가는 경우
	보상	어떤 바람직한 특성을 강조하여 약점(결함)을 극복하거나 어떤 영역에서의 욕구불만을 다른 영역에서 과잉만족으로 대신하려는 것 사례 자신의 친부모에게 효도를 못한 사람이 이웃의 노인을 극진히 부양하는 경우

	합리화	1) 자기의 실패나 약점이 자기의 무능 혹은 부덕의 소치인데도 불구하고 그것을 은폐하기 위하여 그럴듯한 이유를 붙여 정당화하는 경우
		2) 기제(4가지)
		  (1) 신포도형(sour grapes)
		    어떤 목표를 달성하려 했으나 실패한 사람이 자신은 처음부터 그것을 원하지 않았다고 변명함(사례 여우와 신포도)
		  (2) 달콤한 레몬형(sweet lemon)
		    자기가 현재 가지고 있는 것이 남들이 볼 때는 별 볼 일 없는 것이지만 본인은 바로 그가 원하던 것이라고 스스로 믿는 것
		  (3) 투사형(projection)
		    자신의 결함이나 실수를 자기 이외의 다른 대상에게 책임을 전가하는 것
		  (4) 망상형(delusion)
		    원하는 일이 마음대로 되지 않을 때 자신의 능력에 대해 허구적 신념을 가짐으로써 실패의 원인을 합리화시킴

	취소	보상과 속죄의 행위를 통해 용납할 수 없거나 죄책감을 일으키는 충동이나 행동을 중화 또는 무효화하는 경우 사례 바람피우는 남자가 부인에게 비싼 선물을 하는 경우
	해리	의식세계에서 받아들이기 힘든 성격의 일부가 자아의 지배를 벗어나 하나의 독립된 기능을 수행하는 경우 사례 지킬박사와 하이드, 이중인격, 기억상실증 등
	신체화	심리적 갈등이 감각기관, 수의근계를 제외한 기타 신체 부위(불수의근)의 증상으로 표출되는 경우를 말한다. 사례 사촌이 땅을 사면 배가 아프다거나 오래 동안 병원에 입원한 환자가 '앵~앵' 119 구급차 소리에 심장이 뛴다.
	전환	심리적 갈등이 수의근·감각기관의 신체 증상으로 바뀌는 것을 말한다. 사례 글을 쓰는 데 갈등을 느끼는 소설가가 원고를 쓰는 오른팔에 마비가 오는 것이나, 군에 입대하기 싫어하는 사람이 입영영장을 받아보고 시각 장애를 갖는 경우

6 | 에릭슨의 심리사회이론 - 심리사회발달 8단계

1단계 유아기	1) 기본적 신뢰감 대 기본적 불신감 : **희망** - 엄마 2) 인생의 초기단계 중 가장 비중 있게 취급하고 기본적인 신뢰감, 즉 부모와의 신뢰감을 의미하며 애착관계가 중요함
2단계 초기 아동기	1) 자율성 대 수치심과 의심 : **의지** - 부모 2) 신체 및 지적인 면이 빠르게 발달하여 언어와 사회적 기준을 배우기 시작함 3) 확고하고 친절하며 점진적인 대소변 가리기 훈련을 받은 아동은 자존감을 잃지 않으며 자기통제 감각을 발달시켜 자율성을 획득함
3단계 학령 전기	1) 주도성(솔선성) 대 죄의식 : **목적** - 가족 2) 아동의 행동은 목표 지향적이고 경쟁적인 성향(공격성)을 갖게 되며 부모가 자녀의 호기심 및 환상적인 행동을 인정하고 금지하지 않았을 때 자기 스스로 행동하도록 격려된 아동은 자신의 행동에 목표와 계획을 세우는 주도성을 가짐
4단계 학령기	1) 근면성 대 열등감 : **능력** - 학교, 이웃 2) 학교 친구와의 관계에서 자기 정체성을 확립하고 스스로 주도적으로 할 수 있는 능력과 자신감, 근면성을 발전시킴
5단계 청소년기	1) 자아정체감 형성 대 자아정체감 혼란(= 역할 혼란) : **성실** - 또래집단 2) 주요 발달과업은 자신이 누구인지를 탐구하고 자신의 정체성을 형성하는 것임 3) 심리사회적 유예기간 : 청소년기는 심리사회적인 위기를 겪을 수 있는 나이이기 때문에 어느 정도 그것을 해결할 수 있는 시간을 허용해 주는 시기임
6단계 성인 초기	1) 친밀감 대 고립감 : **사랑** - 경쟁, 우애 대상자 2) 중요한 발달과업은 친밀감 형성이며 친밀감은 정체성을 희생하는 것을 두려워하지 않고 다른 사람과 주고받고 나누는 능력임
7단계 장년기	1) 생산성 대 침체감 : **배려** - 직장동료, 확대가족 2) 정립된 자아를 통해서 이웃과 세계를 위해 의미 있는 일을 실천하는 단계로 경제적으로 안정되어 있고 가정과 사회에서 중요한 역할을 수행하는 인생의 황금기임
8단계 노년기	1) 자아통합 대 절망감 : **지혜** - 인류, 동족 2) 이전의 7단계를 종합하고 통합 및 평가하는 기간으로 노년기는 신체적·사회적 상실에 직면하는 시기임

실력다지기

지그문트 프로이트 이론과 에릭슨 이론의 비교

지그문트 프로이트	에릭슨
환경을 고려하지 않는 폐쇄체계이다.	환경을 고려한 개방체계이다.
성격은 강력한 성적·공격적 충동에 의해 추진된다.	성격형성에서 약간의 성적 충동은 인정하는데 사회적 요소가 중요하다고 했다.
원초아가 지배적이다. → 타율적 자아	자아가 지배적이다. → 자율적 자아
성격은 불안과 무의식적 욕구에 의해 위협받는다.	성격형성에 있어 사회를 더욱 강조했기 때문에 사회적인 상호작용이 중요하다.
어떤 개인의 충동과 사회에서 가하는 통제 간에 갈등이 있을 때 문제가 된다.	역사적·인종적 집단에 대한 결속력으로 강화된다.
충동은 통제권 밖에 있다. 즉, 충동은 통제하기가 어렵다.	성격은 자아통제력과 사회적 지지에 의해 형성되며 사회에 기여할 수 있는 건강한 사회인 양성을 강조한다.
성격은 어린 시절(남근기)에 형성된다.	성격은 전(全)생애에 걸쳐서 형성된다.

7 | 아들러의 개인심리이론 - 주요개념

개념	내용
인간관	1) 총체적 인간관 　(1) 아들러 심리학의 가장 중요한 기본전제로서 성격은 통합적이고 분리할 수 없는 전체로 보아야 한다는 것이다. 　(2) 아들러는 자아 일치된 통합된 성격구조를 개인의 생활양식이라 부르고 있는데 개인의 성격은 생의 목표를 통해 통합되기 때문이다. 2) 합목적적이고 목표지향적인 행동 　(1) 개인심리학은 모든 인간행동에는 목적하는 바가 있다고 가정한다. 　(2) 인간은 자기 스스로 계획을 세우고, 행동은 그런 목표의 맥락 하에서 통합된다. 3) 우월성 추구 　(1) 아들러는 완전성의 추구나 숙달을 통한 열등감의 극복은 선천적이며 인간은 원래의 열등감을 극복하고 우월을 추구하도록 되어있다고 강조한다. 　(2) 우월·능력·완전의 추구는 인간의 무력감을 해결해 주며, 능력 추구의 고유한 형태는 개성으로 나타난다.

생활양식[1] (Life Style)	1) 인생목표 뿐 아니라 자아개념, 타인에 대한 감정, 세상에 대한 태도 등 스스로 설계한 한 개인의 독특한 특징으로서 생의 목표에 도달하기 위하여 스스로 설계한 독특한 좌표에 해당하는 것으로서, 유형으로는 지배형, 기생형, 회피형, 사회적 유용형이 있다. 2) 열등감과 무력감을 극복하고 우월성을 향해 노력하며 개인에게 의미를 주는 삶의 목표를 추구하며 자신만의 독특한 생활양식이 만들어진다. 3) 생활양식은 5세 이전에 형성되어 일생을 통해 유지되는 경향이 있다. **기출문제 확인학습** • 지배형 : 사회적 관심이 적고 활동수준이 높아 독단적이고 공격적이며 자신의 욕구를 충족시킨다. • 사회적 유용형 : 사회적 관심과 활동수준이 높아 자신과 타인의 욕구를 동시에 충족시키며 인생과 업을 완수한다. • 회피형 : 사회적 관심과 활동수준이 낮은 유형으로 성공보다 실패하는 것을 더 두려워한다. • 기생형(획득형) : 기생적인 방법으로 외부세계와 관계를 맺으며 다른 사람에게 의존하여 자신의 욕구를 충족시킨다.
열등감과 보상	1) 열등감 개인이 잘 적응하지 못하거나 해결할 수 없는 문제에 직면했을 때 생기는 것이며 모든 인간으로 하여금 무언가를 추구할 수 있게 하는 동기로서 아들러는 열등감 콤플렉스의 세 가지 원천, 즉 생활양식을 왜곡할 수 있는 것으로 신체적으로 병약하거나 허약한 아동, 응석받이, 거부당하는 아동을 제시하였다. 2) 보상 잠재력을 발휘하도록 인간을 자극하는 건전한 반응, 즉 열등감에서 우월감을 갖도록 어떤 것을 유발하는 건전한 반응이다.
사회적 관심	각 개인이 이상적인 공동사회의 목표를 달성하고자 할 때 사회에 공헌하려는 성향이다.
자아의 창조적인 힘 (= 창조적 자아)	자아의 창조적인 힘은 생(生)의 의미를 제공하는 원리로 작용하면서 풍요롭게 만들며 자신의 인생목표와 이를 추구하는 방법을 결정하고 사회적 관심의 발달에 영향을 미친다. **창조적 자기** 개인심리학을 대표하는 개념으로 인간은 유전과 환경, 경험이라는 원료를 이용해 독창적인 자기를 만들어 내는 능력이 있음을 의미하며, 인간은 스스로 인생목표와 목표추구방법을 결정하고 사회적 관심을 발달시킨다고 본다.
우월성 추구 노력	열등감을 보상하려는 욕구에서 출발하며 인간생활의 궁극적 목적은 우월하게 되는 것이다.

---

[1] 아들러는 사회적 관심과 활동수준에 따른 생활양식을 네 가지, 즉 지배형(the ruling type), 기생형(the getting type), 회피형(the avoiding type), 사회적 유용형(the socially useful type)으로 설명하였다. 지배형, 기생형, 회피형은 바람직하지 않은 유형으로, 사회적 관심이 부족하다는 공통점이 있으나 활동수준에는 차이가 있다. 사회적 유용형은 바람직한 형으로 사회적 관심과 아울러 활동수준도 높다. 아들러는 이러한 생활유형은 가정에서 어린 시절에 부모의 영향 하에서 주로 형성된다고 보았다.

가상적 목표 (아들러의 목적론)		1) 아들러는 우리의 궁극적인 목표는 현실에서 검증되거나 확인될 수 없는 가상의 목표라고 하였다. 2) 개인의 행동을 이끄는 마음속의 중심 목표를 가상적 목표라고 한다. 3) 가상적 목표는 완전해진 상태에 대한 개인의 궁극적 목표나 특정 방향으로 가려는 지속적 경향성을 의미하는데 목표 때문에 우리가 진실을 받아들인다거나, 어떤 행동을 하고, 어떻게 사상을 해석할지를 선택하는 창조적 힘을 가질 수 있다고 보았다. 4) 가상적 목표는 미래에 실재할 것이라기보다는 주관적으로 또는 정신적으로 현재의 행동에 영향을 주는 이상으로 지금 - 여기에 존재하며, 어떤 상황에서 개인이 추구하는 안전한 상태의 자기상이라고 하였다. 5) 인간의 모든 심리현상은 이 가상적 목적을 이해함으로써 설명될 수 있다. 6) 이는 결국 우월성의 추구 및 생활양식의 지침이 된다.
현실에 대한 주관적 지각		1) 개인심리학은 현상학적인 관점을 수용하여, 개인이 자신과 자신이 적응해 나가야 하는 환경을 어떻게 보느냐에 따라 그의 행동이 결정된다고 하였다. 2) 모든 개인은 그들 자신이 가진 개인적 신념, 관점, 지각, 결론 등의 도식과 일치하는 방향으로 그들 자신이 설계한 세계 속에서 산다.
출생순위에 따른 특징	\multicolumn{2}{l	}{아들러는 가족구조와 출생순위가 생활양식 형성에 중요하다는 것을 강조한다.}

출생순위	성격의 특징
첫째아이	• 부모의 사랑과 관심을 받지만, 둘째 아이가 태어나면 '폐위된 왕'이 된다. • 첫째 아이는 권위의 중요성을 동생보다 더 잘 이해한다.
중간아이	• 둘째 아이의 가장 큰 특성은 '경쟁'이다. • 아들러는 이들이 공통적으로 달리는 꿈을 꾼다고 하였다. • 둘째는 태어나면서 첫째와의 경쟁 그리고 막내가 태어나면서 막내와 경쟁적인 관계에 있게 된다.
막내아이	• 막내는 과잉보호될 가능성이 크며 과잉보호 때문에 막내는 의존적이 된다. • 특징으로는 응석받이 행동, 낮은 독립심, 열등감 등이 있다.
외동아이	• 독자는 가족 내에서 경쟁할 사람이 없기 때문에 경쟁 대상이 될 가능성은 약하다. • 독자로서 이들은 관심의 중심이 되고 자신의 중요성에 대해 과장된 견해를 갖고 있다.

8 | 칼 융의 분석심리이론

1) 칼 융의 분석심리학과 지그문트 프로이트의 정신분석학의 차이점

- 융의 분석심리학과 지그문트 프로이트의 정신분석학의 기본적인 차이는 첫째, 리비도와 연관되는데, 지그문트 프로이트는 리비도를 성적 에너지라고 주장했고, 융은 일반적인 생활에너지로 간주했다.
- 두 번째 차이는 성격에 있어서 과거 어린 시절의 영향에 대하여 지그문트 프로이트는 결정론적 견해에 있으며 반면에, 융은 성격은 생활 속에서 후천적으로 변할 수 있고 미래의 목표와 열망에 의해 형성된다고 믿었다.
- 세 번째 차이는 융은 정신의 구조를 의식, 개인무의식, 집단무의식으로 구분하였다.

2) 칼 융의 분석심리이론 - 주요 개념

개념	내용
원형	집단무의식을 구성하고 있는 인류역사를 통해 물려받은 정신적 소인이며 융이 제시한 대표적인 원형은 페르소나, 아니마와 아니무스, 그림자, 자기(self)이다.
페르소나	페르소나는 환경의 요구에 조화를 이루려고 하는 적응의 원형으로 페르소나는 자아의 가면을 뜻하는 희랍어로 개인이 사회적 요구들에 대한 반응으로서 밖으로 내놓은 공적 얼굴이다.
아니마와 아니무스	인간이 태어날 때 본질적으로 양성을 가지고 태어났다는 양성론적 입장으로서 아니마(anima)는 무의식에 존재하는 남성의 여성적인 측면이며, 아니무스(animus)는 무의식에 존재하는 여성의 남성적인 측면이다.
음영 (= 그림자)	인간의 어둡거나 사악한 측면을 나타내는 원형의 형태이지만, 인간의 양면성, 밝고 긍정적인 면과 어둡고 부정적인 면을 반영한 원형이다.
자기(self)	1) 자기는 전체적인 관점으로 성격의 조화와 통합을 위해 노력하는 원형으로 자기는 인생의 가장 결정적인 변화의 시기인 중년의 시기에 나타난다. 2) 균형과 전체의 중요성을 강조하며 정신 내면의 잠재력 성장에 초월적 근원과 영적 차원의 인식이다.
중년기의 개별화	자아를 외적, 물질적 차원에서 내적, 정신적 차원으로 전환하는 것이다.
의식	인간은 자아를 통해 자신을 외부에 표현하고 외부 현실을 인식한다.
개인무의식	1) 개인무의식은 의식에 인접해 있는 부분으로 쉽게 의식화될 수 있는 경험이나 감각경험으로 구성된다. 2) 프로이트의 전의식과 유사한 개념이지만, 무의식까지 포함한 개념이라고 할 수 있다.

집단무의식	1) 융의 분석심리학의 이론 체계에서 가장 핵심적인 개념이다. 2) 집단무의식은 개인적 경험이 아니라 사람들이 역사와 문화, 종교, 신화 등을 통해 공유해 온 모든 정신적 자료의 저장소, 즉 개인적 경험과는 상관없이 조상 또는 종족 전체의 경험 및 생각과 관계된 원시적 감정, 공포, 사고, 원시적 성향 등을 포함하는 무의식이다. 3) 집단무의식은 직접적으로 의식화되지는 않지만, 인류역사의 산물인 신화, 민속, 예술 등이 지니고 있는 영원한 주제의 현실을 통해 간접적으로 관찰될 수 있다. **집단무의식** 모든 개인의 정신이 공통으로 가지고 있는 하부구조를 집단무의식이라 일컫는다. 집단무의식은 개인적으로 얻어진 것이 아니다. 융은 모든 인류에게 공통적으로 유전되어온 집단무의식이 정신의 심층에 존재한다고 보았다. 그 증거로 멀리 떨어져 있는 지역에서의 신화가 서로 비슷한 것을 예로 들었다. 결국 진화와 유전이 신체적 청사진을 제공하듯, 집단무의식이 정신의 청사진을 제공한다는 것이다.
콤플렉스	무의식 속에 하나의 공통된 주제에 관한 감정, 사고, 지각, 기억 등의 조작된 무리이다(무의식 속의 관념 덩어리).

성격 유형
(8가지)
	1) 태도(2가지) - 의식의 주체인 자기가 갖는 정신적 에너지의 방향이다.
	  (1) 외향성은 의식을 외적 세계 및 타인에게 향하게 하는 성격태도이다.
	  (2) 내향성은 의식을 자신의 내적, 주관적 세계로 향하게 하는 성격태도이다.
	2) 심리적 기능(4가지)
	  (1) 합리적 요소인 사고, 감정 그리고 비합리적 요소인 감각, 직관으로 모두 4가지를 말한다.
	  (2) 감각은 오감(五感), 직관은 육감(肉感)과 관련성이 있다.

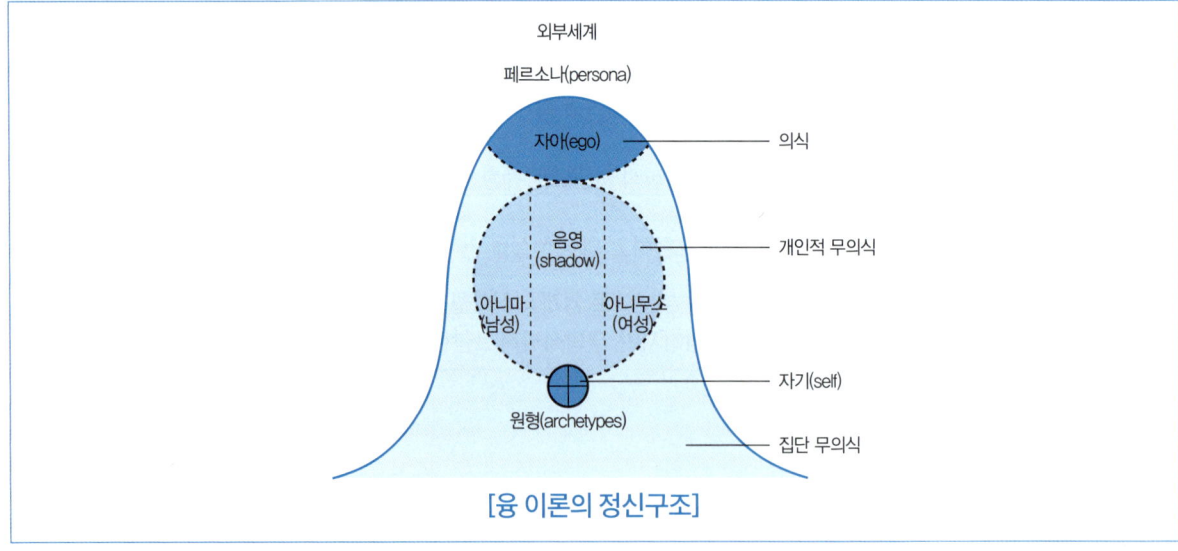

[융 이론의 정신구조]

> **기출문제 확인학습**
>
> ### 융(C. Jung)의 분석심리이론 – 주요 개념
> 1) 자아(ego) : 의식과 무의식을 결합시키는 원형적인 심상이며, 의식은 자아에 의해 지배된다.
> 2) 페르소나(persona) : '자아의 가면'이라고 하며, 외부와의 적응에서 생긴 기능 콤플렉스이다.
> 3) 음영/그림자(shadow) : 자신이 모르는 무의식적 측면에 있는 부정적인 또 다른 나의 모습으로 모순된 행동을 하게 만든다.
> 4) 집단무의식(collective unconscious) : 인류역사를 통해 조상으로부터 물려받은 정서적 소인으로, 개인마다 그 원형은 동일하다.
> 5) ★개성화(individuation) : 자기실현이라고도 하며, 모든 콤플렉스와 원형을 끌어들여 성격을 조화하고 안정성을 유지하는 것이다.

3) 칼 융의 발달단계[2]와 발달과업

아동기 (출생~ 사춘기 이전)	1) 본능에 의해 지배되고 자아가 아직 형성되지 않은 시기이다. 2) 자아(ego)는 아동기에 처음 원시적인 방식으로 발달하기 시작하나, 독특한 자신(self)이나 주체의식은 없다.
청년 및 성인초기 (사춘기~ 40세 전후)	1) 사춘기 시기는 많은 문제와 갈등, 적응의 시기이다. 2) 생의 전반기로서 외적 및 신체적 팽창기이며 성숙에 따라 자아가 발달한다. 3) 외부세계에 대처하는 능력을 발휘, 의식이 지배적이고 인생의 목표는 세상에서 성공하여 자기의 위치를 공고히 다지는 것이다.
중년기	1) 생애 발달과정에서 성격발달의 정점이며 정서적 위기를 수반하는 발달적 위기를 겪는다. 2) 가정과 사회에서 중요한 위치를 차지하고 경제적으로 안정되기도 하지만 절망과 비참함을 경험할 수 있는 시기이다. 3) 외부세계에 쏟았던 에너지를 자기 내면으로 돌리면서 새로운 국면으로 접어들고 지금껏 실현하지 못한 잠재력을 일깨워 보고자 하는 충동이 일어난다. 4) 중년기의 개별화(individualization) 자아를 외적·물질적 차원에서 내적·정신적 차원으로 전환하는 것이다. 5) 융이 가장 중요하다고 강조한 시기이다.
노년기	1) 명상과 삶의 회고를 많이 하고 특히 내면적 이미지가 많은 비중을 차지한다. 2) 죽음 앞에서 생의 본질을 이해하려는 시기로 인간다움의 이미지를 지니게 된다.

---

[2] 성격발달의 4단계 구분(아동기, 청년 및 성인초기, 중년기, 노년기)

> 기출문제 확인학습

칼 융(C. Jung)이 제시한 성격특성

1) 일반적인 태도 - 외향성(Extrovert)과 내향성(Introvert)융은 사람들의 일반적인 삶의 태도를 나타내는 개념으로 외향성과 내향성을 제시하였다.
   (1) 외향적 태도(E)
      ① 외향적 태도를 가진 사람은 관심을 외부세계의 사람이나 사물에 쏟는다.
      ② 외향적 태도를 가진 사람은 환경에 영향력을 행사하고 외부세계의 중요성을 확인하고 자신의 영향력을 증대하고 싶어 한다.
      ③ 외향적 태도를 가진 사람은 부단히 외부환경의 자극을 찾아 나서고 행동 지향적이고 때로는 충동적으로 사람을 만나며, 솔직하고, 말하기를 좋아하고, 사교성이 많다.
      ④ 외향적 태도를 가진 사람은 많은 사람을 사귀려 하고, 다양한 방면에 관심이 많으며, 일단 경험한 다음에 생각하며, 자신의 생각이나 감정을 있는 그대로 드러내어 말로 표현한다.
   (2) 내향적 태도(I)
      ① 내향적 태도를 가진 사람은 외부세계에서 벗어나 자기 자신 안으로 몰입한다.
      ② 내향성이 주로 관심을 쏟는 것은 자기내부의 개념과 관념이다. 즉 마음속의 개념과 관념을 분명히 하는데 관심을 기울이고, 일시적인 외부사건보다는 지속적인 개념을 신뢰하며, 사려 깊고 주위와 떨어져 생각에 잠기기를 좋아하고, 고독과 사생활을 즐기며 수줍음이 많다.
      ③ 내향적 태도를 가진 사람은 소수를 깊게 사귀고, 신중하게 생각한 다음에 경험하고, 간직하려하며, 글로 표현하기를 좋아한다.
2) 정신의 4가지 기능
   정신의 4가지 기능에는 비합리적 기능과 합리적 기능이 있는데, 비합리적 기능은 주로 현상이나 대상에 대한 인식과 관련된 특성으로서 논리나 추론과 같은 이성적인 과정이 포함되지 않는 정신기능을 의미하는 반면, 합리적 기능이란 어떤 인식된 내용들을 토대로 논리나 추론 등의 이성적인 과정을 통해 결론과 판단에 도달하게 하는 정신기능을 의미한다.
   (1) 비합리적 기능 - 직관(iNtuition)과 감각(Sensation)
      ① 직관적 인식(iNtuition) - 이상주의 지향적, 나무보다 숲을 강조
         ㉠ 직관이란, 통찰을 통해 가능성, 의미, 관계를 인식하는 것을 말한다.
         ㉡ 융은 직관을 무의식에 의해 나타나는 인식으로 특징짓고 있다.
         ㉢ 직관은 관련이 없어 보이는 일들을 갑작스럽게 인식하는 패턴, 즉 육감이나 예감 또는 창의적인 발견과 같이 돌발적으로 의식에 떠오르기도 한다.
         ㉣ 나무보다는 숲을 보려는 경향이 강하고, 미래지향적이고 상상이나 공상을 즐기며, 개혁적인 성향이 강하고, 다양성과 변화를 좋아한다.
      ② 감각적 인식(Sensation) - 현실주의 지향적, 숲보다 나무를 강조
         ㉠ 감각이란, 우리의 감각을 통해 관찰하는 인식을 말한다.
         ㉡ 감각은 구체적으로 존재하는 것을 통해 이루어진다.
         ㉢ 감각은 현재 일어나는 일만 깨닫는 것이기 때문에, 감각적 인식을 선호하는 사람은 직접적인 경험에 초점을 맞추고, 이런 인식과 관련된 특징이 발달되어 현재를 즐길 줄 알고 구체적이고 실제적(사실적)이며, 현실적이다.
         ㉣ 관찰능력이 뛰어나고 상세한 것까지 기억하며, 일상성과 실용성을 추구하며, 현실 지향적이며 보수적이다.

(2) 합리적 기능 - 사고(Thinking)와 감정(Feeling)
  ① 사고적 판단(Thinking) - 보편적 원리에 근거한 판단 강조
    ㉠ 사고는 아이디어를 논리적으로 연관시키는 기능이다.
    ㉡ 사고는 인정에 얽매이지 않고(Impersonal) 인과원리에 따라 이루어진다.
    ㉢ 사고기능을 선호하는 사람은 사고와 관련된 특징을 발달시킨다.
    ㉣ 정보를 판단함에 있어 원리원칙(옳다 - 그르다/맞다 - 틀리다)을 철저히 지키기 위해 개인적인 감정을 배제한다.
  ② 감정적 판단(Feeling) - 상대적 원리를 강조하며, 좋다 - 싫다 등을 통해 판단, 조화 강조
    ㉠ 감정은 상대적인 가치와 문제의 장점 등을 고려하여 의사를 결정하게 하는 기능이다.
    ㉡ 감정은 개인이나 집단의 가치를 중시한다.
    ㉢ 감정을 선호하는 사람은 의사결정을 할 때도 상대방의 입장을 고려하기 때문에, 상대방을 이해하려고 하고, 어떤 문제든 작업적인 측면보다는 인간적인 측면을 중시하고, 인정과 친밀감, 조화를 바라며, 과거의 가치(과거의 의리, 우정, 추억 등)를 중시한다.
    ㉣ 우호적인 관계의 가치를 중시하며, 자신과 타인들의 관심과 조화, 공감, 감사 등의 감정과 관련된 부분에 민감하고, 맞다 - 틀리다로 보기보다는 인간적인 감정(좋다 - 싫다)로 판단한다.

칼 융(C. Jung)이 제시한 중년기의 개성화(individualization)[3]

1) 개성화(individualization)는 건강과 성장을 통해 자기(self)의 도달할 수 없는 목표에 이르는 길을 의미한다.
2) 개성화(individualization)는 어느 정도의 정신적 균형을 이루는 것뿐만 아니라, 대중문화의 목적이나 가치에 대한 일상적인 동조에서 벗어나는 것도 포함하는데, 즉, 자신의 개인적 방식을 발견하는 것을 의미하는 것이다.
3) 자아와 개성화
  (1) 자아(ego)는 의식의 개성화(individualization) 과정에서 생기는 것으로 보았는데, 개성화란 개인의 의식이 다른 사람에게서 분리되는 과정을 말한다.
  (2) 즉, 의식의 시작이 곧 개성화이며, 의식이 증가하면 개성화도 증가하게 되는데, 자아란 의식의 견해를 나타내므로 의식적인 지각, 기억, 사고, 감정이 자아를 이루게 되는 것이다.

> ### 융의 개념 중 하나인 자기(self)
> 1) 자기(self)는 중심성, 전체성, 의미를 무의식적으로 추구하는 원형이다.
> 2) 자기는 태어날 때부터 존재하는 원형이며, 의식의 중심인 자아는 의식의 영역만 볼 수 있고 이에 따라 의식을 전부라고 믿고 의식의 판단에 따라 행동함으로써 무의식과 단절되어 있는데, 무의식은 꿈과 사건들을 통해 계속 자아에 무의식이 존재함을 알리려고 자극한다.
> 3) 자아의식이 확대되어 무의식을 인정할 때 자아(ego)는 자기(self)에 가까워진다.
> 4) 자기(self)의 원형은 인성이 개성화를 통해 충분히 발달되어야 드러나므로 중년이 될 때까지 드러나지 않는다.

---

[3] 김창곤 외(2015), 인간행동과 사회환경, 양서원, 권중돈(2014), 인간행동과 사회복지실천(이론과 적용), 학지사

9 | 피아제의 인지발달이론 - 인지발달단계(4단계)의 주요내용

인지 발달 단계 4)	주요 개념	1) 도식(schema)[5] (1) 유기체가 외계의 사물을 인지하고 대응하는 데 사용하는 지각의 틀 또는 반응의 틀이다. (2) 인간이 환경을 이해하는 틀로써 인간이 환경을 접할 때 반복하는 행동과 경험이다. > **도식(scheme or schema)** > 우리가 세계를 이해하고 반응하여 기능하기 위해 사용하는 지식, 절차, 관계 등을 뜻한다. 이는 유사한 환경 안에서 반복에 의해 변화되고 일반화된 행동의 구조 또는 조직화를 의미한다. 도식을 형성하고 평형을 이루기 위한 기제로서 피아제는 동화와 조절이라는 두 가지 개념을 제시한다. 2) 적응과정 '동화(assimilation)'와 '조절(accommodation)'이라는 두 가지의 하위과정으로 나누어진다. 3) 동화 자기 나름대로 기존 이해의 틀에 맞춰 외계의 대상을 이해하고 해석하는 것이다. **사례** '치와와'를 처음 본다면 기존의 '작은개' 도식에 맞추어서 이해하는 경우 4) 조절 외계의 대상이 기존의 틀로써 이해되지 않을 때 그 틀을 변화시키는 것으로 새로운 도식을 통해 인간은 외부세계에 대처하는 방법을 보다 효율적으로 구성할 수 있는 것이다. **사례** 엄마 젖을 빨던 도식을 활용해서 젖병을 빨 때는 동화를 하지만, 컵으로 우유를 마시게 될 때는 기존의 젖 빨기 도식을 수정해서 조절해야 하는 경우 5) 평형화 동화와 조절을 통해 균형 상태를 이루는 것이다. > **평형(equilibrium)** > 인간에게는 질서와 체계를 유지하려는 본능적이고도 선천적인 욕구가 있다. 피아제는 이러한 경향을 평형에 대한 욕구라고 부른다. 이러한 평형에 대한 욕구에 대한 반응으로 개인은 삶에서의 경험을 구조화시켜 조직하려는 경향이 있는데, 피아제는 이를 도식이라 하였다.

---

[4] 발달단계의 순서는 문화와 개인에 따라 다르게 나타나는 것이 아니라, 동일하다.
[5] 피아제는 유아의 인지발달이 스키마가 점차 추상적으로 되어가는 과정으로 보았는데 스키마가 실제적인 행동과 덜 연결되면서 보다 추상적인 사고와 연결되는 단계로 나아간다고 보았다.

인지 발달 단계	감각 운동기 (0~2세)	1) 0~2세의 유아는 외부세계에 대해 빨기, 쥐기와 같은 신체적 행동양식을 조직화한다. 2) 대상영속성을 형성(획득)한다. 3) 단계는 6단계로서 반사활동, 1차 순환반응, 2차 순환반응, 2차 도식의 협응, 3차 순환반응, 상징적 표상단계를 거친다. **감각운동기** 1) 빨기, 잡기 등의 반사행동으로 움직인다(반사기능 단계). 2) 적응반응을 반복하게 된다(적응적 도식 발달). 3) 사물에 관심을 가지고 이들을 탐색하는 행동을 보인다. 4) 그 후에는 원하는 목표를 지각하고 성취하려는 의도적인 행동을 한다. 5) 실험을 하듯이 시행착오 과정을 거치며 적극적인 탐색으로 사물의 속성을 파악한다. 6) 2세경에는 눈앞에 없는 사물을 내재적으로 표상하는 심상을 형성하며, 시행착오적 행동 없이도 문제를 해결하는 식으로 발달한다. - 대상영속성의 형성 및 획득 **사례** 냉장고에 넣었던 시계 줄 꺼내기가 가능한 경우
	전조작기 (2세~7세)	1) 전조작기에 해당하는 2~7세의 아동들은 언어를 사용하게 되면서 사물이나 사건을 기억하고 표현하는 능력이 가능해진다. 2) 전조작기는 변형된 경험을 논리적으로 환원시키지 못하여 논리적 사고가 힘들어진다. 3) 주요특징으로 자아중심성, 상징놀이, 물활론, 목적론적 사고, 직관적 사고, 전환적 추론, 비가역적 사고, 인공론적 사고 등이 있다.
	구체적 조작기 (7세~12세)	1) 구체적 조작기에 나타나는 논리적 사고의 가장 중요한 특징은 가역성의 개념이며 이러한 가역적 사고가 가장 잘 드러나는 개념이 보존개념, 유목화, 서열화이다. 2) 보존개념의 획득에는 어떤 상태의 변화가 그 과정을 역으로 밟아 가면 다시 원상 복귀될 수 있다는 가역성(reversibility), 높이의 감소가 폭이라는 차원으로 보상된다는 보상성, 어떤 방법으로든 가감하지 않으면 양은 동일하다는 동일성이라는 세 개념 획득을 전제로 한다. 3) 자기중심성에서 벗어나 타인의 입장과 감정을 추론하고 이해하는 조망수용능력 습득이 가능하다.
	형식적 조작기 (12세~ 성인기)	1) 이 시기의 아동은 구체적 조작기의 아동들과 달리 직접적으로 경험하지 않아도 추상적으로 사고하고 추론을 통해 가설을 세워 검증할 수 있다. 2) 원대한 문제, 즉 미래 등에 대해 생각하면서 추상적 사고가 가능해진다. 3) 현재와 다른 사회를 상상하고 이를 현실적으로 검증해 보지도 않고 미래를 예측한다. 4) 조합적 사고, 연역적 사고가 가능하다. **형식적 조작기** 1) 추상적 사고가 가능한 단계이다. 2) 눈앞에 보이지 않는 가상적인 가능성을 생각할 수 있고 실제로 경험하지 않았던 영역에서 논리적 행동을 계획할 수 있다. 3) 가설을 설정하고 검증하는 가설적·연역적 사고가 가능하다. 4) 피아제는 청소년과 성인의 인지작용에는 차이가 없다고 보았다. 5) 성인기는 형식적 조작 사고가 강화되고 공고화되는 과정이다.

10 | 스키너의 행동주의적 학습이론 - 인간관과 주요 개념

인간관		1) 인간행동은 내적 충동에 의하여 결정되기보다는 외적 자극(환경)에 의해 동기화된다. 2) 인간은 보상과 처벌에 의해 유지되는 기계적 존재이며, 인간행동은 결정론적 시각에 의해 결정된다. 3) 예측 가능하기 때문에 통제가 가능하다고 할 수 있고 인간의 행동은 환경의 자극에 의해 동기화되고 행동 양식에 따르는 강화에 의하여 결정된다. 4) 환경결정론을 의미하는 것이다.
주요 개념	고전적 조건화 (파블로프)	인간이 환경자극에 수동적으로 반응해서 형성되는 행동으로 반응적 행동을 설명하는 개념으로 고전적 조건화는 어떤 자극에 유기체가 자동적 또는 수동적으로 반응을 일으키게 하는 속성 때문에 '반응적 조건화'라고도 한다.
	조작적 조건화 (스키너)	1) 고전적 조건화와는 다르게, 유기체가 원하는 결과를 얻기 위하여 실행하게 되는 자발적이면서 능동적인 행동 반응이다. 2) 조작적 행동은 제시되는 자극이 없이 자발적으로 방출되는 행동이며 조작적 행동은 행동이 완성된 후에 일어나는 결과에 의존해서 일어나는 조건적 행동으로서 조작적 조건형성은 행동과 그것의 결과의 연합을 통해 조작행동을 형성하는 절차이다.
	강화	특정 반응이 반복해서 나타날 가능성을 증가시키는 것으로 어떤 행동에 뒤따르는 사건이 그 행동을 다시 야기할 가능성을 증가시킬 때마다 일어나는 반응의 빈도를 증가시키는 것이다.
	처벌	특정 반응이 반복되어 나타날 가능성을 감소시키는 것으로 사람에게 그가 원하는 어떤 것을 빼앗아 가거나 또는 원하지 않는 어떤 것을 줌으로써 반응을 약화시키는 것이다.
	정적 강화	반응 후에 유쾌하거나 바람직한 긍정적인 자극을 주는 것이다. **사례** 아이가 청소를 하는데 그 청소의 영역을 더 넓히기 위해서 긍정적 강화물(정적 강화물)인 아이스크림을 사준다든지 컴퓨터를 할 수 있는 시간을 더욱 늘려주는 경우
	부적 강화	행동에 뒤따르는 혐오자극을 제거함으로써 반응의 빈도가 증가하는 것이다. **사례** 자녀의 방 청소행동 증가를 위해 개인 과제물을 면제해 주는 경우
	정적 처벌	반응 후에 혐오적인 자극이 제시되는 것이다. **사례** 동생을 때리면 엄마가 회초리로 때리는 경우
	부적 처벌	반응 후에 매력적인 자극이 제거되는 것이다. **사례** 동생을 때리면 용돈을 주지 않거나 컴퓨터 게임을 못하게 하는 경우
	변별자극	특정한 반응이 보상받거나 보상받지 못할 것이란 단서 혹은 신호로 작용하는 것이다. **사례** 학생이 낙서를 할 때 선생님의 찌푸린 얼굴의 경우 보상받지 못할 것이라는 신호로 작용한다.
	소거 (관심 중단)	1) 어떤 자극이 있은 후에도 특정 행동이 일어나지 않는 것이다. 2) 사람의 행동이 주위로부터 관심을 받지 않으면 저절로 도태된다는 강화의 원리를 역이용해서 아동이 문제행동을 보여도 철저하게 관심을 보이지 않는 기법이다.
	행동형성 (행동조성)	1) 원하는 목표행동을 단계적으로 조작하여 최종적으로 실행하기를 바라는 반응에 점차적으로 근접해 가도록 하는 것이다. 2) 기대하는 반응과 행동을 학습하고 목표로 삼는 바람직한 행동으로 강화시켜 점진적인 과정을 거쳐 나아가는 행동 양상이다.

간헐적 강화 계획	간격 계획	1) 고정간격 강화계획은 3분마다 혹은 5일마다 일정한 간격을 정해서 학습자에게 강화를 제공하는 것을 말한다. 2) 변동간격 강화계획은 정해진 시간 간격 없이 2분 또는 20분마다 불규칙적으로 강화를 제공하는 것을 말한다.
	비율 계획	1) 고정비율 강화계획은, 예를 들면 학습자가 10가지의 과제를 정확하게 해결할 때마다 강화를 주는 것을 말한다. 2) 변동비율 강화 계획은 일정한 반응수마다 강화를 주지 않고 불규칙적으로 강화를 주는 것으로 처음에는 5가지 과제를 맞추면 강화를 주다가, 다른 때에는 7가지 과제를 맞추면 강화를 주는 계획을 말한다.
		1) 일반적으로 간격보다 비율이, 고정적인 것보다 변동적으로 강화를 주는 것이 훨씬 강화효과가 크며 형성된 학습행동이 더 오래 지속되는 경향이 있다. 2) 반응률이 가장 높은 순부터 나열하면 변동비율 강화계획, 고정비율 강화계획, 변동간격 강화계획, 고정간격 강화계획의 순서이다. 암기법 변비 - 고비

11 | 반두라의 사회학습이론(사회인지이론) - 주요 개념

개념	내용
모델링 (= 모방)	다른 사람이 행동하는 것을 보고 들으며 그 행동을 따라서 하는 것으로 모델링의 효과는 모델과 관찰자의 유사성, 모델의 지위와 신분관계, 신뢰의 정도와 전문성 여부, 모델 학습의 횟수에 따라 다르게 나타난다.
인지	학습된 반응을 수행할 의지의 표현은 인지의 통제 정도에 따라 다르게 나타나기 때문에 사회적 학습은 인지행동적 학습이라고도 한다.
자기조정 (= 자기규제)	1) 개인은 자신의 행동 결과를 예견하고 통제하는 기준을 가지는데, 이는 자기관찰, 자기판단, 자기반응 과정이 있다. 2) 즉, 수행과정, 판단과정, 자기반응의 과정으로 이루어진다.
자기 강화	1) 자기 강화는 스스로 자신의 감정과 인지사고를 통제하고 행동을 제한할 수 있는 능력이 있음을 믿고 그 능력으로 인하여 자신의 행동을 유지, 변화시켜 나가는 과정이다. 2) 직접강화와 대리강화는 환경에 의해 주어지는 것이지만, 자기강화는 각 개인에 의해 의식적으로 만들어지는 것이다. 3) 인간행동은 전적으로 외적인 영향에 좌우되는 것이 아니라, 개인이 자신의 감정, 사고, 행동을 통제할 수 있는 자기조절 능력을 가진다.
자기효능감	1) 자기 효능감은 바람직한 효과를 기대하면서 산출적인 행동반경을 성공적인 방향으로 수행토록 인도하는 개인의 믿음, 즉 자신이 바라는 목적을 이루기 위해 어떤 특정 행동을 성공적으로 수행할 수 있다는 신념이다. 2) 자기효능감은 개인의 과거 성취경험, 대리경험, 정서적 각성, 언어적 설득으로부터 비롯된다.

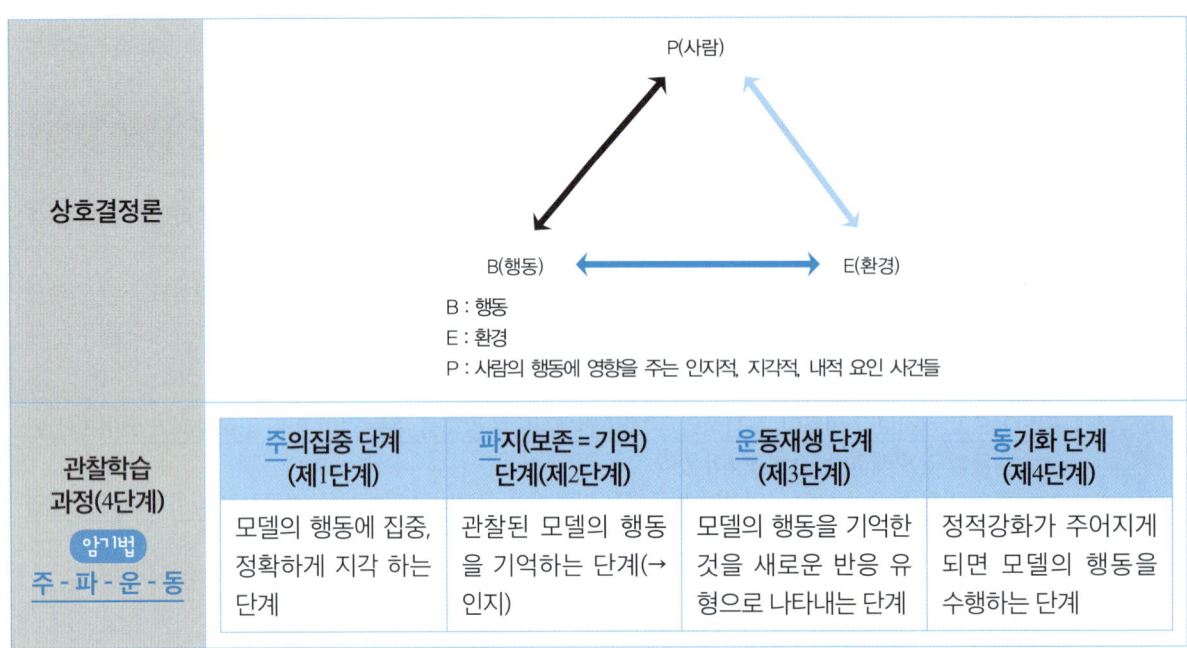

상호결정론	B : 행동 E : 환경 P : 사람의 행동에 영향을 주는 인지적, 지각적, 내적 요인 사건들			
관찰학습 과정(4단계) **암기법** 주 - 파 - 운 - 동	**주**의집중 단계 (제1단계)	**파**지(보존 = 기억) 단계(제2단계)	**운**동재생 단계 (제3단계)	**동**기화 단계 (제4단계)
	모델의 행동에 집중, 정확하게 지각 하는 단계	관찰된 모델의 행동을 기억하는 단계(→ 인지)	모델의 행동을 기억한 것을 새로운 반응 유형으로 나타내는 단계	정적강화가 주어지게 되면 모델의 행동을 수행하는 단계

12 ㅣ 인본주의 이론(로저스, 매슬로우)

1) 로저스의 현상학 이론 - 인간관

(1) 인간은 자유로우며 자신의 행동에 책임을 지고 유목적적이며 합리적이고 건설적인, 긍정적인 방향으로 지속적으로 성장해 나가는 미래 지향적 존재이다.
(2) 선천적으로 잠재력을 발휘할 수 있는 존중과 신뢰의 기반으로 인간은 무한한 성장과 발전이 가능하다.
(3) 인간은 선천적으로 타고난 성장가능성을 실현하는 과정에서 자신의 인생목표와 방향을 스스로 결정하고 결정에 따르는 책임을 수용하는 자유로운 존재이다.
(4) 인간의 합리성은 자아실현의 경향이 강해지고 인간이 자유로워질 때 강하게 표출되며 자아실현 경향을 자기성숙으로 지향하는 진보적인 추진력을 가지고 있다.
(5) 인간을 전체적, 통합적으로 이해한다.

2) 로저스의 현상학적 이론 - 충분히 기능하는 사람의 특성

충분히 기능하는 사람은 자신의 잠재력을 인식하고 능력과 자질을 발휘하여 자신에 대한 완벽한 이해와 경험을 풍부히 하는 방향으로 이동해 나가는 사람이다.

경험에의 개방성	가치의 조건에 아무런 제재를 받지 않는 상태로 자신의 감정과 태도를 자유로이 경험할 수 있으며 방어기제의 사용 없이 자신을 개방할 수 있다. (↔방어적인 삶)	
실존적인 삶	경직성, 경험에 대한 의도적인 구조가 없는 삶이다. 모든 경험이 이전에는 결코 비슷한 방법으로 존재하지 않았던 것처럼 새롭게 느낀다. (↔전에 부모로부터 습득한 방식대로 삶)	
자신의 유기체에 대한 신뢰	가장 만족스런 행동에 도달하는 믿을만한 수단이 자신의 유기체임을 믿는 상태이며 옳다고 느껴질 때 그렇게 행동한다. (↔유기체의 불신)	
자유 의식 (선택이나 행동에의 자유)	삶에 대한 개인적 지배를 즐기며 그것은 일시적인 생각이나 환경, 과거의 사건들에 의해 결정되는 것이 아니라 자기 자신에게 달려있다고 믿는다. (↔조작되는 느낌, 자유롭게 선택할 수 없음)	
창조성	타인들로부터의 인정에 별 관심이 없기 때문에 자기 자신이 존재하는 모든 영역에서 창의적인 자세와 삶으로 스스로를 표현한다. (↔일상적이고 틀에 박힘)	

3) 매슬로우의 욕구위계이론 - 인간관

(1) 매슬로우의 이론 역시 인본주의에 입각한 이론이기 때문에 근본적으로 긍정적인 인간관을 지니고 있다.
(2) 인간의 본성은 원래 선하다.
(3) 인간은 자유롭고 자율적이며, 인간 행동은 내면으로부터 나오지만 무의식적 동기의 산물은 아니다.
(4) 인간행동을 연구하고 이해하기 위해서는 인간의 병리적 측면보다 건강한 사람의 행동과 지각에 대해서 탐구해야 한다.
(5) 사람은 능력 있는 존재이며 기본적인 욕구들이 충족되면 인간성을 취취하고 결국은 자아실현자가 된다.

4) 매슬로우의 욕구위계이론[6] - 욕구 5단계(강도와 중요도에 따른 분류)

결핍 동기	생리적 욕구	1) 가장 강력한 욕구로서 유기체의 생존과 유지에 관련됨 2) 인간의 생존을 위해 필요한 음식, 물, 공기 등에 관한 생리적 욕구가 다른 욕구에 비해서 가장 기본적이고 강력함
	안전의 욕구	1) 질서 있고 안정적이며, 예언할 수 있는 세계에 대한 유기체의 욕구 2) 안전 욕구의 만족을 위해 안전, 보호, 질서, 공포와 불안으로부터의 자유가 요구됨
	소속과 애정의 욕구	개인은 다른 사람과의 친밀한 관계, 연인 관계를 맺기를 원하며 특별한 집단에 소속되기를 바람
	자기존중의 욕구	1) 자신으로부터의 존중과 타인으로부터의 존중을 필요로 하며 자아존중을 이루기 위해 유능감, 자신감, 성취, 독립, 자유 등을 갖는 것이 요구됨(→사회적 인정) 2) 자아존중의 욕구를 충족시킨 사람은 자신의 힘, 가치에 대해 확신을 가짐

---

[6] 매슬로우의 욕구위계이론(Maslow's hierarchy of needs)에서 욕구는 인간의 동기가 일반적으로 움직이는 양상을 묘사하기 위해 각 동기단계를 작용하는 욕구로, 생리적 욕구(가장 강도가 높음), 안전의 욕구, 애정과 소속의 욕구, 자기존중의 욕구, 자아실현 욕구(가장 위계가 높음)로 구분했다.

성장 동기	자아실현의 욕구	발달의 마지막 단계인 자아실현은 자신의 모든 잠재력과 능력을 인식하고 충족시키는 것으로 가장 높은 수준의 욕구임
모형		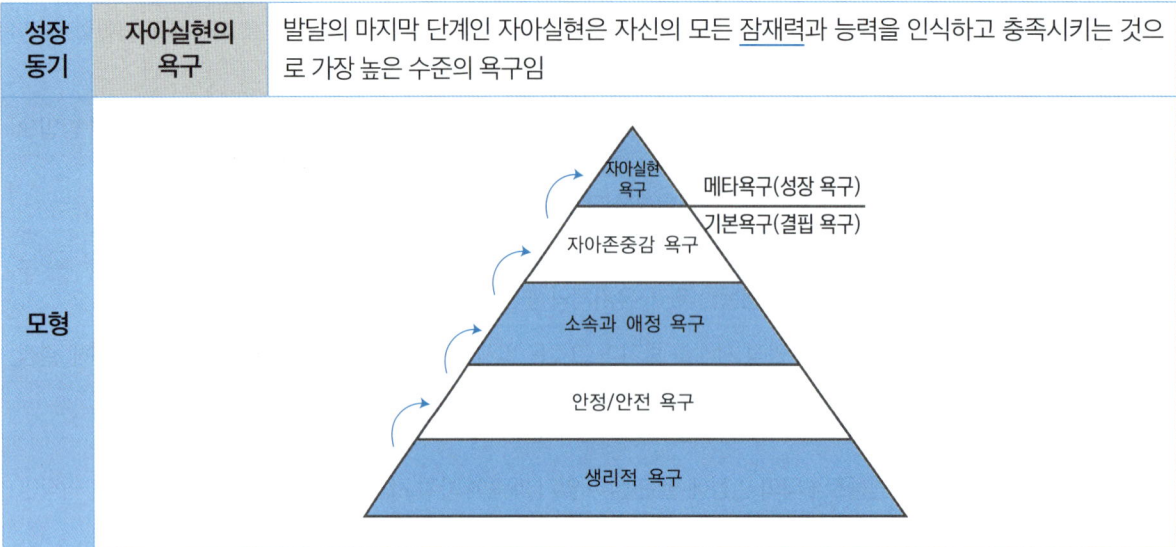

실력다지기

매슬로우(A. Maslow)의 욕구이론 – 욕구발생 순차성의 몇 가지 예외 인정

1) 욕구 단계의 고정성에 대한 예외
   일반적으로 욕구계층이 하위욕구로부터 상위욕구로 이행하면서 순차성을 이루는 것은 보통이지만, 예외적인 경우도 있다. 즉 사랑의 욕구가 자기존경의 욕구보다 강할 경우도 있고 사람에 따라서는 자아실현 욕구가 다른 욕구보다도 강하게 나타날 수도 있다고 주장한다.

2) 욕구충족의 상대성
   하위단계의 욕구가 완전히 충족되고 난 후, 상위단계의 욕구가 발생하기보다는 하위단계의 욕구가 어느 정도 충족되면 다음 단계의 욕구가 발생하게 된다는 것이다. 일반적으로 다섯 가지 욕구 중 부분적인 충족과 부분적으로 미흡한 충족이 일반적이며, 상위 욕구일수록 충족의 정도는 낮게 나타나는 경향이 있다고 주장한다.

3) 동기유발 요인의 복합성
   행동을 유발하는 데 작용하는 욕구는 일반적인 경우 단일적으로 작용하기보다는 오히려 복합적으로 작용하는 경우가 더 빈번하다고 할 수 있다. 예컨대 열심히 일하는 것은 경제적 보상은 물론, 상사로부터 인정받고 싶은 욕구와 경우에 따라서는 자아실현 욕구와도 관련된다고 할 수 있다.

기출문제 확인학습

인간발달 이론이 사회복지실천에 미친 영향

1) 피아제(J. Piaget)의 이론은 아동의 과학적, 수리적 추리과정의 발달과정을 이해할 수 있도록 준거틀을 제시하였다.
2) 프로이트(S. Freud)의 이론은 클라이언트의 심리내적 갈등이 무의식의 동기에서 비롯된다는 것을 인식하도록 하였다.
3) 에릭슨(E. Erikson)의 이론은 클라이언트의 생애주기에 따른 실천개입의 지표를 제시해 주었다.
4) 반두라(A. Bandura)의 이론은 클라이언트의 모방학습의 중요성을 인식하도록 하였다.
5) 매슬로우(A. Maslow)의 이론은 클라이언트의 욕구를 파악하고 평가하는데 유용하다.

정리

주요 이론과 학자 및 주요 개념 정리

이론	학자	주요 개념
정신분석 이론	S. Freud	의식/전의식/무의식, 원초아/자아/초자아, 심리(정신)결정론, 성격발달 5단계(구강기 - 항문기 - 남근기 - 잠복기 - 생식기), 리비도, 자아 방어기제 용어 사용(안나 프로이트 - 방어기제 이론 정립)
심리사회 이론	Erickson	발달단계 8단계(기본 신뢰감/불신감, 자율성/수치심, 주도성/죄의식, 근면성/열등감, 자아정체감/역할혼란, 친밀감/고립감, 생산성/침체, 자아통합/절망감), 자아정체감, 점성원리, 심리사회적 유예, 환경(사회, 문화)에 관심 - PIE체계(환경 속 인간)에 공헌
분석심리 이론	Jung	의식/개인무의식/집단무의식, 원형, 페르소나, 그림자(음영), 아니마, 아니무스, 중년기의 개별화, 콤플렉스 등
개인심리 이론	Adler	생활양식, 출생순위, 열등감과 보상, 우월성 추구와 노력, 사회적 관심, 자아의 창조적인 힘, 가상적 목표 등
행동주의 이론	Skinner	자극(S) - 반응(R), 조작적 조건화, 강화(정적/부적), 강화계획[간헐적 - FI(고정간격)/FR(고정비율)/VI(변동간격)/VR(변동비율 - 가장 반응률 높음)], 벌(정적/부적), 소거, 타임아웃, 체계적 둔감화 등
사회학습 이론	Bandura	모델링, 인지, 자기조정/규제, 자기강화, 자기효능감, 상호결정론, 관찰학습(주의집중 - 보존 - 운동재생 - 동기과정)
인지발달 이론	Piaget	보존, 도식(schema), 적응(동화/조절), 조직화, 인지발달단계 : 감각운동기(대상영속성 형성) → 전조작기(전 개념적 사고, 직관적 사고, 자기중심성, 집중성, 비가역성, 상징놀이) → 구체적 조작기(보존 개념, 논리적 사고) → 형식적 조작기(연역적 사고, 추상적 사고, 가설 설정, 추론, 조합적 사고)
도덕성 발달 이론	Kohlberg	3수준 6단계(전인습수준 - 벌과 복종/욕구충족 수단, 인습수준 - 대인관계 조화/법과 질서 준수, 후인습수준 - 사회계약정신/보편적 도덕원리) 암기법 벌욕/대법/계보
현상학적 이론	Rogers	자기(self) 또는 자기개념, 자기개념과 경험의 불일치, 긍정적 관심에의 욕구, 가치 조건화, 현상학적 장, 자기실현 경향성, 완전히(충분히) 기능하는 사람, 무조건적 긍정적 존중, 공감적 이해, 진실성(= 일치성)
욕구계층 이론	Maslow	욕구체계(생리적 - 안전 - 소속과 애정(사랑) - 자기존중 - 자아실현 욕구), 결핍동기(생리적, 안전, 소속과 애정(사랑), 자기존중 욕구), 성장동기(자아실현), 자아실현 욕구를 충족한 사람의 특징

※ 현상학적 이론과 욕구계층이론은 인본주의 이론에 속함

13 | 인간발달단계

	1단계	임신초기, 임신 1~3개월로서 가장 중요한 시기이며, 급속한 세포분열이 진행되고, 임산부의 영양상태가 중요하며 약물복용에 가장 큰 영향을 받는 단계이다.
	2단계	임신중기, 임신 4~6개월로서 태아는 계속적으로 성장하면서 손가락, 발가락, 피부, 지문, 머리털이 만들어지면서 심장 박동이 규칙적으로 운동한다.
	3단계	임신말기, 임신 7~9개월로서 태아 발달이 완성되는 시기로서, 중요한 것은 태아의 생존능력이다.

태내기

> **기출문제 확인학습**
>
> **태아 발달 순서**
> 태아 발달 순서는 신경관 → 심장 → 귀 → 팔, 다리, 눈 → 입 → 외부 생식기의 순이다. 가장 먼저 기능을 발휘하는 것은 심맥 관계, 즉 심장과 혈관이다. 발생 4주초가 되면 심장박동을 시작하는데, 이렇게 심장과 혈관이 빠르게 기능을 시작하는 이유는 태반을 통해 산소와 영양분을 공급받고 이산화탄소와 노폐물을 배출해야 하기 때문이다.

태아에 영향을 주는 요인

임산부의 영양상태	임산부의 영양결핍은 조산 및 저체중아 출산 그리고 신생아 사망률과 밀접하게 관련이 있다.
약물복용	아스피린, 카페인의 지나친 복용, 마약중독도 문제를 초래할 수 있다.
알코올	이상한 얼굴 모양과 작은 머리와 몸의 이상, 정신 능력의 저하, 이상한 행동패턴 - 알코올 증후군(FAS)
흡연	• 담배의 니코틴은 임산부의 체내를 통과하며 태아에게 영향을 미친다. • 자연유산, 사산, 저체중아, 언청이의 출산과 관계가 있다.
임산부의 나이	45세 이상의 임산부는 20세 또는 21세의 임산부에 비하여 40배나 다운증후군의 아이를 출생할 확률이 높다.
정서상태	• 임산부의 신체 및 생리적인 변화를 겪는 우울증, 여러 가지 정서적인 스트레스를 의미한다. • 임산부의 스트레스가 쌓이면 태아의 건강 위축, 태아에게 행동적인 문제를 야기한다. **사례** 母의 분노 → 아드레날린 분비 → 母의 혈액을 통해 태반에 유입
기타	임산부의 질병, 환경 공해, 부모의 사회경제적 지위(경제적 상태) 등

> **기출문제 확인학습**
>
> **임신 중 태아기에 기형 혹은 저체중을 발생시키는 요인**
> 간접흡연, 항생제 섭취, 알코올 섭취, 폴리염화비페닐(PCB)에 노출되는 것 등

태내기	이상 증후군	
		1) 다운증후군 　(1) 염색체 배열에서 21번 염색체가 3개일 때 나타나는 장애이다. 　(2) 지적장애 : 지능지수가 50 정도의 심한 지체를 보인다. 　(3) 목이 짧고 머리가 작은 등의 신체적 장애와 외모에서 뚜렷이 장애의 징후가 나타난다. 　(4) 산모의 연령과 관련이 있고 산모의 연령이 증가할수록 나타날 확률이 높다. 2) 클라인펠터 증후군 　성염색체 비분리에 의해 인간에게 발생하는 유전병의 일종으로 성염색체를 XXY 등의 비정상적인 형태를 가지고 있어, 남성이지만 생식 능력이 불완전하다. 3) 터너증후군 　염색체 이상의 하나로, 정상 여성의 성염색체가 XX로 X염색체가 두 개인 데 반해 X염색체가 하나밖에 없기 때문에 발생하는 증후군이다. 생식기는 여성의 형질이 나타나지만, 난소의 발육이 완전하지 않아 2차 성징이 나타나지 않는다. 4) 혈우병 　혈액을 응고해 주는 인자가 부족하여 피가 잘 멈추지 않는 병으로, 유전병으로서 혈우병 A형과 B형의 유전자는 열성 유전이며, X 염색체에 존재한다. 이 유전병은 남성에게서 많이 발병한다. 5) 페닐케톤뇨증 　단백질 아미노산의 하나인 페닐알라닌을 대사하지 못하는 유전병으로 상염색체 열성으로 유전한다. 체내에 페닐알라닌과 그 대사산물의 축적으로 지능 장애, 담갈색 모발, 피부의 색소 결핍 등의 증상이 나타난다. 6) 테이 - 삭스병 　(1) 지질대사의 장애에 의하여 중추신경 및 기타의 장기에 지질이 축적하는 질환이 있다. 　(2) 테이 - 삭스병은 그중의 하나로 신경계에만 축적이 되는 것을 특징으로 한다. 　(3) Tay와 Sachs 2인의 의사의 이름을 붙인 것으로, 진행성 정신장애, 실명, 간질발작이 임상적으로 나타나고 대개 2세 미만에 쇠약 또는 감염으로 인하여 사망한다.

> **기출문제 확인학습**
>
> ### 태아기의 유전성 질환
>
> 1) 유전성 질환은 유전자 이상으로 발생하는 신체적·정신적 이상을 모두 가리키는 것이다.
> 2) 유전자 이상으로 인한 장애에 묘성(cat - cry) 증후군[7]이 포함된다.
> 3) 유전성 질환은 유전적 요인과 환경적 요인의 상호작용에 의해 발생할 수 있다.
> 4) 유전성 질환을 가진 태아는 임신초기에 유산되는 것은 아니며, 출산 후 생존이 가능할 수 있다.
> 5) 유전질환 가능성을 알기 위하여 임신 15~17주 경 양수를 채취하여 진단할 수 있으나 태아에 손상을 줄 우려가 있다.

---

7) 묘성(고양이 울음) 증후군(Cat's cry syndrome) 또는 5번 염색체 결실 증후군(chromosome 5p deletion syndrome), 또는 르죈 증후군(Lejeune's syndrome)은 5번 염색체의 일부가 결실되어 일어나는 드문 유전병이다. 명칭은 이 병에 걸린 아동이 고양이의 울음소리를 내는 데서 비롯되었다. 1963년에 프랑스의 유전학자 제롬 르죈이 발견했다. 신생아 50000명당 1명 꼴로 발생하며, 인종에 따른 차이는 없다. 4 : 3 비율로 여아에게서 더 많이 발병한다.

영아기 (출생~2세) ‖ 제1성장 급등기	신체적 발달 - 주요 반사운동	1) 빨기반사 - 생존반사 　무의식적으로 젖이나 입 주위의 것을 빤다. 2) 탐색반사(= 젖찾기 반사) - 생존반사 　자극에 대한 자동적인 움직임으로서 입술과 입 근처 볼에 물건이 닿으면 자동으로 머리를 돌리는 등 자극이 있는 방향으로 입을 돌려 빨고자 한다. 3) 모로반사(= 경악반사 = 껴안기 반사) - 비생존반사 　갑자기 놀라 큰소리를 듣고 신체적인 충격을 받았을 때마다 몸 쪽으로 팔과 다리를 움츠리는 것으로, 큰 소리나 몸이 불안정하게 되어 놀라면 등을 구부리고 손과 발을 앞으로 뻗는 반사이다. 4) 걷기반사 - 비생존반사 　아이를 들어 올려 발이 바닥에 닿게 되면 발을 번갈아 짚으며 걷는 것과 유사한 움직임을 나타낸다. 5) 쥐기반사(= 파악반사) - 비생존반사 　손바닥을 누르면 꽉 쥐며 이를 파악 반사라고도 한다. 6) 바빈스키 반사 - 비생존반사　**암기법** **바 - 발** 　아기의 발바닥을 간지럽게 하면 발가락을 발등 위쪽으로 부챗살처럼 편다.
	인지 및 지적 발달	1) 정보를 받아들이면서 다양한 감각을 배우는 시기이며 목적 지향적 행동을 하며 추상적 사고는 매우 어려운 시기이다. 2) 언어발달이 되지 않아 주로 지각과 환경탐색을 통해 개념이 형성되는 시기이다.
	정서 발달 - 애착형성과 발달	1) 애착은 유아와 양육자 사이에 형성되는 애정적 유대관계로 어머니와 애착관계가 형성된다. 2) 애착발달 4단계(보울비) 　(1) 제1단계(출생~3개월) : 비사회적 단계 - 울음, 미소 응시를 통해 양육자와의 접촉을 시도한다. 　(2) 제2단계(3~6개월) : 비변별적인 애착단계 - 몇몇 친숙한 성인에게 반응이 한정되며 가장 중요한 시기이다. 　(3) 제3단계(6개월~2세) : 특정 애착단계 - 낯가림, 격리불안(= 분리불안)이 나타난다. 　(4) 제4단계(2세 이후) : 다중 애착단계 - 양육자와 협력자 관계 형성, 사회적 관계에 대한 기본적 이해를 획득한다. **기출문제 확인학습** **애인스워스(M. Ainsworth)의 애착유형** 1) 안정애착 　안정애착은 어머니에게 안정적으로 애착되어 있는 유형이다. 이 유형에 속하는 영아들의 특징은 활발하게 잘 놀며 주위를 탐색하기 위해 어머니와 쉽게 떨어지고 어머니와 함께 놀 때는 밀접한 관계를 유지한다. 어머니와의 짧은 이별 후 고통을 경험했음에도 불구하고 어머니와 재회할 때 적극적으로 접촉을 시도하고, 어머니와의 접촉 후에는 곧바로 안정을 되찾고 다시 놀이에 몰두한다. 2) 불안정 회피애착 　불안정 회피애착은 어머니에게 불안하게 애착되어 있고 어머니를 회피하는 유형이다. 이 유형에 속하는 영아들은 어머니와 재회할 때 어머니를 회피하고 어머니와의 두 번째 짧은 이별 후에 회피행동이 더 강하게 나타난다.

영아기 (출생~ 2세) = 제1성장 급등기	정서 발달 - 애착형 성과 발달	3) 불안정 저항애착 　불안정 저항애착은 어머니에게 불안하게 애착되어 있고 어머니에게 저항하는 유형이다. 이 유형에 속하는 영아들은 어머니와 분리 후 재회할 때 자신을 두고 떠난 어머니에 대하여 화를 내면서도 어머니와 가까이 있고 싶어 하고 접촉하려고 시도하지만, 어머니가 안아주면 뿌리치고 밀어내는 양면성을 보이며 쉽게 안정감을 찾지 못한다. 이 유형에 속하는 영아들은 다른 영아들에 비해 더 화가 나 있는 것이 눈에 띄며, 소수의 영아들은 좀 더 수동적이다. 4) 불안정 혼란애착 　주 양육자의 정신적 트라우마와 학대로 양육된 유형으로 저항애착과 회피애착이 복합된 가장 불안정한 유형이다. 위험상황이 오면 아이들이 얼어 있거나 기절한 것처럼 바닥에 쓰러지기도 한다. 상실(loss)을 많이 경험한 유형이다.
유아기 또는 걸음마기 (2~ 4세)	신체적 발달	1) 신체적 발달은 머리 부분에 집중되고 점차 신체 하부로 확산된다. 2) 신체적 균형 - 그러나 불안정하다.
	운동발달	균형 있는 걸음걸이, 달리기, 대소변 훈련의 마무리 시기, 손과 눈의 협응 능력 발달하나 미숙한 단계이다.
	인지 및 지적 발달	1) 대소변의 배변 훈련시기로 자아가 발달되는 시기이다. 2) 초자아가 발달되기 시작하는 시기로 판단기준인 자아 이상과 양심의 체계화가 형성된다. 3) 지적 활동의 도식이 머릿속에 형성되기 시작하여 기호적 기능이 자리 잡게 되는 시기이며 상징놀이가 출현한다.
	정서 및 사회성 발달	1) 걸음마 단계인 유아기 때는 대개 엄마와의 관계 속에서 정서와 사회성이 형성된다. 2) 이 시기에 점차 엄마와의 관계에서 분리되면서 주변 환경의 대상에게 눈을 돌리고 이 대상관계를 통하여 사회성이 형성된다. 3) 자기 통제(충동에 대한 통제와 환경에 대한 지배) 및 자율성도 형성되는 중요한 시기이다.
학령 전기 또는 유아기 (4~ 7세)	신체적 발달	1) 신체적 성장에서 신장은 출생 시의 2배, 체중은 5배 정도로 발달한다. 2) 운동 기능은 다각형을 그릴 수 있을 정도로 정교해지며 작은 공을 똑바로 던지고 받을 수 있게 된다.
	심리적 발달 및 인지발달	불완전한 분류능력, 자아중심성의 경향, 사고적 측면에서 비가역성을 보인다.
	도덕성 발달	자기중심적인 2~6세 동안의 전조작기에 존재하는 도덕적 수준, 피아제의 도덕성 이론에 의하면 타율적(사실적) 도덕기, 콜버그의 도덕성 이론에 의하면 전인습적 수준에 해당한다.
	정서 발달	5~6세가 되면 집 밖에서 일어나는 일로 질투심이 나타나 가정 내에서의 질투는 점차 감소하며 자신의 감정을 감추는 등의 여러 가지 기제를 갖게 되므로 감정을 보다 능숙하게 숨길 수 있게 된다.

학령전기 또는 유아기 (4~7세)	사회적 관점 수용능력 (= 조망 수용능력)		1) 3~6세가 되면 다른 놀이터에 가서 친구들과 자주 노는 시간 때문에 다른 사람의 관점을 수용할 수 있는 능력, 즉 사회적 관점을 수용할 수 있는 능력이 생긴다. 2) 그러나, 자신의 관점과 타인의 관점을 정확하게 구별할 수 없기 때문에 학령전기에는 사회적 관점 수용능력의 발달수준이 매우 낮고 유아는 대인 관계 상의 갈등을 객관적으로 해결하지 못한다.
	성역할 학습		이 시기에는 성역할에 대한 인식이 생기며 전체적인 자아개념에 자신의 성을 연결시키게 되며 자신의 성과 그에 맞는 행동 및 사회적 관계에 관심을 갖게 되며 점차적으로 성역할 기준을 자신과 친구들의 행동에 적용하려고 한다.
학령기 또는 아동기 (7~12세)	심리적 발달	인지 발달	피아제의 구체적 조작기 단계에서 성취하는 능력은 보존기술, 분류기술, 서열화 기술, 수 개념 조합 등의 개념적 기술들이 점차적으로 발달한다고 하였다.
		감각 발달	1) 지적 기능이 분화됨에 따라 객관적인 지각이 가능해진다. 2) 유아기에 발달한 운동지각은 아동기에는 점차 공간지각으로 전환되어 간다.
		지능과 창의성 발달	1) 지능은 인간이 유목적적으로 행동하고 합리적으로 사고하고 능률적으로 환경에 대처할 수 있는 총체적 능력이다. - 웩슬러 2) 인간의 지능발달은 11~12세까지는 거의 직선적으로 발달한 후부터 점점 완만하게 발달하여 17~18세경에 절정에 이른다.
		정서 발달	1) 비교적 정서적으로 안정된 시기로 정서적 통제와 분화된 정서표현이 가능하다. 2) 사회적 관계범위가 넓어지기 때문에 분노의 감정 표출 및 통제를 하며 정서를 표출하는 규칙에 대한 이해도 증가한다.
		자아 개념의 발달	1) 자기 존재에 대해 인지사고 체계에 의하여 형성된 것이 자아개념이고 자기 존재에 대한 느낌이 자아존중감이다. 2) 자아존중감은 3가지로, 첫째 학업에 대한 자아 존중감, 둘째 부모와의 관계 및 또래와의 관계로 인한 사회적 자아 존중감, 셋째 신체적 자아 존중감이 있다.
	사회적 발달	학교	1) 학교는 아동의 인지발달의 장이면서 아동의 사회적 활동의 현장으로서 사회적 발달에도 많은 영향을 미친다. 2) 친구와의 상호작용을 통해 자아중심적 관점이 감소되고 협동, 경쟁 등 원리를 습득하게 되며, 사회적 규칙이나 압력에 반응하는 방법을 학습하게 된다.
		친구 관계의 경험	1) 친구들에 의해 삶과 관련된 여러 측면에는 다양한 방식이 있다는 것을 안다. 2) 또래집단 경험을 통하여 또래집단의 사회적 규범과 압력에 점점 더 민감해진다. 3) 동성의 친구와 친밀한 관계를 경험한다.
		단체 놀이와 사회적 발달	1) 아동은 집단의 목표를 자신의 목표보다 상위에 놓는 것을 배우게 된다. 2) 분업의 원리 : 분업이 목적을 성취하기 위해 효과적이라는 것을 이해하고 놀이를 통해서 어떤 놀이를 할 때에 어떤 부분은 내가 감당을 하고 다른 것은 다른 친구가 감당을 한다는 것이 바로 분업의 원리이다. 3) 경쟁의 여러 측면을 깨우치고 자신의 역할을 보다 상대적이고 상호관련성을 갖는 측면에서 개념화할 줄 알게 된다.

청소년기 = 제2성장 급등기	전기 (12~18세)	신체적 변화	1) 청소년기 전기의 특징은 급속한 성장과 생식능력의 획득이다. 2) 청소년 전기의 급속한 신체적 변화는 자신을 더욱 성인에 가깝게 느끼도록 해주며 성역할에 대한 동일시를 강화시킨다. 3) 성적 성숙에 따라 발생하는 현상들에 대해 양가감정을 갖는 등 심리적으로도 영향을 미친다.
		인지적 발달	1) 청소년기에는 신체적 성숙과 더불어 인지적 능력도 확대된다. 2) 자신의 지각과 경험보다 논리적 원리에 지배를 받기 때문에 좀 더 추상적인 사고가 가능하며, 경험하지 못한 사건에 대해 가설을 설정하고 미래를 예측할 수 있게 된다. - 형식적 조작기 3) 형식적 조작사고는 자신의 사고를 비판적으로 검토할 수 있고 한 변수가 다른 변수에 미치는 영향에 대한 가설을 세울 수 있는 능력이 있다.
		심리 사회적 발달	1) 또래집단 : 청소년기 전기의 청소년들은 또래집단에서 인정받고자 하는 욕구가 매우 강하며 심리적으로 어떤 집단의 성원이 되기를 원하는 경향이 있고 또래집단의 경험을 통해서 청소년들은 집단의 조직을 평가하고 조직 내에서 자신의 위치를 평가하는 기술을 배우게 된다. 2) 이성관계 : 청소년기 전기에는 아직은 동성의 친구관계가 중요하지만, 성적 성숙과 사회적 기대 결과로 이성관계가 새로운 관심의 대상이 되기 시작한다.
		정서적 발달	질풍노도의 시기로서, 청소년기 전기는 감정이 격하고 기복이 심하며 그 표현도 과격하고 낙관적, 비관적 감정이 교차하기도 하며 자부심과 수치심을 강하게 경험하기도 한다.
	후기 (18~22세)	신체적 발달	건강한 신체적 상태를 유지하며 전 생애에 있어서 활기, 힘, 건강이 최고조의 수준에 달한다.
		인지적 발달	지적 과세의 수행정도는 10대 후반에 가장 뛰어나며 판단, 추론, 창의적 사고 등 인지능력은 전 생애를 통해 발달하는 것으로 보는 견해가 대부분이다.
		심리 사회적 발달	1) 부모에게서 독립 준비 : 청소년기 후기가 되면 사고와 행동이 더 자율적이 되면서 부모에게서 독립을 준비하기 시작한다. 2) 성역할에 대한 정체감 : 청소년기 초기에 일어나는 신체적 변화를 자신의 성역할에 대한 정체감에 통합하게 된다. 3) 직업에 대한 준비 : 청소년기 후기는 직업선택에 대한 준비를 하는 시기이며 이때 어떤 직업을 선택하느냐에 따라 성인기의 삶의 방식이 결정된다. 4) 자아정체감 확립 : 청소년기 후기에는 자신의 본질적인 내용에 대한 의문을 갖게 된다. 자신의 본질적인 것은 "나는 누구인가?"라는 정체성 질문에 대해서 인격에 대한 의문을 갖게 된다. 에릭슨은 정체감을 실현할 때까지 자유롭게 실험하는 이 기간을 '심리사회적 유예기'라고 명명하였다.
청년기 (23~ 35세)	신체적 발달		청년기는 신체적 발달이 정점에 달하며 육체적인 힘은 25~30세 사이에 최고조에 이르며 그 후에는 점차 쇠퇴한다.
	인지적 변화		인지변화를 정확히 판단하기 위해서는 교육수준, 사회경제적 지위, 건강상태 등을 고려해야 하며 청년기에는 대부분 새로운 지능발달은 거의 없고 인지기술 상실도 뚜렷하게 나타나지 않는다.

청년기 (23~ 35세)	심리 사회적 발달	1) 결혼에 대한 적응 : 결혼 초기에 결혼관계가 허용하는 한계를 깨달아야 하며 어느 정도의 자유를 느낄 수 있어야 한다. 2) 자녀의 출산과 양육 : 자녀의 출산과 양육과정은 새로운 적응이 필요한 급격한 변화를 동반하게 되며 부모로서 역할 변화에 대한 준비는 자녀 양육을 분담하는 것이 요구되고 육아에 대한 지식, 부부 간에 역할과 책임에 대한 재조정과 그에 대한 합의가 중요하다. 3) 직업의 세계 : 직업을 구하거나 직업에 대해 준비하는 과정에서 자신의 개인적 능력과 특정한 직업이 갖는 여러 요소들이 조화를 이루는지 평가해야 한다.
	하비 거스트 (발달 과업)	1) 자기의 체격을 인정하고 자신의 성역할을 수용하며 동성이나 이성의 친구와 새로운 관계를 형성하고 부모와 다른 성인들로부터 정서적으로 독립한다. 2) 경제적 독립의 필요성을 느끼며 직업을 선택하고 준비한다. 3) 유능한 시민이 갖추어야 할 지적 기능과 개념을 획득하며 사회적으로 책임이 있는 행동을 원하고 이를 실천한다. 4) 결혼과 가정생활을 준비하며 적절한 과학적 세계관에 맞추어 가치체계를 형성한다.
중년기 (35~ 64세)	신체적 변화	1) 40대 초반에 신진대사의 저하가 일어나며 체중이 늘기 시작하여 건강 상의 문제가 일어나기 쉬우며 질병에 취약해진다. 2) 감각기관의 능력도 감소하며, 특히 시각에서 원시가 되는 경향이 있으며 청각의 예민성을 상실하기 시작한다. 3) 갱년기는 여성의 경우 폐경은 대개 40대 후반에 일어나지만 개인차가 있으며 폐경과 더불어 신체적 변화가 일어나는데 그 대표적인 증상이 얼굴이 붉게 달아오르는 홍조(flushes) 현상이다.
	인지적 변화	1) 단기적 기억능력은 장년기에 약화되기 시작하지만, 장기적 기억능력은 장년기에 변화를 보이지 않는다. 2) 반응시간이 느려지고 속도와 민첩성을 요구하는 검사에서 젊은 사람들보다 낮은 점수를 얻으며 문제를 파악하고 해결하는 데 필요한 시간도 길어진다.
	심리 사회적 변화	1) 부부는 각자의 개인적인 성장뿐만 아니라 부부로서의 성장에 헌신해야 한다. 2) 부부는 효과적인 대화체계를 가지고 효과적인 대화체계를 개발해야 한다. 3) 갈등을 창의적으로 활용하면서 각자의 독특성과 동등성을 인정하여야 한다.
	중년의 위기 - 마모어	신체의 노화 문제, 경제적 스트레스의 증가 문제, 사회문화적 스트레스의 증가 문제, 이별과 상실감으로 인한 정신적 스트레스 문제

	펙(Peck)[8]
	의 발달
	이슈
		1) 지혜를 중요시할 것인가? 아니면 육체적 힘을 중요시할 것인가?
		    이 시기를 효과적으로 보내는 사람은 육체적 힘보다는 정신적 능력(= 지혜)을 평가의 기준과 문제해결의 수단으로 삼는 사람이다.
		2) 대인관계를 사회화할 것인가? 아니면 성적 대상화할 것인가?
		    갱년기의 변화는 남녀관계에서 상대방에 대하여 성적 대상으로 가치를 두기보다는 개인적인 인격에 가치를 두도록 한다.
		3) 정서적 융통성 대 정서적 빈곤
		    정서적 융통성이란 정서적 투자를 한 사람 또는 한 활동에 집중하던 것으로부터 다른 사람, 다른 활동으로 전환할 수 있는 능력을 말한다.
		4) 지적 융통성 대 지적 엄격성
		    중년기의 사람들은 견해나 활동에 융통성이 있어야 하고 새로운 사고에 대하여 수용적이어야 한다.

---

[8] 펙(Peck)은 에릭슨의 7단계와 8단계를 통합하여 7단계모델을 제시하였다.

		1) 중년의 성인으로서 사회적 책임의 수행 2) 생계유지에 필요한 경제적 표준의 확립 및 유지 3) 청소년 자녀들에 대한 양육보호 4) 성인다운 활발한 여가활동 5) 배우자와 친밀한 관계 유지 6) 생리적 변화를 수용하고 대처하기 7) 노부모를 보호하는 과업에 대한 적응
중년기 (35~ 64세)	하비거스트 (발달 과업)	**기출문제 확인학습** **중년기(40~64세)** 1) 레빈슨(D. Levinson)이 제시한 중년기의 주된 과업 　성인 초기의 생애 구조에 대한 평가, 다가올 중년기에 대한 가능성 탐구, 새로운 생애구조 형성을 위한 선택, 과거의 꿈에 대한 평가, 가치 있는 목표의 발견, 통합과 개별화를 통한 구체적 과정 2) 굴드(R. Gould) 　성인기를 5단계로 구분하여 각 단계별로 그릇된 가정을 제기하고 이의 극복을 통하여 성장이 실현될 수 있다고 함 　(1) 부모로부터의 독립기(16~22세) 　　나는 늘 부모에게 속해 있으며 부모의 세계를 따르고 믿는다. 　(2) 성인기 시작(22~28세) 　　의지와 인내로 부모의 방식대로 행하면 좋은 결과가 올 것이다. 좌절감, 혼돈감에 빠지거나 또는 단순히 대처해 나갈 수 없을 때는 부모가 옳은 길을 제시해 주고 도와줄 것이다. 　(3) 성인기 - 자아 출현기(28~34세) 　　인생은 단순하고 통제할 수 있는 것이며, 내 인생에서 모순이나 양면성은 존재하지 않는다. 　(4) 중년기(35~45세) 　　이 세상에 악이나 사망은 없으며, 모든 위험은 파괴되어 없어졌다. 　(5) 중년기 이후(46세) 　　이전 단계에의 그릇된 가정을 모두 극복하고 진정한 자아를 찾는 시기
노년기 (65세 이상)	신체적 변화	1) 외부자극에 대한 반응이 늦어지고 둔해지며 이상상태가 발생 시 정상상태로의 복구가 늦어진다. 2) 신체적인 변화와 함께 나타나는 노인병은 만성, 비전염성 질환이 대부분으로 60대 이후에 생긴다. 3) 시각에서 원시현상이 더욱 뚜렷해진다.

노년기 (65세 이상)	지능의 변화	1) 60세 이전까지는 지능검사 상 감퇴가 없지만, 70세 경부터 인지능력이 감소한다. 2) 노년기 유동성 지능은 결정성 지능에 비해 큰 폭으로 감퇴한다. 3) 반응속도의 둔화로 지능발달의 감퇴가 일어나며 개인차를 보인다. 4) 단기기억의 감퇴로 새로 접하는 정보를 처리하는 능력이 감퇴된다. 단기기억 감퇴는 의미과제보다 기계적 과제에서 더 크게 나타난다. 5) 장기기억은 단기기억보다 감퇴 정도가 적게 나타난다. 6) 최근에 일어난 일에 대한 기억보다 오래 전에 일어난 일을 회상하는 먼 기억을 잘한다.
	심리적 변화	1) 우울증 경향의 증가 : 신체적 질병, 배우자의 죽음, 경제사정의 악화, 사회와 가족들로부터의 고립, 일상생활에 대한 자기통제 불능, 지나온 세월에 대한 후회가 원인이다. 2) 내적 성향 및 수동성의 증가 : 노화해감에 따라 사람은 사회적 활동이 점차 감소하고 사물의 판단과 활동방향을 외부보다는 내부로 돌리는 행동양식을 갖게 된다. 3) 성역할 지각의 변화 : 노인은 이전과는 달리 일생동안 자기 자신에게 억제되었던 성역할의 방향으로 전환되어 간다. 4) 경직성의 증가 : 동작성 지능검사나 학습능력의 저하라는 결과를 초래한다. 5) 조심성의 증가 6) 친근한 사물에 대한 애착심 7) 유산을 남기려는 경향 8) 의존성의 증가

	펙(Peck)의 발달 이슈	1) 자아분화 대 직업역할 몰두 : 자기 가치 재평가 필요
		  (1) 은퇴 이후 개인적인 가치에 대한 재평가가 필요하며 성공적인 노화에 필수적이다.
		  (2) 성인들의 주체성(정체성)과 가치감은 그 사람의 직업역할에 따라 많은 차이가 난다.
		  (3) 자신의 정체성을 일과 역할에서 찾는 사람은 은퇴함에 따라 사회에서 일과 역할을 잃게 되어 자신이 무가치한 존재라는 경험을 할 수도 있다.
		  (4) 자신의 역할을 직업역할과 동일시하여 직업에 대한 자존감의 원천으로 생각한다.
		2) 신체초월 대 신체몰두 : 건강상태와 외모의 변화에 의연히 대처
		  (1) 만족스러운 인간관계나 창조적인 정신능력에서 행복을 정의하는 것을 배우는 것이다.
		  (2) 노화에 따라 신체능력이 저하되는 개인의 적응을 돕기 위해 요청한다.
		  (3) 개인의 안녕을 유지하기 위해서도 필요하다.
		  (4) 저하되는 신체기능에 몰입하게 되면 삶에 대한 행복감과 만족감이 줄어든다.
		3) 자아초월 대 자아몰두 : 죽음을 초월한 이상적인 삶, 종교적 생활
		  (1) 자아를 초월하여 인간의 문화를 영속하고자 열심히 활동함으로써 자신의 생활에 의미 있고 적극적인 참여가 가능하다.
		  (2) 자아초월이란 피할 수 없는 자신의 죽음을 두려움과 공포 없이 받아들이는 것이다.
		  (3) 수용에는 사후(死後)에 관한 생각도 포함된다.
		  (4) 자아몰두는 삶에 집착, 자기만족감에 탐닉하게 되는 것이다.

	하비거스트 (발달 과업)	1) 신체적 힘과 건강의 약화에 따른 적응 2) 은퇴와 경제적 수입 감소에 따른 적응 3) 배우자의 죽음에 대한 적응 4) 자기 동년배집단과의 유대관계 강화 5) 사회적 역할을 융통성 있게 수행하고 적응하는 일 6) 생활에 적합한 물리적 생활환경의 조성

노년기 (65세 이상)	조부모 역할	1) 공식적 유형(공식형) 　조부모의 약 1/3이 이에 해당하며 이들은 손자녀에게 관심을 갖고 때때로 필요할 때 돌봐주기도 하며 부모를 도와주지만 간섭하지 않도록 조심한다. 2) 즐거움을 추구하는 유형(재미 추구형) 　손자녀들과 비공식적이고 재미있는 상호작용을 갖는 조부모이다. 3) 대리부모의 역할을 하는 조부모(대리 부모형) 　엄마가 집 밖에서 직업을 가진 경우에 아이의 양육을 책임지는 조부모들이다. 4) 가족의 지혜 원천으로의 조부모(가족지혜 보존형) 　조부모가 지혜, 기술, 자원을 베풀고 부모 및 손자녀들은 이에 복종하는 다소 권위적 관계이다. 5) 원거리형(거리두기형) 　생일 또는 명절 때나 방문하며 보통 손자녀와 거의 접촉이 없는 유형이다.

14 | 사회환경 체계

생태학적 관점 (Ecological Perspective)의 개념	1) 인간이 접하는 환경에 관심이 있고 인간발달과정에서 인간발달과 시간경과에 따른 원조과정을 포함한다. 2) 인간과 환경은 서로 분리된 것이 아니라 지속적인 상호작용, 즉 상호교류 속에서 존재하는 하나의 체계로 본다. 3) '환경 속의 인간'이라는 사회복지실천 관점을 반영하고 있으며 단순한 인과관계보다 양자 간, 즉 인간과 환경의 상호작용에 관심을 가지고 접근한다. 4) 인간과 환경의 상호교류를 통해 심리사회적 관점을 가질 수 있도록 돕는다. 5) 체계이론과 생태학적 개념을 통합하는 관점은 생태체계적 관점이다. **기출문제 확인학습** **생태체계이론(Eco - System Theory)** 1) 생태체계이론(Eco - System Theory)는 특정 개입방법이나 기술을 제시해주는 실천모델이 아니라 문제현상을 사정, 평가하기 위한 관점, 즉 이론적 준거틀이다. 2) 즉, 전통적인 방법에는 실천모델을 적용하기 이전에 문제현상을 사정, 평가해 줄 일반화된 관점이 없었던 것인데, 전통적 방법론이 갖는 여러 문제점과 한계는 근본적으로 이런 인식론적 절차가 지켜지지 않았기 때문이다. 3) 생태체계이론은 바로 이 일반적으로 적용될 수 있는 관점(perspective)을 제공해 주는 것이다. 4) 생태체계관점의 가장 큰 특징은, 기존의 실천모델들을 적용하기 전에 문제현상을 정확히 파악하여 문제해결을 위해 어떤 모델이 가장 적합할 것인가를 판단, 선택할 수 있게 해 준다는 점으로, 생태체계관점 내에서는 기존의 실천모델들이 배척되는 것이 아니라, 더욱 효과적으로 활용될 수 있다. 5) 다만, 구체적인 방법과 기술 제시에는 한계가 있다는 단점이 있다.

브론펜브레너[9]의 생태학적 체계모형 (5체계) - 내부체계 없음	1) 미시체계(= 소속체계) 　가정, 학교, 또래집단 등 아동발달에 직접적으로 영향 미치는 환경적 맥락이다. 2) 중간체계 　아동이 적극적으로 참여하는 미시체계 맥락들 간의 상호관계를 포함한다. 3) 외부체계 　아동 발달에 영향을 미치지만, 직접 소속되어 있지 않은 생태환경이다. 4) 거시체계 　각 문화권 특유의 가치, 태도, 신념, 이데올로기 등으로 중간체계와 외부체계를 포괄한다. 5) 시간체계시간에 걸쳐 일어나는 변화와 사회적, 역사적인 환경을 의미한다.
모형	(생태학적 체계 다이어그램: 거시체계(문화, 정치, 경제, 종교) > 외적 체계(부모직장, 지방정부) > 미시체계(가족, 학교, 가족, 친구)와 중간체계, 중심에 개인, 시간체계)

---

[9] 인간을 둘러싼 가족, 지역사회, 문화 등 생태환경과 개인과의 관계를 이해하려는 발달연구 접근으로 인간을 둘러싼 생태환경을 5가지로 구분하였다.

체계의 특성	구조적 특성	1) 경계(boundary) 또는 경계선 : 체계의 내부와 외부 또는 한 체계와 다른 체계를 구분 짓는 선, 혹은 침투성을 지닌 테두리
		  (1) 명확한 경계 : 가족 구성원 간, 가족 하위 체계 간, 가족과 외부 체계 간 독립성과 자율성이 인정된다.
		  (2) 경직된 경계 : 체계들의 고립, 융통성 있는 의사소통이 힘들고 다른 체계에 대한 관심과 지지가 이루어지지 않는다.
		  (3) 밀착된 경계 : 가족 구성원, 하위 체계 간 독립성과 자율성 결핍, 지나친 밀착상태, 체계 간 경계 구분이 애매모호한 경우이다.
		2) 개방체계(open system) : 체계 내·외부로부터 성장 발달, 필요한 정보와 에너지를 자유로이 교환하는데 이는 역엔트로피(= 네겐트로피)속성이 나타난다. 엔트로피를 억제하는 것이 역엔트로피이다. 〔암기법〕 개 - 역
		3) 폐쇄체계(closed system) : 에너지 교환이 이루어지지 않고 다른 체계와 상호작용을 하지 않는 고립된 체계로서 엔트로피 속성이 나타난다.
		4) 대상체계, 상위체계, 하위체계
		  (1) 대상체계 : 분석 대상이 되는 체계로 어떤 가족의 갈등이 문제라면 이 가족이 대상 체계이다.
		  (2) 상위체계 : 대상체계 외부에 있고 그 체계에 기능적인 영향을 미치는 사회단위이다.
		  (3) 하위체계 : 종속적 체계로서 대상체계 내부에 있는 체계이며 가족의 하위체계에는 부부체계, 부모 - 자녀체계, 형제 - 자매체계 등이 있다.

	진화적 특성	1) 항상성(homeostasis) : 비교적 안정적으로 지속적인 균형 상태를 유지하기 위한 체계의 경향이며 역동적 균형상태를 의미한다. 2) 안정상태 : 부분들 간 관계가 유지되고 붕괴되지 않도록 에너지를 계속 사용하는 상태이며 이는 개방체계에서 나타난다. 〔암기법〕 안 - 개 〔cf〕 균형(= 평형상태) : 폐쇄체계에서 나타나는 것으로 에너지를 교환하지 않은 상태로 현상이 유시뇌는 것이다.
	행동적 특성	1) 투입(input) : 체계가 환경으로부터 에너지, 사물의 정보를 받아들이는 과정이다. 2) 전환(conversion operation) : 체계가 적절하게 투입 받은 에너지를 변형해 재조직하는 과정이다. 3) 산출(output) : 투입한 것이 체계 과정을 거친 후 나온 결과를 말한다. 4) 환류(feedback) : 새로운 정보에 자신의 행동결과를 포함시켜 그것에 의해 다음 행동을 수정하는 등의 순환과정을 의미하며 이는 행동수정이 나타나지 않는 긍정적 환류(= 정적 환류)와 행동수정이 나타나는 부정적 환류(= 부적 환류)가 있다.

> **실력다지기**

엔트로피와 넥엔트로피

1) 엔트로피(폐쇄체계)
   (1) 체계 구성요소들 간의 상호작용이 감소함에 따라 유용한 에너지가 감소하는 상태
   (2) 무질서해져서 조직된 작업을 할 수 없는 상태로 나아가는 것으로, 체계내의 유용하지 않은 에너지의 증가와 관련이 있음
2) 넥엔트로피(개방체계)
   (1) 체계 내에 질서, 형태, 분화가 있는 상태로, 외부로부터 에너지를 유입하여 유용하지 않은 에너지가 감소되는 상태
   (2) 체계 내에 질서와 법칙이 유지되며, 정보의 필요성이 증가함

> **기출문제 확인학습**

환류 고리(Feedback Loop)

1) 환류란 자신이 수행한 것에 관한 정보를 받는 것이다.
2) 체계는 환류를 통해 새로운 행위를 산출하거나 기존의 행위를 수정하는 자기조절행위를 통해서 자신의 목적을 달성한다.
3) 환류는 정적 환류와 부적 환류가 있다.
4) 정적 환류와 부적 환류는 체계에 새로운 정보가 들어왔을 때 체계가 안정을 깨고 일탈을 향해 움직이려는 경향을 증대시키느냐, 아니면 감소시키느냐에 따라 구분하는 것으로서 어느 것이 더 바람직하다는 것은 무의미하다.
5) 정적 환류(긍정적 환류, 적극적 환류)
   (1) 정적환류는 현재 자신의 행동이나 변화에 대해 그 행위를 계속하게 하는 정보를 받는 것이다.
   (2) 새로운 행동이나 변화가 생겼을 경우, 변화를 수용하여 그 변화를 유지하게 되는 역할을 한다.
   (3) 내용이 긍정적이거나 부정적인 것에 관계없이 상황이나 행위, 변화를 지속하게 되면 정적 환류이다.
   (4) 가정에서 일어나는 일탈행동이나 갈등상황에 대해 정적 환류를 적용하면 정적환류는 최초의 일탈이나 갈등을 증폭시키는 역할을 한다.

6) 부적 환류(부정적 환류, 소극적 피드백)
   (1) 어떤 상태나 변화 또는 새로운 행동이 부적절하므로 원래의 상태로 되돌아가게 하는 환류이다.
   (2) 체계가 항상성을 유지하고, 안정을 유지하게 하는 일탈 감소, 안정 유지, 부적절한 변화 감소의 역할을 한다.
   (3) 부적환류는 위기상황으로 더 이상 진전되는 것을 멈추고 원래의 상태로 돌아가는 것이다.
   (4) 가족규범으로부터 벗어나는 행동은 부적환류를 통해 저지되면서 항상성을 유지하는데 기여한다.

가족체계 개념의 핵심 요소들			1) 전체로서의 가족은 각 가족의 하위체계의 합보다 크다. - 비총합성 2) 가족은 변화와 안정성의 조화와 균형을 맞추려고 노력한다. - 항상성의 원리 3) 한 가족의 변화는 가족 구성원 전체에게 영향을 미치고 다시 그 한 성원에게 영향을 준다. - 순환적 인과성 4) 가족 구성원의 행동은 세대적 전수과정으로 설명할 수 있다. 5) 가족체계는 사회체계에 속하면서 여러 하위체계를 포함한다. - 홀론 6) 가족 구성원은 전통적인 원동력인 가족규칙에 따라 삶의 형태를 유지해 나간다.
집단의 종류	집단 목적에 따라 (토슬랜드& 리바스)	치료 집단	1) 지지집단 : 앞으로 일어날 일들에 더 효과적으로 적응하기 위한 대처기술을 향상시키는 집단 　사례 암환자 모임 2) 교육집단 : 자신과 사회에 대한 학습과 교육이 목적인 집단 　사례 성교육 집단 3) 성장집단 : 능력과 자아개념을 넓히고 개인적 변화로 기회를 제공하면서 자아향상을 강조하는 집단 　사례 가치명료화 집단 4) 치료집단 : 스스로 자신의 행동을 변화시키고, 개인적 문제를 해결하고 대처하게 하도록 돕는 집단 　사례 마약 중독자 집단 5) 사회화 집단 : 인간의 발달단계에 따라 역할, 대인관계, 사회기술을 촉진시키기 위한 집단 　사례 사교모임
		과업 집단	1) 목표를 달성하고자 하는 목적 지향적 집단이다. 2) 성과물 산출, 과업 달성, 명령 수행을 위해 만들어진 집단이다. 3) 자기공개성이 낮고, 은밀한 진행과정이 필요한 집단이다. 4) 집단의 성공은 과업이나 명령 달성 또는 성과물 산출에 근거해서 판단한다.
	자조집단		개인의 힘으로는 대처하기 어려운 공동의 사회문제를 집단구성원들의 원조로 해결하고자 하는 민간 형태의 공동체이다. 이때 사회복지사의 주도적인 역할이나 개입은 필요치 않다. 　사례 단주모임

| 조직 | 1) 조직의 개념(Fulmer, 2000)
　(1) 분업으로, 구성원들의 업무분담을 통해 기능적으로 분담한다.
　(2) 위계질서가 있어, 명령의 통일성을 갖는다.
　(3) 권한의 위임으로, 구성원들에게 권한을 위임함으로 조직의 효율성을 도모한다.
　(4) 통제범위로서, 한 명의 상관이 효과적으로 통솔하는 부하직원의 수를 의미한다.
　(5) 어떤 목적을 얻기 위해 설립된 조직은 확인할 수 있는 경계선을 가진 사회적 단위이다.
　(6) 하나의 체계로서 체계개념을 적용하고 활성화해 나간다.
　(7) 조직은 환경 속에서 다른 체계와 지속적으로 상호작용을 하며 활성화된다.
　(8) 목표 지향적이며, 계획한 구조와 통합적 활동체계로 구성되어 긴밀한 관계를 유지한다.
　(9) 외부환경과 연관성을 가지고 성장 발달한다.
2) 조직에 대한 관점
　(1) 개방체계 관점
　　① 체계는 상호작용하는 관련 부분과 외부환경의 집합체이다.
　　② 조직은 상호교환과 전문성을 강조하며 서로 역학적 균형 상태에서 기능한다.
　(2) 행동주의 관점
　　① 조직 내 사람의 행동과 선택에 중점을 두고 접근한다.
　　② 불확실한 상황과 목표 사이의 갈등 그리고 불완전한 정보 및 불분명한 결과 등이 조직과 서비스 전달 조직의 특성을 규정하기도 한다.
　(3) 경제적 관점
　　① 최선의 결과를 얻기 위한 이성적인 결정에 최선을 다하면서 중점적으로 체크한다.
　　② 효과를 최대화하는 비용을 투입하고 이익 분석의 구조와 최저 비용으로 바람직한 결과를 기대하면서 효율성을 증대하면서 구조적 문제를 해결한다.
　(4) 문화적 관점
　　① 기본적 가설과 가치 및 관습에 지배되는 것으로 확장 활용하면서 응용한다.
　　② 관계자 행동의 이해가 이들의 현재 활동과 사업처리 관습을 떠받치는 토대로 인식한다. |

지역사회 관점	구조적 관점	1) 지역사회를 통해 정부구조와 어떻게 연결하는가를 강조한다. 2) 강조하는 3차원은 정치적 실체, 힘, 지리적 구성이다. 3) 구조적 관점에서는 지역사회는 개인이나 국가 간의 중재자적 구조를 의미한다.
	인류 생태적 관점	1) 환경과 지역주민 간의 관계에 초점을 둔다. 2) 지역사회 내에서 분업을 하고 전문성을 강조하기 위해서는 생태체계적 관점에 주목할 필요가 있다. 3) 지역사회 내부와 지역사회 간의 상호보완적 차원에서의 어떻게 관계를 증진하며 직업의 계층적 구조가 발생하는지를 점검하고 강조한다.
	사회 심리적 관점	1) 주민, 정체성, 비소외적 관계 그리고 소속감을 분명히 하도록 돕는다. 2) 지역구성원들이 상호의존성을 가지고 어떻게 느끼며 작용하는가의 관련성이 있다. 3) 주민들이 자신을 얼마나 지역사회의 일부라고 느끼는지 등의 소속감이 매우 중요하다.
	사회체계 관점	지역사회 속에서 다양한 사회체계들의 상호관련성을 중시하며 체계들의 상호작용도 강조된다.
문화에 대한 이해	문화의 정의	1) 문화는 인간의 사회생활의 산물이며 인간의 사회생활은 문화의 테두리 안에서 이루어지며 오직 인간에게만 발견되는 창의적 산물이다. 2) 하나의 생활양식이며 사고, 행위 및 감정양식을 말한다. 3) 개인들에 의해 학습된 역사적 맥락에서 총체적인 개념이다. **기출문제 확인학습** **문화의 구성요소** 1) 물질문화 　인간의 기본적인 필요와 욕구를 충족시켜 주는 도구나 기술이며 사례로는 옷, 방직 기술, 음식, 집 등이 있다. 2) 비물질 문화 　(1) 제도문화(= 규범문화) 　　① 사회 질서를 유지하기 위한 사회 제도 및 행동의 기준 　　② 예 법률, 예절, 정치, 관습 등 　(2) 관념문화 　　① 인간에게 삶의 방향을 제시해 주고 정신적 삶을 풍요롭게 해 주는 지식과 가치 　　② 예 학문, 언어, 철학, 문학, 예술, 신화 등
	사회체계로서의 문화	인간은 제반 활동을 사회 체계 속에 접목하고 문화는 개별 클라이언트에게 영향을 주는 주요 거시체계 중 하나로서 존재하게 된다.

	문화의 특성	1) 창조성 : 문화는 자연이 인간에게 베풀어준 혜택이 아니라, 인간이 스스로 만들어 낸 고안물이다. 2) 후천성 : 인간은 태어난 후, 사회 사고에서 다른 사람과 상호작용을 하면서 그 사회의 문화를 학습하게 된다. 3) 축적성 : 전 세대에서 물려받은 문화를 당 세대는 학습하고 학습한 문화내용에 그 세대가 만든 새로운 문화내용을 첨가하여 다음 세대에게 물려준다. 4) 공유성 : 특정집단 혹은 사회의 구성원들은 모두 유사하다고 느끼고, 행동하고, 표현하며 유사한 생활습관을 보인다. 5) 체계성 : 문화는 사회의 다른 부분들과 서로 관련을 맺으며 하나의 총체적인 체계 속에서 조화를 이루는 방향으로 형성된다. 6) 보편성과 다양성 : 문화는 공통점과 차이점이 존재한다. 7) 변동성(= 변화성) : 새로운 지식이 첨가되고 보급되면 그것에 맞추어 인지된 내용도 달라지고 표현방법도 변한다.
문화에 대한 이해	기타 개념	1) 문화마찰 　서로 다른 문화가 접촉하면 역사나 전통 따위의 문화적인 차이에 의하여 사고나 행동 양식에 갈등이 발생하는 현상이다. 2) 문화변용★ 　(1) 독립된 문화를 지닌 둘 이상의 사회가 장기간 직접적인 접촉에 의해 한쪽 또는 양쪽의 문화체계에 변화가 일어나는 현상이다. 　(2) 상이한 문화를 지닌 개인 혹은 집단이 접촉했을 때 당사자의 관계의 성격에 따라 달라진다. 3) 문화상대주의 　(1) 문화의 우월을 결정한다는 것은 올바르지 않다고 주장하는 견해이다. 　(2) 인류 문화는 일원적으로 진화하는 것이 아니라 제각기 독자적인 방향으로 발전하기 때문에 문화적 우열을 가릴 수 없다고 보는 태도나 관점이다. 4) 문화사대주의 　(1) 다른 사회문화가 자신이 속한 문화보다 우월하다고 믿는 것이다. 　(2) 자신의 문화를 업신여기는 태도를 말한다. 5) 문화생태학 　(1) 인간 사회가 환경에 적응하고 변형시키는 방식들에 관한 연구를 의미한다. 　(2) 인간과 환경 관계를 중시한 생태학을 바탕으로 문화를 환경에 대한 적응체계로 간주한다. 　(3) 문화의 특정영역이 환경과 깊은 관계를 맺는다는 점을 강조한다. 6) 문화층 　(1) 개인이 접하는 문화의 다양한 여러 수준의 경험을 말한다. 　(2) 한 개인은 국가, 지역, 종교, 언어, 성별, 사회계층, 조직 등과 같은 다양한 수준에서 문화를 복합적으로 형성함과 동시에 각 수준의 문화로부터 영향을 받는다.

문화적응 이론	문화적응 개념	문화적응(acculturation)이란 새로운 문화적 환경에 노출되거나 적응해야 하는 사람들 모두에게 적용되는 것으로, 문화 간 접촉의 결과 사회문화적이고 심리적인 변화가 발생하는 현상을 말한다.
	문화적응 상태의 범주화	1) Berry(1974, 1980)는 문화적응의 상태를 두 가지 차원의 네 가지 결과로 범주화하였다. 2) 구체적으로 새로운 사회에 정착하는 이주자들은 문화적응의 과정에서 두 가지 주요한 문제에 직면하게 된다. 첫째, 자신의 문화적 가치와 특성을 유지할 것인가 아닌가의 문제와, 둘째, 주류 사회와 관계를 유지할 것인가 아닌가의 문제이다. 3) 이 두 가지 질문에 대한 긍정적 혹은 부정적 대답에 따라 네 가지의 문화적응태도가 나타난다. 　(1) 동화(assimilation) 　　동화는 고유한 문화와 정체성의 유지에는 관심이 없으며, 새롭게 속한 주류사회와 긍정적인 관계를 설립하고자 하는 것이다. 　(2) 분리(separation) 　　분리는 고유한 문화와 정체성을 유지하고자 하지만, 주류사회와의 친밀한 상호작용은 거부하는 것이다. 　(3) 통합(integration) 　　통합은 고유한 문화와 정체성을 유지하는 동시에 주류사회에 대한 관여도 지속하는 것이다. 　(4) 주변화(marginalization) 　　주변화는 고유한 문화와 정체성도 부정하고 주류 사회와의 상호작용도 거부하는 것이다. 4) 새로운 사회에 도착한 이주민들은 자신의 선택에 따라 문화적응의 과정에 네 가지 태도 중 하나를 선택하게 되고, 이는 그 사람들의 적응에 영향을 미치게 된다.
	Berry의 문화적응 전략 (2차원 모델)	<table><tr><td rowspan="2">구분</td><td colspan="2">문화적 정체감과 특성을 유지할 것인가?</td></tr><tr><td>그렇다</td><td>그렇지 않다</td></tr><tr><td>주류 사회와 관계를 유지할 것인가? 그렇다</td><td>통합(Integration)</td><td>동화(Assimilation)</td></tr><tr><td>주류 사회와 관계를 유지할 것인가? 그렇지 않다</td><td>분리(Segregation)</td><td>주변화(Marginalization)</td></tr></table>

기출문제 확인학습

동화주의(동화이론)와 다원주의

1) 동화주의(동화이론)
    (1) 동화주의(동화이론)은 1920년대 당시 상당히 진보적인 이론으로, 백인우월주의가 학자들에 의해 과학적으로 증명되고 정당화되던 20세기 초 미국 사회에서 문화적 동화를 통하여 주류사회에 편입할 수 있다는 이론이다.
    (2) 동화주의(동화이론)은 인종적으로 백인은 우월하며 흑인과 아시안 등의 비(非)백인은 열등한 인종이라는 당시의 사회적 통념을 깨는 진보적 이론이다.
    (3) 유럽계 이민자들은 동화를 통하여 미국인, 즉 백인화가 가능했으나, 동화이론은 비(非)유럽계 이민자들이 주류사회로부터 배척받아 동화가 불가능했다는 역사적 과정을 설명하지 못한다는 문제점이 있다.
    (4) 하위이론
        ① 전통적 동화이론
            하위문화 혹은 소수문화에 속한 개인과 집단은 그들의 생활방식, 관습, 가치, 언어 등을 포기하고 지배문화를 채택하고 습득한다.
        ② 용광로이론★
            용광로이론은 여러 문화의 상호작용으로 말미암아 기존의 문화들이 융화되어 하나의 새로운 문화가 출현하는 것으로 보며, 이주민이 원주민에 동화되어 그 본연의 민족적 정체성을 상실하여 철이 용광로에서 녹아 다른 철이 되는 것과 같은 이론이다.

2) 문화다원주의
    (1) 다원론은 백인 주류사회로의 동화를 추구하는 동화이론을 거부하며 이민자들이 각자 고유 언어와 문화, 정체성을 유지하면서 미국사회에 이바지할 수 있다는 이론이다.
    (2) 다원론은 흔히 샐러드 볼(salad bowl) 또는 오케스트라(orchestra)로 표기된다.
    (3) 다원론은 한인 이민자들이 주류사회로의 동화보다는 '코리안 아메리칸'으로서의 정체성을 유지하고 이중 언어와 이중문화권을 형성하면서 주류사회로의 진출을 모색하는 것이 가장 바람직한 모델임을 제시한다.
    (4) 다원론은 미국과 같은 민족주의 사회에서 이민자와 소수집단이 지향해야 할 방향에 대해 이론적으로 가장 이상적인 모델로 제시되고 있다.

CHAPTER 2
사회복지조사론

나눔복지교육원 동영상 강의

CHAPTER 02 사회복지조사론

1 | 사회복지조사의 목적과 절차

목적	사회적 욕구의 이해, 사회복지실천방법의 기초, 사회복지실천의 효과 측정, 사회복지이론과 실천의 과학화, 사회계획
조사 절차	문제의 선정 → 가설설정 → 연구대상의 선정 → 조사 설계(디자인) → 개념화 및 조작화 → 자료수집 → 자료 분석 및 해석 → 보고서 작성

2 | 연역법과 귀납법

1) 연역법 : (이론) - 가설 - 조작화 - 검증 - (이론)

일반적인 원리(이론)에서 특수한 내용을 추론해 내는 논리를 전개하는 방법이다. 즉, 일반적인 이론에서 출발하여 'A는 B에 영향을 미칠 것이다.'라는 가설을 만든 뒤 이를 경험적으로 검증하는 방법으로서 논리적 타당성이 확보되어 과학적 연구에서 많이 사용한다.

2) 귀납법 : (주제선정) - 관찰 - 유형의 발전 - 임시결론 - (주제선정)

구체적이고 정확한 관찰에서 시작하여 일반적인 원리나 이론으로 전개되는 논리적 과정이다. 즉, 특정 현상에 대한 여러 경험적 관찰과 체계적인 반복에 의해 A는 B에 영향을 미친다는 사실을 확인하고 일반적인 원리로 정립하는 것이다.

3) 연역법과 귀납법의 관계는 상호독립적인 아닌, 상호보완적 관계이다.

3 | 과학철학 - 과학적 혁명(토마스 쿤) 중심으로

1) 토마스 쿤(Kuhn)은 기존의 패러다임을 부정하고 새롭게 출발할 때 과학은 혁명적으로 발달한다고 주장하였다.
2) 사회구성원의 세계관을 구성하는 패러다임은 고정된 이론체계가 아니라, 과학적 혁명이 이루어지는 동안 끊임없이 변화한다.
3) 토마스 쿤은 '과학 혁명의 구조'를 변증법으로 설명하였다.
4) 어느 한 과학이 체계를 잡기 전의 전(前) 과학의 단계에서 기득권을 잡은 과학이 정상과학이 된다.
5) 정상과학으로 해결할 수 없는 문제가 생기면, 그것을 극복하고자 하는 새로운 과학이 등장한다.

6) 즉, 정상과학(정) - 위기(반) - 새로운 과학(합)의 구조가 성립되는 것이다.
7) 새로운 이론도 영원히 완벽하지 않는 한, 또 다른 위기에 의해 새로운 과학으로 변하게 된다. - 변증법 패러다임의 역사적 활용

> **기출문제 확인학습**
> - 사회과학의 패러다임이 폐기되는 경우는 자연과학의 패러다임에 비해 흔하지 않다.
> - 한 시기에 여러 개의 패러다임이 공존할 수 있다.
> - 쿤(T. Kuhn)은 패러다임의 변화를 점진적인 것이 아니라 혁신적인 것으로 봤다.
> - 일반적으로 패러다임의 우열을 가릴 수 있는 객관적 기준이 존재하기 어렵다.

> **기출문제 확인학습**
>
> ### 패러다임(paradigm)
> 1) 동시대의 학자들이 공통적으로 가지고 있는 신념체계를 의미한다.
> 2) 개별이론들이 도출되기 위해 필요한 일종의 거시적인 관점으로, 어떤 현상에 대한 구체적인 설명이나 이론을 만들기 이전에 현상에 대한 시각을 조직화하는 틀을 의미한다.
> 3) 어떤 현상에 대한 직접적인 설명이 아니라는 점에서 이론과 구별되며, 문제의 제기에서 결론의 도출에 이르기까지 이론 전개의 전 과정에 걸친 기본적인 틀과 같다.
>
> ### 후기실증주의
> 1) 후기실증주의는 비합리적인 인간의 행동조차도 합리적으로 연구하는 것이 가능하다고 가정한다.
> 2) 관찰과 측정이 순수하게 객관적일 수 없음을 인정한다.
> 3) 다만, 객관성, 정확성, 일반 법칙화를 강조하면서, 여전히 비(非)객관적인 영향의 최소화를 강조한다.
> 4) 또한 보편적 법칙을 입증하려는 시도 대신, 어떤 조건하에서 개념과 가설이 검증되는지를 조사한다.
> 5) 가치나 이데올로기의 영향을 줄일 수 있는 논리적 장치와 관찰기법을 활용할 수 있다고 믿는다.
> 6) 기본적으로 구조화된 양적 연구방법을 선호하면서 질적 방법을 사용하기도 한다.
>
> ### 비판 사회과학적 패러다임(갈등 패러다임)
> 기존 사회질서의 변화를 추구하며, 사회적 조건을 계몽하고 사회의 구조적 문제를 발견하고 권력관계를 분석하는 방법을 취한다.
>
> ### 포스트 모더니즘적 패러다임
> 1) 포스트 모더니즘은 서양의 형이상학이 줄곧 추구해온 실재 자체를 부정한다. 객관적 실체 및 보편성을 부정하면서 대신에 다양성, 차이, 타자를 강조한다.
> 2) 포스트 모더니즘의 연구 목적은 해체와 재구성이다. 해체는 데리다가 주장하듯이 없애거나 아무 의미가 없도록 무(無)의미화 하자는 것이 아니라 다른 방식으로 구성하는 것이다.
> 3) 실증주의가 과학적인 방법과 객관적인 자료에 의해 진리를 밝혀낼 수 있다고 한 것과는 달리, 포스트 모더니즘은 주관적인 자료에 의해 연구자가 지닌 관점에 입각해서만 어떤 현상을 이해할 수 있다고 주장한다. 즉, 연구자의 역할을 중립적이고 객관적인 위치에서 해석자의 위치로 바꾸어 놓았다.
> 4) 포스트 모더니즘 패러다임에서 자료는 기존 이데올로기의 해체와 타자성(otherness)에 대한 관심을 부각시키는 데 사용된다.

실력다지기

사회과학과 자연과학의 차이점

자연과학	사회과학
수학적 공식과 같은 분석방법 강조 - 사고의 도식화 강조	사고의 도식화에 대한 타당성에 의문 제기
확정적으로 설명 가능	확률적으로 설명 가능
원인과 결과의 인과관계에 관심	추론을 가능하게 하는 조건에 많은 관심
사회문화적 특성에 영향을 받지 않음	사회문화적 특성에 영향을 받음
누적적인 성격을 가진 학문	독창적이고 유일한 성격의 학문
사고의 가능성 무한정	사고의 가능성 제한
기존의 이론과 다른 새로운 이론 출현	기존의 이론과 단절되지 않는 상태의 새로운 이론 도출 사례 학교폭력에 대한 연구
연구자 개인의 가치관이나 사회적 지위 등에 영향을 받지 않음	연구자 개인의 가치관 등에 영향을 받음
자연현상을 연구대상으로 함	인간에 관한 사회현상을 연구대상으로 함
외적으로 나타나는 현상에 중점	현상의 내면적인 이해에 중점

기출문제 확인학습

사회복지사에게 과학적 조사방법론이 필요한 이유

1) 실천현장에서 수행하는 업무에 조사 관련 지식이 필요하다.
2) 서비스의 질을 높일 수 있는 실천기술 개발을 위해 필요하다.
3) 지역주민의 욕구조사를 위해 필요하다.
4) 사회복지사가 제공하는 서비스에 대한 평가를 위해 필요하다.

사회복지조사의 연구윤리

1) 연구대상을 관찰하기에 앞서 그들의 동의를 구해야 한다.
2) 반드시 연구로부터 얻을 수 있는 사회적 이익이 비용을 초과해야 하는 것은 아니다.
3) 조사과정에서 드러난 문제점과 실패도 모두 보고해야 한다.
4) 비밀이 보장되더라도 익명성이 보장되지 않을 수 있다.
   - 면접조사가 이에 해당한다.

cf 익명성과 비밀보장(비밀성)

1) 익명성 보장 : 조사대상자의 신분을 노출시키지 않는 것으로, 설문조사 시 조사대상자의 성명 등을 표기하지 않는 등이 익명성 보장이다. 면접조사에서는 조사대상자의 익명성 보장이 어려우며, 익명성 보장이 중요한 조사는 다른 조사방법을 활용한다.
2) 비밀보장 : 조사대상자의 응답내용을 노출시키지 않는 것이다.
3) 익명성이 보장되지 않으면 조사대상자의 응답 거부를 유발하게 되며, 비밀보장이 이루어지지 않을 경우 조사대상자의 불성실한 응답 가능성이 있다.

4 | 조사의 유형과 개념

목적에 따라	1) 탐색적 조사 좀 더 정확한 조사로 연구문제를 형성하거나 가설을 개발하는 것으로 형성적 조사 또는 파일럿 조사라고도 한다. 2) 기술적 조사 현상을 정확하게 서술(Description)하는 것이 주 목적이며 상관성을 검토하는 것도 이에 해당한다. (사례 욕구조사, 인구센서스) 3) 설명적 조사 기술적 조사연구 결과의 축적을 토대로 어떠한 사실과의 관계를 파악하여 인과관계를 규명하거나, 미래를 예측하는 조사이다.
시점에 따라	1) 횡단조사 어느 한 시점에서 다수의 분석단위에 대한 자료를 수집하는 연구로 어느 한 시점에 나타나는 현상의 단면을 분석한다(사례 욕구조사). 2) 종단조사 둘 이상의 시점(장기간에 걸쳐)에서 동일한 분석단위의 연구이다. | 횡단조사	종단조사 | |---|---| | 표본조사 | 현지조사 | | 일정한 시점에서 특정 표본이 갖고 있는 특성을 파악 | 시간의 흐름에 따른 조사대상이나 상황의 변화를 측정하여 의미를 찾고자 함 | | 정태적 성격 | 동태적 성격 | | 표본의 크기가 큼 | 표본의 크기가 작음 | 3) 종단조사의 종류 3가지 > **암기법** 종단이 친구는 경향신문 패널이다. > **해설** 종단연구 종류 : 동년배 조사, 경향조사, 패널조사 (1) 패널조사 조사대상을 고정시키고, 동일한 조사대상에 대하여 동일한 질문을 반복하여 조사하는 것이다. (2) 경향조사 조사 대상자가 조사할 때마다 다르며(동년배는 아님) 동일한 질문을 반복하여 조사하는 것이다. (3) 코호트 조사(동류집단 조사, 동년배 조사) 경향 조사와의 차이는 모집단의 일부(동년배)에 초점을 두고 있다는 점이며 조사 대상자가 조사 때마다 달라진다.

구분	내용

조사 범위에 따라	1) 전수조사
	   (1) 연구대상이 되는 모집단 전체를 조사하는 것을 말한다.
	   (2) 경제성과 신속성이 낮다.
	   (3) 표본오차는 없으나 비표본오차는 표본조사보다 크다.
	2) 표본조사(Sampling)
	   (1) 조사대상 중에서 전체를 대표할 수 있는 선택된 일부를 조사하는 것을 말한다.
	   (2) 비용과 시간을 절약할 수 있다. - 경제성
	   (3) 전수조사보다 더 정확한 자료를 얻을 수 있다.
	   (4) 표본오차가 있고 비표본오차가 전수조사보다 작다.
	   (5) 다량의 정보를 확보할 수 있다.
	
	cf 표본오차와 비표본오차
	1) 표본오차 : 표본의 통계치에서 모집단의 추정치(모수치)를 추정하는 과정에서 발생하는 오차로 표본조사에서만 발생한다.
	2) 비표본오차 : 자료의 조사과정과 집계과정에서 발생하는 오차로 전수조사와 표본조사 모두에서 발생한다.

자료 수집 방법에 따라	1) 양적 조사
	   (1) 연구대상의 속성을 수량적으로 나타내어 연역적 방법을 사용하는 객관성과 일반적인 보편성을 강조하며 가설을 검증해 나가면서 지식을 습득해 나가는 방법론이다.
	   (2) 실증주의적 인식론에 바탕을 두고 있다.
	   (3) 특징 : 객관적 관점, 결과에 대한 관심, 절차가 융통적이지 못함, 연역적 방법, 내용의 양적인 면 초점, 일반화 가능
	2) 질적 조사
	   (1) 주로 탐색, 발견, 서술을 목적으로 연구대상의 행위나 언어를 분석하는 데 언어, 몸짓, 행동 등 상황과 환경적 요인들까지 연구내용에 고려하는 방법론이다.
	   (2) 현상학적 인식론에 바탕을 두고 있어 주관성과 상황적 변화를 강조하지만 가설의 수립과 검증을 통한 보편적 진리를 밝히는 데는 한계가 있다.
	   (3) 특징 : 주관적 관점, 과정에 대한 관심, 절차의 유연성, 귀납적인 방법, 내용의 질적 풍부성, 일반화의 한계

사례 연구	개별적인 사례에 관한 정보의 제공과 체계적인 조작방법으로 정의될 수 있으며, 개입을 필요로 하는 임상적인 문제를 밝혀내기 위해 사용되었다.
	1) 장점
	   (1) 소수의 사례를 집중적, 심층적으로 검토하기 때문에 연구대상에 대한 깊이 있는 종합적인 이해가 가능하다.
	   (2) 향후 본 조사를 위한 예비조사로 사용될 수 있다.
	   (3) 연구대상의 독특한 성질을 구체적으로 상세하게 연구할 수 있어 어떤 현상의 특성연구에 적합하다.
	   (4) 처음부터 끝까지 연구대상 사례의 동태적인 변화나 흐름에 대한 파악이 가능하다.
	   (5) 특히 인간의 심리적, 사회·문화적, 형태적 연구에 적합하다.
	2) 단점
	   (1) 소수 사례에 대한 연구이므로 연구대상의 대표성에 문제가 있을 수 있다.
	   (2) 자료의 신뢰성을 검증할 방법이 없다.
	   (3) 다소 시간과 비용이 많이 들어 비경제적이다.
	   (4) 대체로 통제집단이나 비교집단을 사용하지 않기 때문에 비교나 변화에 대한 분석이 어렵다.
	   (5) 연구의 반복이 곤란하고 연구결과의 일반화가 어렵다.

> 기출문제 확인학습

연구 유형의 분류기준
- 양적조사(수량화)와 질적조사(수량화 안함) - 데이터의 성격
- 순수실험설계(조작 있음)와 비실험설계(조작 없음) - 원인의 조작 여부
- 기술적 연구(상관관계 규명)와 설명적 연구(인과관계 규명) - 연구의 목적
- 코호트(cohort)조사(동일표본의 반복측정 아니다)와 패널조사(동일표본의 반복측정이다) - 동일표본의 반복측정 여부
- 전수조사(표본추출 안함)와 표본조사(표본추출 함) - 표본추출의 여부

5 | 가설과 변수

가설	정의	둘 이상 변수의 관계에 대한 잠정적인 진술이다.
	검증 과정에 따른 분류	1) 연구가설 　연구문제에 대한 잠정적 해답으로 제시한 가설로서 경험적으로 검증 가능한 형태인 "A와 B는 차이가 있을 것이다."의 형태로 진술된 가설이다. 2) 영가설($M_1 = M_2$) 　(1) 귀무가설이라고도 하며 원인과 결과 간에 아무런 관계가 없다는 가설을 세우는 것으로 이론이 오히려 관계가 있음을 반증하려는 가설이며 연구가설과 논리적으로 반대의 입장을 취하는 가설이다. 　(2) 주어진 연구가설에서 명시된 것을 부정하거나 기각하기 위해 설정하는 가설이다. 3) 대립가설($M_1 \neq M_2$) 　귀무가설에 대립되는 가설로서 원인과 결과 간에 관계가 있다고 가설을 세우는 것이다.
	오류	1) 1종 오류 - 유의수준을 의미한다. 　귀무가설이 사실인데도 귀무가설을 기각한 경우 2) 2종 오류 - 통계적 검정력을 의미한다(표본크기가 적절할 경우 오류 작아짐). 　귀무가설이 거짓인데, 귀무가설을 채택한 경우

구분		귀무가설이 참일 때	귀무가설이 참이 아닐 때
귀무가설에 대한 결정	채택	올바른 결정	제2종의 오류
	기각	제1종의 오류	올바른 결정

> 기출문제 확인학습

통계적 가설 검정에 관한 설명
1) 신뢰수준을 높이면 1종 오류를 줄일 수 있다.
2) 유의수준을 낮추면 1종 오류가 줄어난다.
3) 유의확률이 유의수준보다 낮으면 영가설이 기각된다.
4) 2종 오류가 증가하면 통계적 검정력은 감소한다.
5) 2종 오류는 실제로는 참이 아닌 영가설을 기각하지 못하는 것을 말한다.

가설	오류	**기출문제 확인학습** **신뢰수준 등의 의미** 1) 99% 신뢰수준은 1% 유의수준을 사용한다는 의미이고, 95% 신뢰수준은 5% 유의수준을 사용한다는 의미이다. 2) 신뢰수준을 95%에서 99%로 높이면 1종 오류를 줄일 수 있다. 즉, 100번 조사하면 5번 정도는 오차가 허용될 수 있는 것에서 100번 조사하면 1번 정도는 오차가 허용될 수 있다는 것이므로 1종 오류를 줄일 수 있다. 3) 95% 신뢰수준은 100번 조사하면 5번 정도는 오차가 허용될 수 있다는 의미이다. 4) 99% 신뢰수준에서 모집단의 평균값이 신뢰구간 내에 존재한다는 것을 99% 확신할 수 있다는 것이며, 95% 신뢰수준에서 모집단의 평균값이 신뢰구간 내에 존재한다는 것을 95% 확신할 수 있다는 의미이다.
	조작적 정의	1) 조작적 정의는 추상적인 개념을 실제 현장에서 측정가능 하도록 관찰 가능한 형태로 정의하는 것이다. 2) 개념적 정의를 벗어나지 않는 범위에서 측정 가능하도록 정의를 내리는 것이다.
변수	정의	1) 조사대상이 되는 구체적인 개념 또는 이론적으로 구성된 개념을 말한다. 2) 연구대상의 경험적 속성을 나타내며, 그 속성에 계량적인 수치를 부여할 수 있는 개념을 의미한다.
	독립 변수	종속변수의 결과를 예측하거나 차이를 설명하기 위해 사용되는 변수로 설명변수, 원인변수, 예측변수라고도 한다.
	종속 변수	1) 독립변수의 영향으로 나타나는 결과가 되는 변수로 주로 분석의 대상이 된다. 2) 결과변수, 피설명변수, 피예측변수라고도 불린다.
	매개 변수	1) 종속변수에 일정한 영향을 주는 변수로 그 영향력이 일정한 독립변수와는 달리 주로 내면적·비지시적 역할을 하는 변수이다. 2) 독립변수의 결과이며 종속변수의 원인이다.
	외생 변수	1) 매개변수는 독립변수와 종속변수의 관계를 더 잘 설명해 주는 변수임에 반해, 외생변수(가식적 관계 변수)는 관찰된 독립변수와 종속변수의 관계를 잘못 이해하도록 만들 수 있는 변수이다. 2) 외생변수는 두 변수의 관계가 있는 것처럼 보이게 하는 가식적 관계 변수이다.
	조절 변수	1) 조절변수(moderating variable)란 독립변수와 종속변수 사이에 강하면서도 불확정적인 효과(contingent effect)를 미치는 변수이다. 즉, 이 변수가 존재할 때만 독립변수와 종속변수 사이의 이론적 관계(theorized relationship)가 성립된다. 2) 조절효과는 A(독립변수) → C(종속변수)에 미치는 관계 자체는 적합하지만, 이러한 관계가 어떤 특정한 변수에 의해서 달라질 수 있다는 것이다. **사례** 월 수입(독립변수) → 행복지수(종속변수) 간의 관계에서 [성별]에 따른 조절효과는 남성이 월 수입(독립변수) → 행복지수(종속변수)에 미치는 영향(정도)과 여성이 월 수입(독립변수) → 행복지수(종속변수)에 미치는 영향에 차이가 있을 것이라는 것이다. 이를 좀 어렵게 표현하면 '월수입이 행복에 미치는 영향에서 성별은 조절효과를 보일 것이다'로 표현할 수 있다. **사례** '연령의 많고 적음에 따라서 지역사회 응집력(종속변수)에 거주기간(독립변수)이 미치는 영향력은 다를 것이다.'의 가설에서 조절변수는 연령이 된다.

모형	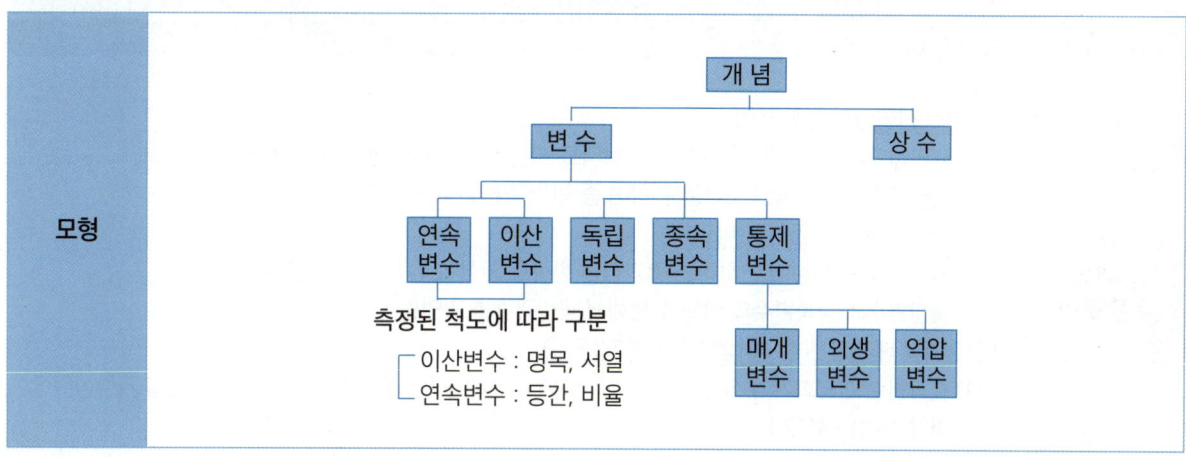

6 | 분석단위 선정 및 해석 오류

생태학적 오류	집합적 단위를 채택하여 연구한 결과 얻은 결론을 개인 등에 적용시키는 오류를 말한다.
개별(개인) 주의적 오류	개인수준의 연구결과를 집단수준의 분석단위에 적용시킬 때에 발생하는 오류를 말한다.
환원(축소) 주의적 오류	넓은 범위의 인간의 사회적 행위를 이해하는 데 필요한 변수 또는 개념의 종류를 지나치게 한정시키거나 한 가지로 귀착시키려는 경향을 말한다.

기출문제 확인학습

생태학적 오류

17개 시·도를 조사하여 대학 졸업 이상의 인구비율이 높은 지역이 낮은 지역에 비해 중위 소득이 더 높음을 알게 되었다. 이를 통해 학력수준이 높은 사람이 낮은 사람에 비해 소득수준이 높다는 결론에 도달했다.

7 | 인과적 추론조건 및 타당도(내적 및 외적)의 저해요인

인과적 추론 조건		1) 시간적 선행성의 원칙(조작) 　(1) 원인이 되는 사건이나 현상은 결과보다도 시간적으로 먼저 발생해야 한다. 　(2) 독립변수의 의도적인 조작을 통하여 종속변수와의 시간상의 차이를 보일 수 있다. 2) 공동변화의 원칙 - 공변성(비교) 　(1) 원인이 되는 현상이 변화하면 결과적인 현상도 항상 같이 변화해야 한다. 　(2) 독립변수와 종속변수의 비교를 통해서 공변관계를 확인할 수 있다. 3) 경쟁가설 배제의 원칙 - 외생변수의 통제(통제) 　(1) 결과변수의 변화가 추정된 원인이 아닌 제3의 변수 또는 외재적 변수에 의해 설명될 가능성이 없어야 한다는 것이다. 　(2) 이는 제3의 변수로의 개입 가능성이 있는 변수들을 통제함으로써 성립될 수 있다.
내적 타당도 개념/ 저해요인	개념	연구과정 중 종속변수에서 나타나는 변화가 독립변수의 변화에 의한 것임을 확신할 수 있는 정도를 말한다. → 인과성에 대한 검증 능력이 강하면 내적 타당도가 높다.
	성장 요인	시간의 경과(흐름) 때문에 발생하는 조사대상 집단의 신체적·심리적 특성의 변화 **사례** 아동에 대한 운동프로그램, 노인에 대한 의료프로그램 등
	역사 요인	조사기간 중에 연구자의 의도와는 관계없이 일어난 통제 불가능한 사건으로 결과변수에 영향을 미칠 수 있는 사건을 의미함 **사례** 고등학생 대상의 스트레스완화 프로그램 중 학교 축제
	선발 요인	정책이나 프로그램 집행 후에 실험집단과 비교집단 간의 결과변수에 대한 측정값의 차이가 정책집행의 차이라기보다는 단순히 두 집단구성원들이 다르기 때문에 나타나는 경우 **사례** 자원자에 의한 직업훈련프로그램 　cf 선택과의 상호작용 - 내적 타당도 저해요인 중 하나실험집단과 통제집단의 선발이 잘못되어서 두 집단이 이질집단일 때 생기는 문제이다. 이는 피험자의 선발 요인과 성숙 요인 간의 상호작용에 의하여 실험의 결과가 달라지는 것을 뜻한다. **사례 - 기출** 아동학대 예방을 위한 부모교육의 효과성 검증을 위해 아동보호전문기관을 통해 교육 참여를 희망하는 부모를 모집하고 교육을 실시하였다. 교육 종료 후 1년 동안, 교육을 받은 부모집단과 받지 않은 부모집단에서 아동학대 사례로 확인된 부모의 비율을 비교하였다.
	상실 요인	정책집행 기간 중에 관찰대상 집단의 일부가 탈락 또는 상실됨으로써 남아있는 대상이 처음의 관찰대상 집단과 다른 특성을 갖게 되는 현상 **사례** 금연프로그램의 성공률
	통계적 회귀	극단적인 측정값을 갖는 사례들을 재측정할 때, 평균값으로 회귀하여 처음과 같은 극단적 측정값을 나타낼 확률이 줄어드는 현상 **사례** 좌절감의 정도가 매우 심각한 사람들에 대한 상담서비스

	검사 요인	정책 및 프로그램의 실시 전과 실시 후에 유사한 검사를 반복하는 경우에 프로그램 참여자들이 시험에 친숙도가 높아져서 측정값에 영향을 미치는 현상 사례 동일 측정도구로 반복 측정 시
	도구 요인	정책 또는 프로그램 집행 전과 집행 후에 측정자의 측정기준이 달라지거나, 측정수단이 변화함에 따라서 정책효과가 왜곡되는 현상 사례 주관식 시험문제의 채점
외적 타당도 개념/ 저해요인	개념	표본에서 얻어진 연구의 결과로 인해 연구조건을 넘어선 다른 환경이나 다른 집단들에까지 적용하는, 즉 일반화를 할 수 있는 정도를 말한다.
	저해 요인	1) 연구표본의 대표성 결여 　표본이 모집단을 대표할 수 있어야 일반화의 정도가 높다. 즉, 대표성의 결여는 일반화의 한계가 된다. 2) 조사반응성(= 반응효과) 　대상자가 실험에 참여한다는 것을 의식하여 연구자가 관찰하는 동안에는 연구자가 원하는 방향으로 반응을 보인다면 일반화의 정도가 낮다. 3) 플라시보 효과(위약 효과, placebo effect) 　대상자가 어떤 특별한 치료나 특별한 관심을 받고 있다고 인식하게 되면 대상자 스스로 심리적으로 반응해서 변화를 불러일으키는 것으로 이러한 경우 일반화의 정도가 낮다.

기출문제 확인학습

내적 타당도와 외적 타당도

1) 어느 한 연구가 내적 타당도가 높을 때 이는 그 연구의 표본과 상황에 관해서 인과적 추론을 할 수 있도록 한다.
2) 반면, 외적 타당도는 연구결과를 연구의 조건을 넘어서 보다 많은 상황과 모집단에 적용시킬 수 있는 정도를 말하는데, 즉 일반화시킬 수 있는 정도라고 할 수 있다.
3) 외적 타당도는 조사연구에서 선정된 표본의 대표성과 실험조사에 대한 민감성의 문제이다.
4) 내적 타당도는 외적 타당도를 위한 필요조건이지 충분조건은 아니다.

8 | 측정

측정의 척도		
	명목 척도	단순히 분류하기 위해서 측정대상의 속성에 부호나 수치를 부여하는 것을 말한다. **사례** 성(性), 인종, 종교, 결혼여부, 직업 등의 구별
	서열 척도	측정대상을 그 속성에 따른 분류뿐만이 아니라 서열이나 순위도 매길 수 있도록 수치를 부여하는 것이지만, 서열 간의 동일한 간격이나 절대량을 지적하지 않는다. **사례** 사회계층, 선호도, 수여받은 학위, 변화에 대한 평가, 서비스 효율성 평가 등의 측정
	등간 척도	측정대상을 속성에 따라 서열화하는 것을 물론, 서열 간의 간격이 동일하도록 수치를 부여하는 측정이다. **사례** 지능지수(IQ), 온도, 시험점수, 학년
	비율 척도	측정대상의 속성에 절대적인 영점을 가진 척도를 가지고 수치를 부여하는 것을 말하며 가감승제가 가능하다. **사례** 연령, 무게, 키, 수입, 출생률, 사망률, 이혼률, 가족 수 등
	리커트 척도	1) 어떤 변수(독립변수 혹은 종속변수)를 측정하고자 할 때 단 한 문항만으로는 충분하지 못하고 적절하게 선택된 다수의 문항들로 척도가 구성되어 있는 방법 2) 일관성이 있고 단순하며 사용이 용이하고 척도를 구성할 때 시간과 비용적 측면에서 효율성이 있고 타당도와 신뢰도를 높게 확보할 수 있음 3) 많은 질문 문항들을 한데 묶어서 척도를 만들기 때문에 정확하게 어떤 현상을 측정할 수 있음 **사례** 성역할에 대한 리커트 척도

	매우 반대	반대	중간	찬성	매우 찬성
1. 여성은 남성보다 순종적이다.	1	2	3	4	5
2. 여성은 현모양처가 되어야 한다.	1	2	3	4	5
3. 가사노동은 여성의 의무이다.	1	2	3	4	5
4. 남성은 여성보다 더 능력이 있다.	1	2	3	4	5
5. 남성만이 가장이 될 수 있다.	1	2	3	4	5

측정의 척도	거트만 척도	1) 단일차원적인 특성이나 태도 및 현상 등을 측정하기 위해 강도에 따라 서열화시킨 방법 2) 척도를 구성하는 문항들이 일관성 있게 서열을 이루고 있고 단일차원적이고 예측성이 있으며 경험적 측면을 기초로 척도가 구성됨으로써 이론적으로 우월함 **사례** 양로시설 설치와 관련된 거트만 척도 질문) 귀하는 양로시설 설치와 관련해 어떻게 생각하십니까? 다음 각 질문에 응답하시오. 1. 양로시설이 우리나라에 있는 것은 괜찮다.　　　그렇다( ) 그렇지 않다( ) 2. 양로시설이 서울에 있는 것은 괜찮다.　　　　　그렇다( ) 그렇지 않다( ) 3. 양로시설이 우리 동네에 있는 것은 괜찮다.　　　그렇다( ) 그렇지 않다( ) 4. 양로시설이 우리 옆집에 있는 것은 괜찮다.　　　그렇다( ) 그렇지 않다( )

측정의 척도	보가더스 척도 = 사회적 거리 척도	서열척도의 일종으로 소수민족, 사회계급, 사회적 가치 등에 대한 사회적 거리감의 정도를 측정하기 위해 하나의 연속성을 가진 문항들로 구성됨 **사례** 인종 간 거리척도(보가더스 척도) | 문항	중국인	일본인	미국인	기타
---	---	---	---	---
1. 결혼하여 가족으로 받아들인다.				
2. 개인적 친구를 사귄다.				
3. 이웃으로 같이 지낸다.				
4. 같은 직장에서 일한다.				
5. 우리나라의 국민으로 받아들인다.				
6. 우리나라의 방문객으로만 받아들인다.				
7. 우리나라에서 추방한다.					
	서스톤 척도 = 유사등간 척도	어떤 사실에 대하여 찬성적인 태도와 부정적인 태도를 나타내는 양극단을 등간으로 구분한 후에 수치(척도치)를 부여함으로써 척도를 구성함 **사례** 개인주의에 관한 서스톤 척도 **주제** 개인주의에 관한 여러 가지 명제들 	가중치(척도치)	명제
---	---
1.1	• 사회의 의견을 받아들이기 위하여 개인의 의견을 억누르는 것은 자신의 숭고한 목적을 달성하는 길이다.
2.8	• 인간은 다수의 의견을 따를 때 가장 좋은 대접을 받는다.
4.5	• 논쟁이 생겨서 친구와 의견일치를 보지 못하는 것은 어리석은 일이다.
6.1	• 자기주장을 펴는 것은 가치 있는 일이지만 사회생활의 편익을 누리기 위해 제한되지 않을 수 없다.
7.5	• 인간의 능력발전은 자신에게 중요한 목적이 되어야 한다.
8.9	• 타인의 요구에 쉽게 따르면 자기 개성은 희생된다.
10.4	• 능력의 한계까지 자기발전을 이루려는 것은 인간존재의 주목적이다.	 여기시 응답자의 개인주의적 척도는 응답자가 찬성하는 모든 문항의 가중치를 합쳐서 평균을 낸 것이다. 평균치가 높을수록 개인주의적 성향이 높다고 하겠다.
	요인 척도화 (요인 분석)	1) 개념 　(1) 요인분석은 어떤 변수들 간의 잠재요인(latent factor)에 있어 개별 변수들을 설명하고 있음을 통계적으로 도출하는 분석을 의미함 　(2) 변인들 간의 상관관계를 이용하여 서로 유사한 변인들끼리 묶어주는 방법 2) <u>요인분석의 목적</u> 　(1) 자료의 요약 　　여러 개의 변인들을 몇 개의 공통된 집단으로 묶음으로써 자료의 복잡성 줄이고 정보를 요약하는 데 이용 　(2) 변인 구조 파악 　　여러 개의 변인들을 동질적인 몇 개의 요인으로 묶어줌으로써 변인들 내에 존재하는 상호 독립적인 특성을 발견하는데 이용 　(3) 불필요한 변인의 제거 　　변인군으로 묶이지 않은 변인을 제거함으로써 중요하지 않은 변인 선별 가능 　(4) 측정도구의 타당성 검증 　　동일한 개념을 측정한 변인들이 동일한 요인으로 묶이는지 여부 확인함으로써 측정도구 타당성을 검증하는 데 이용 　(5) 각 문항의 상대적 영향력의 확인

타당도 / 신뢰도	타당도	개념		측정하고자 하는 것을 얼마나 정확히 측정하고자 하는가?
		종류	내용 타당도	1) 측정도구에 포함된 지표가 내용의 모집단을 대표하고 있는지의 정도를 나타내는 측정도구의 대표성 또는 표본문항의 적절성을 의미하는 것으로 논리적 타당성이라고도 한다. 2) 이는 전문가의 주관적 판단에 크게 의존하므로 편견이나 오류의 가능성을 배제하기 어렵다.
			기준 (준거) 타당도	1) 하나의 측정도구를 사용하여 측정한 결과를 이미 타당성이 경험적으로 입증된 독립된 기준을 적용하여 측정한 결과와 비교하여 나타난 관련성의 정도를 의미한다. 2) 평가의 기준변수가 미래의 시점에 관한 것이면 예측적 타당도라고 하며, 현재 상태를 나타내는 것일 경우에는 이를 동시적 타당도라고 한다. **사례 - 기출(동시적 타당도)** 사회복지사가 클라이언트 100명의 약물남용 정도를 두 가지 방법으로 측정하였다. 첫째, 약물남용으로 인해 상담이나 치료를 받은 경험이 있는지를 질문하였고, 둘째, 표준화된 척도로 약물남용 정도를 측정하였다. 측정 결과, 상담이나 치료 경험이 있는 집단의 척도 평균 점수가 그렇지 않은 집단의 점수보다 통계적으로 유의미하게 높았다. (단, 척도의 점수가 높을수록 약물남용 정도가 심하다고 해석한다.)
			개념 (구인) 타당도	**이해 타당도**: 1) 측정하고자 하는 개념을 이해하는 데 있어 정확한가의 의미이다. 2) 개념들을 요인분석에 의해 요인타당도를 알아볼 수 있다. **수렴적 (집중) 타당도**: 같은 개념을 상이한 측정방법으로 측정했을 때 그 측정 값 사이의 상관관계가 높으면 그 측정지표는 타당성이 높다. **차별적 (판별) 타당도**: 서로 다른 이론적 구성개념을 나타내는 측정지표들 간의 상관관계가 낮을 경우에 차별적 타당성이 높다.
	신뢰도	개념		동일한 대상에 대하여 같거나 유사한 측정도구를 사용하여 반복, 측정할 경우 동일하거나 비슷한 결과를 얻을 수 있는가?
		측정 방법	조사자 간 신뢰도	조사자 또는 평가자가 2명 또는 여러 명 있다면 이들 간의 평가점수가 일치해야 신뢰도가 있다는 것을 나타낸다.
			검사- 재검사법	똑같은 측정도구를 가지고 똑같은 대상에게 시간적 간격을 두고 반복한다.
			대안법	유사한 형태의 두 개 이상의 측정도구를 사용하여 동일한 표본에 적용한 결과를 비교하여 신뢰도를 측정하는 방법으로 복수양식법, 평행양식법이라고도 한다.

신뢰도	측정 방법	반분법	1) 측정도구를 임의대로 반으로 나누어서 각각을 독립된 척도로 보고 이들의 측정 결과를 비교하는 방법을 말한다. 2) 항목들을 나누는 방식에 따라서 신뢰도 계수의 추정치가 달라진다는 문제점이 있다.
		내적 일관성 방법	반분법이 지니는 문제점이 단일의 신뢰도 계수를 계산할 수 없다는 데 착안하여 가능한 모든 반분신뢰도를 구한 다음 그 평균값을 신뢰도로 추정하는 방법을 말한다(Cronbach α계수).
타당도/신뢰도	타당도/신뢰도 관계		1) 신뢰도가 있어도 타당도는 없을 수 있다. 2) 타당도가 높으면 반드시 신뢰도가 높다. 3) 신뢰도가 낮으면 반드시 타당도가 낮다. 4) 타당도는 신뢰도의 충분조건, 신뢰도는 타당도의 필요조건이다. 5) 타당도와 신뢰도는 비대칭적 관계이다. 6) 타당도가 높고 신뢰도가 낮은 측정은 없다. 7) 타당도가 낮고 신뢰도가 높은 측정은 있다. A: 신뢰도↓ 타당도↓ B: 신뢰도↑ 타당도↓ C: 신뢰도↑ 타당도↑

9 | 측정의 오류 - 체계적 오류와 비체계적 오류

오류 유형	내용
체계적 오류 (일정한경향의 오류)	1) 응답방식(개인적 성향) 　(1) 응답자가 항상 일정한 유형으로 응답할 경우 발생할 수 있는 오류 또는 사회가 원하거나 사회에서 인정받을 수 있는 방법으로 응답하는 경우 　(2) 가혹의 오류, 관용의 오류, 중앙 집중 경향의 오류, 후광효과, 대조의 오류 등 2) 응답자의 인구학적 특성 　(1) 연령에 따른 오류 　(2) 교육수준과 관련된 선행응답의 오류(고학력)와 후행응답(저학력)의 오류
비체계적 오류(= 무작위적 오류)	비체계적 오류(일정한 경향이 없이 나타나는 오류)를 발생시키는 경우 - 측정대상자, 측정자, 측정상황, 측정도구 등의 문제 　cf. 주로 측정 시 날씨, 기압 등과 같은 환경이나 설문문항의 용어나 의미, 응답자의 개인적 상태 등과 같은 통제 불능한 요인들에 의해 발생함

종류		내용	해결
체계적 오류	고정반응	• 극단적인 값은 피하고 중도 값을 선택함 • 앞의 항목에서 응답한 값을 후속 항목에도 동일하게 응답	타당도 높은 도구 사용
	사회적 적절성 = 사회적 바람직성	사회의 가치기준에 부합하는 것을 선택하려는 경향	
	문화적 차이	문화적 차이나 인구사회학적 차이가 개입하여 발생하는 오류	
무작위적 오류		오류가 발생하는 과정에서 일정한 유형이 존재하지 않는 경우	신뢰도 높은 도구 사용

(정리)

기출문제 확인학습

측정의 오류에 관한 설명

1) 편향에 의해 체계적 오류가 발생한다.
2) 무작위 오류는 측정의 신뢰도를 저해한다.
3) 체계적 오류는 측정의 타당도를 저해한다.
4) 표준화된 측정도구를 사용한다면 측정의 오류(체계적 오류 등)를 줄일 수 있다.
5) 측정자, 측정 대상자 등에 일관성이 없어 생기는 오류를 비체계적 오류라 한다.

10 | 표본추출 방법

확률표본추출	개념	모집단의 각 표집단위가 추출될 기회를 다 가지고 있고, 각각의 표집단위가 추출될 확률을 정확히 알고, 어떤 형태의 무작위방법에 기초하여 표집하면 이를 확률표집이라고 한다.
	단순 무작위 표집	모집단을 구성하는 각 구성요소가 표본으로 뽑힐 확률이 동등하고 0이 아닌 경우로 난수표, 제비뽑기, 컴퓨터를 이용한 난수의 추출방법 등을 사용하여 추출한 표집이다.
	계통표집	모집단을 구성하고 있는 구성요소들이 자연적인 순서에 따라 배열된 목록에서 매 k번째의 구성요소를 추출하여 형성한 표집으로 첫 번째 요소는 반드시 무작위적으로 선정되어야 하고 목록자체가 일정한 주기성을 가지지 않아야 한다.
	층화표집	1) 모집단을 일정한 기준에 따라 2개 이상의 동질적인 계층으로 구분하고, 각 계층별로 단순무작위 추출방법을 적용하는 방법이다. 2) 모집단에서 각 계층이 차지하는 크기에 비례하여 표본크기를 정하는 비례층화표집과, 표본 추출비를 모집단에서 각 계층이 차지하는 크기와 관계없이 추출하는 비비례층화표집으로 구분된다.
	집락표집	1) 모집단을 여러 가지 이질적인 구성요소를 포함하는 여러 개의 집락 또는 집단으로 구분한 후 집락을 표집단위로 하여 무작위로 몇 개의 집락을 표본으로 추출한 다음, 표본으로 추출된 집락에 대해 그 구성요소를 전수조사하는 방법이다. 2) 층화표집에서는 각 계층의 구성요소들은 동질적이고, 계층과 계층 간에는 이질적인 경우에 적용하는 것이 바람직한 데 비하여, 집락표집의 경우에는 각 집락이 모집단의 구성요소를 대표할 수 있는 이질적인 요소로 구성되고, 집락과 집락들 사이에는 거의 차이가 없는 경우에 적용된다.

비(非)확률 표본 추출	개념	1) 확률표집법은 이론상 이상적인 표집방법이나 실제로도 확률표집이 불가능하거나 비현실적인 경우가 많이 있다. 2) 즉, 모집단 자체의 범위를 한정할 수 없거나, 모집단의 한계가 분명하더라도 목록을 구할 수 없거나 작성할 수 없을 경우 그리고 비용, 시간, 인력이 지나치게 많이 드는 경우 비확률표집(인위적 방법으로 추출)을 활용한다.
	편의(임의) 표집	1) 연구자가 쉽게 이용 가능한 대상들을 표본으로 선택하는 방법이다. 2) 가장 비용이 적게 들고 시간을 절약할 수 있는 방법이다. 3) 표집틀이 없어 표본의 대표성과 결론의 일반화에 한계를 가진다.
	판단(유의) 표집	연구자의 주관적 판단의 기준에 따라 연구목적 달성에 도움이 될 수 있는 구성요소를 의도적으로 추출하는 방법으로 주관적 판단의 타당성 여부가 표집의 질을 결정한다.
	할당표집	1) 추출된 표본이 연구자의 모집단에 대한 사전지식을 기초로 하여 모집단의 특성을 나타내는 하위집단별로 표본수를 배정한 다음 표본을 추출하는 방법이다. 2) 층화표집과 유사한데 무작위와 임의의 차이이다.
	누적 (눈덩이) 표집	1) 첫 단계에서 연구자가 임의로 선정한 제한된 표본에 해당하는 사람으로부터 추천을 받아 다른 표본을 선정하는 과정을 되풀이하여 마치 눈덩이를 굴리듯이 표본을 누적해 가는 방법이다. 2) 이 방법은 연구자가 특수한 모집단의 구성원을 전부 파악하고 있지 못할 때에 적합한 표집방법이다.
표집오차 (표본오차)		1) 모집단의 일부만을 뽑아 표본조사를 하기 때문에 생기는 오차로서 모집단에서 추출한 표본이 모집단의 특성과 일치하지 않아서 생기는 차이이다. 2) 표본오차에 영향을 주는 요인은 표본의 크기, 신뢰구간 등이다. 3) 전수조사를 하지 않기 때문에 표본으로부터 얻어진 값을 기초로 하여 연구자가 정한 일정한 신뢰수준 하에서 나타날 수 있는 오차의 범위를 추정한다. 4) 신뢰수준을 높게 잡으면 오차가 커지고, 표본의 크기가 커지면 표본오차는 작아진다. 5) 표본조사에서만 나타난다.

정규분포 곡선: $m-3\sigma$, $m-2\sigma$, $m-\sigma$, m, $m+\sigma$, $m+2\sigma$, $m+3\sigma$
- 68.3% ($m-\sigma \sim m+\sigma$)
- 95.5% ($m-2\sigma \sim m+2\sigma$)
- 99.7% ($m-3\sigma \sim m+3\sigma$)

11 | 조사설계 유형

(순수) 실험설계	개념	1) 연구에 사용된 독립변수를 조작하여 그 조작의 결과가 종속변수에 어떠한 영향을 미치는가를 평가하는 방법이다. 2) 실험설계의 목적은 인과관계를 규명하여 앞으로의 사건을 예측하는 것이다.	
	기본 특성	1) 비교 : 공동변화를 입증하기 위해 실험집단과 통제집단의 비교 2) 조작 : 독립변수의 시간적 선행성을 입증하기 위한 독립변수의 조작 3) 무작위 배정(할당) : 외재적 변수의 통제와 경쟁가설을 제거하기 위해 실험집단과 통제집단의 동질화	
	종류	통제집단 전후 (사전사후) 비교설계	무작위 할당을 통해 실험집단과 통제집단에 연구대상자를 할당한 후 실험집단에는 독립변수의 조작 또는 실험적 개입을 하고, 통제집단에는 그것을 가하지 않고서 두 집단 간의 차이를 전후 비교해서 결과를 얻는 방법
			장점: 두 집단의 동질성이 확보될 수 있고 외생변수를 철저히 통제할 수 있다.
			단점: 검사요인을 통제할 수 없고 사전조사와 실험처리의 상호작용의 시험효과가 발생한다.
		통제집단 후(사후) 비교설계	통제집단 전후 비교설계의 단점(주시험 효과 : O1 → O2)을 제거하기 위하여 실험대상자를 무작위로 할당하고 사전조사 없이 실험집단에는 실험적 조작을 가하고, 통제집단에는 그것을 가하지 않았다가 결과를 서로 비교하는 방법
			장점: 사전검사의 영향을 제거할 수 있다.
			단점: 사전측정을 하지 않아 최초의 상태가 동질적인지 아닌지를 정확히 알 수 없다.
	종류	솔로몬 4집단 설계	무작위로 할당된 4개 집단으로 통제집단 전후 비교설계와 통제집단 후 비교설계를 혼합해 놓은 방법
			장점: 사전검사의 영향을 제거해 내적 타당도를 높일 수 있으며, 사전검사와 실험처리의 상호작용의 영향을 배제해 외적타당도를 높일 수 있다.
			단점: 4개 집단으로 무작위 할당하기가 어렵고, 4개 집단을 관리하기가 곤란하여 비경제적이다.
		요인설계	실험처치를 하는 실험집단에 프로그램을 두 가지 이상 실시하는 경우의 설계로서, 각각 하나의 프로그램 효과인 주 효과와 동시에 두 가지 프로그램을 실시한 상호작용 효과를 알 수 있다.
		플라시보 통제집단 비교설계	플라시보 효과, 즉 위약효과를 통제하여 실제의 효과를 알기 위해 설계된 유형이다.

유사 실험 설계	1) 정의 　무작위 할당에 의하여 실험집단과 통제집단의 동등화를 꾀할 수 없을 때 사용하는 설계방법으로 무작위 할당 대신 다른 방법을 통하여 실험집단과 유사한 비교집단을 구성하려고 노력하는 설계 2) 유형 　(1) 단순시계열 설계/시간연속설계(simple time - series design) 　(2) 복수시계열 설계/복수시간연속설계(multiple time - series design) 　(3) 비동일 통제집단 설계(nonequivalent group design)
전(前) 실험설계	1) 정의 　연구대상자를 나누지 않고 비교집단이 선정되지 않거나 동질성이 없는 설계로 내적·외적 타당도 저해 요인을 거의 통제하지 못하는 가장 낮은 수준의 실험조사 연구 2) 유형 　단일집단 사전사후 설계, 단일집단 후 비교 설계, 비동일집단 사후 비교설계(정태적 집단비교설계)
비(非) 실험설계	1) 개념 　인과적 추론의 세 가지 조건을 모두 갖추지 못한 설계로, 실험변수의 조작이나 외재적 변수의 인과적 영향을 배제시킬 수 있는 통제의 장점을 기대할 수 없는 상태에서, 자연적인 상황에서 발생하는 공동변화와 그 순서의 관찰에 기초를 두고 인과적 과정을 추론하는 것이다(인과관계 규명하기가 어렵다). 2) 실험설계는 윤리적 문제를 야기할 수 있어서 비실험 설계가 사회복지 조사연구에서 가장 많이 사용되고 있다. 3) 유형 　(1) 횡단설계 - 3가지 　　일원적 설계(Univariable Design), 상관관계 설계(Correlation Design), 비(非)실험적 요인설계(Factorial Design) 　(2) 종단설계 - 3가지 　　경향 연구 설계(Trend study Design), 동년배 집단연구 설계(Cohort study Design), 동일집단(패널) 연구 설계(Panel study Design)

기출문제 확인학습

실험설계에 관한 설명

1) 통제집단사후검사설계는 무작위할당으로 통제집단과 실험집단을 나누고 실험집단에만 개입을 한다.
2) 정태적(static) 집단비교설계는 실험집단과 개입이 주어지지 않은 집단을 사후에 구분해서 종속변수의 값을 비교한다.
3) 비동일통제집단설계는 임의적으로 나눈 실험집단과 통제집단 간의 교류를 통제하기가 어렵다.

> cf　비동일통제집단설계
> 1) 두 집단의 동질성이 약하고, 두 집단 간의 통제가 효과적이지 못하여 교류로 인한 실험효과의 모방과 확산이 가능하다.
> 2) 내적타당도의 저해요인이 많으나, 실제로 연구에 쉽게 적용하여 사용할 수 있다는 장점이 있다.

4) 솔로몬4집단설계는 통제집단사전 - 사후검사설계와 통제집단사후검사설계를 결합한 것이다.
5) 복수시계열설계는 실험집단과 통제집단에 대해 개입 전과 개입 후 여러 차례 종속변수를 측정한다.

12 | 단일사례연구 설계

의의		변수 간의 관계규명을 위한 것이라기보다 사회복지사의 의도적인 개입이 표적행동에 바라는 대로의 효과를 나타내었는가를 평가하기 위해 적용하는 설계
특성		1) 사례가 하나(N = 1)이다. 2) 단일사례연구의 1차적인 목적은 가설의 검증에 있는 것이 아니라 어떤 표적행동에 대한 개입의 효과를 관찰하여 분석하는 것이다. 3) 단일사례연구는 경향과 변화를 알 수 있도록 시계열적으로 반복적 관찰을 하고, 시각적으로 분석한다. 4) 개입 전과 개입 후의 상태를 비교한다. 5) 개입 도중에 자료를 검토하여 개입의 효과를 판단할 수 있으므로 개입의 효과가 없는 것으로 판단되면 새로운 개입방법을 수립하거나 개입방법을 수정함으로써 효과적인 개입을 할 수 있는 길을 열어준다. 6) 프로그램에 대한 즉각적 피드백이 가능하다. 7) 반응효과가 나타날 수 있다. - 단점
기본 개념	기초선 (baseline)	실천가나 조사연구자가 개입활동을 실시하기 전에 표적행동의 상태를 관찰하는 기간을 말하며 개입 전의 국면 - "A"로 표시
	개입국면	표적행동에 대한 개입활동이 이루어지는 기간으로 "B"로 표시
	표적행동	개입을 통해 변화시키려는 행동
유형	기본설계 (AB)	개입 전과 개입 후에 측정하는 평가 설계
	ABA	개입의 효과를 테스트하기 위해 일정기간 이후에 개입을 중단하는 평가 설계 - 윤리적 문제 대두

유형		
	반전설계 (ABAB)	기초선이 측정된 후에 특정기간 동안 개입을 하고 그 후 잠시 동안 멈춘 후에 다시 개입을 하는 평가 설계
	선개입 설계 (BAB)	곧바로 개입으로 시작해서 기초선 수립을 위해 개입을 중지했다가 개입을 다시 시작 - 위기 개입 시 사용
	복수요인 설계 (ABCD)	일련의 종류가 다른 개입(프로그램)들의 효과를 평가하기 위해 사용되는 것으로 다수요소 설계라고도 함(문제점 : 후행효과, 이월효과, 우연한 사건)
	복수(중다) 기초선 설계	1) 개입 중단의 문제점(윤리성 문제)을 개선하면서 AB설계를 ① 여러 문제, ② 여러 상황, ③ 여러 사람에게 적용하여 같은 효과를 얻음으로써 개입 효과의 확신을 높이는 설계 2) 둘 이상의 기초선을 설정하고 동시에 기초선 측정하며 중재는 각각 다른 시점에서 순차적으로 이루어짐 3) 모형 중다기초선설계 : 개입이 서로 다른 시점에서 시작됨

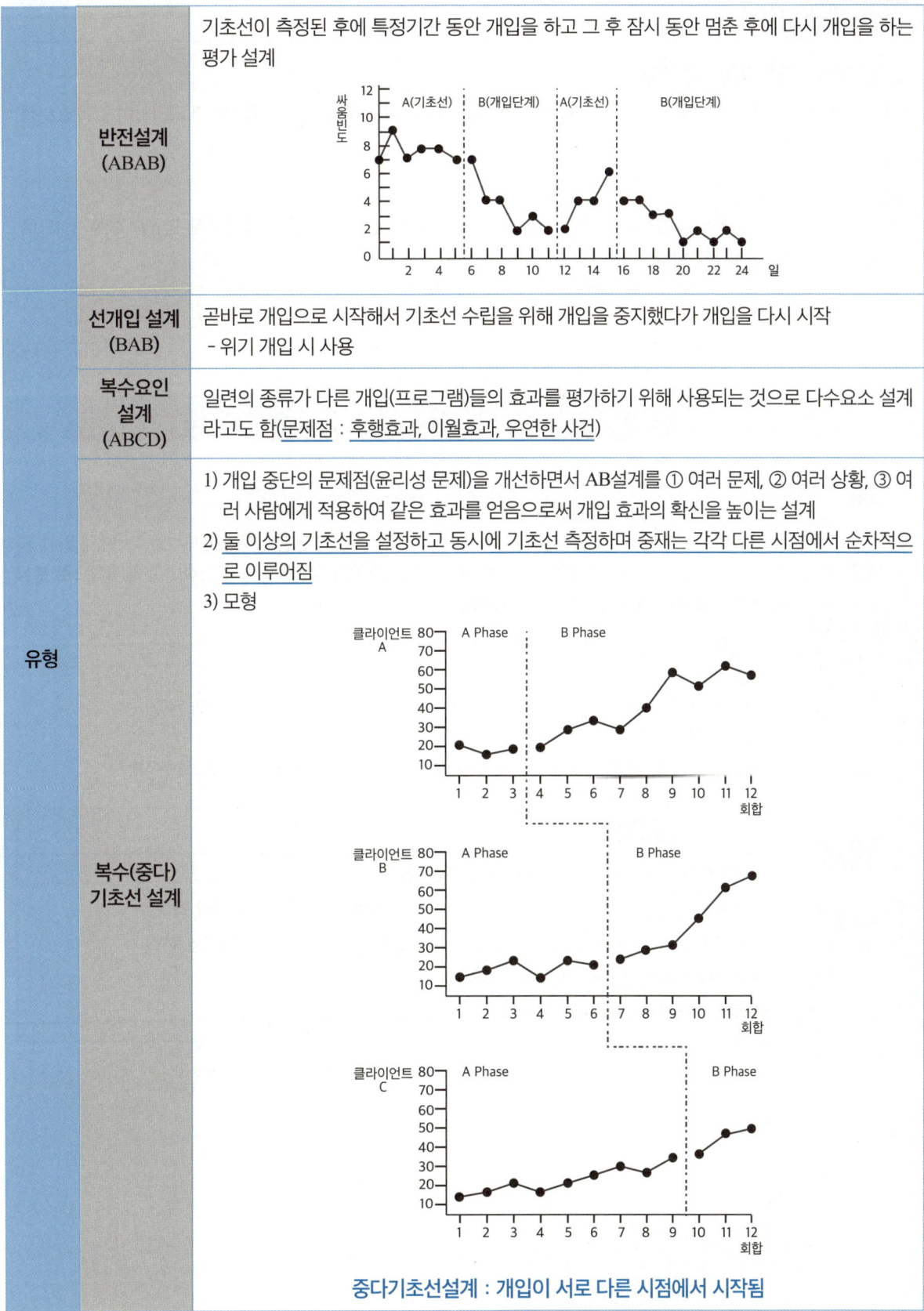

기출문제 확인학습

단일사례설계 분석법 중 경향선 접근
단일사례설계에서 기초선이 불안정하게 형성되어 있는 경우, 기초선의 변화의 폭과 기울기까지 고려하여 결과를 분석하는 방법을 말한다.

 평균 비교(통계적 유의성)
평균 비교는 기초선 단계에 나타난 표적문제의 평균값과 개입단계에서의 평균값을 비교하여 두 평균값에 통계적으로 유의한 차이가 있는지를 검증한다.

13 | 내용분석

구분	내용
개념	인간의 의사소통 기록(사례 출판물, 공문서, 연설문, 신문, TV, 영화 등의 대중매체, 개인의 편지, 일기, 자서전, 회의록, 상담의 기록문, 테이프 등)을 분석대상으로 하고 객관적이고 계량적이며 체계적으로 분석하는 방법으로 비관여적 연구조사의 형태이다.
특징	1) 의사전달의 내용이나 내용물이 분석 대상이다. 2) 문헌조사의 일종이다. 3) 메시지의 현재적 내용뿐만 아니라 숨겨져 있는 잠재적인 내용도 분석의 대상이 된다. 4) 객관성, 체계성, 일반성 등 과학적 연구방법의 요건을 갖추어야 한다. 5) 양적인 분석방법과 질적인 분석방법 모두를 사용하고 있다(질적내용을 양적으로 분석). **내용분석 - 기출** 1) 내용분석의 결과를 양적 분석에 사용할 수 있다. 2) 주제를 기록단위로 할 때가 단어를 기록단위로 할 때보다 자료수집 양이 적다. 3) 하나의 단락 안에 두 개 이상의 주제가 들어 있는 경우 주제를 기록단위로 한다. 4) 기록단위가 맥락단위보다 하위단위이다. 5) 자료 유형화를 위한 범주가 설정되면 기록단위는 필요하다.

분석단위의 종류	1) 단어(Word) 　가장 작은 분석단위이며 선택된 단어가 얼마나 많이 사용되었는가를 분석한다. 2) 주제(Theme) 　어떤 내용의 중심이 되는 문장인데 대개 한 문장으로 표시되지만, 여러 개의 문장 혹은 전체 본문에 확대적으로 나타날 수도 있다. - 주관성 가미의 문제 있음 3) 인물(Character) 　소설, 전기, 연극, 영화 등의 경우 유용하게 활용될 수 있고 인물이나 주인공을 단위로하는 경우에는 인물이나 주인공의 특성에 대한 시대별 변화를 파악해 볼 수 있다. 4) 문단(Paragraph) 　문단은 여러 개의 문장으로 구성된 단락을 의미한다. 5) 항목(Item) 　소재를 크게 분류하는 것으로 서적, 잡지, 신문, 학술지 등을 분류할 때 많이 사용한다. 　(사례) 사회복지 학술지의 내용분석 6) 공간 및 시간 　인쇄물의 지면이나 방송의 시간대 등
장점	1) 시간과 비용 절약 　많은 조사인력이 필요 없고 특별한 장비도 요구되지 않는다. 2) 높은 안정성 　안정성과 융통성이 있고 자료의 수정 및 반복이 가능하다. 3) 역사적 연구에 적용 가능 　장기간에 걸쳐서 발생하는 과정을 연구할 수 있다. 4) 비관여적 연구 　피조사자가 영향을 받지 않으며 연구조사자가 연구대상에 영향을 미칠 수 없다.
단점	1) 기록된 의사전달만을 다룰 수 있다. 　기록된 것을 분석해야 하기 때문에 기록에 남아 있지 않은 것은 분석하기 곤란하다. 2) <u>실제적 타당도 확보의 어려움이 있다.</u> 　자료수집상의 타당도는 확보할 수 있으나, 주제의 경우 주관성이 가미될 수 있어 실제적인 타당도를 확보하기 어렵다. 3) 자료를 구하는 데 많은 제한점이 있다.
비관여적 연구조사	1) 관여적 조사는 연구대상이 자신이 연구대상임을 알고 있는 것에 반해, 비관여적 조사는 연구대상자와 아무런 상호작용 없이 자료를 수집하는 것이다. 2) 관여적 조사는 연구자와 대상자간의 상호작용으로 인해 대상자들의 반응성으로 인해 부자연스러운 대답이나 행동을 초래할 수 있으며 이러한 반응성의 문제를 해결하기 위해 기존문헌이나 기록들을 분석하는 것이 비관여적 조사(비반응성)라 한다.

14 | 자료수집 방법

관찰법	장점	1) 연구하고자 하는 행동이나 사회적 과정을 행위가 발생하는 현장에서 즉시에 포착할 수 있다. 2) 행동으로 나타나는 것을 관찰하므로 질문지법이나 면접법에서 나타날 수 있는 응답과정에서 생길 수 있는 오차가 많이 줄어들게 된다. 3) 응답자에게 질문을 통해서 자료를 얻을 수 없을 때 관찰로서 자료의 수집이 가능하다. 4) 연구대상의 무의식적인 행동이나 응답자가 정확히 인식하고 있지 못한 문제는 관찰방법을 통해서 측정이 가능하다. 5) 조사대상자의 나이가 어려서 구두표현의 능력이 없는 경우에 적합하다. 6) 조사연구 질문에 비협조적이거나 면접을 거부하는 경우에 가능하다.
	단점	1) 개인의 사적 문제 등 관찰이 불가능한 행동이 있다. 2) 관찰대상자가 관찰을 당하고 있다는 것을 알고 있을 경우, 평소에 하던 행동과는 다른 행동양식을 보일 수 있다(관찰자 효과 = 반응효과). 3) 조사대상의 행동양식들은 변할 수 있다는 한계가 있다. 4) 관찰자가 관찰자 임의대로, 선택적으로 관찰하게 되는 경우가 있다. 5) 조사자의 감각이 극히 제한적이어서 모든 것을 관찰하지 못한다. 6) 관찰대상의 행위를 포착하기 위해 발생할 때까지 기다려야 한다. - 인내심 요구 7) 시간과 경비가 많이 소요되는 점(비경제성) 등이 단점이다.
전화 조사	장점	1) 간편하고 시간과 비용을 절약할 수 있다. 2) 전화번호부를 이용하여 비교적 쉽게 표본을 추출할 수 있다. 3) 간단히 응답자와 대화를 할 수 있다. 4) 조사자와 면접자가 얼굴을 맞대고 의사소통을 하지 않으므로 피면접자의 외모나 차림새 등에 따른 면접자의 선입관 때문에 발생하는 응답의 오류를 배제할 수 있다.
	단점	1) 대인면접에 비해 조사내용의 분량이 제한되어 있다. 2) 응답자를 통제할 수 있는 방법이 한정되어 있으므로 대인면접에서와 같이 많은 조사내용에 관한 자료를 수집하기 어렵다. 3) 전화응답자가 선정된 표본인지를 확인하기도 힘들다.
우편 조사 (질문지법)	장점	1) 대인면접법에 비해 비용이 적게 든다. 2) 특히 지리적으로 광범위하게 분포된 조사대상에 대한 조사에서 조사비용을 크게 줄일 수 있다(가장 저렴). 3) 대인면접이나 전화면접 등 면접조사에서 쉽게 접근할 수 없는 대상을 포함시킬 수 있다. - 접근성이 높다. 4) 조사자와 인간관계가 없어도 조사가 가능하므로 조사자의 개인적 특성에 따른 조사의 오차를 줄일 수 있다. 5) 응답자가 충분한 시간적 여유를 가지고 응답할 수 있도록 한다. - 응답자 측면에서 편리 6) 익명성 보장으로 편견이 줄어든다.
	단점	1) 최대의 문제점은 낮은 회수율이다. 　cf) 회수율 모니터링 중단시점은 70~80%가 회수된 시점이다. 2) 응답내용이 모호한 경우에 이를 확인할 방법이 없다. 3) 응답자가 답한 응답의 진위여부(다른 사람의 응답가능성)를 확인할 수가 없다. 4) 오기나 불기(不記) 등이 발생할 수 있다.

면접법	장점	1) 다양한 조사내용을 비교적 긴 시간에 걸쳐서 상세하게 조사할 수 있다. 2) 면접자가 자료를 직접 기입하므로 응답률이 매우 높다. 3) 질문의 내용을 응답자가 잘 이해하지 못하는 경우에 면접자가 설명해 줄 수 있고, 응답의 내용이 분명치 않은 경우에도 면접자가 응답의 내용을 점검할 수 있어서 응답의 오류를 줄일 수 있다. - 융통성 4) 질문서에 포함된 내용 외에도 연구에 필요한 기타 관련된 정보들을 수집할 수 있다. 5) 오기나 불기(不記)를 예방할 수 있다. 6) 적절한 질문은 현장에서 결정할 수 있다. 7) 비언어적 행위, 무의식적 행위 등을 직접 관찰할 수 있다. 8) 개별적으로 진행하는 면접환경을 표준화할 수 있다. - 환경통제 가능 9) 면접일자, 시간, 장소 등을 기록할 수 있다. 10) 면접 시에 복잡한 질문지를 사용할 수 있다. 11) 면접에 응할 수 있는 분위기 조성이 가능하다. 12) 응답의 타당성이 높고 표본의 폭을 넓힐 수 있다.
	단점	1) 비용과 시간이 많이 소요된다. - 비경제성 2) 면접자와 응답자 사이에 친숙한 분위기가 형성되지 않거나 상호이해가 부족한 경우에 조사 외적인 요인들로부터 오류가 개입될 가능성이 있다. 3) 응답자가 기록한 사실에 대해 확인할 시간을 줄 수 없다. 4) 조사자의 편견이 나타날 수 있다. - 익명성 결여

실력다지기

면접조사의 종류

1) 구조화 면접
  연구자가 대상자로부터 정보를 얻기 위하여 기록된 설문목록, 즉 면접조사표를 가지고 질문을 하며 이는 연구자의 편향된 오류를 최소화하기 위한 것이다.

2) 반구조화 면접
  정보를 얻기 위하여 처해진 상황에 따라 질문을 변화시키는 경우로 면접지침만 존재하며 연구자는 연구대상자의 이해정도에 따라서 질문을 달리 할 수 있다.

3) 비구조화 면접
  가장 자유롭고 개방적인 형태의 면접(개방형 질문)으로서 면접에 대한 간단한 주제 목록을 가지고 질문을 하며 질문은 규칙적이지 않고 대체적으로 자유롭게 전개한다.

사전조사(pre-test)와 예비조사(pilot study)의 비교 - 기출

1) 사전조사는 질문지 초안이 만들어진 후, 질문지를 시험해 봄으로써 질문지의 오류를 찾아내기 위한 조사인 반면, 예비조사는 질문지 작성의 사전단계에서 연구자가 연구하려고 하는 문제의 핵심적인 요소들이 무엇인지를 알지 못할 때 실시하는 조사이다.

2) 사전조사(pre-test)
  (1) 사전조사는 본 조사에 들어가기 전에 질문내용, 형태, 문항 작성, 질문 순서 등에 있어서 여러 가지 오류를 찾아내는 과정이다.
  (2) 사전조사는 질문지 수정과 본 조사 수행에 필요한 정보를 수집한다는 2가지 목적을 가지고 있다.

(3) 질문지 수정과 관련된 고려사항
　① 응답자가 응답한 것 가운데 전후 내용이 모순되거나 일치되지 않는 것이 있는 경우
　② 응답이 어느 한쪽으로 치우치는 경우
　③ [모른다]는 대답 또는 [무응답]이 많은 경우
　④ 기타에 응답한 경우가 많은 경우

참여행동연구(participatory action research, PAR) - 기출

1) 연구대상자들을 자신들의 문제와 바람직한 해결책을 정의하고 그들의 목표를 실현시키는 데 도움이 될 연구를 설계하는 데 주도적인 역할을 수행하도록 한다.
2) 이 접근은 연구가 지식생산을 위한 하나의 수단일 뿐 아니라, 의식의 교육과 개발을 위한 하나의 도구이며 그리고 행동을 동기화시키는 것으로 기능한다는 믿음을 함축하고 있다.
3) 참여행동연구 패러다임에서 연구자들의 기능은 연구대상자들에게 하나의 자원으로서 기능하는 것인데, 연구대상자들이 자신의 이해에 맞게 효과적으로 행동하는 기회를 주는 것이다.
4) 이 접근은 고전적인 사회과학 연구에 대한 신랄한 비판으로부터 유래되었으며 PAR 패러다임에 따르면, 전통적 연구는 연구의 '주체'를 연구의 '객체'로 환원하는 일종의 '엘리트 모델'로 인식되고 PAR 접근의 많은 주창자들에 따르면, 연구자와 연구대상자 간의 구분은 사라져야만 한다.
5) 그들은 연구에 의해 영향을 받게 될 대상들도 그 연구설계에 책임이 있다고 주장한다.
6) 연구자가 연구대상자보다 우위에 있다는 암묵적 가정에 도전한다.
7) 연구대상자는 자신의 문제와 해결책을 스스로 정의한다.
8) 연구대상자는 연구설계에 주도적인 역할을 수행한다.

참여관찰의 유형

종류	완전 참여 여부	공개 여부
완전참여자	○	×
관찰참여자	○	○
참여관찰자	×	○
완전관찰자	×	×

15 | 질적 연구방법론과 양적 연구방법론의 비교

구분		질적 연구방법론	양적 연구방법론
관련이론		민속지학[1], 현상학, 근거이론[2], 상징적 상호작용 이론 등	논리적 실증주의, 구조적 기능주의, 논리적 경험주의 등
연구특성		인간행동과 상호작용중심의 서술	통계의 결과 중심
정보의 획득 수준	정보 깊이	정서적 정보, 깊은 수준의 정보 획득가능, 계량화하기 어려운 영역의 관찰이 가능하다.	수량적·계량적 정보, 표면적 수준의 정보 획득 가능, 깊은 수준의 정보는 일부 가능하다.
	정보 객관성	사례 중심이므로 객관성, 일반화의 확보가 상대적으로 어렵다.	표본추출 등 이용 시 객관성/일반화의 확보가 상대적으로 용이하다.
통계적 적용 <통계기법>		제한적 통계기법 적용 : 이 경우도 대체로 수량화해야 하며 빈도분석과 교차분석중심이 된다.	다양한 통계기법 적용 : 척도의 수준에 따라 다양한 통계기법 적용
변수의 통제		거의 불가능하다.	가능함, 인구사회학적 특성별, 기타 조건별 통제 가능하다.
가설검증		매우 어렵다.	가설검증이 용이하다.
모집단 추정		매우 어렵다.	확률표집일 경우 표본수가 적절하면 충분히 가능하다.
조사기간		양적 연구에 비해 대체로 길다.	상대적으로 짧다.
조사인력		소수 전문 인력이 지속적으로 투입이 요구되는 경우가 대부분이다.	조사과정에서는 다수의 비전문인력 투입이 가능하나, 소수 전문 인력이 단기적으로 투입된다.

실력다지기

실증주의와 해석주의

1) 객관주의와 실증주의, 구성주의와 해석주의는 각각 유사한 맥락을 가진다.
2) 실증주의(양적 – 객관적)
   (1) 경험적으로 검증되지 않는 지식은 의미 있는 지식으로 보지 않는다.
   (2) 20세기 초반을 지나면서 실증주의의 정량화에 대해 관찰이나 사실의 이론 의존성에 대한 지적, 이론의 불확정성, 사실의 가치 의존성에 대한 비판이 제기되고 근본적인 수정이 요구되면서 여러 가지 대안적 패러다임들이 제안되었다.
3) 해석주의(질적 – 주관적)
   (1) 해석주의 패러다임은 다수의 실재들이 있을 수 있다고 주장하면서 상대주의적 존재론을, 연구자와 연구대상들이 지식과 이해를 공동으로 창조해나간다고 주장하면서 주관주의적 인식론을, 연구방법 및 절차에 있어서는 자연주의적 입장을 취한다.
   (2) 해석주의, 구성주의의 기본적 가정은 첫째, 실재란 다양할 수 있고 구성되는 것이고, 전체적인 것이며 다를 수 있다. 둘째, 실재가 갖는 맥락 및 시간제한성 때문에 일반화란 가능하지 않거나, 혹은 가능하더라도 바람직하지 않다. 셋째, 가치제한성 및 연구자와 연구대상 간의 상호연관성을 인정하는 연구과정을 통해서, 인과관계가 아니라 서로 간에 영향을 주고받는 상호 구성과정을 발견할 수 있다.

---

1) 민속지학은 일상적인 삶의 세계를 직접 또는 간접적으로 관찰하여 그 속에 살아가는 사람들이 사회라는 것을 꾸려나가는 방법을 알아내는 것으로서 일상생활, 상식 세계의 구성방법이다.

2) 사람, 사건, 현상들에 대한 이론을 발전시키는 데 목적이 있고 자료들로부터 이론을 도출하는 데 주된 관심을 갖는다. 기존의 이론적 기반이 갖추어지지 않은 분야들을 연구하는 데 적합하며, 기존 이론들이 있어도 수정되거나 명확화 할 필요성이 있는 분야들에도 적절히 사용된다.

기출문제 확인학습

인식론
1) 실증주의는 경험적 관찰을 통해 이론을 재검증한다.
2) 해석주의는 사회적 행위의 주관적 의미에 대한 이해를 강조한다.
3) 실증주의는 적은 수의 표본으로 결과를 일반화하는 것은 무리라고 주장한다.
4) 해석주의는 주로 언어를 분석 대상으로 활용한다.
5) 해석주의는 연구자의 가치나 태도 활용을 강조한다.

질적 연구의 엄격성(rigor)을 높이는 전략
1) 장기적 관여(prolonged engagement)를 위한 노력
2) 연구자의 원주민화(going native)를 경계하는 노력
3) 해석에 적합하지 않은 부정적인 사례(negative case) 찾기
4) 내부자적(emic) 시각을 유지하기 위해 참여관찰자 역할 지향

질적 연구방법에 관한 설명
1) 근거이론의 목적은 사람, 사건 및 현상에 대한 이론의 생성이다.
2) 문화기술지(ethnography)는 특정 문화를 이해하기 위한 방법, 과정 및 결과이다.
3) 현상학은 개인의 주관적인 경험의 본질과 의미에 초점을 둔다.
4) 자료 수집원을 다양화하여 연구의 엄격성을 높일 수 있다.
5) 동료 보고(peer debriefing)의 목적은 연구자가 편견에 빠지지 않게 동료집단이 감시기제로서의 역할을 하는 것이다.

cf 부정적 사례 분석(negative case analysis)
1) 질적 연구에서 부정적 사례 분석(negative case analysis)은 이후에 알게 된 사실에 비추어 잠정적 가설을 수정하는 과정이다.
2) 즉, 가설이 모든 알려진 사례들을 설명할 때까지 주어진 가설을 발전시키고 정련하는 과정이다.
3) 부정적 사례 분석은 양적 자료에서는 통계적 검증과 상응하는 것으로 생각할 수 있는데, 즉, 누구도 .○○○ 유의수준을 만족시킬 수 없듯이, 질적 연구자도 모든 사례들이 해당 연구의 범주에 꼭 맞을 것이라고 기대할 수 없다는 것이다.
4) 상당한 정도의 부정적 사례를 분석하고 난 후에는, 평가자는 가능한 경쟁 가설들 중에서 적절한 가설을 제외한 모든 가설을 기각하였음을 보다 신뢰롭게 말할 수 있게 되는 것이다.

기출문제 확인학습

근거이론
1) 코딩(부호화)은 자료를 분해하고 개념화하고 이론을 형성하도록 통합시키는 분석과정으로 개방코딩, 축코딩, 선택코딩으로 구성된다.
2) 개방코딩은 개념을 밝히고, 그 속성과 차원을 자료 안에서 발견해나가는 분석과정으로 개념화 또는 추상화, 범주를 발견하기가 있다.
3) 축코딩은 하위범주들을 범주와 연결시키는 과정으로 코딩이 한 범주의 축을 중심으로 일어나며 속성과 차원의 수준에서 범주들을 연결시키는 작업이다.
4) 선택코딩은 마지막 과정으로, 이론을 통합시키고 정교화하는 과정이며 이 때 이론의 통합을 도와주는 기법으로 메모와 도표가 사용된다.

근거이론의 부호화[3]

1) 개방코딩(open coding)
    (1) 개방코딩은 면밀한 자료검토를 통해 현상에 이름을 붙이고 범주화시키는 일종의 분석 작업이다.
    (2) 범주화란 똑같은 현상에 속하는 것처럼 보이는 개념들을 그룹 짓는 과정을 말하는데, 범주를 발전시키기 시작할 때에는 그 속성에 의거해서 하게 되며, 그 때 속성은 일정하게 차원화된다.
    (3) 즉 속성은 범주의 특성이고 차원은 연속선상에서 속성의 위치를 나타내는 것이다.

2) 축코딩(axial coding)
    (1) 축코딩은 범주나 하위범주들을 패러다임에 따라 관계를 짓는 것이다.
    (2) 즉, 범주들은 인과적 조건, 현상, 맥락, 중재적 조건, 작용·상호작용 전략, 결과들을 나타내는 범주에 따라 연결된다.
        ① 현상(phenomena)은 어떤 작용·상호작용에 의해 다루어지고 조절되거나 관계를 맺고 있는 중심 생각이나 사건들이다.
        ② 인과적 조건(causal condition)은 어떤 현상을 일어나게 하거나 발전하도록 하는 사건을 말한다.
        ③ 맥락(context)은 어떤 현상이 놓여져 있는 일련의 속성들의 구체적인 나열이다.
        ④ 중재적 조건(intervening condition)은 특정한 맥락 내에서 취해지는 작용·상호작용 전략을 촉진하거나 억제하기 위해 작용하는 조건이다.
        ⑤ 작용·상호작용 전략(action·interaction strategy)은 현상을 다루고 조절하고 수행하고 반응하는 데 쓰이는 전략이며, 연속적이며 과정적인 특성이 있다.
        ⑥ 결과(consequence)는 작용·상호작용 전략에 따른 결과를 말한다.
    (3) 축코딩을 하는 동안에 연역적으로 제안된 모든 가설적인 관계는 계속 얻어지는 자료와 반복적으로 대조, 검증될 때까지 임시적인 것으로 여겨져야 한다.

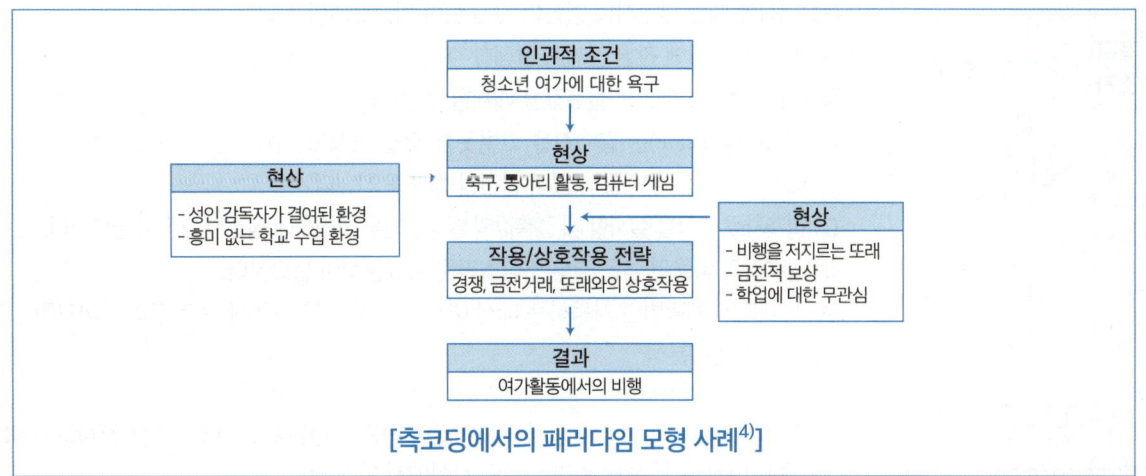

[축코딩에서의 패러다임 모형 사례[4]]

3) 선택코딩(selective coding)
(1) 선택코딩은 핵심범주를 선택하고 핵심범주와 다른 범주들을 연결시킨 관계에 대한 진술문을 만들고 그러한 관계진술문에 대해서 확인하면서 범주를 좀 더 정교화시키는 과정이다.
(2) 즉, 모든 범주들이 하나의 핵심범주를 중심으로 통합되어 하나의 이론이 구축되는 과정으로서, 이야기 윤곽을 통해 핵심 범주를 찾아내고, 중심 현상과 다른 범주들과의 관계를 통해 유형을 분석하고, 가설적 관계 진술문을 만든 후 가설을 도출하여 근거이론으로 제시를 한다.

---

3) 출처 : 근거이론의 개념과 연구방법, 최지영(나사렛대학교 교수)
4) 출처 : 조수영(2015), 청소년의 여가활동에서 비행이 발생하는 원인에 대한 근거 이론적 접근

16 | 욕구조사와 평가조사

욕구조사			
	개념		욕구조사란 한정된 지역 안에서 사람들의 욕구수준을 확인해 내고, 이를 수량화하는 방법들이다.
	목적		1) 주민들이 필요로 하는 각종 서비스 또는 프로그램을 식별해서 우선순위를 정한다. 2) 프로그램 운영에 필요한 예산할당 기준을 마련한다. 3) 현재 수행중인 사업의 평가에 필요한 보조 자료를 마련한다. 4) 프로그램을 수행하는 지역사회 기관들 간의 상호의존 및 협동상황을 파악한다.
	방법	사회 지표 분석	일정 인구가 생활하는 지역의 지역적, 생태적, 사회적, 경제적 및 인구학적인 특성에 근거하여 지역사회의 욕구를 추정할 수 있다는 전제하에 사회지표를 분석하는 것을 말한다(양적 분석에 속함). **사례** 소득수준, 빈곤인구 비율, 실업률, 주택보급률, 범죄율 등

		이차
		자료
		분석
			1) 지역주민 및 전문가들로부터 직접 자료를 수집하는 방법이 아니라, 지역사회 내의 사회복지 기관의 서비스 수혜자에 관련된 기록을 검토하여 욕구를 파악하는 것을 말한다.
			2) 이차자료가 될 수 있는 것은 인테이크 자료, 면접상황 기록표, 기관의 각 부서별 업무일지, 면접기록표, 서비스 대기자 명단 등이다.
			
			기출문제 확인학습
			
			2차 자료분석에 관한 설명
			1) 비관여적 방법이다.
			2) 관찰대상에 대한 연구자의 영향이 크지 않아 반응효과가 적다.
			3) 신뢰도와 타당도에 관한 문제가 발생할 수 있다. - 질적 자료의 경우
			4) 통계적 기법으로 자료의 결측값을 대체할 수 있다.
			  (1) 대체(Imputation)는 결측값을 그럴듯한 값을 가지고 대체하는 통계적 기법이며, 대체된 자료는 결측값이 없이 완전한 형태를 지닌다.
			  (2) 결측자료 분석을 실시할 때 결측값의 발생원인을 고려하여 적절한 가정이 필요하다.
			  (3) 결측값의 비율이 높은 경우 조심스러운 자료분석이 필요하다.
			  (4) 한 가지 대체방법만 사용하는 대신 여러 가지 방법을 시행해 보고 결과를 비교한다. - 민감도 분석

		델파이 기법	**개념**: 1) 고대 그리스의 델파이 신전 여사제들이 전국의 현인들로부터 의견을 청취하기 위하여 사자들을 보낸 일이 있었던 사실에서 유래한다. 2) 일단의 전문가 또는 관련자들로부터 우편으로 의견이나 정보를 수집하여 그 결과를 분석한 후 그것을 다시 응답자들에게 보내어 의견을 묻는 식으로 만족스러운 결과를 얻을 때까지 계속하는 방법으로 어떤 불확실한 사항에 대한 전문가들의 합의를 얻으려고 할 때 적용될 수 있다. **원리** **익명성**: 모든 전문가들이나 지식인은 익명성이 엄격히 보장된 독립된 개인일 것을 요구한다. **반복**: 1) 개개인의 판단은 하나로 통합되고, 다시 참가한 모든 전문가들에게 회람된다. 2) 이러한 과정을 반복함으로써 참가자들은 사회학습의 기회를 얻게 되고, 자신 의견을 수정할 수 있게 된다.

욕구조사	방법	델파이 기법	원리	통제된 환류	종합된 의견의 전달은 질문서에 대한 답을 집계하는 형식으로 이루어진다.
				통계 처리	개개인의 답변 자료는 통계적 방법으로 처리된다.
				합의	델파이 기법의 가장 중요한 목표는 전문가들의 최종적인 합의를 구하는 것이다.
			장점		1) 응답자들의 익명성으로 인해서 특정인이나 집단의 영향과 압력으로부터 결론이 왜곡되는 것을 방지한다. 2) 통제된 환류과정을 반복함으로 주제에 대한 관심을 제고할 수 있다. 3) 응답의 결과가 통계적으로 처리됨으로써 비교적 객관적인 결론을 도출할 수 있다.
			단점		1) 동원된 전문가들의 자질과 역량이 문제될 수 있다. 2) 델파이 과정에서 응답이 불성실하거나 조작될 가능성이 있다. 3) 설문 여하에 따라 응답이 크게 달라질 수 있다. 4) 반복적인 과정을 거치므로 시간이 많이 걸린다. 5) 극단적인 의견은 판단의 합의를 얻기 위해 제거될 수 있다. 6) 전문가로서 체면을 세우기 위하여 의견을 고집하는 경우가 있다.
		주요 정보 제공자 조사			기관의 서비스 제공자, 인접 직종의 전문직 종사자, 지역 내의 사회복지단체의 대표자, 공직자 등을 포함하는 지역사회 전반의 문제에 대하여 잘 알고 있는 것으로 인정되는 사람들을 대상으로 질문을 하여 그 표적 집단의 욕구 및 서비스 이용 실태 등을 파악하는 방법이다.
		지역 사회 서베이			지역사회의 일반인구 또는 특정인구의 욕구를 조사하기 위하여 이들 전체인구를 대표할 수 있는 표본을 선정하여 이들이 생각하거나 느끼는 욕구를 조사하여 조사대상 전체의 욕구를 측정하는 것이다.
		지역 사회 포럼 (지역 사회 공개 토론회)			1) 지역사회에서 거주하거나 활동하는 사람들은 그들의 생활경험이나 관찰 또는 정보를 통하여 사회적 욕구나 문제 등을 잘 알고 있다는 전제하에 조사자가 지역사회의 모든 사람들이 참여할 수 있는 공개적인 모임을 주선하여 이 모임에서 논의되는 욕구나 문제들을 파악하는 것이다. 2) 지역사회의 다양한 구성원들로부터 가치나 태도, 의견 등을 직접적으로 청취하여 자료를 수집하는 방법으로 수집된 정보의 내용이 사전에 결정되지 않으므로 자유로운 지역사회의 의견들이 포럼을 통해서 도출될 수 있다는 것이 가장 큰 장점이다.
	기출 델파이 조사와 초점집단 조사				1) 델파이 조사에서는 익명 집단의 상호작용을 통해 도출된 자료를 분석한다. 2) 초점집단 조사는 내용타당도를 높이는 목적으로 사용될 수 있다. 3) 초점집단 조사의 자료수집 과정에서는 연구자의 주관적 개입이 나타날 수 있다. 4) 초점집단 조사는 비구조화 방식으로 정보의 흐름을 제어한다. 5) 초점집단 조사는 대면(face to face) 집단의 상호작용을 통해 도출된 자료를 분석한다.

> **참고**

브래드쇼의 욕구

규범적 욕구	1) 전문가, 행정가, 사회과학자들이 욕구의 상태를 규정하는 것으로, 미리 바람직한 욕구충족의 수준을 정해 놓고 이 수준과 실제 상태와의 차이에 의하여 욕구의 정도를 규정하든지 또는 최고의 욕구수준을 정해 놓고 실제 상태와의 차이에 의하여 욕구의 정도를 규정하는 것이다. 2) 규범적 욕구는 쉽게 수량화될 수 있어서 구체적인 표적을 제시할 수 있다는 장점이 있지만, 이 욕구의 기준들이 사람에 따라 달라질 수 있고, 시간에 따라 변화될 수 있다는 단점이 있다.
느껴진 욕구	1) 욕구상태에 있는 당사자의 느낌에 의해 인식되는 것으로, 이것은 어떤 욕구상태에 있는지 혹은 어떤 서비스를 필요로 하고 있는지 물어서 파악하는 욕구로서, 주로 사회 서베이를 통해 사정된다. 2) 실제적인 욕구의 측정이 되지 못하고, 개인의 인식 정도에 의하여 달라질 수 있다.
표현된 욕구	1) 느껴진 욕구가 실제의 욕구충족 추구행위로 나타난 것으로 수요라고 할 수 있다. 2) 의료 및 보건의 욕구파악에 많이 이용되며, 서비스를 받기 원하는 사람의 수(대기자 명단)로 파악된다. 3) 표현된 욕구는 휴먼서비스에서 통상적으로 사정되는 욕구이다. 4) 문제는 사람들이 인식하지 못하거나 혹은 부재한 서비스들과 관련된 욕구들은 표현된 욕구로서 확인되기가 어렵다는 것이다.
비교적 욕구	1) 어떤 서비스를 받고 있는 사람들과 비슷한 특성을 갖고 있으면서도 서비스를 받지 않고 있는 사람들을 욕구상태에 있는 것으로 규정하는 것을 말한다. 2) 집단들 간의 상대적인 비교를 통해 욕구의 존재를 확인하려는 것이다.

평가 조사		
	개념	어떤 개입 기술이나 프로그램의 개선 또는 계속 수행의 여부를 결정짓기 위하여 개별적인 개입 기술이나 프로그램이 그 목표하는 바를 어느 정도 달성하였는지를 측정하는 응용조사이다.
	목적	1) 프로그램의 계획이나 운영과정에 필요한 환류적 정보 제공 　프로그램의 중단, 축소, 유지, 확대 여부를 결정하는 데 필요한 정보를 제공하고 프로그램의 내용을 수정하거나 보다 효율적인 운영에 필요한 정보도 제공해 준다. 2) 책임성 이행 　사회복지는 제도적 활동이므로 사회복지기관이 사회로부터 사회복지 활동을 할 수 있도록 인가를 받았고 인가를 받은 사회복지기관은 사회에 대하여 책임져야 한다. 3) 이론형성에 기여 　평가 결과 타당성이 있는 것으로 확인된 가설들은 이론으로 발전되고 그렇지 못한 경우는 이론을 수정하는데 기여한다. 4) 효과성과 효율성의 검증 　목표달성 여부를 검증하는 효과성 평가와 투입과 산출의 비율을 비교하는 효율성 평가로 효과성과 효율성의 검증 목적이 있다.
	종류	총괄평가: 프로그램 운영이 끝날 때 행해지는 평가조사로서 성질이 비슷한 새로운 프로그램을 다시 시작할 것인가, 종결할 것인가를 결정하는데 유용하다. 형성평가: 프로그램 운영 도중에 이루어지는 조사로서 계속되는 프로그램을 수정·보완하기 위하여 이루어지는 조사이다.

평가조사	종류	메타평가	평가에 대한 평가를 하는 것이다.
		영향평가	프로그램의 파급효과를 측정하는 것이다.

삼각측정	1) 삼각측정(triangulation)은 하나의 개념을 측정하기 위해 두 개 이상의 관련 자료를 수집하는 것으로, 측정오류의 발생가능성이 낮아진다. 2) 즉, 삼각측량 혹은 삼각형분할(triangulation)은 다양한 다른 조사방법을 사용하여 조사하는 것으로, 동일한 정보를 수집하기 위해 몇 가지 다른 방법을 사용하면서 체계적 오류를 다룬다. 3) 삼각측정은 측정에서 조사자 편견이 작용할 여지를 줄일 수 있다. 4) 삼각측정은 하나의 개념을 측정하기 위해 두 개 이상의 관련 자료를 수집하는 것이다. 5) 삼각측정은 자료의 객관성을 높일 수 있다. 6) 삼각측정은 상호일치도가 높은 자료를 판별하여 사용할 수 있다. 7) 삼각측정은 여러 사람이 관찰하므로 측정오류의 발생가능성이 줄어든다.

프로그램 평가의 오류	프로그램 평가의 오류는 프로그램의 목표가 바람직한 성과로서 도출되지 않을 경우, 원인 분석을 위해 개입변수들을 구분함으로 프로그램 실행에서 나타나는 오류에 대한 근원을 명확히 할 수 있다. 1) 이론 오류프로그램이 변수들에 대한 정확한 개입을 했음에도 불구하고, 바람직한 성과들이 도출되지 않을 경우 　사례 직업상담이 일에 대한 태도를 변화시켰음에도 기술의 부족으로 클라이언트가 취업할 수 없는 경우 2) 실행 오류 　(1) 운영변수들의 설정에 있어서 오류가 발생했다고 보는 것으로, 프로그램이 제대로 실행되지 않았던데 문제가 있는 것으로 간주한다. 　(2) 만약 프로그램 실패가 실행오류에 기인한 것이라면, 비교적 부분적인 수정이 권고될 가능성이 높다. 　사례 직업상담이 위협 일변도로 진행되어, 일에 대한 태도에 바람직한 변화를 유발하지 못하고 그로 인해 취업에 변화가 없는 경우

기출문제 확인학습

혼합연구방법(mixed methodology)

1) 개념
   (1) 혼합연구방법은 하나의 연구에 양적(quantitative) 연구와 질적(qualitative) 연구를 적어도 하나씩 포함하는 연구방법으로 수(number)와 단어(words)의 수집과 분석을 함께 함으로써 보다 심층적인 이해를 도모하려는 연구 방법이다(Greene, Caracelli, & Graham, 1989).
   (2) 혼합연구방법은 사실상 각 연구방법들이 추구하는 가정과 사고 체계의 혼합이며, 이를 통한 시너지 효과를 통해 다층적이고 복잡한 세상을 보다 잘 이해하기 위한 노력이다(이원석, 2011).

2) 혼합연구방법의 설계 - Creswell & Plano Clark 분류[5]
   (1) 순차적 설명 설계(Sequential Explanatory Design)
       양적 연구의 자료 수집과 분석이 이루어지고 이어서 질적 연구의 자료 수집과 분석이 이루어진 후, 두 연구방법의 결과가 해석 단계에서 통합되는 설계(양적 연구 주도)
   (2) 순차적 탐색 설계(Sequential Exploratory Design)
       질적 연구의 자료 수집과 분석이 먼저 이루어지고 이어서 양적 연구의 자료 수집과 분석이 이루어지며, 두 분석 결과는 해석 단계에서 통합되는 설계(질적 연구 주도)
   (3) 순차적 변형 설계(Sequential Transformative Design)
       양적 또는 질적 자료수집 및 분석 단계가 이루어진 후, 다른 연구방법의 자료 수집 및 분석이 이루어지며, 두 분석 결과는 해석 단계에서 통합되는 설계
   (4) 동시적 삼각측정 설계(Concurrent Triangulation Design)
       주요 혼합연구설계 중 가장 잘 알려진 설계 방식(전통적인 혼합연구설계)으로, 연구자가 연구 결과를 확증하거나 타당성을 교차 검증하기 위해 서로 다른 두 연구방법을 사용할 때 주로 활용된다.
   (5) 동시적 내포 설계(Concurrent Nested Design)
       양적, 질적 연구 방법이 동시에 진행되지만, 동시적 삼각측정 설계와 다른 점은 한 연구방법이 전체 연구를 주도하고 다른 연구 방법은 주도적 연구 방법 안에 내재/내포된다.
   (6) 동시적 변형 설계(Concurrent Transformative Design)
       순차적 변형 설계와 마찬가지로 특정한 이론적 관점에 의해 연구가 주도되는데, 다른 점은 양적, 질적 자료 수집이 동시에 진행된다는 것이다.

 패러다임이란 지식과 연구대상인 사회 현상, 그 사회 현상을 이해하는 능력과 방법에 관해 상호 밀접하게 연관되어 있는 일련의 철학적 가정들이나 관점들의 체계이다(Greene & Caracelli, 1997).

---

[5] <분류 차원>은 실시 순서, 우선권 여부, 이론적 관점의 존재 여부에 따른다.

CHAPTER 3
사회복지실천론

나눔복지교육원 동영상 강의

CHAPTER 03 사회복지실천론

1 | 사회복지와 사회사업(사회복지실천)의 비교 - 프리드랜더와 앱트

사회복지는 목표실현을 위한 전문적인 실천 활동에 의해 그 생명을 부여받게 되는 것인데, 행복한 삶을 구현하기 위한 구체적인 사회제도가 사회복지라고 한다면, 이러한 사회제도를 활용해서 <u>사회복지가 추구하는 숭고한 이념을 클라이언트의 생활 속에 구체화하는 전문적 실천개입이 사회복지실천이다.</u>

구분	사회복지	사회사업
목적	바람직한 사회(환경 지향적)	바람직한 인간(인간 지향적)
대상	일반적	개별적
성격	예방적·사전적·적극적·생산적	치료적·사후적·소극적·소비적
어의	이상적	실천적
기능	제도적·정책적	지식적·기술적
실천	고정적	역동적

참고

사회복지의 이론적 개념

정의	사회구성원들이 기존의 사회제도를 통하여 자신의 기본적인 욕구를 충족하는 데 어려움을 겪고 있거나 어려움이 예상될 때, 그 욕구를 충족할 수 있도록 도움을 제공하는 조직화된 사회적 활동의 총체
특성	1) 사회적·공공적인 목적을 위하여 사회적 책임을 갖고 행해진다. 2) 공식적인 조직에 기초한 활동이다. 3) 인간의 소비욕구에 직접 관계된다. 4) 충족되지 않은 욕구가 있는 곳에 활용하는 기능적 보완성을 갖는다. 5) 프로그램 목적으로서 이윤동기가 없어야 한다. 6) 사회복지는 사회구성원의 기본적인 욕구충족에 있어서 기존의 사회제도들의 기능적인 실패와 이에 대한 제도적 대응을 전제로 한다.
기능	1) 인간의 존엄성 확보 2) 인간의 건강한 성장과 발달의 보장 3) 정상화 4) 사회적 통합
현대 공급주체 변화	1) 자조적 생활원리의 강조 2) 사회복지 공급주체의 다원화 3) 사회복지 공급체계의 지방분권화 4) 공급주체의 자유재량권 확대

주요 사회제도의 기능	
가족제도	출산, 사회화, 보호, 친밀관계, 정서적 지원
종교제도	영적 성장 및 발달, 사회통합
경제제도	재화의 생산, 분배, 소비, 교환, 고용
정치제도	집합적 목표를 위한 자원의 동원과 분배, 질서유지, 사회통제
사회복지 제도	상호부조, 박애, 상부상조

사회복지학의 다학문적 성격(인접 학문들)

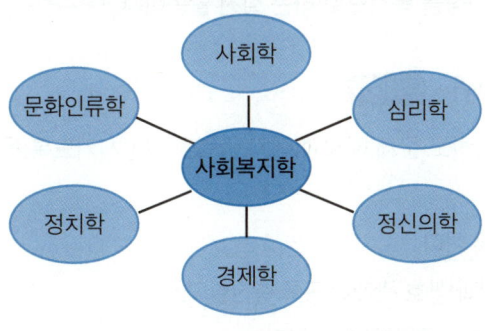

실력다지기

로마니쉰(Romanyshyn)의 개념변화

미분화된 농업사회		분화된 산업사회
보완적	⇨	제도적
자선	⇨	시민권
빈민대상의 특수한 서비스 활동	⇨	전체 국민 대상의 보편적 서비스 활동
최저기준 달성	⇨	최적기준 달성
문제해결 중심의 개인적 개혁	⇨	문제예방 중심의 사회적 개혁
자발성(민간 지원)	⇨	공공성(공공 지원)
빈민구제	⇨	복지사회, 복지국가

2 | 사회복지실천의 목적과 기능(NASW)

1) 사회복지실천의 목적

(1) 인간과 사회 환경 간의 상호작용을 강조하는 생태체계적인 관점에 기초하여 스스로의 문제해결 능력과 대처능력을 향상시킨다.
(2) 인간이 필요로 하는 사회적 자원, 서비스, 기회 등의 환경체계가 원활하게 상호 작용할 수 있도록 원조한다.
(3) 자원과 서비스를 제공하는 다양한 사회복지기관이나 조직이 클라이언트에게 보다 양질의 서비스를 제공할 수 있도록 효과적이고 효율적인 운영을 추구한다.
(4) 새로운 사회정책의 개발과 향상을 목적으로 하는 실천 활동이다.

2) 사회복지실천의 기능(NASW) - 기출

(1) 클라이언트의 자신감을 고양하고 문제 해결과 대처 능력을 향상시키도록 돕는다.
(2) 자원을 취득하도록 돕는다.
(3) 조직이 사람에게 반응하도록 한다.
(4) 개인과 환경 내의 사람, 조직과 상호 관계하도록 촉진한다.
(5) 조직과 제도 간의 상호 관계에 영향력을 행사한다.
(6) 사회정책과 환경정책에 영향을 미친다.

기출문제 확인학습

클라이언트 체계 크기에 따라 구분

1) 미시적(micro) 수준
　(1) 미시적 수준의 실천은 개인의 가장 친밀한 상호작용 과정에서 개입하는 사회복지사의 활동이다.
　(2) 개인의 심리·사회적 상태, 부모·자녀 관계, 부부 관계, 동료와의 관계, 기타 가족구성원들 간의 관계 등에 문제가 있을 경우, 클라이언트의 문제해결과정에 사회복지사가 개입하여 클라이언트와 일대일(1 : 1)로 만나 클라이언트의 문제해결을 지원하는 활동이 여기에 해당한다.
　(3) 클라이언트를 직접 만나서 이루어지기 때문에 직접실천이라고 불린다.
2) 거시적(macro) 수준
　(1) 클라이언트의 삶에 영향을 미치는 전체 사회나 국가의 복지체계를 대상으로 한 사회복지사의 실천 활동이다.
　(2) 거시적 수준에서 활동하는 사회복지사들은 국가나 사회의 복지정책(프로그램) 개발, 정책 분석, 정책대안의 발굴 및 제시, 제안된 법안에 대한 분석 및 증언 등의 활동을 주로 하며, 기관이나 조직의 행정체계 및 프로그램과 관련된 대안의 제시, 취약 계층의 권익옹호 등에도 관여한다.
　(3) 거시 수준에서의 활동은 클라이언트를 직접 만나기보다는 특정 대상의 클라이언트를 염두에 두고 클라이언트와 멀리 떨어진 상태에서 간접적인 사회복지서비스 지원 형태로 이루어지기 때문에 흔히 간접실천으로 불리기도 한다.

3) 중간(mezzo) 수준(= 중시적 수준)
   (1) 미시적 수준과 거시적 수준의 중간 수준에서의 활동을 의미한다.
   (2) 친밀한 인간 상호관계에서 발생하는 일보다는 약간 거리가 있으면서, 동시에 국가정책 문제나 조직 또는 기관의 문제, 이들 행정체계 및 기관들과의 상호작용에 관한 문제보다는 개인적으로 의미 있는 상호관계 양상에 관여한다.
   (3) 지역사회 자원의 발굴 및 연계활동, 자조집단 및 치료집단의 조직 및 운영 등의 활동을 통한 사회복지실천이 여기에 해당된다.

3 | 사회복지실천의 역사적 발달과정 - 중요내용 정리

1) 자선조직협회와 인보관운동의 비교

구분	자선조직협회	인보관운동
주요활동가	우애방문원(상·중류층 여성)	지식층(중산층)
빈곤관	개인의 책임(자유주의적 빈곤 죄악관)	사회 환경의 책임(사회개혁)
이념	사회진화론	급진주의, 자유주의(진보)
실천 장소	가정방문	빈곤지역에 거주
서비스	서비스 조정에 초점	서비스 자체제공에 초점
시사점	개별사회사업의 효시, 지역사회복지	집단사회사업의 효시, 지역사회복지

2) 1915년 플렉스너(Flexner)의 비판 결과로 나타난 사회복지계의 반응 - 기출

(1) 개별사회사업방법론의 확립 : 1920년대
(2) 사회진단 저서의 출간 : 1917년
(3) 전문사회복지학교의 설립 : 기존에 존재하고 있던 뉴욕자선학교 이외에 2년 과정의 정규교육을 위해 1919년까지 17개의 전문사회복지학교가 설립됨
(4) 미국사회복지사협회의 창립 : 1921년

> **플렉스너(A. Flexner)의 비판(1915년)에 대한 반응**
>
> 1) 리치몬드(M. Richmond)가 사회진단(Social diagnosis)을 출간하였다.
> 2) 밀포드(Milford)회의에서 개별사회사업 방법론을 기본으로 하는 사회복지실천의 공통요소가 정리되어 발표되었다.
> 3) 미국사회복지사협회(American Association of Social Workers)가 설립되었다.
> 4) 사회복지사들이 치료자로서의 역할을 강조하면서 위상을 높이고자 하였다.
>   cf 의사인 카보트(R. Cabot)가 매사추세츠병원에 의료사회복지사를 정식으로 채용하였다. - 1905년

> **기출문제 확인학습**
>
> **1929년 밀포드(Milford) 회의 보고서에서 제시된 개별사회사업의 8가지 기본적 요소(공통요소) – Brieland(1977)**
> 1) 사회생활의 수용된 기준에서 벗어나는 전형적인 일탈에 대한 지식
> 2) 인간생활과 인간관계 규범의 적용
> 3) 욕구를 가진 인간을 강조하는 근거로 중요한 의미를 갖는 사회역사(사회력)
> 4) 욕구를 가진 인간에 대한 연구와 치료방법의 확립
> 5) 사회적 치료를 위한 지역공동체 내에 형성된 자원의 사용
> 6) 개별사회사업의 필요성에 대한 과학적 지식과 공식화된 경험의 적용
> 7) 개별사회사업의 목적과 윤리 그리고 책무를 결정하는 철학의식
> 8) 사회적 치료로 나아가기 위한 융합

3) 진단주의와 기능주의의 비교

구분	진단주의	기능주의
배경	1920년대 프로이트의 영향	1930년대 오토 랭크의 영향
주요이론	정신분석이론	성장이론
관점	결정론적, 기계론적 관점	의지력, 창의력, 낙관적 관점
개입초점	• 자아의 강화 • 환경에 대한 적응력 강화	• 스스로 자아를 전개하도록 원조 • 시간, 장소, 원조과정의 구조화
주요용어	질병의 심리학, 치료	성장의 심리학, 원조
발전모델	해밀튼의 심리사회모델	로저스의 클라이언트 중심 모델
정리	① 행동의 결정요인으로 무의식 ② 감정과 태도에 있어서 양가감정 ③ 현재 행동의 결정원인으로 과거 경험 ④ 치료의 본질로서 전이 ⑤ 질병의 심리학, 치료 강조 ⑥ 치료자 중심 ⑦ 모든 도움에서 처리되어야 할 요인으로 저항	① 성격에 있어서 조직하는 힘으로 의지 ② 개인이 자신을 타인과 구별하려는 욕구의 표명으로서 반대의지 ③ 치료적 전개의 근원으로서 현재 감정 ④ 타인으로부터 분리의 중요성 ⑤ 인간의 타고난 창조력 ⑥ 클라이언트 중심 ⑦ 기관의 기능 활용 강조 ⑧ 성장의 심리학 : 원조 강조

4) 사회복지실천의 부분 통합기(1950~1960년) - 펄먼의 문제해결모델

(1) 기원 및 배경

1957년 펄먼이 창안하였고 진단주의나 기능주의 영향을 강하게 받은 절충주의의 대표 모델(진단주의 입장에서 기능주의의 부분 통합)이며, 듀이의 영향으로 문제해결모델의 기반이 되는 두 가지 개념이 도출되었다. 펄먼의 문제해결모델은 통합적 방법으로 간주된다.

① **반성적 사고의 과정**
   자아인식 기능의 검증과 구성을 말한다(진단주의 입장).

② **주체적 존재로서의 인간**
   역동적인 사회구조 속에서 어떤 목적을 달성하고자 하는 능동적인 행동을 의미한다(기능주의 입장).

(2) 펄먼의 4P - 기출

① **사람**(person)
   진단주의 학파의 성격이론을 적용하여 클라이언트와 그 가족을 분석하였다.

② **문제**(problem)
   문제는 클라이언트의 사회적 기능에 민감하게 영향을 주고받는다.

③ **장소**(place)
   장소, 즉 현장의 개념인 사회복지기관은 지역사회와 집단의 인간에 대한 복지의지에 의해 형성된다.

④ **과정**(process)
   실천과정은 클라이언트 스스로 자신의 문제에 관계하여 대처함으로써 현재뿐 아니라 미래의 생활에도 안 진성을 가지게 한다.

(3) 문제해결모델의 개입기술

① 문제해결의 주된 초점은 클라이언트의 대처능력 강화이다.
② 문제를 위험으로 보지 않고 도전으로 인식하도록 돕는다.
③ 클라이언트가 선택한 대안을 스스로 모니터링하도록 돕는다.
④ 변화의 동기나 의지가 약한 클라이언트에게 적합하지 않은 모델이다.

5) 사회복지실천의 발전기(1960~1980년) - 확대 통합기의 통합모델[1] 정리

모델	내용
단일화 모델	사회체계모델, 사회학습모델, 과정모델들을 결합한 모델로서 사회학습에 관한 사회복지사의 기능과 자원 확보 및 활용능력을 통해 사회변화가 가능함을 강조하고 있다.
4체계 모델	1) 포괄적인 관점에서 클라이언트 체계를 사정할 수 있는 기초를 제공한다. 2) 사회복지사는 실천과정에서 변화매개체계, 클라이언트체계, 표적체계, 행동체계라는 4가지의 체계들과 상호작용을 하게 된다. 3) 복잡한 여러 수준의 체계들과 연결되어 있는 사람들과 함께 실천에 임한다.
6체계 모델	1) 펄먼(Perlman)에 의해서 제시된 문제해결모델을 체계이론과 접목하여 이루어진 통합적 모델이다. 2) 문제해결 자체보다 과정이나 단계에서의 활동에 중점을 두고 사회복지사는 클라이언트의 성장과정에 참여하여 클라이언트의 능력을 강화하면서 삶의 문제에 보다 효과적으로 대처해 갈 수 있도록 하는데 중점을 둔다.
생활 모델	생활모델은 개인과 환경의 상호작용, 즉 인간과 환경의 동시적 초점을 제공하고 문제(스트레스)나 개인적 장애뿐 아니라 생활과의 맥락 속에서 파악하는 통합적 관점을 취한다.

> **기출문제 확인학습**
>
> ### 체계이론의 한계
>
> 체계이론은 다양한 수준들 사이의 연결을 만들고 파악하는데 큰 도움이 되며, 단선적인 결정론적 원인 - 결과론을 배제하고 순환적 인과론을 가능케 해줌으로써 개인의 증상 또는 행동에 따른 낙인을 줄여준다. 그러나 체계이론은 다음과 같은 한계가 있다.
> 1) 추상성 : 체계이론은 설명적이기보다는 해설적이며 추상적이고 모호한 면이 없지 않아 왜 그런 연결들이 존재하는가, 왜 그런 일들이 일어나는가에 대해 설명하지 않기 때문에 그것을 실증적으로 증명하기가 어렵다.
> 2) 특수 상황에의 적용 어려움 : 실제로 문제나 증상의 발생을 설명하거나, 변화가 어떻게 일어난다는 것을 설명해 주는 이론으로써는 부족하며 너무 일반화된 이론이기 때문에 특수한 상황에 적용시키기가 어렵다는 비판을 받는다.
> 3) 체계이론이 갖는 이러한 한계성으로 인해, 즉 인간과 환경, 문화 사이의 발달과 기능이 어떠한 영향을 주고받는지를 규명해줄 유용한 개념이 부족했기 때문에 사회복지실천은 인간의 생활실태에 좀 더 가까운 이론인 생태학(생태체계)에 관심을 기울이게 되었다.

---

[1] 펄먼의 문제해결모델도 통합적 방법으로 간주되어 통합모델에 속한다.

4 | 사회복지실천의 가치 및 윤리/윤리강령

1) 사회복지실천의 가치 및 윤리

가치의 개념	1) 가치는 믿음 또는 신념과 같은 개념이다. 2) 다수의 사회구성원들이 좋거나 바람직하다고 여기는 것 또는 인간의 삶과 관련된 특정 수단, 목적, 조건들에 대한 보편적 선호도를 나타내며, 단순한 관심이 아니라 행동할 때의 선택적 기준으로 작용한다. 3) 가치는 인간행동의 방향과 동기를 제공한다.
실천 윤리의 개념	1) 사회복지 기본이념의 실천과 복지적 사명, 이에 근거한 모든 실천 활동의 도덕적 측면들에 대한 개념과 원칙 및 이론 등을 정립하고 이를 정당화하고자 하는 체계적인 노력이다. 2) 사회복지사는 전문가로서의 일을 펼쳐 나감에 있어서 윤리적 결정을 내려야 하는 여러 상황에 직면하게 되는데, 이러한 상황에서 판단의 근거, 원칙, 지침이 사회복지실천윤리이다.
사회복지 실천의 윤리적 갈등	윤리적 갈등은 사회복지사가 전문가로서 지켜야 하는 윤리적 의무와 책무가 서로 충돌하여 어떤 실천 행동을 선택하는 것이 윤리적으로 올바른 것인지 판단하기 어려운 상태를 말한다.
윤리적 갈등의 주요 요인	1) 상충하는 가치 : 사회복지사가 두 개 또는 그 이상의 경쟁적 가치와 직면했을 때 2) 상충하는 의무 : 기관에 대한 의무와 클라이언트에 대한 의무가 상충한 상황 3) 다수의 클라이언트 체계 : 하나 이상의 복잡성을 가진 클라이언트와 일할 때 4) 결과의 모호성 : 윤리적 결정의 효과성이 모호할 때 5) 힘의 불균형성 : 사회복지사와 클라이언트 관계에서 힘의 불균형이 일어날 때
로웬버그/돌고프의 윤리 7원칙	**암기법** 생명보호(1순위) - [평(평등) - /소(최소손실) - /비밀보장 -]
	생명보호	생명보호의 원칙은 다른 여러 의무나 원칙들에 우선하여 발생하는데, 생명에 관한 권리는 모든 권리 중에서 가장 기본적인 것이며, 생명의 권리가 침해된다면 어느 누구도 다른 권리를 누릴 수는 없다.
	평등과 불평등	동등한 사람들은 평등하게 처우되어야 하는 권리를 가지며, 동등하지 않은 사람들은 그 동등하지 않은 이유가 정당하다면 불평등하게 처우되어야 한다는 권리를 말한다.
	자율과 자유	사회복지사는 개인의 자율성과 독립성 그리고 자유를 신장시키는 윤리적 결정을 내려야하는데 자유가 매우 중요한 가치이나, 자신이나 다른 사람의 생명의 원칙이 갖는 중요성보다는 우선할 수 없다.
	최소 손실 (최소해악)	사회복지사는 항상 최소한의 손실, 즉 최소한의 영구적인 손상 혹은 가장 쉽게 회복될 수 있는 손실을 초래하는 기회를 선택해야 한다.
	삶의 질	사회복지사는 지역사회뿐만 아니라 개인들과 모든 사람들의 삶의 질을 보다 향상시키는 기회를 선택해야 한다.
	비밀 보장	모든 사람들의 사생활보호의 권리를 신장시키는 윤리적 결정을 해야 한다. 비밀을 누설하지 않고 유지하는 것은 이 의무를 지킨 직접적인 결과이다.
	진실 알림	사회복지사는 클라이언트와 다른 사람들에게 진실을 말하고 모든 관련 정보를 충분히 개방하는 것을 허용하는 윤리적 결정을 해야 한다.

기출문제 확인학습

윤리적 의사결정의 과정

1) 사회복지사가 윤리적 판단을 하는데 있어서 윤리적 딜레마의 모든 측면을 검토할 필요가 있으며, 이를 위해서는 일련의 단계를 거쳐 체계적으로 접근하는 것이 중요하다.
2) 명확하게 공식화된 일련의 과정에 따라 사회복지사들은 그들이 내리는 윤리적 결정의 질을 향상시킬 수 있으며, 이러한 과정들은 윤리적 딜레마를 해결하는데 있어 매우 유용하다.
3) 돌고프, 로웬버그와 해링턴(R. Dolgoff, F. Lowenberg & D. Harrington)모델에 의한 윤리적 의사결정의 과정

단계	내용
1	문제가 무엇이며, 또한 그 문제를 지속시키는 요인들이 무엇인지 찾아낸다.
2	클라이언트, 희생자, 지지체계, 다른 전문가들 및 그 밖의 사람들을 포함해서 당면한 문제에 관련되어 있는 사람들과 제도들을 찾아낸다.
3	당면문제와 관련해서 2단계에서 찾아낸 다양한 참여자들이 갖고 있는 가치들, 즉 사회의 가치, 전문가 가치 그리고 클라이언트와 사회복지사 개인의 가치들을 찾아낸다.
4	당면문제를 해결하거나 혹은 적어도 감소시킬수 있는 목적과 목표들을 찾아낸다.
5	대안적인 개입전략과 개입대상을 찾아낸다.
6	구체화된 목표에 부합되는 각 대안들의 효과성과 효율성을 검토한다.
7	의사결정에 관여해야 할 사람이 누구인지를 결정한다.
8	가장 적절한 전략을 선택한다.
9	선택된 전략을 실행한다.
10	실행을 검토하고 예기치 않은 결과들에 특별한 주의를 기울인다.
11	결과들을 평가하고 부가적인 문제들을 찾아낸다.

실력다지기

레비(Levy, 1973)의 사회복지 전문직의 가치 3가지

1) 사람 우선 가치
   (1) 전문직 수행의 대상인 사람 자체에 대해 전문직이 갖추고 있어야 할 기본적 가치관이다.
   (2) 클라이언트를 하나의 개별화된 인간으로 보고, 능력을 인정해주며, 그에 따라 권한을 인정해 주는 가치관으로, 이는 사회복지실천의 기본철학과 같은 것이다.
2) 결과 우선 가치
   (1) 사람에 대해 서비스를 제공했을 때 초래하는 결과에 대한 가치관이다.
   (2) 사회가 개인의 발전을 위해 사회참여에 대한 기회를 동등하게 제공해야 한다는 사회적 책임에 대한 믿음이다.
3) 수단 우선 가치
   (1) 서비스를 수행하는 방법 및 수단과 도구에 대한 가치관이다.
   (2) 사람은 존경과 존엄으로 다루어져야 하며, 자기결정의 권리를 가져야 하고, 사회변화에 참여하도록 북돋워져야 하며, 독특한 개인으로 인정되어야 한다는 믿음과 같은 것이다.
   (3) 인간의 자율성으로 요약될 수 있는 수단우선 가치는 사회복지실천과정에서 매우 중요한 가치체계이다.

> 빈출

한국 사회복지사 윤리강령[2] (2023년 4월 11일 5차 개정)

> 1982.01.15. 제정
> 1988.03.26. 1차 개정
> 1992.10.22. 2차 개정
> 2001.12.15. 3차 개정
> 2021.07.05. 4차 개정
> <u>2023.04.11. 5차 개정</u>

윤리강령 신구 항목 대조

기존	개정내용
전문	유지
신설	윤리강령의 목적(6)
신설	윤리강령 가치와 원칙(8) - 인간존엄성(4) - 사회정의(4)

I. 사회복지사의 기본적 윤리기준(15)
  1. 전문가로서의 자세(7)
  2. 전문성 개발을 위한 노력(5)
  3. 경제적 이득에 대한 태도(3)
	I. 사회복지사의 기본적 윤리기준(31)
	  1. 전문가로서 자세
	    1) 인간존엄성의 존중(5)
	    2) 사회정의 실현(3)
	  2. 전문성 개발을 위한 노력
	    1) 직무능력 개발(4)
	    2) 지식기반의 실천 증진(4)
	  3. 전문가로서 실천
	    1) 품위와 자질(7)
	    2) 자기관리(2)
	    3) 이해충돌에 대한 대처(3)
	    4) 경제적 이득에 대한 실천(3)

II. 사회복지사의 클라이언트에 대한 윤리기준(11)
  1. 클라이언트와 관계(9)
  2. 동료의 클라이언트와의 관계(2)
	II. 사회복지사의 클라이언트에 대한 윤리기준(17)
	  1. 클라이언트의 권익 옹호(1)
	  2. 클라이언트의 자기결정권 존중(2)
	  3. 클라이언트의 사생활 보호 및 비밀 보장(1)
	  4. 정보에 입각한 동의(1)
	  5. 기록·정보 관리(4)
	  6. 직업적 경계 유지(5)
	  7. 서비스의 종결(3)

---

[2] 총 2회에 걸친 델파이조사 결과와 연구진의 지속적 협의과정을 통해 도출된 사회복지사 윤리강령 개정내용을 살펴보면 다음과 같이 구성되었다. 기존 윤리강령은 46개의 항목으로 구성된 반면, 개정내용은 총 83개의 항목으로 구성되었다. 이는 사회복지현장에서 발생하는 다양한 윤리적 딜레마 상황을 대비하기 위해 가급적 많은 내용을 담기 위해 노력한 결과라 할 수 있다.

Ⅲ. 사회복지사의 동료에 대한 윤리기준(10) 1. 동료(6) 2. 수퍼바이저(4)	Ⅲ. 사회복지사의 동료에 대한 윤리기준(13) 1. 동료(9) 2. 수퍼바이저(4)
Ⅳ. 사회복지사의 사회에 대한 윤리기준(4)	Ⅳ. 사회복지사의 기관에 대한 윤리기준(3)
Ⅴ. 사회복지사의 기관에 대한 윤리기준(3)	Ⅴ. 사회복지사의 사회에 대한 윤리기준(5)
Ⅵ. 사회복지윤리위원회의 구성과 운영(3)	삭제
46	83

[전문]

사회복지사는 인본주의·평등주의 사상에 기초하여, 모든 인간의 존엄성과 가치를 존중하고 천부의 자유권과 생존권의 보장 활동에 헌신한다. 특히 사회적·경제적 약자들의 편에 서서 사회정의와 평등·자유와 민주주의 가치를 실현하는 데 앞장선다. 또한, 도움을 필요로 하는 사람들의 사회적 지위와 기능을 향상시키기 위해 저들과 함께 일하며, 사회제도 개선과 관련된 제반 활동에 주도적으로 참여한다. 사회복지사는 개인의 주체성과 자기 결정권을 보장하는 데 최선을 다하고, 어떠한 여건에서도 개인이 부당하게 희생되는 일이 없도록 한다. 이러한 사명을 실천하기 위하여 전문적 지식과 기술을 개발하고, 사회적 가치를 실현하는 전문가로서의 능력과 품위를 유지하기 위해 노력한다.

이에 우리는 클라이언트·동료·기관 그리고, 지역사회 및 전체사회와 관련된 사회복지사의 행위와 활동을 판단·평가하며 인도하는 윤리기준을 다음과 같이 선언하고 이를 준수할 것을 다짐한다.

[윤리강령의 목적]

한국사회복지사 윤리강령은 사회복지 전문직의 가치와 윤리적 실천을 위한 기준을 안내하고, 윤리적 이해가 충돌할 때 고려해야 할 사항을 제시하고자 한다. 한국사회복지사 윤리강령의 목적은 다음과 같다.

1. 윤리강령은 사회복지 전문직의 사명과 사회복지 실천의 기반이 되는 핵심가치를 제시한다.
2. 윤리강령은 사회복지 전문직의 핵심 가치를 실현하기 위한 윤리적 원칙을 제시하고, 사회복지 실천의 지침으로 사용될 윤리기준을 제시한다.
3. 윤리강령은 사회복지 실천현장에서 발생하는 윤리적 갈등 상황에서 의사결정에 필요한 사항을 확인하고 판단하는 데 필요한 윤리기준을 제시한다.
4. 윤리강령은 사회복지사가 전문가로서 품위와 자질을 유지하고, 자기관리를 통해 클라이언트를 보호할 수 있도록 안내한다.
5. 윤리강령은 사회복지의 전문성을 확보하고 외부 통제로부터 전문직을 보호할 수 있는 기준을 제공한다.
6. 윤리강령은 시민에게 전문가로서 사회복지사의 역할과 태도를 알리는 수단으로 작용한다.

[윤리강령의 가치와 원칙]

사회복지사는 인간 존엄성과 사회정의라는 사회복지의 핵심가치에 기반을 두고 사회복지 전문직의 사명을 다하기 위해 노력해야 한다. 이러한 핵심 가치와 관련해 사회복지 전문직이 준수해야 할 윤리적 원칙을 제시한다.

핵심 가치 1. 인간 존엄성

윤리적 원칙 : 사회복지사는 인간의 존엄성과 가치를 인정하고 존중한다.

- 사회복지사는 개인적·사회적·문화적·정치적·종교적 다양성을 고려하며 개인의 인권을 보호하고 존중한다.
- 사회복지사는 클라이언트의 자율성을 존중하고, 자기 결정을 지원한다.
- 사회복지사는 클라이언트가 역량을 강화하고, 자신과 환경을 변화시킬 수 있도록 지원한다.
- 사회복지사는 사회복지 실천 과정에서 클라이언트의 개입과 참여를 보장한다.

핵심 가치 2. 사회정의

윤리적 원칙 : 사회복지사는 사회정의 실현을 위해 앞장선다.
- 사회복지사는 개인적·집단적·사회적·문화적·정치적·종교적 차별에 도전하여 사회정의를 촉진한다.
- 사회복지사는 개인, 가족, 집단, 지역사회의 다양성을 존중하는 포용적 지역사회를 만들기 위해 노력한다.
- 사회복지사는 부적절하고 억압적이며 불공정한 사회제도와 관행을 변화시키기 위해 사회의 다양한 구성원들과 협력한다.
- 사회복지사는 포용적이고 책임 있는 사회를 만들어 가기 위해 연대 활동을 한다.

[사회복지사의 윤리기준]

Ⅰ. 기본적 윤리기준

1. 전문가로서의 자세

1) 인간 존엄성 존중

　가. 사회복지사는 모든 인간의 존엄, 자유, 평등을 위해 헌신해야 하며, 사회적 약자를 옹호하고 대변하는 일을 주도해야 한다.

　나. 사회복지사는 모든 인간의 고유한 존엄성과 가치를 인정하고 존중하며, 이를 기반으로 사회복지를 실천한다.

　다. 사회복지사는 클라이언트의 성, 연령, 정신·신체적 장애, 경제적 지위, 정치적 신념, 종교, 인종, 국적, 결혼 상태, 임신 또는 출산, 가족 형태 또는 가족 상황, 성적 지향, 젠더 정체성, 기타 개인적 선호·특징·조건·지위 등을 이유로 차별을 하지 않는다.

　라. 사회복지사는 다양한 문화의 강점을 인식하고 존중하며, 문화적 역량을 바탕으로 사회복지를 실천한다.

　마. 사회복지사는 문화적으로 민감한 실천을 제공하기 위해, 사회복지 실천 과정에서 자신의 개인적·사회적·문화적·정치적·종교적 가치, 신념과 편견이 클라이언트와 동료 사회복지사에게 미칠 수 있는 영향을 고려하여 자기 인식을 증진하기 위해 힘쓴다.

2) 사회정의 실현

　가. 사회복지사는 사회정의 실현과 클라이언트의 복지 증진에 헌신하며, 이를 위한 국가와 사회의 환경 변화를 위해 노력한다.

　나. 사회복지사는 사회, 경제, 환경, 정치적 자원에 대한 평등한 접근과 공평한 분배가 이루어지도록 노력한다.

　다. 사회복지사는 개인적·집단적·사회적·문화적·정치적·종교적 특성에 근거해 개인이나 집단을 차별·억압하는 것을 인식하고, 이를 해결 또는 예방하기 위해 노력해야 한다.

2. 전문성 개발을 위한 노력

1) 직무능력 개발

　가. 사회복지사는 클라이언트에게 최상의 서비스를 제공하기 위해, 지식과 기술을 개발하는 데 최선을 다하며 이를 활용하고 공유할 책임이 있다.

　나. 사회복지사는 사회적 다양성의 특징(성, 연령, 정신·신체적 장애, 경제적 지위, 정치적 신념, 종교, 인종, 국적, 결혼 상태, 임신 또는 출산, 가족 형태 또는 가족 상황, 성적 지향, 젠더 정체성, 기타 개인적 선호·특징·조건·지위 등), 차별, 억압 등에 대해 교육을 받고 이에 대한 이해를 증진하기 위해 노력한다.

　다. 사회복지사는 변화하는 사회복지 관련 쟁점에 대응할 수 있도록 실천기술을 향상하고, 새로운 실천기술이나 접근법을 적용하기 위해 적절한 교육, 훈련, 연수, 자문, 슈퍼비전 등을 받도록 노력한다.

　라. 사회복지사는 사회복지 실천에 필요한 정보통신 관련 지식과 기술을 습득하기 위해 노력하며, 이를 사용하는 과정에서 발생할 수 있는 윤리적 문제를 인식하고 정보통신 관련 지식과 기술을 활용하도록 한다.

2) 지식기반의 실천 증진
   가. 사회복지사는 사회복지 실천 과정에서 평가와 연구 조사를 함으로써, 사회복지 실천의 지식 기반 형성에 기여하고, 궁극적으로 사회복지 실천의 질적 향상을 위해 노력한다.
   나. 사회복지사는 평가나 연구조사를 할 때, 연구 참여자의 권리를 보장하기 위해, 연구 관련 사항을 충분히 안내하고 자발적인 동의를 얻어야 한다.
   다. 사회복지사는 연구 과정에서 얻은 정보를 비밀 보장의 원칙에서 다루며, 비밀 보장의 한계, 비밀 보장을 위한 조치, 조사 자료 폐기 등을 연구 참여자에게 알려야 한다.
   라. 사회복지사는 평가나 연구 조사를 할 때, 연구 참여자의 보호와 이익, 존엄성, 자기 결정권, 자발적 동의, 비밀 보장 등을 고려하며, 「생명윤리 및 안전에 관한 법률」 등 관련 법령과 규정에 따라 연구윤리를 준수한다.

3. **전문가로서의 실천**
   1) 품위와 자질 유지
      가. 사회복지사는 전문가로서의 품위와 자질을 유지하고, 자신이 맡고 있는 업무에 대해 책임을 진다.
      나. 사회복지사는 자신의 이익을 위해 사회복지 전문직의 가치와 권위를 훼손해서는 안 된다.
      다. 사회복지사는 전문가로서 성실하고 공정하게 업무를 수행한다.
      라. 사회복지사는 부정직한 행위, 범죄행위, 사기, 기만행위, 차별, 학대, 따돌림, 괴롭힘 등 불법적이고 부당한 일을 행하거나 묵인해서는 안 된다.
      마. 사회복지사는 자신의 소속, 전문 자격이나 역량 등을 클라이언트에게 정직하고 정확하게 알려야 한다.
      바. 사회복지사는 클라이언트, 학생, 훈련생, 실습생, 슈퍼바이지, 직장 내 위계적 권력 관계에 있는 동료와 성적 관계를 형성해서는 안 되며, 이들에게 성추행과 성희롱을 포함한 성폭력, 성적·인격적 수치심을 주는 행위를 해서는 안 된다.
      사. 사회복지사는 한국사회복지사협회 등 전문가 단체의 활동에 적극적으로 참여하여, 사회정의 실현과 사회복지사의 권익 옹호를 위해 노력한다.

   2) 자기 관리
      가. 사회복지사는 정신적·신체적 건강 문제, 법적 문제 등이 사회복지 실천 과정에서의 전문적 판단이나 실천에 부정적 영향을 주거나 클라이언트의 이익을 저해하지 않도록, 동료, 기관과 함께 적절한 조치를 하도록 노력한다.
      나. 사회복지사는 클라이언트에게 최상의 사회복지서비스를 제공하기 위해 사회복지사 자신의 정신적·신체적 건강, 안전을 유지·보호·관리하도록 노력한다.

   3) 이해 충돌에 대한 대처
      가. 사회복지사는 클라이언트의 이익을 우선으로 고려하고, 이해 충돌이 있을 때는 아동, 소수자 등 취약한 자의 이해와 권리를 우선시한다.
      나. 사회복지사의 개인적 신념과 사회복지사로서 직업적 의무 사이에 이해 충돌이 발생할 때 동료, 슈퍼바이저와 논의하고, 부득이한 경우 클라이언트가 적절한 지원을 받을 수 있도록 클라이언트를 다른 사회복지사에게 의뢰하거나 다른 사회복지서비스로 연결한다.
      다. 사회복지사는 전문적 가치와 판단에 따라 업무를 수행하는 과정에서, 기관 내외로부터 부당한 간섭이나 압력을 받아서는 안 된다.

4) 경제적 이득에 대한 실천

　가. 사회복지사는 <u>클라이언트의 지불 능력에 상관없이 복지 서비스를 제공해야 하며, 이를 이유로 차별해서는 안 된다.</u>

　나. 사회복지사는 필요한 경우에 제공된 서비스에 대해 공정하고 합리적으로 이용료를 책정할 수 있다.

　다. 사회복지사는 업무와 관련해 정당하지 않은 방법으로 경제적 이득을 취해서는 안 된다.

Ⅱ. 클라이언트에 대한 윤리기준

1. 클라이언트의 권익옹호

사회복지사는 클라이언트의 이익을 최우선의 가치로 삼고 이를 실천하며, 클라이언트의 권리를 존중하고 옹호한다.

2. 클라이언트의 자기 결정권 존중

1) 사회복지사는 사회복지실천 과정에서 클라이언트의 자기결정을 존중하고, 클라이언트를 사회복지 실천의 주체로 인식하여 클라이언트가 자기결정권을 최대한 행사할 수 있도록 돕는다.
2) 사회복지사는 의사결정이 어려운 클라이언트에 대해서는 클라이언트의 이익과 권리를 보장하기 위한 적절한 조치를 취해야 한다.

3. 클라이언트의 사생활 보호 및 비밀보장

사회복지사는 클라이언트의 사생활을 존중하고 보호하며, 전문적 관계에서 얻은 클라이언트 관련 정보에 대해 비밀을 유지한다. 그러나 <u>클라이언트 자신과 타인에게 해를 입히거나 범죄행위와 관련된 경우에는 예외로 할 수 있다.</u>

4. 정보에 입각한 동의

사회복지사는 클라이언트의 알 권리를 인정하고 동의를 얻어야 하며, 클라이언트가 받는 서비스의 목적과 내용, 범위, 합리적 대안, 위험, 서비스의 제한, 동의를 거절 또는 철회할 수 있는 클라이언트의 권리 등에 대해 정확하고 충분한 정보를 제공한다.

5. 기록·정보 관리

1) 클라이언트에 대한 사회복지 실천기록은 사회복지사의 윤리적 실천의 근거이자 평가·점검의 도구이기 때문에 <u>중립적이고 객관적으로 작성해야 한다.</u>
2) 사회복지사는 클라이언트가 자신과 관련된 기록의 공개를 요구하면 정당한 비공개 사유가 없는 한 정보에 접근할 수 있도록 해야 한다.
3) 사회복지사는 클라이언트에 대한 문서 정보, 전자 정보, 기타 민감한 개인 정보를 보호해야 한다.
4) 사회복지사가 획득한 클라이언트 관련 정보나 기록을 법적 사유 또는 기타 사유로 제3자에게 공개할 때는 클라이언트에게 안내하고 동의를 얻어야 한다.

6. 직업적 경계 유지

1) 사회복지사는 클라이언트와의 전문적 관계를 자신의 개인적 이익을 위해 이용해서는 안 된다.
2) 사회복지사는 <u>업무 외의 목적으로 정보통신기술을 사용해 클라이언트와 의사소통을 해서는 안 된다.</u>
3) 사회복지사는 어떠한 상황에서도 클라이언트와 사적 금전 거래, 성적 관계 등 부적절한 행동을 해서는 안 된다.
4) <u>동료의 클라이언트를 의뢰받을 때는 기관 및 슈퍼바이저와 논의하는 과정을 거쳐야 하며, 클라이언트에게 설명하고 동의를 얻은 후 서비스를 제공한다.</u>
5) 사회복지사는 정보처리기술을 이용하는 것이 클라이언트의 권리를 침해할 위험성이 있다는 사실을 인식하고 직업적 범위 안에서 활용한다.

7. 서비스의 종결

1) 사회복지사는 클라이언트에게 제공되는 서비스가 더 이상 클라이언트의 이해나 욕구에 부합하지 않으면 업무상 관계와 서비스를 종결한다.
2) 사회복지사는 개인적 또는 직업적 이유로 클라이언트와의 전문적 관계를 중단하거나 종결할 때 사전에 클라이언트에게 충분히 설명하고, 다른 기관 또는 다른 전문가에게 의뢰하는 등 필요한 조치를 취한다.
3) 사회복지사는 클라이언트의 고의적·악의적·상습적 민원 제기에 대해 소속 기관, 슈퍼바이저, 전문가 자문 등의 논의 과정을 거쳐 서비스를 중단하거나 거부권을 행사할 수 있다.

III. 사회복지사의 동료에 대한 윤리기준

1. 동료

1) 사회복지사는 존중과 신뢰를 기반으로 동료를 대하며, 전문가로서의 지위와 인격을 훼손하는 언행을 하지 않는다.
2) 사회복지사는 사회복지 전문직의 권익 증진을 위해 동료와 다른 전문직 동료와도 협력하고 협업한다.
3) 사회복지사는 동료의 윤리적이고 전문적인 행위를 촉진해야 하며, 동료가 전문적인 판단과 실천이 미흡하여 문제를 발생시켰을 때 윤리강령과 제반 법령에 따라 대처한다.
4) 사회복지사는 다른 전문직의 동료가 행한 비윤리적 행위에 대한 윤리강령과 제반 법령에 따라 대처한다.
5) 사회복지사는 동료의 직무 가치와 내용을 인정하고 이해하며, 상호 간에 민주적인 직무 관계를 이루도록 노력해야 한다.
6) 사회복지사는 동료들에게 정보통신기술을 사용한 비윤리적 행위를 하지 않는다.
7) 사회복지사는 동료가 적법하게 업무를 수행하는 과정에서 부당한 조치를 당하면 동료를 변호하고 원조해 주어야 한다.
8) 사회복지사는 동료에게 행해지는 어떤 형태의 차별, 학대, 따돌림 또는 괴롭힘과 자신의 전문적 권위를 행사하는 다른 동료와의 부적절한 성적 행동에 가담하거나 이를 용인해서는 안 된다.
9) 사회복지사는 슈퍼바이지, 학생, 훈련생, 실습생, 자신의 전문적 권위를 행사하는 다른 동료와의 성적 행위나 성적 접촉과 성적 관계에 관여해서는 안 된다.

2. 슈퍼바이저

1) 슈퍼바이저는 슈퍼바이지가 전문적 업무 수행을 할 수 있도록 지원하고 슈퍼바이지는 슈퍼바이저의 전문적 지도와 조언을 존중해야 한다.
2) 슈퍼바이저는 전문적 기준에 따라 슈퍼비전을 수행하며, 공정하게 평가하고 평가결과를 슈퍼바이지와 공유한다.
3) 슈퍼바이저는 개인적인 이익 추구를 위해 자신의 지위를 이용해서는 안 된다.
4) 슈퍼바이저는 사회복지사 수련생과 실습생에게 인격적·성적으로 수치심을 주는 행위를 해서는 안 된다.

IV. 기관에 대한 윤리기준

1) 사회복지사는 기관의 사명과 비전을 확인하고, 정책과 사업목표를 달성하기 위해 노력해야 한다.
2) 사회복지사는 소속 기관의 활동에 적극적으로 참여함으로써 기관의 성장과 발전을 위해 노력해야 한다.
3) 사회복지사는 기관의 부당한 정책이나 요구에 대해 전문직의 가치와 지식을 근거로 대응하고, 제반 법령과 규정에 따라 해결하도록 노력해야 한다.

Ⅴ. 사회에 대한 윤리기준

1) 사회복지사는 자신이 일하는 지역사회를 이해하고, 클라이언트가 지역사회에서 서로 도우며 함께 살아가도록 지원해야 한다.
2) 사회복지사는 정치적 영역이 클라이언트의 권익과 사회복지 실천에 미치는 영향을 인식하여 사회정의 실현을 위한 사회정책의 수립과 법령 제·개정을 지원·옹호해야 한다.
3) 사회복지사는 사회재난과 국가 위급 상황에서 문제를 해결하기 위해 적극적으로 활동해야 한다.
4) 사회복지사는 지역사회, 국가, 나아가 전 세계와 그 구성원의 복지 증진, 삶의 질 향상을 위해 적극적으로 노력해야 한다.
5) 사회복지사는 인간과 자연이 서로 떨어져 살 수 없음을 깨닫고, 인간과 자연환경, 생명 등 생태에 미칠 영향을 생각하며 실천해야 한다.

기출문제 확인학습

인권의 특성

1) 보편성 : 인종, 성별, 종교, 사회적 신분에 관계없이 모든 인간이 누리는 권리이다.
2) 천부성 : 사람이면 누구나 처음부터 가지고 태어나는 권리이다.
3) 항구성 : 박탈당하지 않고 영구히 보장되는 권리이다.
4) 불가침성 : 누구도 빼앗거나 침범할 수 없는 권리이다.
5) 양도 불가성 : 자신이 싫다고 해서 남에게 양도할 수 없는 권리이다.

인권 보장의 역사 – 바사크(Vasak)의 인권 3세대론[3]

바사크(Vasak)는 프랑스 혁명의 세 가지 이념을 근거로 인권의 역사를 3세대로 구분하였다. 그는 1세대 '자유'는 국민의 시민적·정치적 권리로, 2세대 '평등'은 경제적·사회적·문화적 권리로, 3세대 '우애(박애)'는 단결 또는 연대의 권리로 논의했다.

1) 1세대 인권 – 시민적·정치적 권리 : 자유

17~18세기의 시민혁명 사상과 자유주의 철학에 영향을 받은 것으로 정부의 개입으로부터 개인을 보호하기 위해 '~(의)로부터의 자유'라고 하는 소극적 권리에 초점을 맞추고 있다. 국가나 타인의 간섭으로부터 개인을 보호하기 위한 시민적 권리와 공동체 구성원들이 국가 업무에 참여하고 통제하기 위한 정치적 권리가 핵심이며, 민주주의 발전에 크게 기여했다. 미국 독립 선언, 프랑스 인권 선언이 이에 해당된다.

2) 2세대 인권 – 경제적·사회적·문화적 권리 : 평등

18세기 시민혁명이 이루어 낸 시민적·정치적 권리는 이론적으로 민주주의 핵심 요소가 되었다. 하지만 실질적으로는 유산계급의 자유에만 초점이 맞춰져 경제적 불평등 문제는 해결되지 못했다. 이로 인해 모든 사람이 실질적으로는 존엄성을 확보하지 못하는 한계에 부딪쳤다. 이에 보통 선거권, 사회보장과 복지, 노동과 직업의 권리, 교육권 등을 보장함으로써 경제적·사회적 평등을 구현하고 이를 통해 인간의 존엄과 인격의 가치를 구현하려는 노력이 요구되었다. 이를 반영한 2세대 인권은 사회적 약자들의 인간다운 삶을 보장하고자 하는 사회권 중심의 인권에 초점을 두고 국가의 적극적 역할을 강조한다.

3) 3세대 인권 – 연대와 단결의 권리 : 연대

1948년 세계 인권 선언 이후 제 3세계 국가 등과 같이 인권을 누리지 못하는 개인과 집단에 대한 각성에서 나온 권리이다. 3세대 인권 사상은 국가와 개인 사이의 문제보다는 제 3세계와 중심부 국가들 간의 빈부 격차, 국제적인 무기 경쟁과 핵전쟁의 위협 그리고 생태 위기 등과 같은 인류 공동의 문제에 관심을 갖고 전 지구적 연대를 강조한다. 3세대 인권으로는 발전권, 환경권, 평화권 등이 있다.

---

3) 출처 : LUKAS 통합사회

5 | 사회복지사 윤리강령의 기능

1) 양옥경
(1) 사회복지실천 현장에서 윤리적 갈등 시, 실천 지침과 원칙을 제공한다.
(2) 사회복지사의 자기규제를 통해 클라이언트를 보호한다.
(3) 전문직 스스로 자기규제를 통해 사회복지전문직의 전문성을 확보하고 외부통제로부터 전문직을 보호한다.
(4) 일반대중에게 전문가로부터 사회복지 기본업무 및 자세를 알리는 1차적 수단이다.
(5) 선언적 선서를 통하여 사회복지 전문가들의 윤리적 민감화를 고양시키고 윤리적으로 무장시킨다.

2) 뢰벤베르그
(1) 윤리적 이슈 때문에 갈등을 경험할 때 사회복지실천에 대한 지침을 제공한다.
(2) 무능한 사회복지사와 사회복지실천으로부터 공공(대중)을 보호한다.
(3) 전문직 스스로 자기규제를 함으로써 정부의 통제로부터 전문직을 보호한다.
(4) 내부 다툼이나 분열로 인한 자기파멸을 미연에 방지함으로써 동료 간에 조화로운 화합을 도모한다.
(5) 윤리강령을 준수한 사회복지사를 부당치료 소송으로부터 보호한다.

3) 리머
(1) 사회복지실천 현장에서 부딪히는 윤리적 딜레마에 대한 일반적인 지침과 원칙을 제공한다.
(2) 외부의 통제로부터 전문직을 보호한다.
(3) 전문직 사명과 관련된 규범적 기준을 제공한다.

6 | 사회복지실천현장의 분류 - 기관의 기능(목적)에 따른 분류 중심으로

1차 현장	1) 사회복지가 주(主)가 되는 현장으로 사회복지사가 실천하는 장(場)에 대응하여 형성되고 발전된 실천 범주로서 사회복지사가 개입하는 사회문제는 아동·노인·배우자 학대, 물질남용, 노숙자, 빈곤 등을 포함한다. 2) 사회복지사가 지원하는 클라이언트 집단은 아동, 청소년, 가족, 노인, 인종 및 민족, 난민 등이 있다. **사례** 지역사회의 종합사회복지관, 노인복지관, 사회복귀시설 등
★2차 현장	기관의 일차적인 기능이 아닌 부가적인 역할을 수행하는 사회복지 현장으로서, 기관의 서비스의 효과성에 대한 긍정적 결과로 사회복지실천이 부분적으로 수행되는 실천현장이다. **사례** 보건 및 정신보건, 교육(학교사회복지), 주택공급, 고용(기업), 사법체제(교정 사회복지), 군대, 관공서, 국민연금공단, 어린이집, 노인요양시설 등

7 | 사회복지사의 역할(쉐퍼)

역할	내용
조력자 (enabler)	클라이언트가 스스로 서비스 자원을 사용할 수 있도록 능력을 향상시키고 이를 활용할 수 있도록 원조한다.
중개자 (broker)	클라이언트 체계와 자원 체계를 '연결한다.' 또는 '연계한다.'는 개념으로 클라이언트를 적절한 지역사회 서비스 자원에 연결시키는 역할이다.
옹호자 (advocator)	클라이언트가 자원 체계를 얻을 힘이 거의 없을 때의 역할이며 클라이언트가 자원과 서비스를 받을 권리를 유지하도록 돕거나 클라이언트에게 부정적 효과를 일으키는 프로그램이나 정책을 변화시키는 운동을 적극적으로 지지하고 도와주는 역할이다.
교사 (교육가, teacher)	정보 제공이나 가르쳐주는 역할이 중요한 내용이 되고, 개별 클라이언트 차원에서, 사회적 기능이나 문제해결능력을 향상시키는데 도움이 되는 적절한 정보를 제공하며 적응 기술을 익히도록 클라이언트를 가르치는 역할이다.
촉진자 (facilitator)	기관 또는 조직의 차원에서 조직의 기능이나 상호작용과 직원들 간의 협조나 지지, 정보교환을 촉진시키며 조직 간의 연결망을 강화시키는 역할이다.
중재자 (mediator)	중요한 핵심어가 갈등과 중립이며 기관이나 조직 차원에서 공동의 목표나 문제해결을 위해 기관 간 또는 기관 내의 의사소통의 갈등이나 의견 차이를 조정 및 협상 등을 위해 사회복지사가 중립적 입장에서 갈등을 해결한다.
훈련가 (trainer)	슈퍼바이저의 역할이며 기관이나 조직 차원에서 전문적 개발을 위한 직원 오리엔테이션, 세미나, 워크숍, 슈퍼비전 등의 활동에 참여하여 전문가 교육이나 훈련을 담당하는 역할이다.
계획가 (planner)	정책 또는 프로그램을 계획하고 수립하는 역할로서 정책적 또는 거시적 차원에서 지역사회나 사회구조에 관심을 갖고 주민 전체의 욕구를 파악하며 지역사회 성원들이 필요로 하는 서비스 개발 및 기존의 서비스를 개선하는 데 필요한 목표나 정책 또는 프로그램을 계획하는 역할이다.
현장개입가 (outreacher)	클라이언트를 기다리는 개념이 아니라 사회복지사가 직접 클라이언트를 찾아나서는 활동으로, 지역사회나 거시적인 차원의 서비스를 필요로 하는 개인들을 파악하고 클라이언트가 적절한 서비스를 찾을 수 있도록 원조하는 역할이다.
행동가(activist)	지역사회 수준의 사회행동 모형에서 이루어지는 적극적이며 급진적인 역할로서 지역사회나 거시적 차원에서 클라이언트의 이익과 권리를 침해하는 사회 불평등이나 문제점을 인식하고 사회정의와 평등에 관심을 갖고 소외된 집단의 힘과 자원 확보를 위한 제도적 변화와, 개인의 욕구 충족을 위한 서비스 환경 조성에 있어 행동 중심의 적극적 역할이다.
촉매자(catalyst)	보다 효과적인 서비스 전달체계의 발전 및 강화를 위한 활동으로서 타 전문직의 협조를 구하며 전문가 조직을 통한 국가적, 국제적 활동을 수행하는 역할이다.

8 | 통합적 방법의 개념 및 특성

전통적 방법의 한계	1) 전통적 방법은 주로 제한된 특정 문제 중심의 개입을 하고 있어 최근의 복잡한 문제 상황에 대해 적절히 개입하기 어려운 상황이 발생한다. 2) 전통적 방법은 지나친 분화, 전문화로 서비스의 파편화 현상을 초래함으로써 다양한 문제와 욕구를 가지고 있는 클라이언트가 여러 기관이나 사회복지사를 찾아다녀야 하는 부담감을 준다. 3) 전문화 중심의 교육훈련은 사회복지사의 분야별 직장 이동에 도움을 주지 못한다. 4) 공통기반을 전제하지 않는 분화 및 전문화는 각각 별개의 사고와 언어 및 과정을 보여줌으로써 사회복지 전문직의 정체성 확립에 장애가 된다.
통합적 방법의 개념	1) 사회복지실천에서 통합적 방법이란 사회 복지사가 개인, 집단, 지역사회에서 제기되는 사회문제에 활용할 수 있는 공통된 하나의 원리나 개념을 제공하는 '방법의 통합화'를 의미한다. 2) 통합적 방법은 클라이언트의 문제 성격에 따라 효과적인 접근법을 절충적으로 활용하는 방법을 강조함으로써 심리내적인 면을 강조하는 정신역동이론으로부터 사회와 문화, 즉 상황 속의 인간을 이해하는 데 유용한 체계이론이나 생태체계이론에 이르기까지 다양한 이론과 지식을 활용하고 있다.
통합적 방법의 특징	1) 통합적 방법은 사회복지실천에 본질적인 개념, 활동, 기술, 과업 등에 공통적인 기반이 있음을 전제한다. 2) 통합적 방법의 가치는 클라이언트의 잠재성을 인정하며, 이들 잠재성이 개발될 수 있다고 보고, 미래지향적인 접근을 강조한다. 3) 사회복지의 지식은 과거의 심리 내적인 정신역동적 측면으로부터 상황 속의 인간을 이해하고자 하는 일반체계이론까지 확대된 개념을 사용한다. 4) 과거 사회복지의 개입은 주로 인간에게 초점을 두거나 환경에 초점을 두는 2궤도 접근으로 이루어져 왔으나, 통합적 방법은 이 양면적 상호작용에 초점을 둠으로써 인간과 환경의 공유영역, 즉 사회적 기능수행 영역에 사회복지사가 개입해야 함을 강조한다. 5) 클라이언트의 존엄성을 인정하고, 클라이언트의 참여와 자기결정 및 개별화를 극대화할 것을 강조하며 사회복지실천 과정의 계속적인 평가를 강조한다.
'환경 속 인간'을 반영한 실천 `기출`	1) 개인이 경험하는 문제의 일차적 책임은 환경과 인간의 상호작용에 있다고 봄 2) 개인, 환경 간 상호작용 증진을 위해 환경변화를 시도함 3) 개인, 환경 간 상호작용 증진을 위해 개인의 역량을 강화함 4) 문제해결방안을 개인의 변화와 함께 주변 환경의 변화에서도 찾음 5) 사회적 맥락을 고려하여 문제를 사정함

PIE (Person in Environment) 분류체계 `기출`	1) PIE 분류체계는 상호작용적, 환경적 문제의 중요성을 인식하고 사회적 기능에 주안점을 두는 분류체계라고 할 수 있다.
	2) PIE 분류체계는 클라이언트를 묘사하기 위한 4가지 요소
	  (1) 요소Ⅰ: 사회적 기능수행 문제, 유형, 정도, 지속기간, 대처능력
	  (2) 요소Ⅱ: 환경적 문제, 정도, 지속기간
	  (3) 요소Ⅲ: 정신건강 문제
	  (4) 요소Ⅳ: 신체건강 문제

9 | 통합모델 암기법 64생단문 - 통합

	4체계 모델	단일화 모델	문제해결과정 모델 (6체계모델)	생활모델
학자	핀커스와 미나한	골드스테인	콤튼과 갤러웨이	저메인과 기터만
초점	인간과 사회 환경과의 상호작용	유기체로서의 개인, 역동적인 사회관계 및 양자 상호작용	개인과 상황의 상호작용	인간과 환경과의 상호교류 속의 적응 균형
목적	• 사람의 문제해결과 대처능력의 강화 • 사람들과 자원체계와의 결합 • 체계의 효과적·인도적 활용의 촉진 • 사회정책의 발전과 개선의 공헌	• 사회적 학습의 촉진, 강화 • 사회변화(자원의 확보, 활용)	• 문제해결 • 클라이언트, 사회복지사의 공동관계형성 • 합리적 과정의 수행	• 인간생활 상의 문제해결 • 인간의 적응 능력의 지지, 강화 • 스트레스 경감 • 대처를 위한 사회자원의 동원

기출문제 확인학습

통합적 방법으로서 문제해결모델(펄먼)

1) 자아심리학, 듀이(J. Dewey)의 사상, 역할이론, 체계이론 등에 기반한다.
2) 펄먼(H. Perlman)의 모델에서는 주로 개인의 사회적 기능에 문제의 초점을 둔다.
3) 콤튼과 갤러웨이(B. Compton & R. Galaway) 모델에서는 개인, 집단, 환경 간 상호작용 문제로 초점이 확대된다.
4) 사회복지사는 클라이언트와 협동적 작업 관계 외에 다른 체계와 협조, 교섭, 갈등의 관계도 가진다.

실력다지기

4체계 모델과 6체계 모델/생활모델

4체계 모델 · 6체계 모델	핀커스와 미나한 (4체계 모델)	변화매개 체계	계획된 변화를 향해 체계들과의 활동을 계획하는 사회복지사, 사회복지사를 고용하는 기관과 조직
		클라이언트체계	1) 사회복지사의 서비스를 요청할 때 2) 서비스로부터 이익을 얻는 것이 기대될 때 3) 사회복지사와 계약을 맺게 될 때
		표적체계	변화매개자들이 그들의 목표를 달성하기 위해 영향을 주거나 변화를 시키는 것이 필요한 사람들이나 문제
		체계평가	사회복지사가 변화노력을 달성하기 위해 서로 상호작용하는 사람들
		사례 기출	정신보건사회복지사 A는 고등학생 아들의 지속적인 음주문제를 도와달라는 어머니 B의 요청으로 그녀의 아들 C와 상담하였다. C는 학생으로서 자신의 음주의 심각성을 인지하고 있지만 함께 어울리는 친구들의 압력을 거부할 수 없다고 하였다. 따라서 A는 학교사회복지사와 협력하여 C의 친구들을 함께 치료에 참여시키는 방안을 모색하고 있다.
		설명	고등학생 아들의 지속적인 음주문제는 표적체계, 어머니 B는 클라이언트체계, 학교사회복지사는 행동체계, 정신보건사회복지사 A는 변화매개체계이다.
	콤튼과 갤러웨이 (6체계 모델)	전문가 체계	사회사업가 및 교육협회, 전문가 실천의 가치 또는 사람들
		문제인식 체계	잠재적 클라이언트를 사회복지사의 관심영역으로 끌어들이기 위해 행동하는 체계
생활모델 (저메인과 기터만)	1) 체계 이론과 생태학 이론을 포함하는 생태체계이론에 기반을 둔다. 2) 생태체계적인 관점은 인간과 환경을 끊임없이 변하고 서로를 상호의존적이고 상호보완적인 전체의 부분으로 보기 때문에, 생활모델은 문제를 병리적 상태의 반영이 아닌 사람, 사물, 장소, 조직, 아이디어, 정보, 가치들과 같은 생태체계의 요소들 간의 상호작용의 결과라고 정의한다. 3) 문제는 성격장애가 아닌 스트레스를 만들어 내고, 대처능력을 과중하게 부담시키는 생활상의 문제로 정의한다. 4) 사람과 환경 간의 공유영역에 개입한다. 5) 문제나 욕구가 사람과 환경 간의 공유영역에 있으면 생활공간 내의 부적응적인 상호교류로써 정의되어 호혜적 적응과정인 생활모델로 개입하게 된다. 6) 인간 생활상의 제 문제[스트레스의 요인 3가지] 암기법 [환생대] - 환경의 압박, 생활의 변천, 대인관계 과정의 문제		

10 | 관계[4]의 7대 원칙 - 비에스텍(Biestek)

1) 관계 원칙과 클라이언트의 욕구

관계의 원칙	클라이언트의 욕구
개별화	개별적인 욕구를 지닌 인간으로 대우(처우)받고 싶은 욕구
의도적 감정표현	클라이언트가 감정을 자유롭게 표현하고 싶은 욕구
통제된 정서적 관여	클라이언트 문제에 대한 사회복지사의 공감적 반응을 얻고 싶은 욕구
수용	가치 있는 한 인간으로서 인정받고 싶은 욕구
비심판적 태도	자신의 행동과 상황에 대해 심판받지 않으려는 욕구
클라이언트의 자기결정	자신이 선택하고 결정하고 싶은 욕구
비밀보장	비밀을 보장(사생활 보호)해주기를 바라는 욕구

2) 관계의 7대 기본원칙 암기법 비자의 비밀 개수통

7대 원칙		내용
개별화		1) 클라이언트 개개인의 독특한 자질을 알고 이해하는 일이며, 보다 나은 적응을 할 수 있도록 개인을 도와줄 때 상이한 원리나 방법을 활용하는 것이다. 2) 개별화는 인간은 개인이며, 불특정한 한 인간으로서가 아니라 개별적 차이를 지닌 특정한 인간으로서 처우되어야 한다는 것이다.
		1) 사회복지사는 인간에 대한 편견이나 선입견으로부터 벗어나야 한다. 2) 사회복지사는 인간 행동에 대한 지식을 소유하고 활용할 수 있어야 한다. 3) 사회복지사는 클라이언트에게 개별적 접근을 하기 위하여 그의 언어적·비언어적 표현을 잘 경청하고 관찰해야 하며, 이를 통해 클라이언트의 특성을 잘 이해할 수 있게 된다. 4) 사회복지사는 개입에 있어서 클라이언트와 보조를 맞추어야 한다. 5) 사회복지사는 클라이언트의 감정과 사고를 민감하게 포착하고 이에 자신을 투입시켜야 한다.
	방법	1) 세밀한 배려 2) 면접에서의 비밀보장 3) 약속시간의 엄수 4) 면접을 위한 사전준비 5) 클라이언트의 참여 6) 융통성 있는 원조과정

---

[4] 비에스텍(Biestek)은 사회복지실천에서 관계를 사회복지사와 클라이언트와의 역동적인 상호작용이라고 정의했다.

의도적인 감정표현		1) 클라이언트가 그의 감정을, 특히 부정적 감정을 자유로이 표명하려는 욕구에 대한 인식이다. 2) 사회복지사는 의도적으로 귀담아 듣고 그의 감정의 표현을 낙심시키거나 비난하지 말아야 하며, 개별사회사업 서비스의 일부로서 또는 치료상 필요할 경우 클라이언트에게 자극을 주고 격려해 주어야 한다.
		1) 감정표현은 클라이언트를 스트레스나 긴장에서 완화시켜 주며 이에 따라 자기 문제를 보다 분명하고 객관적으로 볼 수 있도록 도와준다. 2) 클라이언트의 감정표현을 통하여 사회복지사는 클라이언트 및 그의 문제인식을 보다 잘 이해하여 보다 정확한 조사, 사정, 개입을 할 수 있다. 3) 클라이언트의 감정표현을 사회복지사가 진지하게 경청하는 것 자체가 클라이언트에게 심리적 지지가 되며, 치료적 가치가 크다. 4) 때로는 외적인 상황보다도 클라이언트의 부정적 감정이 진정한 문제 자체일 수도 있으므로 감정표현은 클라이언트와 사회복지사의 관계를 깊이 있게 할 수 있으며 동시에 문제해결 기능도 한다.
		1) 사회복지사는 클라이언트가 자기의 감정을 자유롭게 개방할 수 있는 편안한 분위기를 만들어야 한다. 2) 사회복지사는 클라이언트에게 모든 사람은 자기에게 중요한 사람이나 사물에 대하여 부정적인 감정을 가질 수 있다는 것과 그런 감정을 표현해도 좋다는 것을 알려주는 것이 필요하다. 3) 사회복지사는 클라이언트가 감정을 표현하도록 장려하고 감정표현을 경청해야 한다. 4) 사회복지사는 클라이언트의 상황을 잘 이해하기 전까지는 충고나 해결책을 제시하는 것을 삼가야 한다.
	장애 요인	비현실적인 보장, 너무 빠른 초기의 해석, 너무 많은 해석 등
통제된 정서적 관여		1) 클라이언트의 면접은 주로 정서적인 면에 관계되어 있으므로 사회복지사는 이들 감정에 호응키 위해 정서적으로 관여하기에 이른다. 2) 이 관여는 통제되는 것으로 사례의 총체적 목적에 따라서, 면접에서의 클라이언트 변화욕구에 따라 또는 사회복지사의 전문적 판단에 따라서 그 방향이 설정되어야 한다는 것이다.
	민감성	클라이언트의 생각을 민감하게 파악하고 이에 적절히 대처하는 것을 말한다.
	이해	클라이언트의 주관적 경험과 감정을 인지하고, 이것이 클라이언트에게 가지는 의미를 잘 포착하는 것을 말한다.
	반응	원조라는 목적에 의하여 부단히 통제되고 조정(조절)되어야 하며 클라이언트에 따라 개별화되고 클라이언트의 감정변화에 호응하는 것이다.
수용		1) 사회복지사가 클라이언트의 장점과 약점, 바람직한 성격과 그렇지 못한 성격, 긍정적 감정과 부정적 감정, 건설적 또는 파괴적 태도나 행동을 포함하여, 그의 있는 그대로를 이해하고 다루어 나가는 하나의 행동상의 원칙이다. 2) 수용의 대상은 선한 것(the good)이 아니라 참된 것(the real)이다.
	장애 요인	1) 인간 행동양식에 관한 불충분한 지식 2) 클라이언트의 어떤 면을 사회복지사로서 받아들이지 못하는 태도 3) 자기 자신의 감정을 클라이언트에게 맡겨 버리는 것 4) 편견과 선입관 5) 보장할 수 없는데도 불구하고 말만으로 안심케 하는 일 6) 수용과 동의, 승인의 혼동 7) 클라이언트에 대한 존중의 결여

비심판적 태도		1) 개별사회사업 기능이 문제 또는 욕구 발생의 원인에 대해서 클라이언트가 유죄인가 무죄인가 또는 클라이언트에게 어느 정도 책임이 있는가 등을 말하는 것을 배제하는 것이다. 2) 다만, 사회복지사는 클라이언트의 태도, 기준 또는 행동에 대해 클라이언트를 이해하기 위해 객관적으로 평가해야 한다.

	장애 요인	1) 클라이언트에 대한 선입견
		2) 클라이언트와 보조를 맞추지 않고 성급히 결론으로 이끌어 그의 발언을 가로 막는 것
		3) 비슷한 문제를 가진 사람을 비교나 예시의 목적으로써 참고하는 것
		   클라이언트를 어떤 범주 속에 넣어 분류화한다는 인상을 주게 됨
		4) 사회복지사에 대한 클라이언트의 적의(敵意)와 같은 부정적 감정의 표현
		   클라이언트가 과거에 자기와 특별히 관계가 깊었던 사람에 대해 품던 감정을 사회복지사에게 전이하는 현상이 나타나면 사회복지사의 심판 가능성이 높아짐

자기결정 원칙 (윤리 상대주의)		개별사회사업 과정에 있어서 클라이언트의 자기선택과 결정을 내릴 수 있는 자유의 권리와 욕구를 실제로 인식하는 것이다. 1) 클라이언트가 자기수용을 할 수 있도록 원조한다. 2) 클라이언트 자신의 내적자원(잠재해 있는 장점이나 능력, 힘)을 발견하고 활용할 수 있도록 자극을 주고 돕는다. 3) 지역사회 내의 적절하고 활용 가능한 외적 자원으로 인적·물적·사회적 자원이 존재함을 알려주고 활용하도록 돕는다. 4) 클라이언트가 전 과정에 적극적으로 참여할 수 있도록 하고, 자기문제를 스스로 해결 과정을 통하여 잠재력 개발과 인격적 성장을 이룰 수 있도록 돕는다.
	사회복지사 부정적 역할	1) 사회복지사가 문제해결을 위한 중요한 책임을 지고 클라이언트에게는 단지 부차적인 역할을 하도록 허용하는 일 2) 클라이언트가 요구하는 서비스는 도외시하고 클라이언트의 사회적·정서적 생활에 사소한 조사까지 강조하는 일 3) 직접·간접적으로 조종하는 일 4) 강제적인 방법으로 설득하는 일
	한계	1) 클라이언트의 신체적·정신적 능력 제한 2) 도덕률 위배 3) 사회기관의 기능 제한 4) 법률 위배
비밀보장 원칙 (윤리 상대주의)		전문직업적 관계에서 나타나게 되는 클라이언트에 대한 비밀정보의 보호이다. 이것은 사회복지사의 윤리적 의무이며 절대적인 것은 아니다. - 윤리적 상대주의
	한계	1) 클라이언트 자신의 내부적 갈등 2) 타인의 권리와의 충돌 3) 사회복지사의 권리와의 충돌 4) 사회기관의 권리와의 충돌 5) 사회의 권리와의 충돌

11 | 면접의 방법과 기술

1) 사회복지 면접의 특성

면접을 위한 세팅과 맥락	면접을 하기 위한 세팅(setting)과 맥락이 있는데 이는 서비스를 제공하는 기관이 있고 면접 내용은 특정 상황 및 맥락에 한정되어 있다.
목적 지향적	구체적인 목표를 달성하기 위해 수행되는 과정으로 일정한 목적과 방향이 있다.
계약적, 한정적	계약에 의한 것으로 클라이언트와 사회복지사가 목적 달성을 위한 과정을 상호 합의한 상태에서 진행한다.
특정한 역할관계 수반	면접자와 피면접자는 각각 특정한 역할관계를 가지고 그 역할에 따라 상호작용한다.
공식적, 의도적 과정	개인적, 사적인 차원에서 이루어지는 것이 아니라 의도적이고 공식적인 활동이다.
기출	면접의 구조적 조건 1) 클라이언트와의 거리는 가까울수록 효과적이지 않다. 2) 물리적인 환경이 열악한 경우 이에 대해 설명한다. 3) 클라이언트의 특성이나 사정에 따라 면접 장소는 유동적으로 정한다. 4) 클라이언트의 주의 집중 능력이나 의사소통 능력에 따라 면접시간을 조절한다. 5) 클라이언트의 긴장을 완화시키고 집중도를 높일 수 있는 편안한 의자를 제공한다.

2) 면접 기술과 개념들

기술		내용
경청과 적극적 경청	경청	클라이언트가 하는 말을 주의 깊게 듣고 클라이언트의 비언어적 행동이나 자세를 관찰하며 클라이언트가 자유로이 표현할 수 있도록 격려하고 사회복지사와 클라이언트의 대화내용을 기억하는 것을 포함한다.
	적극적 경청	클라이언트가 표면적으로 나타내는 말뿐만 아니라 그 이면에 숨겨져 있는 감정까지도 세심하게 살피며 분명하고, 침착하며, 흥미를 나타내는 어조를 구사하고 관심과 열린 마음을 갖고 클라이언트의 말을 잘 듣고 있다는 것을 나타내는 표현을 한다.
질문	폐쇄형 질문	'예', '아니오'의 대답 또는 아주 짧은 대답만을 추구하여 클라이언트의 초점을 제한하고 확실한 사실에 대해 묻는 방식으로서 클라이언트가 질문에 대답하는 경험이 부족하거나 클라이언트가 지나치게 수다스럽거나 이야기하는 내용들이 부적절한 경우 활용한다.
	개방형 질문	클라이언트에게 다양한 답을 할 수 있는 기회를 제공하는 것으로 클라이언트의 태도나 생각, 느낌에 대해서 물으며 준거 틀에 대해 묻기도 한다.
요약		면접을 시작하기 전에 이전 면접 과정의 중요한 측면을 다시 생각하기 위해서 사용할 수도 있고 면접 과정의 마지막에 오늘 있었던 것을 정리하기 위해서 사용한다. 사례 "지금까지 할머니께서 말씀하신 것을 몇 가지로 정리해보겠습니다."
해석		해석은 클라이언트가 표현한 것과 행동의 상황 저변에 깔려 있는 단서를 발견하고 그 결정적 요인들을 이해하여 클라이언트가 통찰할 수 있도록 도와주는 방법이다.

감정이입(공감)	사회복지사가 클라이언트의 생각, 감정, 행동을 이해하고 있다는 것으로서, 클라이언트의 감정과 경험에 동참할 수 있는 능력으로 동정과는 다르고 클라이언트의 감정을 느끼며 충분히 분리되어 객관적인 지식을 활용할 수 있는 능력이다.
분위기 조성	분위기 조성 기술은 서로에 대한 이해와 개방성(열린 마음)을 촉진시킬 수 있는 방향으로 진행되어야 하며 분위기 조성의 중요한 요건은 공감, 진실성, 온화함이다.
직면	사회복지사가 클라이언트의 이야기를 경청한 결과, 말과 행위 사이의 불일치나 표현한 것과 실행사이의 모순점을 클라이언트 자신이 알 수 있도록 이야기해 주는 것이다. **사례** 1) 클라이언트 : 저는 기말고사에서 1등하고 싶어요. 2) 사회복지사 : 그래. 그럼 공부를 열심히 해야지요. 그런데 지금 컴퓨터 게임만 열중하고 있군요. **기출문제 확인학습** **직면(confrontation) 기법에 관한 설명** 1) 클라이언트의 말과 행동 간에 모순이 있으나 클라이언트가 이를 부인하고 인정하기를 거부하는 경우에 사용될 수 있다. 2) 클라이언트가 극심한 정서적 긴장 상태에 있을 때는 사용하지 않는 것이 좋다. 3) 클라이언트에게 방어적 반응을 불러일으킬 수 있다. 4) 클라이언트가 자신의 결정이나 행동이 실제로 합리적일 때는 사용하지 않는 것이 좋다. 5) 클라이언트와의 신뢰관계가 충분히 형성된 뒤에 사용하는 것이 유용하다.
명료화(명확화)	클라이언트가 표현을 분명하게 할 수 있도록 격려하는 기술로서, 장점으로는 사회복지사가 클라이언트의 이야기를 주의 깊게 경청하고 있으며 이야기에 중요성을 부여하고 있음을 보여 주는 것이고 단점은 클라이언트가 부담을 느껴 면접의 흐름을 방해할 수 있다는 것이다. **사례** "모든 것이 다 끝났다고 하셨는데 무슨 말인지 잘 이해되지 않습니다. 구체적으로 설명해 주시겠습니까?"
초점화	클라이언트와 사회복지사의 주의를 현재의 작업에 맞추는 것이며 자유로운 대화는 때로 클라이언트에 대한 이해를 깊게 하지만 이것이 매우 비생산적일 경우 초점화를 통해 에너지를 관련된 주제로 재투입한다. 행동계획이 막 결정되려고 할 때 과거행동에 대한 불평이 시작될 경우, **사례** "그 이야기는 나중에 다시 하고, 지금은 우리의 계획을 완성합시다." - 대화의일관성 **사례** "이제까지 많은 이야기를 하셨는데 가장 중요한 부분이 어떤 것이라고 생각하시는지요?"
재보증	클라이언트가 가지고 있는 능력, 감정, 욕구 혹은 클라이언트가 노력해서 달성한 업적 등을 솔직하게 인정하고 평가하며 격려해줌으로써 클라이언트를 지지해주는 기법이다.
라포 형성 기술	1) 라포는 긍정적, 친화적 신뢰관계이다. 2) 사회복지에서 라포는 '조화로운 상태, 공감대'를 의미하는 것으로 클라이언트와 사회복지사의 상호 간의 이해와 전문적 관계를 형성할 수 있게 해준다.
침묵 활용하기	침묵은 나름대로 의미를 갖고 있으며 상황에 따라 각기 다른 의미가 있으므로 이를 파악하려는 노력이 필요하다.

사적 질문 다루기	클라이언트가 사회복지사에 대해 사적인 질문을 하는 경우에 적용하는 기술이며 사회복지사는 간단하게 답을 하며 클라이언트의 문제해결과 연관될 수 있는 있는지를 판단하고 클라이언트 중심으로 면접을 이끌어나가야 한다.
환기 기술	클라이언트의 억압된 감정, 특히 부정적인 감정, 분노, 증오, 슬픔, 불안 등이 문제해결을 방해하거나 감정 자체가 문제가 되는 경우에 이를 표출하도록 하여 감정의 강도를 약화시키거나 해소시키는 기술이다.
중재기술	당사자 간 분쟁에 있어 차이점을 조정하여 합의점을 모색하거나 상호 만족할 만한 합의점에 도달할 수 있도록 돕는 것이다.
모델링	클라이언트가 활용하기를 바라거나 필요로 하는 절차에 대해 시범을 보이는 것이다.
사회기술훈련	1) 모델링 또는 직접적 지시를 통해 이루어지고 비디오, 행동시연이나 역할극, 과제, 코칭, 프로그램 변화 등의 방법으로 제공된다. 2) 문제는 기본적으로 개인이 겪는 문제나 어려움은 특정기술이 결핍되어 있기 때문이라고 생각하고 이에 대한 적절한 기술을 습득할 수 있도록 훈련시키는 것이다. 3) 클라이언트의 긍정적인 사회적 행동을 향상시켜 클라이언트가 환경에 대한 영향력을 향상시킬 수 있도록 돕는 '권한부여(empowerment)'의 특징이 있다. 4) 대인관계 상황에서 긍정적인 감정과 부정적인 감정 모두를 표현할 수 있는 능력을 말하며 이러한 부분들은 사회적 상황에서 적절하고 능숙하게 지낼 수 있도록 행동의 변화를 촉구하는 과정에 도움을 주는 역할을 한다. 5) 일반적으로 좁게는 의사소통기술을 의미하며 넓게는 사회생활이나 대인관계에서 자신이 원하는 것을 성취하는데 필요한 모든 기술이나 반응을 의미한다.
권한부여 기술	클라이언트가 자신의 삶과 상황에 대해 좀 더 많은 통제력을 가질 수 있도록 하기 위해 의미 있는 선택과 가치 있는 선택을 할 수 있도록 돕는다.

기출문제 확인학습

사회기술훈련

1) 사회기술의 개념사회기술은 자신의 감정과 욕구를 상대에게 정확히 전달하거나 표현함으로써 대인관계에서 자신의 목표를 성취할 수 있게 해주는 모든 기술이다(Liberman 1982).
2) 사회기술훈련의 절차
　(1) 학습 목적의 논의 및 기술 설명
　　　① 참여를 높이기 위해 적용 가능한 상황을 언급하고 그 기술을 간략하게 소개한 다음 클라이언트를 어려움에 처하게 하거나 비효과적인 대처 때문에 불리한 결과를 초래한 사회 상황들을 이야기하도록 권한다.
　　　② 자신의 경험을 나눈 후 기술을 배워서 얻을 수 있는 이득에 대해 생각할 기회를 줌으로써 동기를 강화할 수 있다.
　(2) 사회기술을 구성하는 요소 확인
　　　① 사회기술은 많은 요소로 구성된다는 것과 그 중요성을 설명한다.
　　　② 구성요소로 인한 어려움이 어떤 것이었는지 질문하면서 참여자들을 논의에 포함시킨다.
　(3) 시범 = 시연
　　　① 대리 경험을 배우는 것으로서 자신의 효능감을 높이는 자원이다.
　　　② 관찰한 참여자들이 모델을 비판하고 토론함으로써 평가의 효과를 얻는다.

(4) 각 요소를 이용한 역할극
① 참여자들이 돌아가면서 각 요소들을 연습하고 서로 피드백을 주고받는다.
② 처음에는 쉬운 상황에서 시작하고 그 기술에 익숙해지면 좀 더 힘든 역할극을 진행한다.
(5) 역할극 평가
① 역할극을 마친 후 마음을 열 수 있는 분위기를 조성하기 위해 처음에는 긍정적인 피드백을 하도록 격려한다.
② 피드백은 언어와 비언어적 행동 모두를 포함한다.
③ 아주 사소한 발전에도 긍정적인 피드백을 해주며, 긍정과 부정적 측면 모두에 초점을 맞추면서 참여자들 스스로 역할극 수행을 평가하도록 하고, 경험했던 감정을 나누도록 요청한다.
(6) 실제 삶의 상황에 사회기술 적용
한 주 동안 실제 일어날 것 같은 상황을 유도하고 새롭게 습득한 기술을 실제 상황에 적용하는 데 열심히 하도록 참여자들을 준비시킨다.

참고

개입단계에서 활용하는 면접기술 구분

정서적 기술	격려	클라이언트의 행동과 감정, 태도를 칭찬하거나 인정해주는 기법이다.
	재보증	합리적이며 현실적인 생각으로 이미 내린 결정에 대해 클라이언트가 의구심을 가질 때, 클라이언트의 능력에 대해 사회복지사가 신뢰를 표현하고 자신감을 주는 것이다.
인지적 기술 (기출)	재명명	1) 가족성원들이 문제를 새로운 방식으로 이해하도록 돕는 것을 의미하며 재정의, 재구성이라고 한다. 2) 한 성원이 다른 성원에 관한 부정적인 생각을 좀 더 긍정적인 관점으로 변화시키도록 돕는 기법이다. 사례 아들의 과잉행동이 심각하다고 이야기하는 클라이언트에게 "아들이 활동적이네요."라고 이야기해주는 경우
	초점화	1) 클라이언트가 자신의 문제를 언어로 표현하고자 할 때 산만한 것을 점검해주고 말 속에 숨겨진 선입견과 가정, 혼란을 드러내어 사신의 사고과정을 명확히 볼 수 있도록 한다. 2) 산만한 클라이언트의 이야기를 초점화를 통해 시간적인 낭비를 방지할 수 있다.
	정보 제공	클라이언트에게 의사결정이나 과업을 수행해 나가는데 있어서 필요한 정보를 제공하는 것이다.
	직면	사회복지사가 클라이언트의 이야기를 경청한 결과, 말과 행위 사이의 불일치나 표현한 것과 실행 사이의 모순점을 클라이언트 자신이 알 수 있도록 이야기해 주는 것이다.
행동적 기술		강화와 처벌, 소거(강화중지), 모델링, 타임아웃, 토큰강화(= 토큰 경제), 행동계약, 역할교환(반전), 행동시연(behavior rehearsal), 행동조성[5] 등

기출문제 확인학습

문제에 대한 관점이나 인식을 변화시켜 새로운 이해를 촉진하는 개입 기법

문제에 대한 관점이나 인식을 변화시켜 새로운 이해를 촉진하는 개입 기법에는 직면, 재명명, 일반화, 재보증, 해석 등이 있다.

---
[5] 특정 행동수준까지 끌어올리기 위해 작은 단위의 행동으로 나누어서 과제를 주는 것이며, 처음에는 간단한 반응을 요구하지만 점차 강화물을 주는 기준을 까다롭게 하여 조금 더 복잡하고 정교한 반응을 점진적, 단계적으로 습득하도록 하는 것이다.

12 | 사회복지실천 기록

종류	내용
과정기록	1) 사회복지사와 클라이언트가 상담하는 동안 일어나는 모든 일들을 대화 형태 그대로 기록하는 것이다. 2) 지도·감독 시에 매우 유용하게 사용되는 장점이 있는 반면, 시간이 많이 소요되고 서비스 상호작용에서 실제로 일어났던 일에 대해 간접적이고 불완전하며 왜곡된 정보를 제공할 수도 있다는 단점이 있다. 3) 클라이언트의 반응 - 사회복지사의 견해 - 슈퍼바이저의 코멘트로 구성된다.
요약기록	일반적으로 사회복지기관에서 가장 많이 사용되는 기록 형태로 시간의 흐름에 따라 변화된 상황, 개입 활동, 중요한 정보를 요약하여 기록하는 것이다.
문제중심기록	문제중심기록은 주로 병원과 같은 다학문적인 접근을 하는 현장(분야)에서 사용되며 진행 기록 SOAP의 형태를 띤다. 1) 주관적 정보(S ; Subjective Information) : 클라이언트와 가족들이 주관적으로 기술하는 문제와 정보 2) 객관적 정보(O ; Objective Information) : 사회복지사가 관찰한 클라이언트에 대한 객관적 정보 및 검사 결과 3) 사정(A ; Assessment) : 전문가의 분석 및 해석, 사정을 포함한다. 4) 계획(P ; Plan) : 문제에 대한 해결을 위한 계획과 해결방법 포함한다.
이야기체 기록	1) 사회복지사가 클라이언트, 상황, 서비스에 대해 이야기하듯 서술하고 기록하는 방법이다. 2) 단점은 시간이 많이 소모되고 긴 문장의 형태를 취할 수도 있어 초점이 모호할 수 있고 정보를 쉽게 복구할 수 없다는 것이다.
시계열 기록	1) 행동주의적 모델 기법에서 보편적으로 활용된다. 2) 사회복지실천에서는 현재 제한적으로 활용되고 있으나 점점 더 활용이 증가되고 있다. 3) 사회복지사와 클라이언트가 성취할 목적을 정의하고 얼마나 성취되는가를 시간의 경과에 따라 기록하는 형태이다. 4) 단일사례연구 설계의 기록형태가 여기에 해당되며 관찰하고 측정하는 과정 자체가 서비스 과정과 서비스 효과에 영향을 줄 수 있다는 것이 단점이다.

13 | 사회복지실천과정(초기 과정)

접수	개념	1) 인테이크(Intake)라는 말로도 쓰이며, 사회복지사는 도움을 요청한 사람의 문제와 욕구를 확인하여 욕구가 기관의 정책과 서비스에 부합하는지의 여부를 판단하는 과정이다. - 스크리닝 2) 잠재적 클라이언트가 문제가 있어 문제해결을 위해 원조 받을 필요를 인식하고 사회복지기관 또는 시설에 찾아왔을 때 그 기관에 속한 사회복지사가 그 사람과 처음 접촉하여 그의 욕구나 문제가 무엇이며 그 기관에서 충족할 수 있을지 결정하는 과정이다.
	과업	라포(rapport) 형성, 클라이언트에 대한 이해 및 수용, 의뢰 경위 파악, 문제와 욕구의 확인, 클라이언트의 환경 이용, 기본적 인적정보 수집, 접수기록, 스크리닝(서비스 적격성 여부 판단), 양가감정 해소, 동기부여, 의뢰(클라이언트의 동의가 필요함) 등 **기출문제 확인학습** **양가감정(ambivalence)** 1) 변화를 원하는 것과 원하지 않는 마음이 공존하는 것을 의미한다. 2) 클라이언트가 양가감정을 갖는 것은 자연스러운 현상이다. 3) 클라이언트의 양가감정을 수용하면 클라이언트의 저항감이 줄어든다. 4) 양가감정은 초기 접촉단계에서부터 다루어져야 한다.
	비자발적인 클라이언트와의 면담 지침 (Kadushin)	1) 사회복지사 자신의 태도 인식(선입관 처리) 2) 클라이언트를 의뢰한 기관과 사회복지사 관계 및 의무사항 이해 3) 의뢰기관에서 클라이언트에게 요구한 의무사항과 제한 상황 파악 4) 클라이언트와 긍정적 관계를 형성하는 기본적 태도와 접근 방법 활용 5) 사회복지사의 온화함, 클라이언트에 대한 존엄성 표현 6) 사회복지사는 클라이언트와의 관계에 부여된 법적 요구사항과 한계, 이에 대한 결과에 따라 사회복지사가 행동할 의무가 있음을 클라이언트에게 분명히 표현할 것 7) 법적 의무사항 내에서 클라이언트가 선택할 수 있는 다양한 대안 제시, 선택의 자유가 있음을 명시하고 존중해 줌 8) 클라이언트가 상황해결을 위해 기관에서 제공되는 서비스 가운데 어떤 도움을 받길 원하는지 적극적 탐색을 할 것 9) 기관에서 제공되는 서비스, 클라이언트가 원하는 서비스가 일치할 수 있도록 하기 위해 사회복지사가 파트너가 될 수 있도록 노력할 것 10) 초기면담이 강제성을 띤 것이었지만, 희망이 있음을 인식할 수 있도록 도울 것
정보 수집과 사정	정보수집의 개념	1) 정보수집은 클라이언트의 문제를 이해하고 분석·해결하는 데 필요한 자료를 모으는 과정으로 개입에 도움이 될 만한 자료를 마련하는 것이며 클라이언트의 문제와 욕구를 명확히 하는 것이 과제이다. 2) 접수단계에서 뿐만 아니라 지속적으로 수행되는 과정이며 자료수집과 사정은 거의 동시에 반복해서 진행된다. 3) 클라이언트의 구두보고는 왜곡되어 있을 수 있으므로 사실 확인이 필요하며 또한 의료기관이나 상담기관에서 받은 심리검사 결과를 자료로 활용할 수 있고 가정방문을 통해 환경적인 영향을 파악할 수도 있다.

정보 수집과 사정	정보수집의 정보출처	1) 클라이언트 자신에게 직접 얻는 자료 - 가장 중요한 정보출처 2) 클라이언트 가족에게서 얻는 자료 3) 검사결과나 사회복지사의 관찰로 인한 견해 등 객관적인 자료 4) 클라이언트가 맺는 대인적, 개인적 관계에서 얻는 자료 5) 클라이언트와의 직접적 상호작용의 경험 6) 그 밖의 자료(클라이언트의 사례와 관련한 신문자료, 투서 또는 소문)
	사정의 개념	1) 사정은 사회복지 현장에서 일어나는 클라이언트에 관한 정보를 수집하고 분석하여 종합화한 내용으로서 클라이언트와의 관계를 공식화하는 과정이며 개입을 위한 목표를 설정하는 데 핵심적인 과정이며 사정을 통해 개입방법의 선택이 이루어진다. 2) 자료수집과 사정은 순환적으로 일어나며, 개입의 전 과정 동안 지속된다.
	사정의 특성	1) 지속적 과정 : 사정은 사례가 시작되는 초기부터 종결 시기까지 전 과정동안 새로운 정보를 수집하고 분석, 종합하는 유동적·역동적인 과정으로 새로운 정보가 도출됨으로써 사정은 문제해결과정이나 종결과정까지도 지속되어 재사정의 절차를 거친다. 2) 클라이언트와의 상호작용 : 사정하는 과정에서 클라이언트를 최대한 참여시키고 사회복지사와 클라이언트의 상호작용을 통해 사정내용을 도출하기 때문에 사정은 상호적 과정이다. 3) 클라이언트의 문제를 규명(정의, 형성) : 사정은 클라이언트의 상황에서 욕구를 규명하고 문제를 발견하며 이에 대한 의미와 패턴을 설명해 준다. **기출문제 확인학습** **사정단계에서의 문제형성[6]** 1) 사정단계에서의 문제형성은 그동안 얻어낸 정보들을 분석하여 사회복지사가 전문적 소견으로 판단하는 것이다. 2) 존슨(Johnson)은 문제형성을 하기 위해서는 무엇보다도 우선 충족되지 못한 욕구를 찾아내고, 어떤 요인들이 욕구충족을 방해하는지를 고려해야만 한다고 하였다. 3) '충족되지 못한 욕구가 구체적으로 무엇인가'라는 질문은 문제형성에서 가장 중요한 질문이다. 4) 즉, 클라이언트가 제시하는 문제를 충족되지 못한 욕구와 필요로 바꾸어 다시 진술해야 클라이언트를 돕기 쉽다. 5) 예 남편이 일에만 열중하고 대부분의 시간을 직장에서만 보내는 것에 불만을 가지는 클라이언트(부인)의 경우, 그녀가 제시한 남편의 일중독 문제를 남편으로부터 존중받고 싶고 남편에게 자신이 중요한 존재임을 느끼고 싶어 하는 그녀의 욕구로 바꾸는 것이다. 그리고 문제에 관련된 두 사람이 서로의 욕구를 어떻게 만족 시킬 수 있을지 타협하도록 하는 개입의 목표가 설정될 수 있다. 즉, 남편이 직장일도 책임 있게 하면서 존중과 사랑을 받고 싶은 아내의 욕구를 만족시키기 위해 서로가 어떻게 노력해야 할지를 타협하게 된다.

---

[6] 양옥경 외(2004). 사회복지실천론. 나남출판/엄명용 외(2005), 사회복지실천의 이해. 학지사

	사정의 특성		4) 이중초점(= 환경 속 인간)에 의한 사정 : 인간은 개인을 둘러싼 작은 체계와 큰 체계에 속해 있음을 반영한 것으로 클라이언트를 사회, 환경적인 맥락에서 이해하고 계획과 행동의 토대를 준비한다. 5) 사고의 전개과정이 요구됨 : 수집된 정보를 바탕으로 하여 부분적인 정보들을 모아 전체적인 맥락을 파악하는 사고 과정이다. 6) 수평적 탐색 및 수직적 탐색의 과정 중시 : 초기과정에서 수평적인 정보(현재 인간관계, 기능, 능력 등)를 중심으로 클라이언트의 욕구를 발견하고 시간이 흐르면서 수직적인 탐색(과거력, 개인력, 문제의 역사 등)을 통해 정보 수집 7) 지식적 근거가 있어야 함 : 클라이언트의 이해를 돕기 위한 전문지식이 필요하다. 즉 인간행동에 대한 이해와 인간의 다양성, 가족관계, 집단과 지역사회, 정책과 행정 등에 관한 지식이 필요하다. 8) 개별적 과정 : 클라이언트의 다양한 상황을 이해하고 각각의 특성별로 사정해야 한다. 9) 판단이 요구됨 : 사정에는 판단을 내리는 작업이 포함되며 사정은 고려해야 할 부분과 적용하고 활용할 지식이 무엇인가와 어떻게 문제를 규정할 것인가 등의 판단이 필요하다. 10) 한계성이 있음 : 사회복지사도 한계를 지닌 인간이기 때문에 사정에서 클라이언트의 어떤 상황에 대한 완벽한 이해는 불가능하며 한계를 가지고 있다.
정보 수집과 사정	사 정 도 구	사 회 관 계 망 그 리 드	1) 클라이언트 주변사람 중에서 의미가 큰 사람들을 선정하여 이들을 중심으로 사회적 관계망 표를 작성한다. 2) 사회적 관계망에 포함되는 내용은 사회적 관계망의 중요한 인물, 지지받는 생활영역, 지지의 특성유형, 지지 정도의 중요도, 지지의 성격, 친밀감 정도, 접촉 빈도, 관계 맺는 기간 등이 있다. **트레이시와 휘태커(Tracy&Whittaker)의 사회적 관계망 그리드** 1) 사회적 지지의 유형을 구분하고 가족의 환경과 필요한 자원을 파악하는 데 유용하다. 2) 관계망 안에 있는 사람들이 클라이언트 혹은 가족과 어떤 관계에 있고 이들이 주고받는 물질적, 정서적, 정보적 지원은 어느 정도이며, 도움의 방향은 어떠한지, 근접성과 접근의 빈도는 어느 정도인지 등을 종합적으로 파악할 수 있다는 점에서 유용하다.
		가 계 도	1) 3세대 이상의 가족을 그림으로 나타냄으로써 클라이언트에게 나타난 문제의 근원을 조사하는 일종의 그림 기법의 사정도구이다. 2) 클라이언트와 사회복지사는 대개 가계도를 함께 구성한다. 3) 가계도는 본질적으로 가족체계도의 성격이 있고 머레이 보웬(Murray Bowen)에 의해 개발되었다. 4) 가계도는 사회복지사와 가족 성원들이 세대 간 맥락에서 정서(정서적 관계 표시), 행동상의 문제행동 패턴을 검토하는 데 유용하게 활용된다. 5) 가족 내에서 반복되는 정서적, 행동적 패턴을 확인하고 이해할 수 있으며 구성원의 성격, 의사소통의 유형 등을 알 수 있다. 6) 결혼의 법률적 관계는 수평선, 여성은 원, 남성은 사각형으로 표기한다. 7) 수직선은 결혼한 사이에서 출생한 자녀를 나타내는 선으로 원과 사각형에 닿게 그린다. 8) 사망, 이혼 및 재혼 등과 같은 중대한 사건을 간략하게 표시하고 재발된 행동양식을 나타내기 위한 다른 기호 또는 문자해설이 포함된다. 9) 사례에 대한 기록을 간단히 한 눈에 볼 수 있게 한다.

정보 수집과 사정	사정 도구	생태도	1) 생태도(eco-maps)는 앤 하트만이 고안한 가족과 환경체계들과의 관계를 이해하기 위한 사정도구로서 가족과 체계들 간의 자원교환, 에너지의 흐름, 스트레스와 관련된 자료, 중재되어야 할 갈등, 메워야 할 간극, 활성화되어야 할 자원 등을 시각적으로 나타낸 것이다. 2) 생태도는 가족전체와 환경체계들과의 관계뿐 아니라 개별 성원들과 환경과의 관계도 나타낸다. 3) 클라이언트, 클라이언트와 관련된 사람, 관련된 사회복지기관 및 지역사회 환경의 영향과 상호작용을 설명하기 위해 전문가가 사용한다. 4) 사회복지사가 분석할 때에는 가족의 피드백을 알 수 있고 가족의 부족한 점이나 문제보다는 강점을 먼저 언급할 필요가 있다. 5) 생태도는 클라이언트에게 유용하게 작용하는 자원이나 환경이 무엇인지, 가족체계에 스트레스를 주는 것은 무엇인지, 이들 체계 간의 관계가 어떻게 유지되고 있는지에 대한 많은 정보를 제공한다. 6) 생태도는 '환경 속의 인간'에 초점을 두기 때문에 클라이언트를 생태학적 관점에서 이해하는데 많은 도움이 된다. 7) 생태도는 개입 초기단계에 가족을 사정하는 도구로 활용할 뿐 아니라 변화를 확인하는 도구로 반복해서 사용할 수 있다. - 연속생태도 8) 클라이언트와 사회복지사가 함께 작성한다. 9) 생태도 작성 시 '원'으로는 자원의 양, '선'으로는 관계의 정도를 표시한다.
		소시오그램(사회도)	1) 모레노와 제닝스(Moreno & Jennings, 1950)가 개발, 상징을 사용해서 집단 내의 성원 간 그림을 이용하여 상호작용을 표현하는 도구이다. 2) 집단 내의 대인관계에서 끌리는 정도와 집단성원 간 사회적 유대관계를 측정한다. 3) 다양한 시점에서 작성한 집단의 소시오그램을 비교하면 집단성원 사이의 안정성과 변화를 알 수 있다. 4) 소시오그램을 통해 알 수 있는 정보집단 성원의 성별, 성원 간 친화력과 반감의 유형과 방향, 하위집단의 형성 여부와 소외된 성원 여부, 삼각관계 형성 여부 등, 그리고 친밀한 성원끼리는 가깝게, 소원한 성원은 멀리 그림을 그려 결속의 강도를 나타냄
		생활력 도표	1) 생활력 도표는 <u>특정시기의 가족의 경험을 시계열적으로 알 수 있도록 도표화한 것으로 연대기적인 기록이다.</u> 2) 클라이언트가 아동이나 청소년인 경우 유용한 사정도구이다.

실력다지기

사정 도구들의 사례

➡ 사회적 관계망 그리드

	ID	생활영역	물질적 지지	정서적 지지	친밀도	만나는 빈도	알고 지낸 기간
응답자		1. 가구원 2. 다른 가족 3. 직장/학교 4. 조직 5. 다른 친구 6. 이웃 7. 전문가 8. 기타	1. 거의 없다 2. 가끔씩 3. 거의 항상	1. 거의 없다 2. 가끔씩 3. 거의 항상	1. 거의 친하지 않음 2. 가까운 정도 3. 매우 가까움	1. 1년에 몇 번 2. 한달에 몇 번 3. 매우 가까움	1. 1년 이하 2. 1~5년 3. 5년 이상
이름	01						
	02						

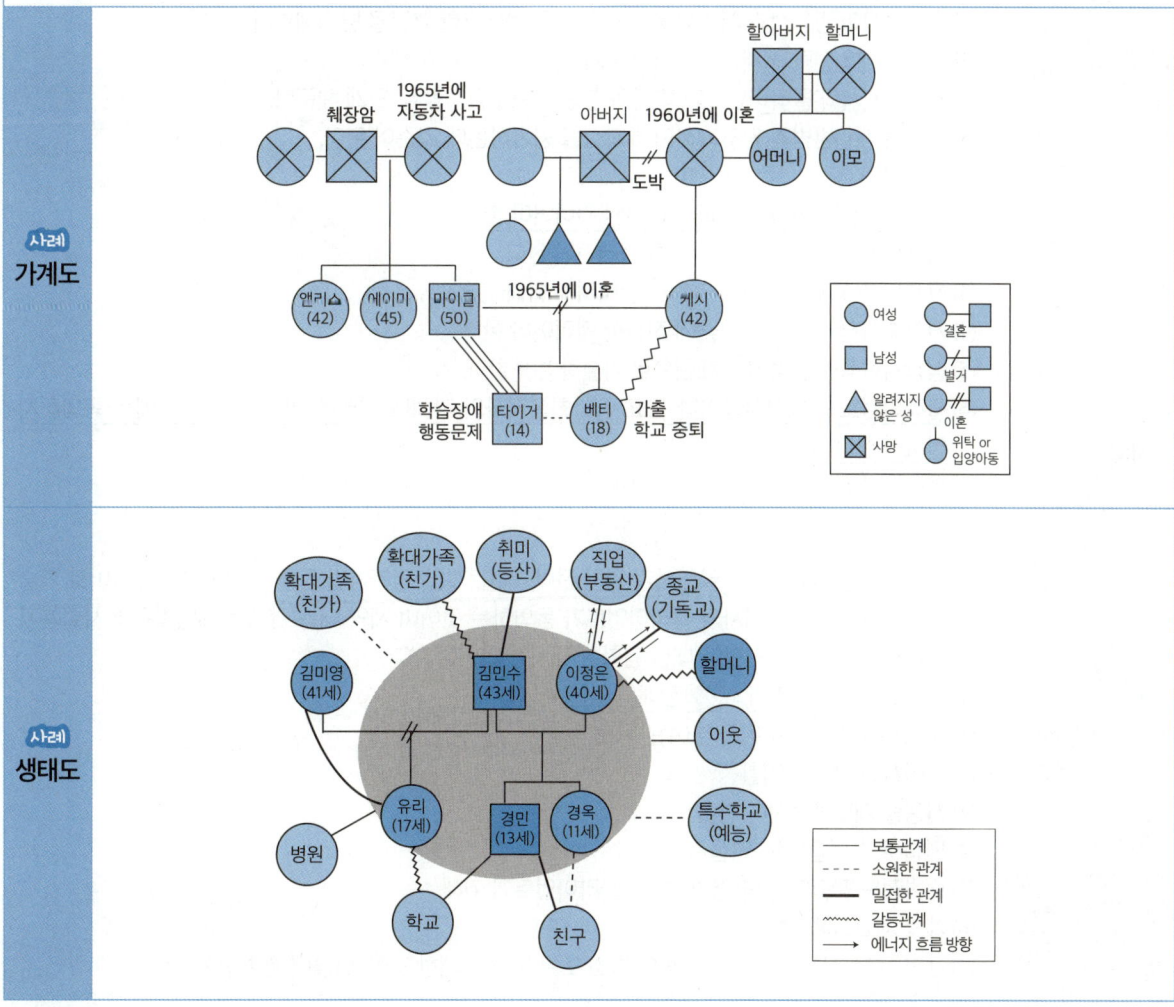

사례 가계도

사례 생태도

사례 소시오 그램	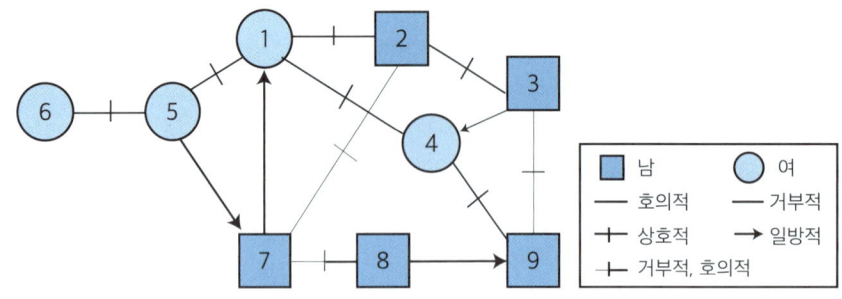

사례 생활력 도표	클라이언트 : 성○○(여성, 58)					
	연도	나이	장소	가족	사건	문제
	1990	32	서울	첫아이	출산	황달증상이 심해서 입원
	1992	34	부산	남편	실직	생활비가 줄어듦
	1995	37	서울	가족	이사	친정에게 도움 요청, 이사, 생활고 심함

계획	목표설정	1) 목표설정의 의의 　(1) 사회복지사와 클라이언트가 달성하고자 하는 목표에 대해 서로 합의하고 확인하게 해준다. 　(2) 원조과정이 방향성과 지속성을 잃지 않도록 불필요한 혼란을 방지해준다. 　(3) 적절한 개입전략과 개입방법의 개발과 선택을 용이하게 해준다. 　(4) 사회복지사와 클라이언트가 변화의 진전수준을 점검할 수 있게 해준다. 　(5) 구체적 개입방법과 원조과정의 효과성을 평가하는데 기준이 된다. 2) 목표설정의 지침 　(1) 클라이언트가 바라는 결과와 관련된 것이어야 한다. 　(2) 목표는 명시적이고 측정 가능한 형태여야 한다. 　(3) 목표는 현실적으로 성취 가능한 것이어야 한다. 　(4) 사회복지사의 지식과 기술에 적절한 것이어야 한다. 　(5) 성장지향적인 긍정적인 표현으로 기술하여야 한다. 　(6) 클라이언트의 요구사항이나 목표가 사회복지사의 가치나 권리에 맞지 않는 목표에는 동의하지 말아야 한다. 　(7) 목표는 기관의 기능과 일치해야 한다.
	계약	1) 계약의 개념 　계약은 목표설정과 목표를 달성하기 위한 전략, 역할, 개입, 평가방법 등을 구체적인 활동용어로 기술한 계획에 대해 사회복지사와 클라이언트가 동의하는 것이며 계약 내용 안에는 개입활동과 사회복지사와 클라이언트 간의 역할에 대한 명확한 제시가 있어야 한다. 2) 계약에 포함할 내용(주의 : 변화장애물 등은 아님) 　(1) 수행해야 할 우선순위가 부여된 목표 　(2) 참여자의 임무나 역할 　(3) 사용할 개입방법이나 기술 　(4) 면접주기, 면접빈도, 면접시간 　(5) 변화정도 점검의 수단(평가 계획), 클라이언트의 기대 　(6) 계약 재교섭에 대한 약정 　(7) 세부 규정, 시작날짜, 예약날짜의 취소 또는 변경에 대한 조항, 요금에 관한 문제 등

14 | 사회복지실천과정(중기 과정)

개입	특징		1) 개입은 사회복지사와 클라이언트가 상호 합의하여 결정한 목표와 문제해결을 위한 계획을 구체적인 행동을 통해 의도적인 변화가 일어날 수 있도록 지원하는 단계이며 사회복지실천과정에서 가장 핵심적인 부분이라 할 수 있다. 2) 개입활동의 적절성과 효과성을 검토하기 위해 사회복지사는 개입과정을 평가하여야 하며 개입으로 인한 변화를 확인하고 지속시키는 것도 개입 단계에서 사회복지사가 수행하여야 하는 과제 중 하나이다.
	직접적 개입		개인, 가족, 집단 대상으로 사용하는 직접적 개입이 있다.
	간접적 개입	사회적 지지체계의 **개발**	1) 자연적 지지체계의 활성화 　(1) 산업화, 도시화, 핵가족화로 인해 줄어들고 있는 클라이언트의 자연적 지지체계를 의도적 개입으로 활성화하는 것이다. 　(2) 사회복지사가 기존의 체계들이 클라이언트의 욕구에 맞게 적절하게 기능하도록 원조하는 것이다. 2) 공식적 지지체계의 활용 　클라이언트의 욕구에 환경이 반응할 수 있도록 기존의 공식적 지지체계를 활용하는 것으로 사회복지기관 및 프로그램을 활용하는 것이다.
		서비스의 **조정**	서비스 조정이란 공동의 목적을 달성하기 위해 흩어져 있는 서비스들이 적절한 시기에 적절한 방법으로 클라이언트를 도울 수 있도록 조정하는 것을 말하며 다양한 문제를 가진 클라이언트에게 복합적 서비스가 주어질 때 서비스의 조정이 필요하다. 1) 서비스 **연결** 　복합적인 서비스를 제공하는 한 기관의 여러 전문가들이 특정 클라이언트에게 관심을 가지고 서로 연결하는 것을 말한다. 2) **의뢰** 　(1) 서로 다른 기관들의 전문가들이 연결되어 서비스를 제공하는 형태로서 조정을 말한다. 　(2) 다른 기관이나 전문가에 대한 정보를 제공하고 서비스를 받을 수 있도록 연결하는 것을 넘어 의뢰한 서비스가 제대로 전달되고 있는지와 결과에 대한 평가까지도 포함하는 것이다.
		사례관리	클라이언트의 문제와 욕구를 평가하여 필요한 서비스를 찾고 연결해 주는 책임을 사회복지사가 맡는 것을 말한다.
		프로그램의 **개발**	1) 클라이언트의 욕구와 문제를 해결하기 위해 서비스가 지역사회 내에 없을 경우에 사회복지사는 클라이언트의 욕구를 만족시킬 수 있는 프로그램 및 자원을 개발해야 한다. 2) 지역 내의 영향력을 가진 사람들이 문제를 인식하도록 정보와 자문을 제공하고 지역주민을 대상으로 욕구조사를 실시하여 문제 심각성과 프로그램 개발의 필요성을 설득할 수 있다.

개입			
간접적 개입	클라이언트 집단을 위한 옹호활동	옹호활동이 필요한 경우	
		1) 정부나 기관의 정책이 자원과 급여를 필요로 하는 사람들에게 부정적인 영향을 끼칠 때	
		2) 사회복지 기관이나 직원이 수급자격이 있는 클라이언트에게 서비스나 혜택을 제공하지 않을 때	
		3) 비인간적인 방법으로 서비스가 전달되고 인종, 종교, 신념 때문에 클라이언트가 차별받을 때	
		4) 클라이언트가 스스로 유리하도록 행동하지 못할 때와 클라이언트가 시민의 혹은 법적인 권리를 거부당했을 때	
		5) 서비스와 급여사이의 틈으로 인해서 어려움이 발생하거나 역기능이 생길 때	
		6) 위기상황으로 인해 클라이언트가 서비스와 급여에 대한 절박한 욕구를 가지고 있을 때	
	지역사회 내 기관 간의 협력	클라이언트의 욕구를 효과적으로 충족시키기 위해 지역사회 내에 존재하는 다양한 조직이나 협조가 필요하며, 클라이언트의 문제가 복잡하기 때문에 한 기관에서 모두 해결할 수 없는 경우 기관 간 정보를 교환하거나 협조체계를 통해 클라이언트 욕구에 유연하게 대응해야 한다.	

기출

간접적 개입

1) 아동학대 예방을 위한 홍보 활동
2) 학교폭력 예방을 위한 자원봉사자 모집
3) 희귀질환 아동을 위한 모금 활동
4) ADHD 아동 지원정책 개발

직접적 개입

1) 장애인 취업상담
2) 독거어르신 재가방문
3) 정신장애인 사회기술훈련 실시
4) 치매어르신 주간보호 제공

심화학습

옹호의 유형(하드캐슬 : 김범수 외)

유형	개념	사회복지사의 구체적 기술
자기옹호 (self-advocacy)	클라이언트 개인 및 집단이 스스로 자신을 옹호하는 활동. 때로는 자조집단 및 지지집단을 구성해서 활동함	행정적 및 기술적 지원(회의실 제공, 자원봉사자 공급)/격려 및 정보 제공
개인옹호 (individual advocacy)	클라이언트가 스스로 자신을 옹호할 수 없을 때 사회복지사가 개인이나 가족을 대신하여 옹호하는 활동	개인 및 가족의 욕구 파악 및 사정 기술
집단옹호 (group advocacy)	유사한 문제를 경험하는 클라이언트들로 구성된 집단의 공동 문제를 해결하기 위한 옹호 활동	집단사회복지실천기술, 의사소통 기술
지역사회 옹호 (community advocacy)	소외된 혹은 공동의 문제를 경험하는 지역주민들을 위한 옹호 활동. 지역주민들이 스스로 지역사회를 옹호하기도 하고, 지역사회를 대신하여 다른 사람들이 옹호하기도 함	주민을 모으고 조직화하는 기술/1일 캠프 개최, 건강달리기 모임 활용
정책적 옹호 (political/policy advocacy)	사회정의와 복지를 증진시키기 위해서 입법 영역, 행정영역, 사법영역에서 다양한 형태로 전개되는 옹호활동	특정 법안의 통과를 제안하거나 저지하기 위한 로비기술/사법 과정에서 증인으로 나서는 클라이언트를 보호하고 정보를 제공하는 기술
체제 변환적 옹호 (advocacy for systems change)	근본적인 제도상의 변화를 위해 구성원인 시민들과 사회체제 전체에 영향을 미치려는 옹호활동. 예를 들어, 양성평등을 위한 여성운동, 장애인 이동권 보장을 위한 옹호활동 등	캠페인 기술, 조직화 기술, 미디어 활용 기술

15 | 사회복지실천과정(종결 과정)

평가	개념	평가는 개입한 결과가 어느 정도 안정되게 유지될 수 있는지를 결정하고 사회복지사는 사회복지실천 결과를 평가하여 사회복지실천 활동이 효율적이었는지, 효과적이었는지를 판단한다.
	종류	1) 평가에는 형성평가와 총괄평가 등이 있다. 2) 형성평가는 원조과정에 초점을 두고, 사회복지사와 클라이언트에게 서비스가 주어진 기간 동안 주기적으로 발전 상황을 평가하고 계획된 서비스가 진행 중인 상태에서 이루어진다. 3) 총괄평가는 서비스가 종결된 시점에서 이루어지며, 이미 발생한 것을 총괄해 보는 것이 목적이다. 4) 그 외에도 다양한 척도를 활용한 평가 유형(효과성 평가, 효율성 평가, 영향평가, 메타평가, 전문성 평가, 노력성 평가 등)이 있다.

평가	종류	**기출문제 확인학습** **가정폭력 가해자를 대상으로 평가 시 '암시적 행동에 대한 개별측정척도'를 활용하는 훈련 프로그램** 1) 폭력을 유발하는 단서를 식별하는 훈련 2) 긴장고조 상황에서 타임아웃 하는 훈련 3) 분노를 피하는 자기대화 훈련 4) 시각적 형상화[7] 훈련
종결	개념	1) 종결은 사회복지사와 클라이언트의 전문적인 관계가 종료되는 원조과정의 마지막 단계이며 클라이언트와 사회복지사 모두에게 이별과 관련한 복잡한 감정을 갖게 되는데 사회복지사에 대한 애착의 정도와 성취도, 클라이언트의 과거 타인과의 분리경험에 따라 다양하게 나타날 수 있다. 2) 종결은 클라이언트의 욕구에 의해 클라이언트를 중심으로 이루어져야 하며, 클라이언트에게 더 이상 이익이 되지 않는다고 판단될 때 종결한다.

	과업	1) 종결 시기 결정하기(종결 계획하기 - 종결 예고)
		  (1) 개입목표의 달성 정도나 시간제한적 개입의 경우에는 계약된 시간으로 종결시점을 결정한다.
		  (2) 클라이언트의 문제 상황 해결 정도와 사회복지사와 클라이언트의 만남이 더 이상 도움이 되지 않으리라는 것에 합의했을 때 또는 클라이언트를 다른 기관에 의뢰했을 때, 종결시점을 결정한다.
		2) 정서적 반응 다루기(양가감정 해소, 의존성 감소)
		  (1) 목적이 달성되지 않은 경우클라이언트는 기관에 대한 실망이나 사회복지사에 대한 분노, 버림받았다는 느낌 등의 감정을 가질 수가 있는데 이러한 클라이언트의 감정을 수용하면서 부정적인 감정을 표현할 수 있게 한다.
		  (2) 사회복지사가 떠날 때, 정서적 반응 다루기
		    ① 과거에 거부당한 경험이 있는 클라이언트는 상처받기 쉽기 때문에 사회복지사는 앞으로도 변화를 위한 노력을 계속해 나가기를 바란다는 언급과 지지와 격려를 제공한다.
		    ② 사회복지사는 클라이언트의 긍정적인 감정뿐만 아니라 부정적인 감정표현도 허용하고 다른 사회복지사에게 의뢰하는 것을 수용하도록 도와야한다.
		3) 효과의 유지와 강화(변화 유지시키기, 일반화, 사후관리 계획 수립)
		  (1) 클라이언트가 원조과정에서 획득한 변화를 유지하고 계속 발전해 나갈 수 있도록 계획한다.
		  (2) 클라이언트로 하여금 문제 해결에 대해 기본원칙을 파악하도록 원조하고 표적문제에 대한 문제 해결 원칙이 어떻게 적용되었는지를 검토하고 일반화 방법 등에 대한 예측과 연습을 한다.
		4) 의뢰하기
		  종결과정에서 클라이언트에게 새로운 서비스가 더 필요하고 해결되지 않는 문제가 있다고 판단될 경우 사회복지사는 클라이언트의 동의를 구한 후, 다른 기관 등에 의뢰한다.
		5) 평가하기(성취한 바 정리하기, 변화 확인하기)
		  사회복지실천에서의 개입활동이 목적에 맞게 효율적이고 효과적으로 작용했는지를 사정한다.

---

7) 형상화란, 생각한 것들을 정교한 형상으로, 마치 진짜 있는 것처럼 떠올릴 수 있는 능력이며, 내면의 눈이나 귀, 코, 촉감 등과 같은 신체감각으로 느낀 것들을 구체적인 이미지들로 형상화 할 수 있거나, 반대로 마음에 떠오른 형상화된 이미지를 감각기관들로 내보낼 수 있는 능력이다. 시각적 형상화 능력은 어떤 사물의 모습을 실물 없이도 상상 속에서 그려내는 것이다.

16 | 사례관리 - 목슬리(Moxley)

	의의	지역사회보호를 기반으로 하여 복합적인 욕구를 가진 클라이언트를 대상으로 자원의 연결과 조정을 하는 간접적 서비스뿐만 아니라 클라이언트에 대한 대면적인 서비스 등 직접적 서비스를 모두 포괄하는 통합적 방법이다.
등장 배경	탈 시설화의 영향	1950년대 이후 향정신성 의약품의 개발로 이전과 달리 많은 정신질환자들을 병원이나 시설에 입원시키지 않고 지역사회 내에서 치료하고 관리하는 것이 가능하게 되었기 때문에 재가복지서비스를 강조하는 지역사회 정신보건운동이 전개되고 탈 시설화가 이루어졌다.
	복잡하고 분산된 서비스 체계 - 서비스의 파편화	클라이언트들의 지역사회복귀와 적응을 위한 재활서비스가 여러 종류의 기관에서 다양하게 제공되고 있었을지라도 서비스가 각각 다른 기관들에서 제공되었기 때문에 어느 기관에서 어떤 종류의 서비스를 제공하며 자신에게 적합한 기관은 어느 곳인가를 찾아서 서비스를 받으러 다녀야 했다.
	클라이언트와 가족의 책임 증가	클라이언트와 가족들은 지역사회 내의 적절한 환경 자원이 적어서 많은 부담을 갖게 되었고 이로 인해 과도한 스트레스가 발생하였다.
	다양한 문제와 욕구를 가진 클라이언트 증가	탈 시설화의 정책으로 점차 지역사회에 거주하는 정신 장애인과 신체 장애인이 증가하게 되고 이들이 지역사회에 적응하는 데 다양한 문제가 발생하였다.
	사회적 지지체계의 중요성 인식 증가	사회적 지지망과 같은 사회적 지지체계에 대한 인식이 서비스를 제공하는 전문가들 사이에서 점차 증가하게 되고 비공식적 자원으로 사회적 지원망을 구성하여 그 지지를 받도록 하는 조력자의 역할이 요구되었다.
	비용효과성 제고	사례관리는 지역사회 자원의 지속적인 개입으로 클라이언트의 상태가 더 이상 악화되거나 재발하여 재입원하는 것을 예방할 수 있으므로 이에 소요되는 비용을 억제하게 된다.
	그 외에도 서비스 전달의 지방분권화와 사회복지 공급주체의 다양화, 인구사회학적 변화, 서비스 전달체계 간 조정기능 부재, 중복서비스를 제공하는 전문기관의 확대, 시설퇴소인의 지역사회보호 필요성 증대, 통합적 서비스의 필요성 인식 증가 등을 들 수 있다.	
과정	인테이크(접수)	클라이언트의 문제를 확인하고 접수한다.
	사정	1) 클라이언트가 사례관리 서비스를 받을 자격이 있다고 판단되면 사정이 이루어진다. 2) 사정을 통해서 서비스 수준과 그 성격에 관해 결정되고 서비스의 양과 질을 결정한다. 3) 사정은 클라이언트의 욕구와 자원을 전 범위에 걸쳐 다각적으로 파악하고 앞으로 이루어질 개입이 어느 정도로 효과적인지를 결정짓는 데 중요한 역할을 한다.
	계획	욕구사정 후 사례관리자는 욕구에 이용 가능한 자원을 연결시키기 위해 일련의 계획을 수립하게 된다.
	실행(조정, 연결)	계획서에 명시된 서비스와 자원을 확보하고 조정하는 것이다.
	점검 및 재사정	1) 사례관리자는 클라이언트의 상황과 제공되는 서비스의 질에 대해 지속적인 사정을 수행해야 한다. 2) 점검단계에서는 개입의 진행정도를 파악하고 개입계획의 수정 여부를 검토하며 필요시 문제해결전략을 수정하며 또한 클라이언트의 욕구변화를 사정한다.

과정	평가 및 종결	1) 결과평가는 매우 중요하며, 이 단계에서 평가 자료들은 사례 관리의 효과성을 제시하는 주요 근거가 된다. 2) 평가는 실천의 목표달성 정도, 즉 효과성을 검토하고 클라이언트에 대한 사례관리자의 책임성을 증대시키며 실천의 새로운 모델을 개발하는 데 도움을 줄 수 있다.
기본원칙	지속성	클라이언트의 요구에 따라 평생 동안 지속되어야 하며 시간의 흐름에 따라 욕구가 변할 경우 이에 맞추어 서비스를 제공한다.
	연계성, 접근성	기관이나 서비스 제공자에게 연계하여 줄 때, 쉽게 접근할 수 있도록 해준다.
	책임성	적절하지 못한 서비스 체계를 개선하고, 전체 효과에 대해 책임질 사람을 지정한다.
	효율성	클라이언트의 욕구를 수용하여 민감하게 반응하며 서비스의 질을 높이고 서비스를 통합하여 다양한 자원을 중복 없이 제공한다.
	자율성 (자기결정권)	클라이언트가 자신에게 맞는 목표와 계획을 세울 수 있도록 하며 선택의 권한을 부여한다.
	포괄성	직업, 문화, 건강 등을 포함한 클라이언트의 삶을 이루고 있는 모든 측면을 고려한다.
	사후관리	클라이언트와 서비스 기관과의 지속적인 접촉을 유지하며 전달체계, 진전 상황, 욕구변화 등을 모니터링한다.
	개별화	클라이언트의 개개인의 욕구와 문제를 정확히 파악하여 적절한 서비스를 제공한다.

> **기출문제 확인학습**

사례관리의 기본원칙

1) 개별화 : 클라이언트의 특성에 맞는 서비스 제공
2) 포괄성 : 클라이언트의 다양한 욕구에의 충족
3) 지속성(연속성) : 클라이언트 및 주위환경에 대한 지속적인 점검
4) 연계성(통합성) : 분산된 서비스 체계들의 상호 연계(조정)
5) 접근성 : 기관 및 자원에 대한 접근성 확보
6) 자율성 : 클라이언트의 자율성 극대화
7) 체계성 : 서비스 및 자원의 효율적 조정 관리

CHAPTER 4
사회복지실천기술론

나눔복지교육원 동영상 강의

CHAPTER 04 사회복지실천기술론

1 | 과학자로서의 사회복지사와 예술가로서의 사회복지사

1) 과학자로서의 사회복지사(지식이나 이론의 겸비는 과학자적 요소이다.)

→ 사회복지사에게 요구되는 과학적 지식
(1) 사회적 조건과 사회문제에 관한 지식
(2) 사회정책과 프로그램에 관한 지식
(3) 사회현상에 관한 지식
(4) 사회복지전문직에 관한 지식
(5) 사회복지실천에 관한 지식

2) 예술가로서의 사회복지사

(1) 열정(compassion)과 용기

효과적인 사회복지실천의 필수조건은 사회복지사의 열정(compassion)이다. 또한 사회복지는 개인적인 용기를 필요로 한다.

(2) 전문적 관계

신뢰감 형성의 가장 기본적인 도구는 전문적인 관계를 활용하여 사람들이 변화의 가능성에 대해 개방적이 되도록 하고, 적극적으로 변화과정에 참여하도록 돕는 것이다.

(3) 창의성과 융통성

창의성은 클라이언트의 상황이 독특하고 항상 변화하기 때문에 중요하며, 융통성도 창의성의 차원이다.

(4) 희망과 에너지

클라이언트의 동기를 증진시키는 데 결정적으로 중요한 사회복지사의 두 가지 특성은 희망과 에너지이다.

(5) 판단

전문가의 판단은 사회복지사의 명확하고 날카로운 사고력에 달려 있으며 실천 지혜 속에서 성숙하기 위해서 사회복지사는 분석적·반성적이어야 하며, 성공뿐만 아니라 실패로부터의 학습에도 개방적이어야 한다.

(6) 개인적 가치
① 기본적 권리에 대한 존중
② 사회적 책임감
③ 개인적 자유에 관한 헌신성
④ 클라이언트의 자기결정에 대한 지지

(7) 전문가 스타일
스타일은 사회복지사가 클라이언트와 관계를 맺는 방법, 즉 사회복지사의 에너지, 창의성, 지혜 그리고 판단뿐만 아니라 특정한 사회적 이슈에 대한 그들의 열정과 헌신성에서 표현된다.

2 | 그린우드(Greenwood)의 전문직 속성 암기법 지문승강권(지식 = 이론, 권위 = 힘)

1) 1957년 「전문직의 속성(Attributes of a Profession)」이라는 글에서 그린우드는 전문직의 속성을 다음 다섯 가지로 제시하고 있다.
2) 체계화된 지식기반과 기술의 정립, 전문적 권위의 발전과 수용, 전문직으로서의 사회적 승인, 고유한 윤리강령, 공유된 전문적 가치와 규범(문화)등이 그것이다.
3) 이러한 속성에 비추어 그린우드는 사회사업을 하나의 전문직이라 규정하고, 계속적으로 전문직화를 추구해 나가는 과정 속에 있다고 평가하였다.

> **기출문제 확인학습**
>
> **실천지식의 구성수준** 암기법 패관 - 이모 - 지혜
> 1) 패러다임(가장 추상적) : 추상적인 수준의 개념적 틀, 세계관과 현실에 대한 인식의 방향을 결정한다.
> 2) 관점(시각) : 개념적 준거틀로서, 관심영역과 가치, 대상들을 규정하는 사고체계를 말한다.
> 3) 이론 : 특정 현상을 설명하기 위한 가설이나 개념, 의미의 집합체로서, 현실을 구조화하고 객관화하는 과정 속에서, 추상적 수준의 관점이 구체화된 것이다.
> 4) 모델 : 실천활동의 원칙과 방식을 구조화시킨 것으로, 실천과정에 직접적으로 필요한 기술적 적용방법을 제시한다.
> 5) 실천지혜(가장 구체적) : 실천을 통한 앎을 강조하는 사회복지실천에서 경험적으로 얻어지는 이러한 유형의 지식은 사회복지사의 사고와 행동에 영향을 미친다.

3 | 개인 대상 사회복지실천모델 - 정리

1 정신분석모델(지그문트 프로이트)

1) 목적

개인의 내적인 심리조직을 재구조화하여 보다 융통성 있고 성숙하게 만드는 것을 목적으로 한다. 그 목적을 성취하기 위하여 정신분석적 모델은 무의식적 정신과정에 대한 의식적 통제력을 증진시키기 위하여 자아를 강화한다.

2) 치료의 과정

치료자가 클라이언트와 신뢰관계를 형성한 후에 클라이언트의 전이를 활용하여 클라이언트가 자신의 문제를 통찰할 수 있도록 도와주는 단계로 구성된다.

> **사례** (1) 역전이 : 사회복지사는 알코올 중독자인 아버지와의 정서적 관계를 회복하지 못한 채 알코올전문상담가로 활동하게 되었다. 그래서 아버지와 부정적 감정을 클라이언트에게 투사하는 것이다.
> (2) 훈습 : 면접 중에 클라이언트 ○○은 아버지와 관련된 이야기만 나오면 말을 돌리거나 이야기를 회피하려고 한다. 이에 사회복지사는 클라이언트가 직면하고 있는 상황을 좀 더 잘 통찰할 수 있도록 문제에 대해 조리 있는 설명으로 전달하였으며 이러한 과정을 반복하였다.

2 심리사회모델(해밀튼과 홀리스)

1) 특징

심리사회 모델은 '상황 속 인간'이라는 개념을 강조하며 고든 해밀턴과 플로랜스 홀리스가 대표적인 학자이고 치료(개입) 내용 부분에서 직접적 치료, 간접적 치료의 내용이 중요하다. 해밀튼은 심리사회 모델의 창시자이며 '상황 속 인간'이라는 용어를 처음 사용하였고 홀리스는 치료내용과 이론을 정립하였다. 개입의 초점은 클라이언트 개인의 심리적 상태, 개인을 둘러싼 사회 환경, 개인과 환경과의 상호작용이다.

2) 심리사회모델의 개입

(1) 직접적 개입 : 지지적 기법, 지시적 기법(직접 영향주기), 탐색 – 기술 – 환기, 클라이언트와 그의 환경에 대한 반성적 고찰, 역동적 요인(유형 – 역동)에 대한 반성적 고찰, 발달적 단계에 관한 반성적 고찰(발달적 고찰)
(2) 간접적 개입 : 간접적 개입은 대개 지역사회 자원을 연계해주는 것이며 환경적인 원조를 의미한다.
(3) **사례**
① 지지적 기법 중 '재보증' : 사회복지사는 클라이언트가 자녀를 심하게 야단을 친 것에 대해 느끼는 죄책감을 이해한다고 표현함으로써 클라이언트를 안심시킨다.
② 지시하기 : 남편의 알코올 중독으로 상습적 가정폭력에 노출되어 있는 부인 클라이언트를 사회복지사가 보호소에 입소하게 하였다.

③ 인간 - 환경에 관한 반성적 고찰 : 부인(클라이언트)에게 무시당하는 남편은 자신의 체면을 살리기 위해 어머니에게 부인의 문제를 지적하여 고부갈등을 일으키고 있다. 하지만 부인은 남편의 행동의 원인을 이해하지 못하고 있다. 이러한 상황에서 사회복지사는 부인에게 "시어머니와 갈등이 있었을 때 남편은 어떻게 행동했나요?"라고 질문해 봄으로써 부인이 문제의 원인과 결과를 알아차리게 한다.

④ 역동적 요인(유형 - 역동)에 대한 반성적 고찰 : "영애씨가 육아와 가사 일이 너무 힘들 때 남편에게 화를 내는 것 같지 않나요?"

⑤ 발달적 고찰 : "선생님께서는 이 문제가 학창시절과 어떤 관련이 있다고 생각하십니까?"

3 인지행동모델(엘리스와 벡)

1) 의미

인지행동모델은 심리적인 장애에서 왜곡되고 역기능적인 사고가 공통적인 내용이며, 역기능적인 사고는 인간의 기분과 행동에 영향을 미친다고 가정하는 인지이론과 기능적인 행동은 학습을 통해 습득될 수 있다고 가정하는 행동주의 이론의 영향을 받았다.

2) 인지행동모델의 개입 원칙

(1) 사회복지사와 클라이언트 간 상호 협의와 클라이언트의 적극적인 참여를 강조한다.
(2) 사회복지사와 클라이언트 간 건강한 치료적 동맹을 필요로 한다.
(3) 목표 지향적이고 문제 중심적인 치료이다.
(4) 지금 여기서(here and now)의 상황을 강조한다. - 현재 강조
(5) 교육적인 접근이며 클라이언트 사신이 스스로 치료자가 될 수 있도록 교육하는 것을 목표로 재발방지를 강조한다.
(6) 단기적이고 시간 제한적인 치료를 목표로 한다.
(7) 구조화된 치료이다. - Ellis의 ABCDE모형
(8) 클라이언트가 자신의 역기능적 사고와 믿음을 알고 평가하며 반응하도록 가르친다.
(9) 인지행동 모델은 사고, 정서, 행동을 변화시키기 위하여 다양한 기법을 사용한다.
(10) 각 개인이 겪는 주관적 경험의 독특성을 중시한다.
(11) 클라이언트와 협력적인 노력을 기반으로 한다.
(12) 치료자 자신과 타인을 위해 무조건적 관심을 가지고 인간의 불완전성 때문에 자기 수용을 기반으로 한다.
(13) 치료자의 문제해결을 위한 구조화된 절차와 문제에 대해 직접적인 접근을 한다.
(14) 클라이언트는 치료세팅 내에서 뿐만 아니라 치료세팅 외에서도 적극적인 역할을 하도록 격려된다.
(15) A는 선행사건, B는 믿음이나 신념체계, C는 정서 및 행동과 같은 결과를 의미하며 C라는 결과는 A로 인해 생기는 것이 아니라 A에 대한 B의 지각과 신념에 의해 일어난다는 것임을 교육한다.
(16) 질문이나 논박에 의한 자기발견(엘리스)과 논리적 타당성의 과정을 갖게 하는 소크라테스식 문답방법(A. Beck)을 사용한다.
(17) 자신의 정서, 행동 반응에 관계된 인지기능에 대해 경험적 탐구를 하도록 초점을 둔다.

3) 비합리적 신념

> 사례 (1) 나는 모든 일에 완벽해야 한다.
> (2) 나는 모든 사람들로부터 인정받고 사랑받아야 한다.
> (3) 삶의 어려움은 직면하기보다는 피해야만 한다.
> (4) 인간은 자신에게 일어나는 나쁜 일의 외부원인에 관해서는 통제할 수 없다.

실력다지기

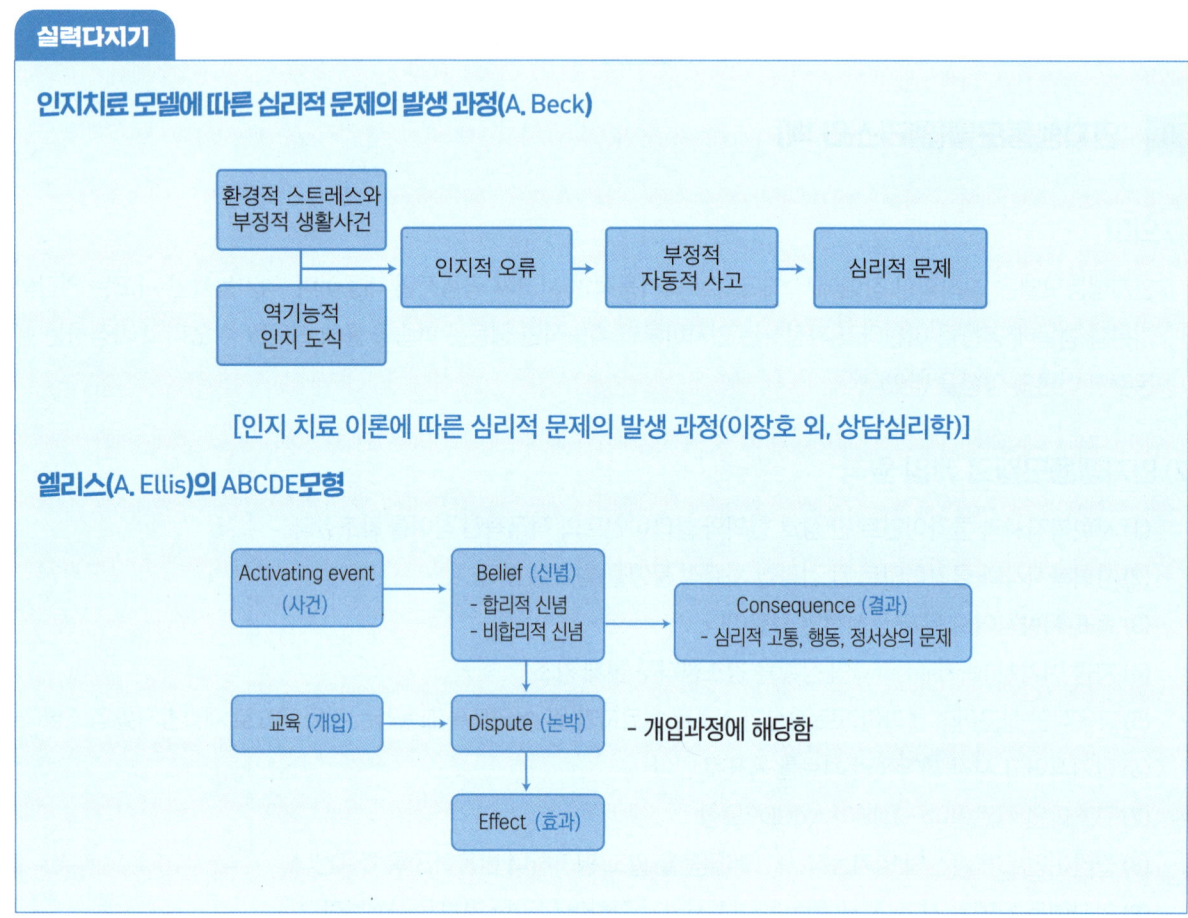

4) 인지행동모델의 한계

(1) 지적능력이 낮은 클라이언트에게는 효과성이 제한적이다.
(2) 즉각적인 위기개입을 해야 하는 클라이언트에게 적용하기 어렵다.
(3) 새로운 시도에 대한 의지가 약한 클라이언트에게 적용이 어렵다.
(4) 특정 개입기술 사용에서 윤리적 문제가 발생할 수 있다.

4 과제중심모델(리드와 엡스타인)

1) 과제중심모델의 특성

(1) 1972년 리드와 엡스타인에 의해 제시된 대표적인 단기모델이다.

(2) 경험적 연구에서 지지되고 검증된 방법들을 선호한다. - 경험위주의 모델이다.

(3) 다양한 이론과 방법들을 선택적으로 사용하는 통합적, 절충적 접근이다.

(4) 클라이언트가 명확하게 인식하는 특정문제, 즉 합의된 표적문제가 개입초점이 된다. - 표적문제는 대개 세 가지 정도로 설정해서 개입을 진행한다.

(5) 시간 제한적이며 계획된 단기치료이다.

(6) 사회복지사와 클라이언트와의 관계는 보호가 아닌 협조적인 노력을 강조한다.

(7) 표적문제로 초점화된 면접과 현재(here & now) 강조, 신속한 초기 사정, 치료의 융통성을 강조한다.

> **과제중심모델 - 문제의 초점화**
> 1) 문제에 대한 탐색과 사정, 검토는 사례 전체에서 계속되는데, 실제로 중기단계에서의 주된 주제는 문제에 대한 집중이 된다.
> 2) 표적문제에 대한 초점화된 집중은 긍정적 결과를 가져오며, 문제 초점화에서 사회복지사는 현재의 이슈와 동의했던 표적문제 간에 명백한 연관성을 갖도록 노력한다.

(8) 클라이언트와의 명확한 동의를 기초로 클라이언트의 행동을 통해 완화될 수 있는 특정한 문제를 다루는 측면에서 클라이언트의 자기결정을 강조한다.

(9) 명확한 목표와 초점, 체계적인 이행 측면에서 비용효과성이 있다.

(10) 문제원인을 환경변화에 따른 대처기능이 일시적으로 결여된 것으로 여기기 때문에 클라이언트의 낙인화(stigma)를 방지한다.

정리

과제중심모델 개입과정 정리

시작하기	• 의뢰의 이유와 목표 확인·지원 가능한 자원 확인
[1단계] 문제규명	• 문제탐색, 표적문제 확인·정의·규명·초기의 신속한 사정 • 우선순위에 따라 최대한 3개까지 제한하며 구체적으로 설정
[2단계] 계약하기	• 표적문제, 사회복지사와 클라이언트가 동의한 구체적인 목표 • 클라이언트·사회복지사의 과제, 개입지속기간, 개입일정 • 면접일정, 참여자, 장소
[3단계] 실행	• 문제해결, 과제 성취, 문제경감, 필요에 따라 선택 • 가장 많은 시간을 할애하는 단계(사정, 대안모색, 협의)
[4단계] 종결	• 개입과정을 통해 성취한 것에 대한 점검 • 필요한 경우 연장하거나 사후 지도

5 위기개입모델(골란 등)

1) 위기개입모델의 특징 정리

(1) 신속한 개입
(2) 사회복지사의 적극적인 행동
(3) 제한된 목표
(4) 긍정적인 희망과 기대
(5) 현실적인 지지
(6) 초점을 둔 문제해결
(7) 클라이언트 자기상의 이해
(8) 자립성의 촉진

2) 위기개입모델의 목적과 개입원칙

(1) 제1목표는 클라이언트가 위기 이전의 기능수준으로 회복하도록 원조하는 것이다.
(2) 위기개입은 다른 모델들과 비교할 때 상대적으로 단기적 접근이다.
(3) 위기개입의 표적은 구체적이고 관찰이 가능한 문제들이다.
(4) 위기개입을 할 때에는 가장 적절한 치료전략을 수립해야 하며 최선책이 고려되어야 한다.
(5) 위기개입을 담당하는 사회복지사는 다른 어떤 실천접근에서보다 개입에 있어 더욱 적극적이고 직접적인 역할을 수행해야 한다.

6 역량강화 모델(짐머만 등)

1) 의미
짐머만, 마일리, 듀보이스가 대표적인 학자이며 역량강화모델은 클라이언트를 문제중심으로 보는 것이 아니라 강점중심으로 보는 것이다. 클라이언트의 잠재역량 및 자원을 인정하고 클라이언트 내외에 탄력성, 즉 강점이 있음을 전제로 하여 클라이언트가 자신의 삶을 스스로 통제할 수 있도록 힘을 부여하고자 하는 것이다.

2) 역량강화 모델 개입 과정
(1) 1단계 : 대화 단계 → 파트너십의 형성, 현재 상황의 명확화, 방향설정
(2) 2단계 : 발견 단계 → 강점의 확인, 자원의 역량사정, 해결방안 수립
(3) 3단계 : 발달(발전)단계 → 자원 활성화, 동맹관계 창출, 기회의 확대, 성공의 확인, 성과의 집대성

정리

강점 관점의 특성

1) 문제에서 도전으로 변화
2) 병리 관점에서 강점 관점으로의 변화
3) 과거로부터 미래 지향으로의 변화
4) 처방에 따른 치료보다는 역량의 강화
5) 전문가의 전문적 능력보다는 협력적 동반자 관계를 강조
6) 소비자로서 클라이언트

기출문제 확인학습

사회복지실천모델의 특성과 해당 모델의 연결

1) 단기개입 강조 - 위기개입모델
2) 클라이언트의 자기결정권 강조 - 과제중심모델
3) 환경에 대한 개입 강조 - 생태체계모델
4) 클라이언트의 강점 강조 - 역량강화모델
5) 클라이언트와의 협력적 관계 강조 - 클라이언트중심모델

7 동기강화모델 - 밀러와 롤닉(W. Miller & S. Rollnick)의 동기강화모델의 기본 원리
[내적 의사소통 명료화하기 ×] 〔암기법〕 동기강화모델 = 공저 / 불효

동기강화모델(동기면담)의 기본 원리는 공감 표현하기(express empathy), 불일치 만들기(develop discrepancy), 논쟁 피하기(avoid argumentation), 자기 효능감 지지하기(support self-efficacy)이다. 제2판(개정판) 문서에서는 클라이언트의 저항을 변화 동기가 유발될 수 있도록 활용하는 원리를 '저항과 함께 구르기(Roll with resistance)'라고 하였다.

1) 공감 표현하기
공감 표현하기는 사회복지사가 클라이언트를 비판하거나 비난하지 않으며 클라이언트의 느낌이나 관점을 이해하고 반영적으로 되돌려줄 때 이해 받는다는 느낌이 강화된다.

2) 불일치감 인식하기
(1) 불일치감 인식하기는 클라이언트의 현재 행동과 이상적으로 생각하는 가치관 사이의 불편감을 경험하도록 하여 클라이언트 스스로가 자신이 변해야 하는 이유를 언어적으로 표현하게 한다.
(2) 클라이언트가 변화 행동과 관련하여 갈등하는 경우 사회복지사는 바람직한 변화 방향으로 이끌고자 하는데, 이러한 경우 대부분의 클라이언트는 변화의 반대 방향(변화하고 싶지 않다)으로 방어적 태도를 보인다.

3) 논쟁 피하기 = 저항과 함께하기(클라이언트의 저항을 변화 동기가 유발될 수 있도록 활용하는 원리)
논쟁 피하기는 해결책이 클라이언트에게 있다는 믿음으로, 클라이언트가 방어적이 되지 않도록 논쟁을 피한다.

4) 자기 효능감 지지하기
자기효능감 지지하기는 클라이언트가 행동 변화를 성공적으로 수행할 수 있도록 스스로 변화를 결심하고 변화할 책임을 갖도록 하는 믿음인 자기 효능감을 강화하는 것이다.

> **정리**
>
> **동기강화모델의 기본 원리**
> 1) 공감 표현하기: 클라이언트의 관점을 이해하고자 하는 열망을 가지고 존중하는 태도로 귀를 기울인다.
> 2) 불일치감 인식하기: 클라이언트 스스로 현재 행동과 자신의 목적과 가치관 사이의 불일치감을 인식시킨다.
> 3) 저항과 함께하기(논쟁 피하기): 클라이언트의 저항에 직접 맞서지 말고 저항과 함께 구르거나 같이 흘러가도록 한다.
> 4) 자기 효능감 지지하기: 클라이언트 스스로 변화 과정의 마지막 조정자가 될 수 있도록 변화에 대한 자기 효능감을 갖도록 지지한다.

4 | 가족[1] 대상 사회복지실천모델 - 정리

1 정신분석적 모델

가족이나 개인의 내면에 묻어 숨긴 것을 정화하기 위해 경청, 감정이입, 공감, 해석, 분석적 중립성의 유지라는 기본적 기법이 사용된다.

2 행동수정모델

행동을 수정함에 있어 정적강화 등의 학습이론의 원리를 이용하여 가족 성원들 사이에 부적응 행동이 어떻게 발달하는지를 설명하고 가족들에게 강화 행동을 변경하도록 지도한다.

3 다세대 가족치료 모델(보웬)

1) 개인이 그의 가족자아로부터 분화된 확고한 자아를 수립하도록 하기 위한 치료이론이다.
2) 보웬(Bowen)은 인간의 자아 속에는 감정과 지성이 서로 용해 또는 분리되어 있다고 보고 감정과 사고가 뚜렷하게 구분된 사람을 자아의 분화 정도가 높다고 지적한다.
3) 목적은 자아분화 수준을 높이고 문제가 되는 삼각관계에서 벗어나는 탈삼각화를 이루는 것이다.

> **기출문제 확인학습**
>
> **자아분화 수준**
> 1) 자아분화 수준이 높을수록 사고와 감정이 균형을 이룬다.
> 2) 자아분화 수준이 높을수록 가족체계의 정서로부터 분화된다.
> 3) 자아분화 수준이 높을수록 타인과 융합하려는 경향이 줄어든다.
> 4) 자아분화 수준이 낮을수록 삼각관계가 형성될 가능성이 높다.
> 5) 자아분화 수준이 높을수록 적응력과 자율성이 커진다.
>
> **보웬(M. Bowen)의 다세대 체계이론**
> 1) 자아분화 수준이 낮은 부모는 미분화에서 오는 자신들의 불안이나 갈등을 삼각관계를 통해 회피하려 한다.
> 2) 나 - 입장취하기(I - position)는 타인을 비난하는 대신, 자신이 생각하고 느낀 바를 말하며, 탈삼각화를 촉진한다.
> 3) 가계도를 작성하고 해석하면서 가족의 정서적 과정을 가족과 함께 이야기한다.

---

[1] 가족의 기능에는 구성원 양육 및 보호, 정서적 교류, 사회화, 가족의 문화와 전통 계승 외에도 성적 욕구 충족의 기능, 자녀 출산의 기능, 새로운 가족원에게 사회적 신분을 부여하는 기능, 가족원에 대한 안전을 위한 기능, 경제적 기능, 종교적 기능, 오락을 통한 사회적 기능 등이 있다.

4 구조적 가족치료 모델(미누친)

1) 경직된 경계선에서의 분리와 혼돈된(= 밀착된) 경계선에서의 밀착이 가족의 문제를 유발한다. 명확한 경계선이 설정되어야 가족이 건강하여, 명확한 경계선에서는 가족원은 지지 받고 건강하게 양육되며 독립과 자율이 허락된다.
2) 명확한 경계선은 개인뿐 아니라 하위체계 간의 경계가 명백하여 부모 - 자녀 체계에서 부모는 자녀에게 권위를 지키고 위협적이지 않은 상태에서 부모로서의 권위를 유지하며, 부부 중 어느 한쪽이 자녀와 배우자보다 더 친밀하지 않아야 함을 강조한다.
3) 목적은 가족구조의 재구조화로서, 가족이 적절한 기능을 수행할 수 있도록 돕는 방법이다.

> **기출문제 확인학습**
>
> **구조적 치료의 경계 만들기 기법** 사례
> 딸이 말을 하면 엄마가 나서서 설명하며 대변하는 일이 반복될 때, 사회복지사가 딸을 보면서 "엄마가 대변인이시네요. 이것에 대해서 딸이 설명해보겠어요?"라고 하면서 딸이 직접 말할 수 있도록 한다.

5 의사소통 가족 치료 모델(베이츤)

1) 가장 큰 특징은 의사소통 내용보다 가족 간 의사소통 과정과 형태를 중시한 점이다.
2) 가족에게 명확한 의사소통 규칙을 가르치고 가족이 사용하고 있는 의사소통 유형을 분석하고 설명함으로써 가족의 의사소통 상호작용을 조절한다.

6 경험적 가족 치료 모델(사티어, 휘태커) - 의사소통 성장모델

1) 가족에게 통찰이나 설명을 해주기보다는 가족의 특유한 갈등과 행동양식에 맞는 새로운 경험을 제공하려고 한다.
2) 사회복지사가 제공하는 경험이란 가족성원이 자발적으로 자신을 열어 보일 수 있는 기회, 표현의 자유, 개인의 성장 등을 의미한다.
3) 모호하고 간접적인 가족 내 의사소통의 명확화를 강조한다.
4) 목적은 가족성원의 자기 가치감(Self - worth)의 향상과 의사소통 유형의 개선이다.

[의사소통 유형] - 사티어

기능/역기능	유형	의사내용분석(사례) 등	자신	타인	상황
기능적	일치형	자신·타인·상황을 모두 고려, 진솔한 의사소통유형	존중	존중	존중
역기능적	비난형	"다 너 때문이야, 나에게는 잘못이 없어."	존중	무시	존중
	회유형	"다 내 잘못이야, 나는 신경 쓰지 마."	무시	존중	존중
	초이성형	"사람은 논리적이어야 해."	무시	무시	존중
	혼란형	상황에 적절하게 반응하지 못하고, 의사 표현에 초점이 없고 요점이 없음	무시	무시	무시

기출문제 확인학습

사티어(V. Satir)의 의사소통 가족치료 모델

1) 자아존중감 향상을 목적으로 한다.
2) 개인의 내적 과정을 이끌어내기 위해 빙산기법을 활용한다.
3) 효과적인 의사소통을 위해 솔직하게 표현하고 타인의 생각과 감정을 수용한다.
4) 회유형 의사소통은 역기능적 의사소통이다.
5) 정서적 경험과 가족체계에 대한 이중적 초점을 강조한다.

cf 사티어의 빙산 탐색(빙산기법)

1) 빙산 탐색은 사티어가 개발한 기법으로 개인의 내적 경험을 이끌어내는 비유적 방법이다.
2) 사티어는 빙산을 수면 위에 나타난 부분이 행동과 대처방식을 의미하는 1차 수준으로, 수면 아래의 부분인 감정, 감정에 대한 결정·지각·기대·열망으로 구성되는 2차 수준, 그 아래의 자기(self)의 3차 수준으로 인간의 심리 내적 경험을 구분하였다.
3) 사티어는 인간의 대부분의 경험이 수면 아래에서 경험되므로 치료자는 표면적 경험인 1차 수준뿐만 아니라, 잠재의식으로서 2차 수준과 3차 수준의 경험을 탐색하여 경험을 표면화시키고 자아존중감이 향상되도록 하였다.

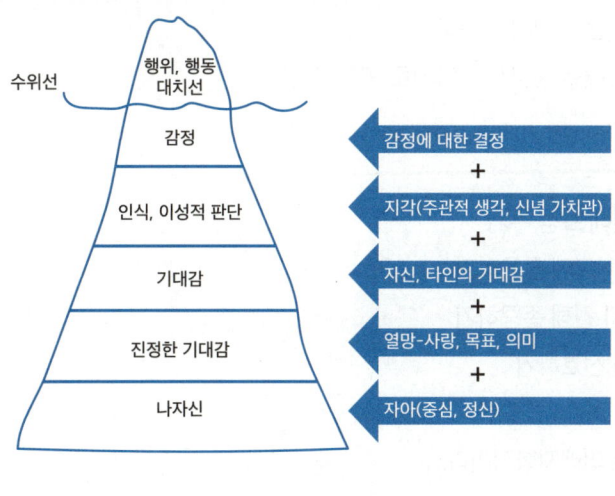

[빙산탐색]

7. 전략적 가족 치료 모델(밀란학파, 헤일리, MRI모델)

1) 인간행동의 원인에 중점을 두지 않고 단지 문제행동을 변화시키는 해결방법을 기술하는 데 초점을 맞추고 있다.
2) 치료자가 가족의 문제를 해결하기 위한 다양한 전략을 고안하는 데 주안점을 둔다.
3) 가족에 대한 체계지향적인 관점을 지니고 행동의 정신내적 원인보다 증상행동의 대인관계적인 의미에 초점을 둔다.
4) 클라이언트에 대한 이해보다 변화에 더 관심을 둔다.
5) 10회 이하의 단기의 체계적 치료이다.

기출문제 확인학습

전략적 치료에서 활용하는 역설적 개입에 관한 설명

1) 가족이 변화에 대한 저항이 클 때 사용할 수 있다.
2) 문제와 관련된 가족의 행동체계를 정확히 파악하여 증상처방기법을 활용한다.
3) 치료적 이중구속을 활용하여 문제를 해결하는 것이다.
4) 역설적 개입(지시)는 '변화하라'는 메시지와 '변화하지 말라'는 두 가지 모순되는 메시지를 동시에 전달하는 '치료적 이중구속[2]'의 상황을 만드는 것이다.
5) 만약 치료자가 '변화하지 말라'고 지시한 것을 충실히 따른다면 클라이언트는 이미 증상을 통제할 수 있게 되는 것이며, 치료자의 지시를 따르지 않는다면 증상을 포기하게 되는 것이 된다.

8. 해결중심 가족치료 모델(김인수)

1) 기본가정

(1) 인간과 문제를 변화 가능한 것으로 바라보며, 치료자와 클라이언트의 관계는 협동적 동료관계이다.
(2) 해심 가족치료의 규칙 : 효과가 있는 것을 알면, 그것을 좀 더 한다. 효과가 없으면 다른 방법을 사용한다. 어떤 것이 기능을 하면 그것은 고치지 않는다.
(3) 문제 중심적 이야기를 해결 중심적 이야기로 변화시킨다.

2) 기본원리

(1) 건강하고 긍정적인 것에 초점 두기
(2) 강점, 자원, 증상까지 치료에 활용하기
(3) 탈이론, 비규범, 내담자 견해 존중하기
(4) 간단하고 단순한 방법 선호하기
(5) 변화는 불가피하다.
(6) 현재에 초점을 맞추고 미래지향적이다.
(7) 내담자와의 협력관계를 중요시한다.

---

[2] 증상 이용, 지시적 기법, 역설적 기법(증상처방)과 관련이 있다.

3) 치료목적

(1) 구체적이고 행동적인 것을 목표로 한다.

(2) 내담자의 생활에서 현실적이고 성취 가능한 것을 목표로 한다.

(3) 내담자의 문제해결능력을 인정하고, 문제내용보다 문제해결방안의 모색과 새로운 행동유형의 시작에 초점을 둔다.

(4) 인간의 잠재적 자원, 문제해결능력, 과거의 성공적 경험, 변화욕구 등을 중요시한다.

(5) '반복적으로 잘못 다룬 것'을 문제로 보며, 개인과 가족의 역기능에 초점을 두지 않는다.

기출문제 확인학습

해결중심모델에서의 메시지 작성과 전달

1) 메시지의 목적
   (1) 클라이언트로 하여금 "잘 구성된 목표"를 설정하도록 돕는다.
   (2) 클라이언트로 하여금 그들의 생활 속에서 목표와 관련된 예외상황에 초점을 맞추게 한다.
   (3) 클라이언트로 하여금 누가, 무엇을 하여 예외상황이 일어나게 하는 지를 발견하게 한다. 특히 클라이언트 자신이 무엇을, 어떻게 하는지에 주목하게 한다.

2) 피드백 작성과 전달을 위한 지침
   (1) 먼저 "최종선(bottom line)"[3]을 찾는다.
   (2) 클라이언트 - 사회복지사(치료자)의 관계유형, 목표가 잘 구성된 정도, 예외의 존재 여부와 유형을 사정하여 과제를 만든다.
   (3) 최종선이 불명확할 때는 가장 안전하거나 확실한 선택을 한다.
   (4) 클라이언트가 원하고 중요하게 생각하는 것에 동의한다.
   (5) 해결구축에 도움이 되는 클라이언트의 행동을 칭찬한다.
   (6) 과제가 타당한 것으로 수용될 수 있도록 연결문을 제공한다.
   (7) 클라이언트의 단어나 문장을 사용함으로써 클라이언트의 준거틀 안에 머무른다.
   (8) 피드백 전달을 단순하고 분명하게 한다.
   (9) 클라이언트의 반응을 관찰하면서 피드백 전달을 의도적이고 믿을 만하게 한다.

9 가족 대상 사회복지실천모델에서 사용하는 기술들

구조적 가족치료	실연 (enactment)	치료면담 중에 가족갈등을 치료 상황으로 가져와 가족 구성원 간의 교류를 재연시키는 것이다. - 상황 재연
	합류하기	초기단계에 주로 활용되며, 치료자가 가족에게 인간적인 관여를 하는 것으로써 가족의 현실 상황에 함께 경험하는 것이다. **사례** 사회복지사가 "나도 성격이 급해요", "우리 집에도 그와 비슷한 일이 있어요."라고 말하는 경우

---

[3] 최종선이란 다양한 클라이언트 유형에 따라 가장 보편적으로 적용될 수 있도록 개발된 가장 기본적인 형태의 일반적인 메시지(common messages)를 말한다.

구조적 가족치료	긴장 고조시키기	가족 내의 긴장을 고조시킴으로써 대안적인 갈등해결방법을 사용하도록 돕는 기법으로 치료자가 가족체계의 경계선, 제휴, 연합, 권력에 직접 개입함으로써 가족들의 긴장을 고조시켜 가족구조를 재구조화한다. **사례** 모녀 간의 의사소통을 계속 해석하여 온 장남에게 "잠깐만"이라고 말하면서 의사소통 통로를 차단한 후 딸에게 "계속해서 이야기하세요."라고 말한다. 모녀 간 접촉을 증가시켜줌으로써 모녀의 하위체계가 가까워지므로 재구조화가 이루어진다.
	과제부여	가족이 시도해 볼 필요가 있는 상호작용을 개발하도록 과제를 주는 것이다.
	경계 만들기	하위체계 간 경계를 만드는 것으로 가족의 재구조화를 위해 부부체계 간의 명확한 경계와 부모와 자녀의 하위체계 간의 분명한 경계를 설정하는 것이 중요하다. 경직된 경계 — 명확한 경계 ······ 밀착된(희미한) 경계 하위체계 간 유리됨 (disengaged) / 정상영역 / 하위체계 간 뒤얽힘 (enmeshed) 아버지　어머니 ↓ 아들 부부갈등 우회 아버지 ├─ 어머니 ┈┈ 아들 세대 간 연합 어머니, 아들의 경계가 희미함. 세대 간 연합, 아버지 고립됨
	역기능적 균형 깨뜨리기	가족 내 하위체계들 간의 권력의 역기능적 균형을 깨뜨리기 위한 기법이다. **사례** 가부장적 구조의 가족체계에서 아버지의 권위주의적이고 지배적인 의사소통을 깨기 위해서 사회복지사가 의도적으로 자녀의 의견을 들어줌으로써 역기능적 균형을 깨뜨린다.
경험적 가족치료	가족조각	클라이언트나 클라이언트의 가족이 가족행동의 중요한 측면을 재연하여 갈등과 문제를 완화시키도록 돕기 위해서 공간을 이용하여 가족성원을 다양한 신체적 자세로 배열시킴으로써 가족구조를 시각적으로 묘사하는 기법을 말한다. > 가족조각(공간 속에서 가족 구성원들의 몸을 이용해 가족의 상호작용 양상을 표현해 내는, 움직이는 형상의 조각을 의미함)을 통해 가족 간의 친밀도, 가족 규칙, 가족성원들의 감정 파악이 가능하다. **사례** "영희야, 그럼 네가 생각하는 대로 가족관계에 대해서 몸으로 표현해 보렴. 즉, 영희가 가족들에게 자리를 배치해 주는 거야."
	가족그림	가족 성원들에게 자신이 느끼는 대로 자유롭게 가족에 대해 그림을 그리도록 하는 기법이다.
	역할극	역할교환을 가족에게 적용할 경우, 가족 내 두 성원들이 서로의 역할을 바꾸는 것을 말하며, 클라이언트가 다른 사람의 입장에서 바라보고 의견을 말하게 하는 기법이다.
해결중심 가족치료	관계성 질문	내담자와 중요한 관계에 있는 사람들의 생각, 의견, 지각 등에 대해 질문하는 것이다. **사례** "선생님의 부인이 지금 여기 계신다면, 제가 그분에게 선생님의 문제가 해결되면 무엇이 달라졌겠냐고 묻는다면 그분은 무엇이라고 대답하실까요?"
	대처질문	클라이언트가 절망적 상황에서도 견디어내어 더 나빠지지 않는 것을 강조하여 위기를 대처해 온 방법을 파악하고 그것을 인식, 확대하기 위해 활용한 질문이다. **사례** "남편의 욕설에 지금까지 잘 견뎌왔는데 남편과의 관계를 어떻게 오늘까지 지탱해 왔나요?"

해결중심 가족치료		예외질문	문제가 없었던 예외적인 경험을 찾아내어 의도적으로 계속 실시하도록 격려하기 위한 질문이다. **사례** "영철이가 늦잠을 자지 않고 지각하지 않는 때는 언제인가요? 그 때 가족과 학교선생님은 어떤 반응을 보였나요?"
		기적질문	문제가 해결된 미래를 상상하면서 클라이언트로 하여금 안도감과 희망, 용기를 갖도록 하는 것이다. **사례** "집에 돌아가서 잠을 잤는데, 밤새 기적이 일어나서 문제가 해결되었다고 가정해 봅시다. 당신은 무엇을 보고 기적이 일어났다고 알 수 있을까요?"
		치료면담 전의 변화에 대한 질문	첫 면담시간에 치료자가 내담자에게 어떻게 문제의 심각한 정도가 완화되었는지 내담자가 파악할 수 있도록 하는 질문이다. **사례** "당신은 얼마나 변화되셨습니까?"
		척도질문	구체적인 숫자를 이용하여 자신의 문제의 정도, 변화정도, 변화에 대한 의지 등의 수준을 수치로 표현하도록 하는 질문이다. **사례** "1점에서 10점까지 숫자에서 당신의 오늘 이 문제는 몇 점 정도에 해당하나요?"
		악몽질문[4]	1) 악몽질문(nightmare question)은 해결중심치료에서 기적질문과 유사하지만, 유일하게 문제중심적 질문이다. 2) 목적 설정을 위한 상담 전 변화에 대한 질문, 예외질문 그리고 기적질문 등이 효과가 없을 때 이 질문을 사용할 수 있다. 3) 악몽질문은 내담자에게 뭔가 더 나쁜 일이 일어나야만 현재와 다른 무엇을 하려고 하거나 문제에서 벗어날 수 있을 것으로 생각될 때 이 질문을 사용한다. 4) 그러나 악몽질문은 섣부른 역설을 사용하여 생길 수 있는 부작용을 유념한 후 사용하도록 한다. **사례** 오늘 밤에 잠자리에 들었다고 가정해 봅시다. 한밤중에 악몽을 꾸었어요, 오늘 여기에 가져온 모든 문제가 갑자기 더 많이 나빠진 거예요. 이것이 바로 악몽이겠죠. 그런데 이 악몽이 정말로 현실이 된 거예요. 내일 아침에 무엇을 보면 악몽 같은 인생을 살고 있다는 것을 알겠습니까?
전략적 가족치료		역설적 지시 (증상처방)	문제해결을 위해 시도되었던 기존의 방법과는 전혀 상반된 방법을 사용하며, 치료자들은 가족 성원에게 상식에 반하는 일을 행하거나 믿게 하려고 노력한다. **사례** 사소한 말다툼이 큰 싸움이 되는 과정에서 서로 상처를 주는 말이 쌓여 부부관계가 악화되었고, 끝내는 이혼을 고려하고 있는 부부를 상담 중인 사회복지사는 다음과 같은 과제를 주었다. "잘 알겠습니다. 그럼 이렇게 해보시죠. 집으로 돌아가셔서 일주일에 이틀을 정해, 두 분이 싸울 거리를 한 가지씩 찾아내서 부부싸움을 30분간 하시는 겁니다."
		긍정적 의미부여	가족의 부정적이고 바람직하지 못한 문제나 감정에 사회복지사(치료자)가 긍정적인 의미를 부여하는 것이다. **사례** 자녀의 출산 이후 소원해진 부부관계를 가족의 생애주기에 따른 정상적인 변화로 재해석한다.

---

4) 한국청소년상담원, 2011 청소년동반자 보수교육, 해결중심상담기법 워크숍 자료

전략적 가족치료	재명명 (relabeling)	가족성원들 간의 부정적인 문제 혹은 이슈를 다른 시각, 즉 긍정적인 시각에서 보도록 혹은 다른 방법으로 이해하도록 돕는 것을 의미하며 재구성(reframing) 혹은 재정의(redefining)이라고도 한다. 사례 동수는 엄마의 잔소리와 간섭이 싫다고 불평하자 사회복지사는 "엄마가 동수를 항상 걱정하고 사랑하는 마음에서 우러나오는 말과 행동이란다."라고 재구성해주는 것이다.
	순환질문	가족 성원들이 문제에 대해 제한적이고 단선적인 시각에서 벗어나 문제의 순환성을 깨닫도록 돕기 위한 질문을 연속적으로 하는 기법이며 이 기법은 초기단계에 속하는 사정단계에서 사용할 때 가족에 대한 새로운 이해를 촉진시킬 수 있다는 점에서 효과적이다. 사례 …(중략)… "남편이 아이들에게 고함을 지르면 당신은 어떤 기분이 드나요? 그리고 그때 당신은 어떻게 행동했나요?" …(중략)…
다세대적 가족치료	탈삼각화 = 치료적 삼각관계	성원들의 분화가 이루어지지 않은 가족일수록 두 성원들 간 불안수준이 높아지며 다른 성원들을 끌어들여 삼각관계를 형성하게 되는데, 탈삼각화란 두 성원의 감정 영역에서 제3의 성원을 분리시키는 과정이다. 사례 가족 사정 관계에서 아내는 자신에게서 멀어지는 남편을 대신하여 아들(15세)에게 지나치게 관여해 왔고, 아들은 부모의 관계 회복을 위해 문제행동을 나타내는 것으로 파악되었다. 어머니는 아들의 문제행동 해결을 위해 몇 차례 자녀훈육기술 교육을 받았으나 별 효과가 없었다고 한다. 따라서 사회복지사는 아들의 문제행동을 주요 개입대상으로 삼는 대신 아내가 남편과의 갈등을 직접 해결하도록 돕는 노력을 하기로 했다.

실력다지기

이야기치료의 외재화하기(문제의 외현화) : 사람이 문제는 아니다.

이야기치료사들은 클라이언트들에게 문제가 포함된 그들의 이야기를 하도록 요청함으로써 시작하고, 가족이 겪어 오고 있는 것에 대해 인정하고 있다는 느낌을 전하기에 충분할 만큼 오래 경청한다. 그렇게 말하는 도중 또는 그 후에 치료사와 가족 사이에 신뢰감이 수립되면, 치료사는 문제를 외재화 시키는 질문을 하고 문제가 그들의 삶과 관계에 미치는 영향력을 명백하게 한다.

문제는 언제나 의인화된다. 가족구성원의 삶을 지배하려 드는 반갑지 않은 침입자로 묘사된다. 예를 들어 한 여자의 섭식문제를 논한다면, 어떻게 식욕부진증이 그녀를 굶어 죽게 하려 설득하는지를 묻는다. 공포증 아이에게는 얼마나 자주 공포가 원하는 바를 그 아이가 하도록 만들 수 있는지, 또 얼마나 자주 그 아이가 거기에 대항할 수 있는지를 묻는다. 죄의식에 사로잡힌 어머니에게는 어떻게 자기혐오가 자신의 양육에 대해 나쁘게 느끼도록 만들고 있는지를 묻는다. White는 문제는 계속 살아남기 위하여 그 효과에 의존하므로, 문제에 대항하고 그들에게 영향을 주도록 허용하지 않음으로써 클라이언트들은 문제의 존속체계를 끊을 수 있다고 제안한다. 외재화는 그 자체로 막강한 영향력을 지닌다. 사람들은 시간을 두고 문제와 동일시되어 왔다. 그들은 문제가 있다는 것이 그들의 흠 있는 성격의 상징이라고 믿는다. 문제가 외재화될 때 그것은 마치 사람이 문제를 뒤에서 바라볼 수 있는 것과 같다. 즉 가족구성원들은 문제가 그들을 가리고 있어 보지 못했던 더 건강한 사람이 존재한다는 것을 볼 수 있다.

사례
- "거짓말이 당신들 사이에 갈등을 일으키게 했군요."
- "아드님을 괴롭히고 있는 틱 증상에 이름을 붙이면 뭐라 할 수 있나요"

> 기출문제 확인학습

추적하기(Tracking, 따라가기) - 구조적 가족치료

1) 추적은 가족들의 행동양식과 언어 형태들을 주의 깊게 관찰하는 사회복지사의 행동이다.
2) 사회복지사는 가족들의 말과 행동을 따라가면서 정보를 수집한다.
3) '누가 가장 많이 말을 하는가? 그리고 다음에는 누가 말을 받는가? 또는 한 사람이 말이 끝나고 나면 다른 가족 구성원들의 반응은 어떤가?' 하는 등의 여러 가지 정보를 얻게 된다.
4) 사회복지사는 가족들이 말하는 대화의 내용을 따라가면서 가족들의 상호작용과 구조를 탐색하는 활동을 한다.
5) 사회복지사는 따라다니면서 가족들을 지지하는 발언과 행동을 한다.
6) 사회복지사는 격려하고 이해하는 발언을 함으로써 가족들이 더욱 자신들의 마음을 열고 상호작용을 할 수 있도록 돕는 역할을 한다.
7) 사회복지사는 가족들이 사용하는 언어를 적극 사용함으로써 가족들의 상호작용에 참여한다.

은유기법 - 전략적 가족치료(헤일리)

1) 문제를 밝히는 것에 대해 꺼려하는 경우 비유나 이야기를 통해 변화를 유도한다.
2) 행동 목표 정한 후 유사하지만, 좀 더 쉬운 행동(은유적 행동)을 선택하여 실행한다.
3) 성적 문제로 갈등 겪는 부부에게 먹는 행위로 비유하여 대화하고 생각하게 한다.

원가족 도표 작성 - 경험적 가족치료

1) 원가족 도표를 통하여 가족구성원의 성격, 자존감 정도, 의사소통 유형과 생존유형, 가족규칙, 가족의 역동성, 가족원들 상호관계, 세대 간의 유사점과 차이점, 그리고 사회와의 연계성 수준을 파악할 수 있다.
2) 사티어(Satir)는 치료의 주 대상을 내담자 또는 확인된 환자(Identified Patient : IP)라는 용어 대신에 "스타"라는 용어를 사용하였다.
3) 도표는 전체 3장을 작성하는데, 현재의 가족, 아버지의 원가족, 어머니의 원가족을 작성한다.

제지하기(restraining) - 전략적 가족치료(헤일리)

1) 헤일리가 주로 사용했던 역설적 방법의 하나로, 제지(restraining)는 치료의 효과를 증진시키기 위하여 재발을 예측하고 경고하거나, 변화의 속도가 지나치게 빠르다고 지적하여 변화의 속도를 통제하기도 하는데, 이를 제지기법이라고 한다.
2) 재발을 처방(해결)하는 제지기법은 재발을 예측하는 제지기법의 연장선상에 놓여 있다. 재발을 처방하는 것은 증상을 재연하도록 처방함으로써 증상에 대해 역겹고, 지겹게 만드는 것이다.
3) 예를 들어, 부부문제에 자녀를 개입시키는 가족에 개입할 때, 부모가 서로 화가 나서 말을 하지 않을 때 아동에게 다시 증상을 나타내도록 하면 부모는 자녀의 증상이 자신들과 관련이 있다는 것을 인식하게 됨으로써 부부간의 갈등이 줄어들게 된다.

> 정리

가족생활주기(E. A. Carter and M. McGoldrick, The family life cycle.)

가족생활주기	정서적 전이과정 : 주요원리	다음 단계를 위한 가족 지위에서의 변화
1단계 결혼전(前)기	부모 - 자녀관계의 분리를 인정	• 원가족과의 자아분화, 친밀한 동료관계 형성 • 직업세계 형성
2단계 결혼 적응기	새로운 가족체계를 위해 노력	부부체계를 형성, 친척과 친구관계의 재형성
3단계 자녀 아동기	체계에 새로운 성원을 받음	• 부부체계에 자녀를 위한 공간, 부모역할 수행 • 부모와 조부모 역할을 통한 친족관계 재정립
4단계 자녀 청소년기	가족경계의 융통성 증가	• 청소년기 자녀를 위한 융통성 있는 부모 - 자녀관계 • 중년기의 부부관계와 직업에 관심 • 노인세대를 위한 준비시작
5단계 자녀 독립기	가족성원의 증감에 적응	• 부부만의 체계로 재조정, 장성한 자녀와의 관계를 성숙한 성인과의 관계로 재정립 • 사돈과 손자녀와의 관계형성 • 노부모의 죽음과 신체 불구에 대비
6단계 노년기 부부	세대교체에 따른 역할 적응	• 신체적 쇠퇴에 따른 기능과 흥미 유지 → 새로운 가족적, 사회적 역할 개발 • 중간세대의 중추적 역할을 위한 지원 • 지혜와 경험을 바탕으로 여유를 찾음 • 배우자, 형제, 친구와 자신의 죽음 맞을 준비 • 삶을 돌아보고 재정리

5 | 집단 대상 사회복지실천 - 정리

1 집단의 구성요소와 구성 원칙

집단 구성 요소		1) 집단구성원 2) 집단 3) 사회복지사 4) 프로그램 5) 장소 6) 목적 cf) 밑줄 - 4요소 1) 3인(2인) 이상의 집합체로서 일정한 구성원을 가져야 한다. 2) 구성원들이 소속감을 가져야 한다. 3) 구성원들이 공통의 목적이나 관심사를 가져야 한다. 4) 구성원끼리 정서적 결속과 함께 상호의존적이며, 상호작용이 이루어져야 한다. 5) 구성원의 기능과 역할을 규제하는 규범을 가져야 한다.
집단 구성 원칙	동질성 원칙	1) 구성원들이 유사한 목적을 가지고 있어야 하며, 어떤 개인적 특성은 공통적이어야 한다는 개념이다. 2) 성원 상호 간의 공동목적, 공통적 특성은 의사소통을 촉진시키고 상대방의 관심사, 문제를 파악할 수 있게 해주며, 상호 간의 관계형성이 용이한 장점이 있다.
	이질성 원칙	1) 성원의 대처기술, 인생경험, 전문성의 정도는 대부분의 집단에서 상이하며, 이러한 경우에는 성원이 타 성원들을 보고 상호 학습할 수 있는 기회를 제공해 준다. 2) 치료집단에서 타 성원이 자신의 문제에 대한 대처방안을 듣거나 문제해결방법을 관찰함으로써 학습할 수 있다.
	집단 구조화	집단사회복지사는 구성원이 자신의 욕구를 충족시키고, 집단목적을 성취하기 위하여 의도적으로 집단을 구조화할 수 있다.
	집단 크기	집단의 적정규모는 집단목표, 구성원의 특성에 따라 달라질 수 있는데, 목적을 효과적으로 성취할 수 있을 만큼 작아야 하면서 동시에 성원이 만족스러운 경험을 할 수 있도록 커야 한다.
	집단 유형	1) 집단사회복지사는 새로운 구성원을 받아들일 것인지, 받아들이지 않고 기존의 구성원으로만 집단 활동을 할지 결정해야 한다. 2) 개방집단과 폐쇄집단 중 어느 하나를 선택하는 것은 집단목표, 환경에 따라 달라질 수 있다.
	인구 사회학적 특성	구성원을 선정할 때, 반드시 고려해야 할 세 가지 인구학적 특성은 ① 연령, ② 성별 구성비, ③ 사회문화적 요인이다.

집단 역동성	영역	1) 의사소통과 상호작용
		사례) 정서적 유대, 하위집단, 집단크기, 물리적 환경 등
		2) 집단응집력
		    집단구성원들이 그 집단에 머물고자 하는 소속감으로 집단의 영향력
		3) 집단문화
		    집단 성원들이 공통적으로 가지고 있는 가치, 신념, 관습, 전통 등
		4) 집단지도력
		    집단 활동에 참여하는 모든 성원이 가능한 한 최대의 만족감을 가지고 효과적인 목표 달성을 위해 행동하도록 하는 작용

집단
역동성[5]
	영역	5) 집단규범(집단규칙 - 사회적 통제)
		    집단에서 중요하게 생각하는 것에 대하여 행동의 표준을 일반화한 것이며 집단 내에서는 주요한 통제의 수단이 된다.
		6) 집단구조(화)
		    집단에서 형성되는 지위와 역할 등 구조는 역동성을 이해하는 영역 중 하나이다.
		7) 피드백(환류)
		    집단사회복지사와 집단성원 간에 피드백이 잘 일어날 때 집단의 역동성이 활발하게 일어날 수 있으며 집단과정을 촉진하기 위한 피드백은 다음과 같이 주는 것이 좋다.
		    (1) 집단성원의 요청이 있을 때 피드백을 제공한다.
		    (2) 구체적인 행동이나 관계에 대한 피드백을 제공한다.
		    (3) 집단성원으로 하여금 상호 간에 피드백을 제공하도록 한다.
		    (4) 집단성원이 활용할 수 있는 만큼의 피드백을 제공한다.
		    (5) 집단성원의 문제해결능력 향상을 위해 장점에 초점을 둔다.
		8) 긴장과 갈등
		    어느 정도의 긴장과 갈등은 집단 성원 간 상호작용의 힘을 증가시키므로 <u>모든 긴장과 갈등이 역기능적 요소인 것은 아니다.</u>

집단 종류	치료집단	1) 치료집단의 주요목적은 교육, 성장, 치유, 사회화 등이다. 2) 종류 : 사회화집단, 교육집단, 성장집단, 치유집단[6], 지지집단
	과업집단	1) 의무사항의 이행, 조직 또는 집단의 과업성취를 위해 구성된 집단이다. 2) 조직적 욕구의 해결을 수행하려는 집단으로서 위원회, 행정집단, 협의체가 속하며, 성원의 욕구충족의 목적을 수행하는 집단이다. 3) 종류 : 위원회, 행정집단, 사회행동집단
	개방집단 장점	1) 신참성원의 새로운 아이디어나 새로운 자원을 활용할 수 있다. 2) 신참성원의 가입으로 집단 전체의 특성을 변화시킬 수 있다. 3) 집단전체의 기능상 변화 없이 신참성원을 가입시킬 수 있다.
	개방집단 단점	1) 지도력의 결여, 구성원의 교체, 집단 정체감의 부족 등으로 인하여 집단의 안정성에 문제가 될 수 있다. 2) 새로운 구성원이 가입함으로써 기존 성원의 문제해결이나 집단과업을 성취하려는 노력을 방해할 수 있다.

---

5) 역동성은 집단성원들의 상호작용으로 인해 나오는 특성이나 힘이다

6) 치유집단의 사례 - **기출**
    장애인복지관에서 발달장애아동의 비장애 형제를 대상으로 주1회 8회기 집단을 운영하였다. 집단의 목적은 비장애 형제의 장애 형제와 관련한 부적응적 사고와 신념의 변화였다. 이를 위해 자기 모니터링, 인지재구성, 의사소통훈련, 문제해결훈련을 활용하였다.

집단 종류	폐쇄집단	장점	1) 구성원들의 계속적인 참여로 결속력이 매우 높다. 2) 역할이나 규범이 안정적이다. 3) 구성원의 구성이 안정적이므로 집단의 사기가 높다. 4) 역할행동을 예측할 수 있다. 5) 구성원 간에 협동이 많다. 6) 구성원이 안정적이므로 회합을 계획하기가 쉽다.
		단점	1) 구성원의 결석이나 탈락이 있을 경우에 의미 있는 상호작용이 줄어들거나 이루어지기 어렵다. 2) 새로운 사고나 가치의 유입이 어려우므로 집단 외부의 의견이나 소수 의견을 무시한 채로 집단적 사고에 빠질 위험이 있다. 3) 새로운 사고의 유입이 이루어지지 않음으로 효율성이 떨어지는 집단일지라도 성원은 집단에 순응하라는 요구를 받게 된다.
	자조집단		1) 정의 : 비슷한 환경, 경험, 비슷한 문제를 경험하는 사람들의 모임을 말한다. 사례 단주모임(AA), 단도박 모임 등 2) 목적 : 문제 상황에 대처할 수 있는 능력을 고양하도록 돕는 것이다. 3) 특징 : 집단성원의 경험에 기초하여 도움을 주고받으며 대인 간의 상호지지, 자신의 삶을 책임질 수 있는 능력 개발과 향상에 초점을 둔다. 4) 사회복지사의 역할 : 공유문제에 지지를 제공하지만, <u>사회복지사는 주도적인 역할을 하지 않고</u> 지지와 상담만을 제공한다(조력자, 중개자, 자문가).

기출문제 확인학습

집단프로그램 유형별 지도자의 역할
1) 한부모가족 자조모임 – 감정이입적 이해와 상호 원조의 촉진자
2) 중간관리자 역량강화프로그램 – 집단토의를 위한 구조 제공자
3) 에니어그램을 통한 자기인식 향상 프로그램 – **통찰력 빌딩**의 촉진자
4) 우울증 인지행동집단치료 프로그램 – 무력감 극복을 위한 치료자
5) 중도 입국자녀들의 한국 사회적응프로그램 – 프로그램 디렉터(감독자)

집단유형별 특성
1) 치료집단은 자기노출 정도가 높아서 비밀보장이 중요하다.
2) 과업집단은 구성원의 발달과업 완수를 위해 조직구조의 영향을 최대화한다.
3) 자발적 형성집단은 구성원들이 설정한 목적을 보호하는 것이 중요하다.
4) 자조집단에서 사회복지사의 역할은 공유된 문제에 대한 지지를 하는 것이다.
5) 비자발적 집단에서는 협상 불가능영역이 있음을 분명히 한다.

2 집단 대상 사회복지실천모델 - 파펠과 로스만

1) 사회적 목표 모델

(1) 집단사회사업의 초기 전통에 근거를 두고 있고 민주주의를 유지, 발달시키려는 사회적 목표를 강조하며 인간관계에 대한 의식적인 훈련, 지도력, 즉 리더십의 실험, 민주적 과정의 학습, 시민참여 등의 집단 활동을 통해 사회적 의식, 사회적 책임을 강조하고 이러한 목적을 달성한다.

(2) 집단 성원, 즉 개개인의 성숙과 민주 시민으로서의 역량개발에 초점을 두며 이는 집단사회사업의 기반이었던 인보관에서 발전하였다. (사례 보이스카웃)

(3) 사회복지사의 역할

가능케 하는 자(= 조력자)로서 성원이 대처하려는 모든 과제들을 측면에서 돕는, 가능케 하는 자로서의 역할을 수행하고 또한 프로그램 활동에 역점을 두는 광범위한 활동과 업무가 요구된다.

2) 치료 모델

(1) 집단은 개인의 치료를 위한 수단임과 동시에 상황이다. 즉, 집단을 수단으로 개인을 치료하는 것으로 사회복지사의 역할은 지시적이고 계획적이며 목표 지향적이다.

(2) 미시건 주에서 연구된 이 모형의 특징은 실제생활에 직접 활용할 수 있는 실용주의의 성격이 강하며 문제해결의 강조, 과학적 접근의 중시, 목표의 구체화, 미래지향성 등의 특징이 있다.

(3) 사회복지사의 역할

변화 매개자로서 사회복지사는 성원에게 바람직한 변화를 일으키도록 돕고 개개인의 치료라는 특정한 목표 때문에 적극적으로 개입하는 기술이 요구되고 목표달성을 위해 환경, 제도(거시적 차원)까지도 변화시키는 능력이 필요하다.

3) 상호작용 모델

(1) 이론적 기초

체계이론과 장이론으로서 상호작용적 측면을 중시하며 집단 성원 간의 자조(self - helf), 상호 원조할 수 있는 체계의 개발에 초점을 두고 목적은 집단 활동을 통한 대인관계를 형성(공생적 관계 형성)하는 것이다.

(2) 집단 활동 이전에 구체적 집단목표를 설정하지 않고 목표설정은 전문가와 집단구성원 간의 상호적인 관계 속에서 이루어지기 때문에 상호작용의 본질적 부분으로 인식된다.

(3) 사회복지사의 역할

매개자와 중재자로서 사회복지사와 집단성원 간의 동반자적인 상호작용 및 상호 원조를 중시하고 사회복지사는 지역사회 자원과 성원 간의 중재자가 되며 필요할 경우 성원의 제안이나 대화에 임한다.

정리

과제중심모델 개입과정 정리

암기법	상호 지지	발사	미조치
접근과 모델	1) Approach : 상호작용적 접근 2) Model : 상호작용모델 cf 지지집단	1) Approach : 발달적 접근 2) Model : 사회적 목표모델	1) Approach : 조직적·환경적 접근 2) Model : 치료모델(미시건모델)
특징	1) 이론적 기초 : 체계이론과 장(場)이론 • 인간과 환경과의 상호작용강조 • 관련 함수식 B = F(P·E) – 장이론 2) 목적 : 좋은 대인관계 육성 3) 사회복지사 역할 : 매개자(=중개자), 중재자	1) 인보관에서부터 출발 2) 성원을 민주시민으로 양성 3) 사회적 의식과 사회적 책임을 갖도록 원조 사례 보이스카웃 등 4) 사회복지사 역할 : 조력자(enabler) = 가능케 하는 자 = 조성자	1) 집단을 수단으로, 집단성원을 변화시킴 2) 집단성원 변화는 실제생활에 유용함 → 실용주의적 성격 3) 과학적 분석, 문제해결적인 접근 4) 집단사회복지사의 가장 적극적 역할 요구 5) 사회복지사 역할 : 변화매개자

3 집단 치료적 요인 – 얄롬

내용	사례
희망고취	말을 자주 더듬는 철수는 집단성원들과 언어교정치료를 하면서 구성원들이 좀 더 침착하게 언어를 구사하는 모습을 보면서 자신도 말을 더듬지 않고 잘 할 수 있으리라는 희망과 자신감을 가지게 되었다.
문제의 보편성	청소년 자녀의 일탈행위로 고민하는 부모가 청소년 부모교육에 참가하면서 자녀의 고민이 자신 뿐만이 아니라 타 부모도 비슷한 경험과 갈등이 있다는 것을 알고 자녀의 문제를 보편화하며 위안을 받게 되었다.
정보제공	복지관에서 근무하는 김씨는 자신이 동료와의 의사소통이 잘 이루어지지 않음을 알고 사회복지사 보수 교육에서 '코칭' 교육을 받으면서 자신의 언어전달법에 대해서 반성해보고 자신의 의사소통유형을 명확하게 점검해 볼 수 있는 계기가 되었다.
이타주의	노인대학에 모인 어르신들이 노래와 운동, 노후의 취미생활을 같이하면서 고독한 삶을 서로 위로하고 격려하며 자존감을 획득한다.
사회화기술의 발달	재활프로그램을 받고 있는 집단 성원들에게 사회적응훈련과 역할극을 통해 대인관계행동을 수정하고 사회화기술을 향상시켰다.
모방행동	물을 두려워하여 수영을 배우지 못하는 진○○는 날마다 수영장에서 놀다가 수영을 잘하는 어른을 자연스럽게 모방함으로써 물에 대한 두려움을 없애고 수영을 할 수 있게 되었다.

대인관계의 학습	상대방의 의견을 잘 듣지 않고 자신의 주장만을 내세우는 청소년이 집단 상담활동을 통해서 상대방의 의견을 경청하고 존중해 주는 상담사의 행동과 상담기법을 통해서 <u>자신의 자기중심적인 사고를 통찰하고 상대방의 의견을 존중하는 대인관계 형식을 배우게 되었다.</u>
집단응집력	우울증세를 보였던 강○○은 플롯을 연주하는 취미집단에 가입하여 열심히 자아개발을 하는 동안 집단 내에서 인정받고 연주회를 열면서 집단성원으로서 집단에 긍정적인 역할을 수행하게 되었고 <u>집단의 소속감과 친밀감으로 자신에게도 큰 위로가 되었다.</u>
정화	집단 상담에서 이성친구 교제를 반대하는 어머니에 대한 불안, 두려움, 걱정 등의 감정을 모두 <u>노출함으로 성원 간의 위로와 격려 희망의 메시지를 나누며 감정이 정화되는 경험을 한 뒤</u> 어머니와 진솔하게 이성친구의 이야기를 나눌 수 있게 되었다.
실존적 요인들	공부를 스스로 노력하지 않고 과외나 학원에 의존하던 고등학생이 대학 입시에서 낙방함으로써 자신의 노력이 부족했음을 깨닫고 <u>자신의 인생은 스스로에게 책임이 있음을 알고 스스로 열심히 공부하게 되었다.</u>
1차 가족집단의 교정적 반복 발달	양모 군은 <u>집단성원의 모의가족 역할극을 통해서</u> 자신의 상처받았던 아버지와의 갈등이 어머니와의 삼각관계 속에서 투사관계라는 것을 탐색할 수 있게 되었다.

4 집단사회복지실천의 기술(집단사회복지사의 기술, 토슬랜드와 리바스)

집단과정 촉진기술	자료수집과 사정기술	행동기술
사회복지사가 집단과정에 영향을 미치려는 의도가 있을 때 사용	의사소통 유형을 개발하거나 집단의 목적을 달성하기 위한 행동기술을 결정하는 데 유용	집단의 목적과 과업을 성취하도록 원조할 때 사용
1) 집단구성원 참여시키기 2) 다른 성원들에게 주의 기울이기 3) 자신을 표현하기 4) 집단 상호작용 이끌기 5) 다른 이에게 반응하기 6) 집단 의사소통에 초점 두기 7) 집단과정을 명확하게 하기 8) 내용을 명확히 하기	1) 생각, 감정, 행동을 확인하고 기술하기 2) 정보를 요청하고 질문하기 3) 정보를 요약하고 세분화하기 4) 생각, 감정, 행동을 종합하기 5) 정보 분석하기	1) 지지하기 2) 분석틀을 재구성하고 재정의 하기 3) 집단 구성원의 의사소통을 연결하기 4) 지도 및 지시 5) 조언, 제안 6) 자원을 제공하기 7) 모델링, 역할극, 실연, 코치직면 8) 갈등 해결

실력다지기

집단과정 촉진 기술
1) 성원의 말이나 행동에 집중하는 반응을 한다.
2) 개방적 의사소통을 위해 사회복지사가 먼저 자기노출을 할 수 있다.
3) 토론범위를 제한하여 집단목표와 관련 없는 의사소통을 감소시킨다.
4) 성원이 의견을 분명하게 표현하도록 의사소통의 내용을 명확히 한다.

5 공동지도력의 장점과 단점

1) 공동지도력의 장점

(1) 초보사회복지사의 불안을 감소시킨다.
(2) 지도자는 지지적 자원을 얻고 환류를 얻는다.
(3) 자신의 활동에 대한 피드백을 받을 수 있다.
(4) 구성원의 욕구를 충족시키기 위한 역할을 구조화할 수 있다.
(5) 지도자의 탈진(burn-out)을 예방한다.
(6) 공동의 목적을 나눔으로써 지도자의 능력을 배가시킨다.
(7) 적합한 계획과 정확한 사정을 하도록 이끌어 준다.
(8) 경험이 없는 지도자들이 훈련받을 수 있고 성원들은 논쟁의 해결, 상호작용, 의사소통 등의 적절한 모델을 배운다.
(9) 역할분담이 가능하다.
(10) 공동협력자가 참석해 있으므로 역전이를 어느 정도 방지할 수 있다.
(11) 프로그램 활동, 상황재연, 역할극 등을 수행할 때 서로 원조할 수 있다.
(12) 한 지도자가 참석하지 못할 경우 다른 지도자가 지도할 수 있다.

2) 공동지도력의 단점

(1) 역할조정이 잘 안 될 때, 의사소통의 문제가 발생된다.
(2) 지도자들이 제대로 기능하지 않으면 치료적 역할 모델의 기능이 불가능하다.
(3) 훈련된 지도자와 새 지도자가 함께 배치될 경우 긴장 야기 가능성이 있다.
(4) 지도자들을 중심으로 하위집단 형성 가능성이 있다.
(5) 비용이 많이 든다.
(6) 권력, 다툼, 갈등이 생길 수 있으며, 경쟁 관계가 발생할 수 있다.
(7) 서로에 대한 신뢰나 존경이 부족하면 상대방의 유능함이나 개입방법을 인정하지 않고 자신의 입장이나 방법만을 주장할 수 있다.
(8) 한 지도자가 다른 지도자에 대항하여 집단성원들과 결탁할 수 있다.
(9) 공동지도자 간의 의견이 일치되지 않으면 집단지도에 일치성이 떨어지고 집단 양극화 현상이 일어날 수 있다.

6 집단사회복지실천의 과정과 과업

과정	과업
준비단계	1) 집단의 목적 설정 2) 잠재적 성원의 모집과 사정 - 잠재적 성원 모집과 그 성원에 대한 사정 실시 3) 집단의 구성 - '집단 구성 시 고려할 점' 참고 4) 집단의 지속기간과 회합의 빈도의 잠재적 결정 5) 물리적 환경 조성 6) 기관의 승인 등(**사례** 프로그램의 실시 장소 섭외에 있어서의 승인 등)
초기단계	1) 집단성원의 소개 2) 집단의 목적에 대한 설명과 피드백 3) 개별성원의 목적설정 4) 계약 5) 집단 활동에 대한 동기와 능력의 고취

사정단계	1) 집단성원 개개인에 대한 사정
	2) 집단 전체에 대한 사정
	  (1) 집단 행동양식에 대한 사정
	  (2) 하위집단에 대한 사정 - 소시오그램 활용 등
	  (3) 집단규범 및 가치에 대한 사정
	3) 집단 환경의 사정
	
	기출문제 확인학습
	
	집단을 사정하기 위한 기술
	1) 의의차별척도(Semantic Differential Scale)
	  (1) 두 개의 상반된 입장 중에서 하나를 선택하도록 요청하는 척도로서 집단성원이 동료 집단성원을 사정하는데 활용할 수 있다.
	  (2) 대개 의의차별척도는 5개 혹은 7개의 응답범주를 가지고 있으며 의의차별척도를 활용하는 방법 중의 하나는 동료 성원에 대한 평가, 동료 성원의 활동력에 대한 인식 등을 평가하는 데 활용할 수 있다.
	2) 상호작용 차트
	  (1) 집단성원들 간의 상호작용 또는 집단성원과 사회복지사 간의 상호작용의 빈도를 기록하는 것이다.
	  (2) 집단 내에서 이루어지는 상호작용의 빈도를 기록하는 다양한 방법을 생각해 볼 수 있다.
	  (3) 특정 행동이 발생할 때마다 기록하는 방법이 있으며, 일정한 시간 동안 특정 행동의 발생빈도를 기록하는 방법도 있다.
	3) 소시오그램
	  (1) 소시오그램은 사회적 선호도를 측정하는 것으로서 집단성원들이 서로 간의 관계에 대해 인식하고 있는 정도를 사정하는 방법이다.
	  (2) 사회복지사는 특정 활동과 관련하여 다른 성원과 상호작용하기를 원하는 정도를 평가하도록 집단성원들에게 요청할 수 있다.

중간단계	1) 집단회합의 준비 2) 집단의 구조화구조화란 성원들이 바람직한 방향으로 변화하도록 원조하기 위하여 계획적이고 체계적이며 시간제한적인 개입을 한다는 것을 의미한다. 3) 성원의 참여와 권한부여 4) 성원의 목적 성취 원조 5) 저항적인 성원의 독려 6) 모니터링
종결단계	1) 변화노력의 유지 및 일반화 2) 집단에 대한 의존성의 감소 3) 종결에 대한 감정의 처리 - 양가감정 해소 4) 미래에 대한 계획 수립(= 사후관리 계획) 5) 의뢰 - 잡단성원의 동의가 필요함 6) 평가
기출	1) 성원들의 참가동기 확인 - 준비 2) 성원들의 욕구와 능력 사정 - 사정 3) 변화를 위한 과업실행 - 중간 4) 프로그램 진행상황 모니터링 - 중간단계 후반부 5) 성원들의 변화행동 평가 - 종결

정리

개인 대상 사회복지 실천모델

모델	정신분석모델	심리사회모델	과제중심모델	위기개입모델	역량강화모델	행동수정모델
학자	S. 프로이트	해밀튼과 홀리스	리드와 엡스타인	클란	짐머만	토마스
핵심 용어	• 정신적 결정론 • 장기모델 • 과거 중시, 무의식 • 공감, 경청, 자유연상 • 훈습, 해석, 통찰	상황 속 인간 가치 : 수용, 자기결정권 ① 직접적 개입(6가지) 지지하기 - 직접영향주기(지시하기) - 정화법(카타르시스) - 탐색 기술 환기 - 인간 환경에 관한 반성적 고찰 - 유형 역동에 관한 반성적 고찰 - 발달적 단계에 관한 반성적 고찰 ② 간접적 개입 : 자원연계	① 합의된 표적문제, 경험중심적 접근, 단기모델, 구조화된 접근, 절충적 접근, 다양한 기법 활용 ② 개입과정 : 시작하기 - 표적문제 규명 - 개입하기 - 실행 - 종결	위기는 곧 기회이다. 위험과 기회의 공존, 적극적 사회복지사 역할, 최선적 고려(차선적 아님). 상대적으로 단기모델(심리적 사회적 다중요소). 만성적 문제에 부적절, 행동주의 자원이 아님, 행동적 문제보다 현상적 지지(과거 관련 요인×).	= 임파워먼트 모델 • 파트너십(협력적 동반자), 강점 관점, 생태체계적 관점(PIE) • 개입과정 : 대화단계(따르는 신뢰 형성 활용), 발견단계(강점 확인, 자원사정, 해결방안 수립) - 발전단계(자원활성화, 기회 확대, 성공 토큰강화, 모델링, 역할극 등), 환경적 결정론	• 파블로프와 스키너, 학습이론의 기초 • 행동중심, 행동적 기법할 공격화와 벌, 소거, 타임아웃, 체계적 둔감화(순서 : 이-불-계), 행동형성, 토큰강화, 모델링, 역할극 등. 환경적 경험×
목적	자아강화	과거 상황 고려/현재 문제해결	표적문제 해결	위기 이전상태로 복귀	클라이언트 스스로 삶 통제	행동수정
모델			사례관리			인간중심모델
학자	엘리스와 벡		목슬리			로저스
핵심 용어	잘못된 생각(사고) - 문제점 ① 엘리스(REBT), 합리적 정서 행동 치료 : 비합리적 신념 자기독백(내 대체), 잘못된 사고(당위적 사고), ABCDE모형 (다양한 기법활용(인지적, 행동적, 정서적 기법), 교육적 접근 ② 벡(인지치료) : 역기능적 인지도식, 인지잠재(자신 세계 미래), 우울증 치료, 핵심믿음(깊게는 문제, 뿌리 ~ 할 못한다), 자동적 사고, 소크라테스식 문답법(탐색, 인지적 오류 7가지 - 개인화, 이분법적 사고, 선택적 추상화, 임의적 추론, 파국화(알기 함)) 의미선파)		① 주요원칙(5가지) : 클라이언트의 자기결정권 중시(자율성), 포괄성(다양한 서비스), 연계성(다양한 자원연계 - 원스톱), 개별화, 지속성(장기성) ② 등장배경 : 탈시설화 영향, 서비스의 파편화 및 불연속성 해결, 다양한 클라이언트 증가, 인구사회학적 변화, 사회적 지원 중요성 인식 증가, 비용효과성 증가 ③ 사례관리과정 : 접수 - 조사 및 사정 - 계획 - 연계(조정) - 점검 - 평가 및 종결 ④ 직접 접근과 간접 접근을 통합하는 접근(단, 간접 접근이 더 중요)			상담관계 촉진을 위한 사회복지사 태도 3가지 : ① 무조건적 긍정적 존중(수용), ② 공감적 이해, ③ 진실성(일치성, 진솔성, 개방성)단. 적극적 경청×
목적	인지 재구조화(재구성)		다양한 문제 및 욕구의 해결(욕구 충족)		클라이언트 자율성 향상	상담관계의 촉진
기타	3가지 장기모델(접근) : 정신분석모델, 심리사회모델, 사례관리(단, 나머지는 단기모델로서 시간제한적, 현재 중시, 지금 - 여기 강조)					

정리

가족 대상 사회복지 실천모델

모델	다세대적 모델	구조적 모델	경험적 모델	전략적 모델	해결중심모델	이야기치료
학자	보웬	미누친	사티어	헤일리, 밀란	김인수, 드쉐이저	화이트
핵심용어	• 자아분화 수준 • 삼각관계, 가계도, 탈삼각화, 가족 투사과정, 핵가족 정서 전이과정	• 가족의 기능적 구조 정비, 하위체계, 경계, 역할, 규칙 ① 기법 : 경계 만들기, 기능적 가족구조 깨뜨리기, 합류하기(라포 형성), 과제부여, 긴장 고조시키기, 실연(재연하기)	새로운 경험, 의사소통 성장, 자기가치감 향상 ① 의사소통 유형(타인, 자신, 상황) 비난형(타인 고려 안 함), 회유형(상황만 고려), 초이성형(상황만 고려 모두 안 함), 산만형(모두 고려 안 함), 일치형(모두 고려=기능형) ② 치료기법 : 가족조각(무언 - 無言), 가족도구, 가족그림(드로잉 기법, 그림기법), 역할극, 신체적 접촉하기, 유머사용하기	• MRI 모델 • 다양한 전략 사용. 단기모델. 행동 중심 ① 치료기법 : 역설적 지시(=증상처방), 순환적 질문(순환성), 재명명(=재구성), 가족고리에 국한됐던 경우 재행함으로 구성원 모두 사고의 전환, 인지기법, 긍정적 의미부여	• 단기치료 • 기법(질문기법 많음. 단순 호기심기반 질문. 면접 전 변화에 대한 질문 : 예외질문(예외상황), 척도질문(수량화, 점수화), 기적질문(상상), 대처(극복)질문, 관계성 질문(중요한 타자의 관점에서 질문), 관계성 질문(중요한 타인 관점에서 생각 보는 것)	외재화 • 사회구성주의 접근 2차 사이버네틱스, 주변적 견해 • 치료기법 : 문제의 외현화, 1차 사이버네틱스는 객관적 관점
목적	탈삼각화, 자아분화	가족의 재구조화	의사소통 성장, 자기 가치감 향상	문제해결	문제해결	문제해결

집단 대상 사회복지 실천모델 [By 파펠, 로스만]

모델	사회적 목표모델	치료모델	상호작용모델
핵심용어	사회적 의식, 사회적 책임 강조. 인보관 운동(집단사회사업의 효시), 민주시민으로의 성장 목적 사례 보이(걸)스카우트	• 얄롬 미시간 모델 • 개인의 변화 – 목적 적 집단 • 개인의 변화로 개인차를 좁 수 있다는 관점(변화) • 과학적 분석 실증주의적 성격	① 이론적 기초 : 체계이론, 장이론(PIE) ② 목적 : 공생적 관계, 좋은 대인관계 형성
역할	조력자(조성자)	변화매개자	중개자(매개자)/중재자

지역사회 대상 사회복지 실천모델 [By 잭 로스만]

지역사회개발모델(지사개)	사회계획모델(사계)	사회행동모델(사행)
① 참여, 협동, 교육, 지도, 새마을 운동, 토착적 지도자, 주민능력 향상 ② 과업중심목표 ③ 클라이언트 : 주민(시민) ④ 전략 : "다함께 모여 이야기해 보자" ⑤ 전술 : 합의 ⑥ 공익추구 : 합리주의적·중립적·중재 ⑦ 기본전제 : 지역사회는 아노미(혼란) 상태임 로스 : 안내자, 전문가, 조력자, 사회치료자(인준조사)	① 문제해결, 전문가, 기술자 및 정책 중시, 합리적 계획 수립 ② 과업중심목표+과정중심목표 ③ 클라이언트 : 소비자 ④ 전략 : "찬성을 꾀하여야 논리적 조치를 강구하자" ⑤ 전술 : 합의, 갈등 ⑥ 공익추구 : 이상주의적·중앙집권적 ⑦ 기본전제 : 지역사회는 문제를 안고 있다. 샌더스 : 전문가(4가지) – 행정가(자원관리), 조직가, 계획가, 분석가	① 근본적 변화추구, 불평등, 재분배 요구, 조직화, 대중조직, 정치적 과정 활용 ② 과업중심목표+과정중심목표 ③ 클라이언트 : 희생자 ④ 전략 : "억압자를 분쇄하기 위해 규합하자" ⑤ 전술 : 갈등 ⑥ 공익추구 : 이상주의적·현실주의적 ⑦ 기본전제 : 불평등한 사회 그로서 : 행동가(사회행동), 옹호자(주민의 정당성 주장), 조직자, 중개자

CHAPTER 5
지역사회복지론

나눔복지교육원 동영상 강의

CHAPTER 05 지역사회복지론

1 | 지역사회복지실천의 실천원칙과 목표

정의	1) 사회복지의 전문적 실천방법의 하나로서 지역사회를 단위로 하여 발생하는 사회문제, 즉 지역사회 주민이 당면하고 있는 공통적인 욕구나 문제를 지역사회 스스로가 조직적으로 해결할 수 있도록 도움을 주는 기술과 실천방법이다. 2) 지역사회조직의 핵심적인 요소는 조직적인 문제해결을 위해서 욕구와 자원 간의 효율적 결합, 조정과 주민과 집단 간의 자주적인 협력관계를 확립하는 일이다.
실천 원칙	1) 지역사회 자주성 중시의 원칙 2) 과정지향의 원칙 3) 조정의 원칙 4) 합의의 원칙 5) 능력부여자로서의 원칙
이념	1) 정상화는 1950년대 덴마크를 비롯한 북유럽에서 시작된 이념이다. 2) 탈시설화는 무(無) 시설주의가 아니라 시설보호와 함께 실시하되, 지역사회보호를 지향하는 것이다. 3) 네트워크는 자원연계를 위함이지, 지역구성원의 개인정보를 누구나 공유하는 의미는 아니다. 4) 주민참여 이념은 주민자치, 주민복지로 설명되며 지역의 개방성을 지향한다. 5) 사회통합은 세대 간, 지역 간 차이에서 발생하는 경제적 우위를 해소하기 위하여 노력한다.

심화학습

지역사회(community)에 대한 학자들의 견해

1) 로스(M. G. Ross) : 지역사회를 지리적인 지역사회와 기능적인 지역사회로 구분
2) 메키버(R. M. Maciver) : 인간의 공동생활이 영위되는 일정한 지역을 공동생활권으로 설명
3) 워렌(R. L. Warren) : 지역적 적합성을 가지는 주요한 사회적 기능수행의 단위와 체계의 결합
4) 힐러리(Hillery) : 지리적 영역, 사회·문화적 상호작용, 공동의 유대 등 3가지로 구성
5) 던햄(A. Dunham) : 지역사회의 유형을 인구의 크기, 경제적 기반 등의 기준으로 구분
6) 길버트와 스펙트(N. Gilbert & H. Specht) : 지역사회의 기능을 경제제도, 정치제도, 종교제도, 가족제도, 사회복지제도와 연결하여 설명

[사례적용] - 길버트와 스펙트(N. Gilbert & H. Specht)
(1) 상부상조 기능 : 수급자인 독거어르신을 위하여 주민 일촌 맺기를 실시하여 생계비를 연계 지원한다.
(2) 생산·분배·소비 기능 : 지역주민이 생산한 채소를 마을 공동 판매장에 진열하여 판매한다.

(3) 사회통제 기능
① '갑' 마을에서는 인사 잘하는 마을 만들기를 위하여 조례를 제정하고, 위반하는 청소년에게 벌금을 강제로 부과한다.
② 지역사회에서 안전한 생활영위를 위하여 법률로 치안을 강제하고, 법과 도덕을 지키게 한다.
(4) 사회통합 기능 : '을' 종교단체가 지역주민 어르신을 대상으로 경로잔치를 개최하고 후원물품을 나누어준다.

지역사회 역량을 향상시키는 조건[1]

1) 지역사회 역량을 향상시키는 조건(Fellin) - 인적차원의 지역사회역량 조건
   (1) 지역사회 주민의 지역사회에 대한 헌신
   (2) 다양한 지역사회 구성원 자신들의 가치와 이익에 관한 자각
   (3) 다양한 지역사회 구성원들 간의 효과적인 의사소통
   (4) 지역사회 구성원들은 목표를 확인하고 목표 달성을 위한 활동 참여
2) 지역사회 역량을 향상시키는 조건(Warren)
   (1) 구성원들은 비인간적 기초가 아닌 인간적인 기초 위에서 서로 존중 : 다양성 존중
   (2) 지역사회 내에 권력의 광범위한 배분
   (3) 지역사회는 다양한 인종집단, 종교집단, 이익집단 모두를 포용
   (4) 높은 수준의 지역사회 자체의 통제력 향상
   (5) 지역사회는 의사결정과정에서 협력을 극대화하고 갈등의 최소화

지역사회복지실천의 5가지 핵심원칙[2]

1) 지역주민 간 협력적 관계 구축
2) 지역사회 구성원 중심의 목표형성과 평가
3) 문제의 사회구조적 요인을 반영한 개입전략 마련
4) 전략적 성공을 위한 전술적 승리의 활용
5) 소규모 지역사회 수준에서의 지속적 및 단계적 변화 : 지역사회 변화에 초점을 둔 단계적 개입

기출문제 확인학습

1) UN 지역사회개발 원칙 중 하나는 자조적인 프로젝트의 효과를 위해 정부의 적극적인 지원을 받아야 한다는 것이었다.
2) 던햄(A. Dunham)은 사회복지기관은 조직운영과 실천을 민주적으로 해야 한다고 하였다.
3) 로스(M. G. Ross)는 추진회 활동 초기에는 소수집단을 위한 사업부터 전개하는 것이 아니라, 지역사회 주민들로부터 지지를 받을 수 있는 목표와 운영방법을 가져야 한다고 하였다.
4) 맥닐(C. F. McNeil)은 지역사회가 자기결정의 권리가 있어 자발적인 사업추진은 거부해야 한다고 주장하지 않았다. 다만, 존스(Johns)와 디마치(Demarche)는 지역사회는 자기결정의 원리를 가지며 강요에 의한 사업 추진은 거부해야 한다고 주장하였다.
5) 워렌(R. L. Warren)은 지역사회조직사업의 주요 특징으로 폭넓은 권력 분산, 인격적인 관계, 다양한 집단의 포용, 자율권의 충분한 보장, 갈등의 최소화 등을 주장하였다.

---

1) 출처 : 윤일현, 지역사회복지론 교안
2) 출처 : 윤일현, 지역사회복지론 교안

2 | 한국의 지역사회복지 역사

형성기	1950~1970년대	해방 이후 불우한 환경에 있는 아동, 노인, 장애인 등을 위한 시설보호사업이 주류를 형성하였고 지역사회복지사업은 한국외원기관연합회(KAVA)에 의한 사회복지사업이 1970년대 초반까지 주종을 이루었다. **[기출문제 확인학습]** **외국 민간원조단체 한국연합회(Korean Association of Voluntary Agencies, KAVA)** 1) 70여 개의 단체 중 28개는 교육, 보건, 사회복지, 구호 및 지역사회개발의 사업에 직접적인 유대를 가지고 있으나, 42개 단체는 주로 기독교 복음 전파의 사명과 목적을 갖고 종교사업에 치중하면서 부수적으로 교육, 구호, 보건, 사회복지 분야에서 사업 활동을 전개하였다. 2) KAVA는 지역사회 조직사업 등 전문화된 사회복지사업을 가능한 한 실천으로서 보여주고 있으며, 상호 정보교환을 함으로써 원조의 중복을 피하도록 함과 동시에 상호 간의 전문지식을 얻을 수 있는 기회를 제공하였다. 3) 지역사회복지를 강화하기 위하여 지역주민들 간의 상호 연대와 협의에 의한 보건, 교육, 복지, 구호, 지역사회개발 등의 분야에서 정부기관과 효과적으로 협조하여 지역사회복지활동의 교량적 역할을 수행하였다. 4) KAVA에 의한 외원사업은 복지활동과 더불어 미국식 전문사회사업의 실천방법과 관련된 이론을 소개하기도 하고, 대학부설 사회복지관의 출연과 민간사회복지관의 설립을 통해 구체화 되었다(홍현미라 외, 2015). 5) 그러나, 한국에 전문적 실천이 아직 정착되지 않은 상태에서 한국 자체적인 사회복지실천이 모색되기 시작하면서 미국식의 전문사회복지실천이 무비판적으로 수용 및 적용됨으로써 한국사회에 알맞은 토착적 사회복지실천방법이 개발되는 데에 한계가 있었다.
정착기	1980~1990년대 초반	1) 사회복지관은 1983년 사회복지사업법의 개정에 따라 국가의 공식적 지원을 받게 되었다. →1980년대 중반 복지관의 양적 확대(급격한 양적 팽창은 1990년대) 2) 1987년에 사회복지전문요원제도를 도입하여 읍·면·동사무소에 배치하여 지금의 국민기초생활 수급자를 중심으로 공공부조업무에 종사하도록 하였다. 3) 1989년에는 사회복지관의 발전과정에서 영구임대주택단지 내에 사회복지관을 설립하였고 민간단체에 의한 사회복지관이 설립되었다. 4) 지역사회복지실천모델로서는 1970년대의 새마을운동으로 대표되는 지역사회개발모델로부터 지역사회행동모델로 점차 확대되는 경향을 띠기 시작하였다.

발전기	1990년대 초반 이후 ~현재	1) 재가복지봉사센터 설치·운영 - 1992년 2) 보건복지사무소 시범사업 - 1995년 3) 사회복지시설 평가 법제화 - 1997년 4) 국민기초생활보장제도 시행 - 2000년 5) 사회복지사무소 시범사업 - 2004년 6) 주민생활지원서비스 시행 - 2006년 7) 1기 시, 군, 구 지역사회복지계획 수립 - 2006년 - 5기 계획 진행 중 8) 사회복지통합관리망 출범 - 2010년 9) 희망복지지원단 출범 - 2012년 10) 맞춤형 복지급여제도 실시 - 2015년 11) 읍면동 복지허브화 사업 - 2016년(찾아가는 보건복지서비스) 12) 지역사회 통합돌봄/사회서비스원 시범사업 - 2019년

> **기출문제 확인학습**
>
> **우리나라 지역사회복지 환경의 변화**
>
> 1) 2007년 사회적기업육성법 제정
> 2) 2012년 협동조합기본법 제정
> 3) 2012년 사회복지사업법상의 사회복지관 사업분야 개편
> 4) 2012년 사회보장기본법상의 '사회복지서비스'와 '관련복지제도'를 '사회서비스'로 변경
> 5) 여러 지방자치단체의 마을(공동체)만들기 지원 등에 관한 조례 제정
>
> **최근 지역사회복지 동향**
>
> 1) 사회적 경제의 대두
> 2) 통합사례관리의 강화
> 3) '읍면동 복지허브화' 사업 실시
> 4) 4년 단위 지역사회보장계획 수립
> 5) 「협동조합기본법」 시행으로 실천주체의 다양화

실력다지기

사회서비스원

1) 2019년 사회서비스원 설립(서울, 대구, 경기, 경남 시범사업)은 공공부문이 사회서비스를 직접 제공하고 지역사회 내 선도적 제공 기관 역할을 수행함으로써, 사회서비스 공공성 강화 및 서비스 품질 향상을 위해 추진되었다.
2) 사회서비스원은 시·도지사가 설립한 공익법인으로 주요 역할 및 기능은 다음과 같다.
   (1) 지방자치단체로부터 국·공립 시설을 위탁받아 운영하고 서비스 종사자들을 직접 고용한다. 사회서비스원은 새로 설치되는 국·공립 시설을 우선 위탁 받으며, 특히 서비스 수요가 많은 신규 국·공립 어린이집, 공립 요양시설은 필수적으로 운영한다.
   (2) 사회서비스원은 지역사회 통합 돌봄(커뮤니티케어) 체계의 하나로 종합재가센터를 설치하여 재가(在家) 서비스를 직접 제공한다. 종합재가센터에서는 장기요양, 노인 돌봄, 장애인 활동지원 등 각종 지역사회 돌봄서비스를 통합·연계하여 제공한다.
   (3) 그 밖에 민간 서비스 제공기관 품질향상을 위해 회계·노무·법률 등에 대한 상담·자문, 대체인력 파견 및 시설 안전점검 지원과, 지방자치단체의 사회서비스 정책수립을 위한 연구·조사 등도 수행한다.

지역사회 통합돌봄[3]

1) 지역사회 통합돌봄은 돌봄(케어)이 필요한 주민(어르신, 장애인 등)이 살던 곳(자기 집이나 그룹홈 등)에서 개개인의 욕구에 맞는 서비스를 누리고 지역사회와 함께 어울려 살아갈 수 있도록 주거, 보건의료, 요양, 돌봄, 독립생활 등을 통합적으로 지원하는 지역주도형 사회서비스정책이다.
2) 지역사회 통합 돌봄(커뮤니티케어)은 초고령사회를 앞둔 시점에서 광범위한 돌봄 불안을 해소하고 국민의 삶의 질을 높이기 위해 어르신들이 살던 곳에서 건강한 노후를 보낼 수 있도록 주거·의료·요양·돌봄 서비스를 획기적으로 개선하는 정책이다.
3) 정부는 2018년 11월 '지역사회 통합 돌봄 기본계획(1단계 : 노인 커뮤니티 케어)'을 발표했으며, 통합돌봄 제공 기반을 구축하기 위한 추진 로드맵과 4대 중점과제(주거, 건강·의료, 요양·돌봄, 서비스 통합 제공)을 제시했다.
4) 2019년 6월부터 2년간 16개 시군구에서 지역 자율형 통합 돌봄 모형을 만들기 위해 선도사업을 추진하고 있다.
5) 4대 핵심요소
   (1) 주거지원 인프라 확충 : 어르신 맞춤형 케어안심주택, 집수리 사업, 커뮤니티케어형 도시재생뉴딜
   (2) 방문건강 및 방문의료 : 집중형 방문건강서비스, 방문의료, 어르신 만성질환 전담 예방관리, 병원 '지역연계실' 운영
   (3) 재가 돌봄 및 장기요양 : 차세대 노인장기요양보험 구축, 재가 의료급여 신설, 식사 배달 등 다양한 신규 재가서비스, 회복·재활서비스
   (4) 서비스연계를 위한 지역 자율형 전달체계 구축 : 케어안내창구 신설(읍면동), 지역 케어회의 등 지역사회 민·관 서비스 연계·협력(시군구)

---

[3] 출처 : 대한민국 정책브리핑

6) 단계별 계획
   (1) 1단계(2018~2022) : 선도사업 실시와 핵심 인프라 확충
      ① 선도사업 실시 : 커뮤니티케어 모델 개발
      ② 생활 SOC 투자 : 케어안심주택, '주민건강센터', 커뮤니티케어 도시재생뉴딜
      ③ 법·제도 정비 : '(가칭) 지역사회 통합 돌봄 기본법' 제정, 개별법 및 복지사업지침 정비
   (2) 2단계(2023~2025) : 지역사회 통합 돌봄(커뮤니티케어) 제공기반 구축
      ① 장기요양 등 재가서비스 대대적 확충
      ② 인력 양성, 케어매니지먼트 시스템 구축 및 품질관리체계
      ③ 재정 전략 마련
   (3) 3단계(2026년 이후) : 지역사회 통합 돌봄(커뮤니티케어) 보편화 단계
      ① 케어가 필요한 사람 누구나에게 요구에 맞게 보편적 케어 제공
      ② 지역사회 중심으로 자율적 실행

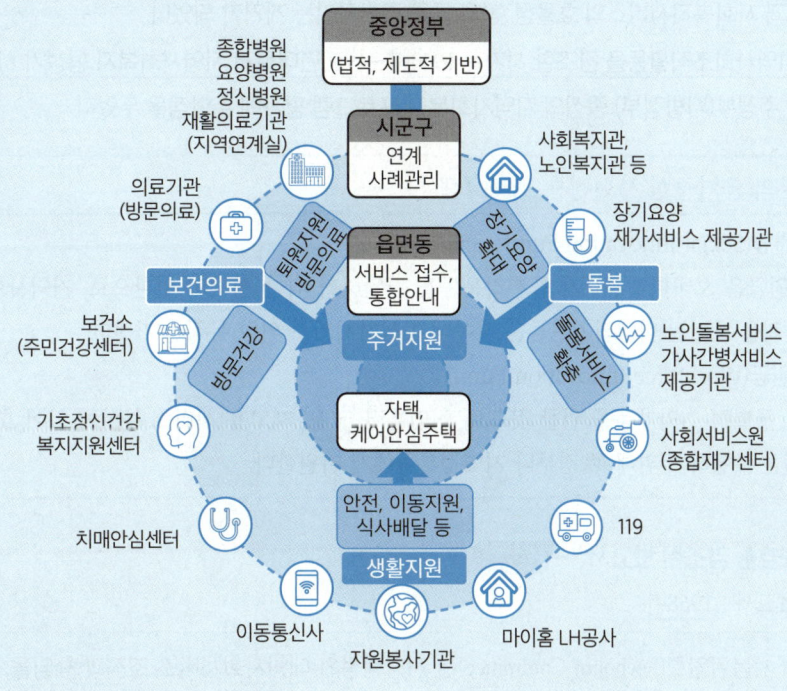

기출문제 확인학습

미국 지역사회복지의 역사적 특징

1) 대공황 이전에는 민간이 지역사회복지실천의 주요 전달체계를 담당하였다.
2) 케네디와 존슨 행정부의 '빈곤과의 전쟁'은 중앙정부 차원의 책임을 강조한 것이다.

> '위대한 사회' 프로그램에서 인종차별, 적극적 기회 보장을 위한 입법만큼이나 중요한 것은 "빈곤과의 전쟁"이었다. 정부차원의 빈곤과의 전쟁을 선포한 존슨 행정부는 경제 기회에 관한 법률(Economic Opportunity Act of 1964)을 제정하여, 경제기회국(OEO, Office of Economic Opportunity)를 신설했다. 이를 통해 빈곤층이 주택, 보건, 교육의 문제에 있어 기회와 발언권을 가지도록 하는 지역사회 프로그램을 마련하고, 또한 이들에게 직업 훈련의 기회를 제공한다.

3) 1970년대 인종차별 금지(흑인 차별 금지)와 반전(反戰)운동(베트남 전쟁 반대)은 지역사회조직사업을 촉진하였다.
4) 1990년대에 여전히 보수주의적 분위기가 지속되었으며, 1996년의 복지개혁(Welfare reform)은 사회복지실천에 대한 새로운 활동모색과 사회복지서비스의 효율성, 평가 등을 증진시키는 계기가 되었다.

   cf 풀뿌리 지역사회조직활동을 강조한 시기는 1940년~1950년대로서 지역사회복지 형성기 시기이다.

5) 오바마 행정부는 주정부(지방정부) 중심의 지역사회복지 프로그램 평가에 주안점을 두었다.

> **오바마 행정부의 근거중심 사회정책 프로그램**
>
> 1) 사회혁신지원금(Social Innovation Fund ; SIF)
>   사회혁신지원금은 오바마행정부가 풀뿌리운동을 지원하기 위한 정책의 일환으로, 지역사회의 경험 및 높은 수행능력을 보이는 비영리기관들은 찾아내고 성장시키기 위한 목적을 가진다.
> 2) 인력혁신지원금(Workforce Innovation Fund)
>   이 지원금은 특별히 취약계층을 위한 것으로, 직업훈련, 고용, 재고용 서비스 분야에 있어 효과성이 증명된 프로그램을 수행하기 위해 주 정부나 지역정부들에게 지원한다.

영국의 지역사회보호를 강조한 보고서[4] – 정리

1) 시봄(Seebohm)보고서 : <u>1968년</u>

> 1965년에 구성된 시봄위원회(Seebohm Committee)는 지방행정의 대인사회서비스 조직과 책임을 검토하고 지역사회에 기초하여 가족 지향적인 서비스를 제공하는 새로운 사회서비스 부서의 창설을 제안하는 시봄보고서(Seebohm Report)를 1968년에 제출하였다. 서비스통합의 중요성을 강조한 이 제안은 1971년 지방정부에 사회서비스국(Social Service Department : SSD)을 창설함으로써 대인사회서비스의 효율적인 조정에 기여하였으며 지역사회를 사회서비스의 수혜자일 뿐만 아니라 서비스의 제공자로 인식하고 지역복지서비스에 초점을 두게 된 계기가 되었다.

---

[4] 보고서 출간 순서 : [암기법] 시 - 하 - 버 - 그

2) 하버트(Harbert)보고서 : 1971년

1971년 하버트 보고서(Harbert Report)는 '지역사회에 기초한 사회적 보호'라는 제명으로 출판되었다. 시봄 보고서의 정책건의 결과, 1971년에 창설된 Avon 지방정부 사회서비스국의 행정책임자로서 하버트는 지역사회에 기초한 서비스의 발전을 추구하였다.

3) 바클레이(Barclay)보고서 : 1982년

바클레이 보고서(Barclay Report)는 새로운 국가사회사업 전문인력의 역할과 과업을 사회보호계획(social care planning)이라 칭하고 조력자(enabler)와 계획가(planner)의 역할을 강조하였다. 또한 간접적 서비스의 비중 증가, 전문적인 사회복지실천(specialist)서비스의 재활성화를 통한 사회사업 전문직의 고유성을 강조하였다.

4) 그리피스(Griffiths)보고서 : 1988년

영국 보수당 정부는 1986년 그리피스(Griffiths)경을 위원장으로 하는 위원회를 구성하고 지역사회보호를 지원하는 공공재정을 전면적으로 재검토하고 보다 효과적인 지역사회보호를 향한 재정활용방안을 1988년 그리피스보고서(Griffiths Report)로 알려진 'Community Care : Agenda for Action'이란 제명의 보고서를 통하여 발표하였다. 이 보고서는 첫째, 지역사회보호의 일차적 책임을 지방당국이 가진다는 점 둘째, 지방당국은 대인사회서비스의 직접적인 제공자가 아닌 계획, 조정, 구매자로서의 역할을 수행한다는 점 셋째, 주거보호에 대한 욕구는 지방당국에 의하여 사정된다는 점을 강조하였다. 1990년에는 이상의 내용이 입법화되어 '국민보건서비스 및 지역사회보호법'(the National Health Service and Community Care Act)으로 공표되었다.

> 기출문제 확인학습

인보관 운동(SSM) – 지역사회복지의 기반

1) 1884년 영국 바네트 목사 : 빈민가에 토인비 홀 건립(대학 인보관)
2) 1886년 미국 코이트가 영국 토인비홀 방문 후 뉴욕에 Neighborhood Guild 건립
3) 1889년 미국 제인 애덤스와 스타가 시카고 할스테드 지역의 빈민가에 헐하우스 건립
4) 1897년 일본 가타야마신이 동경도 [간다] 지역에 킹스레이관 설립

새마을운동(지역사회개발사업의 일환)

1) 이 운동은 1971년 새마을운동으로 명명되었고, 전국적으로 시행, 1975년에는 도시와 공장으로도 확대되었다. 1973년부터 새마을운동을 대대적으로 홍보하여 전 국민적 운동으로 확산시켰다.
2) 새마을운동은 근면·자조·협동을 기본 정신으로 하며 새마을운동은 농촌의 근대화, 지역의 균형적인 발전, 의식개혁을 그 목표로 하였다.
3) 1970년대 새마을운동의 역점 과제는 크게 생활환경개선, 소득증대, 의식개혁 등으로 구분할 수 있다.
4) 새마을운동은 1970년 4월 22일 전국지방장관회의에서 박정희 전 대통령이 농촌부흥을 위한 '새마을 가꾸기'를 제창하면서 시작되었으며, 농촌마을의 적극적인 참여로 농가소득 증대, 주택개량 등 큰 성과를 거두었다.
5) 이후 새마을운동은 산업현장의 생산성 향상과 안정적인 노사관계 정립을 위한 공장새마을운동, 공동체 의식 향상을 위한 도시새마을운동으로 확산되면서 전국적으로 전개되었다.
6) 농촌의 마을 환경 개선 사업으로 시작된 새마을운동은 점차 소득 증대, 복지 후생 등으로 확장되었다.
7) 1998년 이후로는 '새마을운동 조직 육성법'에 의해 새마을운동중앙회를 중심으로 제2 새마을운동을 벌이고 있으며, 제2 새마을운동은 문화·시민의식의 선진화, 서로 돕는 복지공동체 만들기, 지역 활력 찾기, 친환경 조성, 국제·통일 협력사업을 그 목표로 한다.
8) 새마을운동은 농업 경쟁력을 향상시켰고 시민들의 참여를 통해 공동체 의식, 자발적 참여 의식 회복에 기여하였다.
9) 2013년 국가기록원과 새마을운동중앙회가 소장 중인 새마을운동 기록물(22,084건)이 유네스코 세계기록유산으로 등재되어 새마을운동의 위상이 한층 높아졌다(국가기록원 14,647건/새마을운동중앙회 7,437건).

시봄(Seebohm) 보고서

사회서비스 부서 창설 제안, 대인사회서비스, 지역사회를 사회서비스 제공자로 인식, 서비스의 협력 및 통합 등을 강조한 영국의 보고서이다.

3 | 로스만(J. Rothman)의 지역사회복지실천모델 - 정리

1) 유형 개념

지역사회 개발모델	지역사회개발은 지역사회 주민의 적극적인 참여와 주민들이 가능한 한 최대의 주도권을 갖고, 전 지역사회의 경제적·사회적 조건을 향상시키기 위한 한 과정으로 민주적인 절차, 자발적인 협동, 토착적인 지도자의 개발, 교육 등이 강조된다.
사회계획 모델	1) 사회계획은 비행, 주택, 정신건강과 같은 사회문제를 해결하고자 하는 기술적인 과정을 강조한다. 2) 이 모델에서 중요한 것은 문제해결을 위한 합리적인 계획수립과 통제된 변화이다. 3) 이 방법에서 복잡한 산업사회에 있어서 계획된 변화는 거대한 관료적인 기관들을 움직일 수 있는 능력을 포함한 고도의 기술을 행사할 수 있는 전문가가 필요하다.
사회행동 모델	1) 사회행동은 지역사회의 불우계층에 처한 주민들이 사회정의와 민주주의에 입각해서 보다 많은 자원과 향상된 처우를 그 지역사회에 요구하는 행동을 말한다. 2) 이에 참여하는 사회사업가는 지역사회의 기존 제도와 현실에 대한 근본적인 변화를 추구한다. 3) 사회사업가들은 권력, 자원, 지역사회 정책결정에 있어서의 역할 등의 재분배를 추구하며, 공공기관의 근본정책에 대한 변화를 추구한다.
모형	**사회계획** (예: 도시계획국, 지역사회복지협의와 민간 복지·보건 관계기관에서 추진되는것들) — 계획/개발 — **지역사회개발** (예: 도시지역에서 전개되는 지역복지관의 지역개발사업, 평화 봉사단) 혼합 행동/계획 — 개발/행동 **사회행동** (예: 학생운동, 여성해방 혹은 여권신장운동, 급진정당, 노동조합운동, 복지권운동, 소비자보호운동, 환경보호운동)
계획·개발 모형 - 혼합모델 사례 기출	**사례** 사회복지사 A의 사회조사결과, 모금활동과 관련한 주민참여가 취약하다는 점이 발견되었다. 이에 A는 주민들의 참여방안을 수립하였으며, 주민들은 모금 관련 교육 훈련에 참가하였다. 6개월 후 주민조직을 결성하여 주체적으로 모금활동을 전개하였다. **사례** 사회복지사로 종사하는 '갑'은 지역 내에 독거노인들이 급격히 증가하면서 여러 가지 생활 어려움에 직면해 있는 현실을 직시하고, 동시에 관련 자료의 수집 및 분석과 분야의 전문가들을 만나서 설명과 그 문제해결을 위한 모임을 갖기로 하였다. 그리고 지역주민들이 참여하는 토론회 개최 등을 통해 문제해결방안을 모색한다.

2) 활동 중심목표

목표 (던햄)	1) 과업중심 목표 지역사회의 특정욕구를 충족시키거나 특정문제를 해결하기 위해서 취하는 구체적인 과업의 완수에 역점을 둔다. 2) 과정중심 목표 지역사회 주민들이 문제를 해결할 수 있는 능력을 갖도록 해준다. 3) 관계중심 목표 지역사회 구성요소 간 관계에 있어서의 변화와, 집단성원 간 의사결정권의 분배의 변화를 시도하는 데 역점을 둔다.
목표 (로스만)	과업중심 목표	구체적인 과업을 완성하거나 지역사회의 기능과 관련한 문제를 해결하는 데 관심을 두는 것으로서 새로운 서비스를 제공, 새로운 서비스 강구, 특수 사회입법을 통과시켜 문제해결에 관심을 둔다. - 사회계획 모형
	과정중심 목표	1) 체제의 유지와 기능을 강화하는 것으로 여러 집단 간의 협동적인 관계를 수립한다. 2) 지역사회가 장기간에 걸쳐 제 기능을 하도록 일반적인 능력 향상에 관심을 둔다. - 지역사회개발 모형

3) 모형의 속성

변수 \ 모형	지역사회개발	사회계획	사회행동
지역사회 활동목표	• 지역사회의 기능적 통합과 자조적으로 문제해결에 참여, 민주적인 절차를 이용하도록 하는 능력의 향상 • 과정 지향적	• 실제적 지역사회의 문제 해결 • 과업 지향적	• 기본적인 제도의 변혁 • 과업·과정의 병행
지역사회 구조·문제에 대한 가정	• 지역사회의 아노미 상태 • 모든 관계의 결핍과 민주적 해결능력의 결여 • 정적이며 전통적인 지역사회	• 지역사회가 실제적인 사회 문제를 안고 있다. • 정신적·육체적 건강 문제 및 주택, 레크레이션 문제 등	• 지역사회가 혜택과 권한의 분배에 따른 계층을 유지하고 있다. • 불리한 상황에 있는 인구집단 • 사회적 불공평, 박탈, 불평등
기본적인 변화전략	• "함께 모여서 이야기 해보자(Let's all get together and talk this over.)" • 광범위한 주민들이 참여하여 자신들의 욕구를 결정하고 자신들의 문제를 해결하자.	"진상을 파악해서 논리적인 조치를 강구하자(Let's get the facts and take the logical next steps.)"	• "우리들의 억압자를 분쇄하기 위해 규합하자(Let's organize to destroyour oppressors.)" • 불리한 처지에 놓여 있는 주민들의 합법적인 적이 누구인가를 찾아내고, 집단행동을 조직하여 선택된 적대집단에 대해 압력을 가하자.

구분			
변화를 위한 전술·기법	• 합의 • 지역사회의 모든 집단 간의 의사교환과 토의	• 합의 또는 갈등 • 사실발견과 분석상의 기술이 중요	• 갈등 또는 대결 • 정면대결, 직접적인 실력행사·시위, 협력거부, 피케팅
사회복지사의 역할	조력자, 격려자	전문가	옹호자, 행동가
변화의 매개체	과제지향적인 소집단 간의 합리적인 조정	공식집단과 자료의 조정	대중 조직과 정치적 과정의 조정
클라이언트 집단의 범위	전 지역사회	전 지역사회 혹은 특수지역이나 일부계층	지역사회의 일부 : 전문가의 특수한 지원을 요하는 집단
지역사회 구성 집단들간 이해관계에 관한 전제	지역사회 내에 있는 상이한 집단과 계층들의 이해관계가 기본적으로 상호조화를 이룰 수 있다고 보며, 합리적인 설득이나 대화나 상호 간의 호의를 위해 쉽게 규합될 수 있다고 본다.	지역사회 내의 집단들 간의 갈등적인 이해에 크게 개의치 않고 실용적이며 특정문제의 해결을 위해서만 관심을 갖는다.	지역사회 내의 구성 집단 간에 이해관계가 상충되며, 서로 조화를 이룰 수 없다고 본다.
공익에 대한 개념	• 합리주의적·중앙집권적 : 협동적인 결정과정을 이용해서 주민의 일반적인 복지를 위해 여러 지역사회 집단의 이익을 반영한다. • 목적과 의사주체의 단일성	• 이상주의적·중앙집권적 : 계획전문가는 사회과학자들과협의를 통해 지식, 사실, 이론에 입각해서 공익을 대변하며 개인의 정치적 이익이나 일반의 인기에 좌우되지는 않는다. • 목적과 의사주체의 단일성	• 현실주의적·개인주의적 : 공공의 이익은 경쟁하는 수많은 이익집단들이나 갈등상태에 있는 주민들 간의 힘의 균형을 반영한 것이고 이들 집단들 간의 갈등을 해소함으로써 나타나는 과도적인 타협으로서만 존재한다. • 목적과 의사주체의 다양성
클라이언트 집단	시민(지역주민) : 아직 완전히 개발되지 않은 상당한 잠재력을 지닌 일반인으로서 클라이언트	소비자 : 사회계획의 결과로 나오는 프로그램이나 서비스를 이용하거나 받은 자	체제의 희생자

> **실력다지기**

웨일과 갬블의 모델

1) 근린지역사회 조직화
   (1) 근린지역사회조직은 지리적으로 가까운 지역사회(근린) 조직화에 초점을 두고 있다.
   (2) 근린지역사회 조직화 모델은 사회적·경제적 환경의 변화를 위한 구성원의 능력개발을 목표로 하며, 사회복지사의 주된 역할은 조직가, 교사, 촉진자이다.

2) 기능적인 지역사회 조직화
   (1) 기능적인 지역사회조직은 지리적인 의미의 지역사회조직보다 기능에 초점을 두고 있다.
   (2) 기능적인 의미의 지역사회조직이란 공통의 이해관계를 기초로 한 지역사회조직(사례: 학교폭력추방을 위한 학부모모임, 지적장애 아동의 사회재활을 위한 모임, 교육계, 종교계 등)을 말한다.
   (3) 기능적인 지역사회조직의 핵심적인 관심과 목표는 자신들이 선택한 이슈의 정책, 행위, 태도의 옹호나 변화에 있다.

3) 지역사회 사회·경제적 개발
   지역사회의 사회, 경제적 개발모델은 로스만의 지역사회개발모델과 밀접한 관계가 있으며 이 모델은 저소득과 불이익 계층의 효과성을 제고시키기 위해서는 경제 개발과 사회 개발이 동시에 이루어져야 한다는 인식을 전제하고 있다.

4) 사회계획
   사회계획은 개별기관 수준 및 대인서비스 기관의 협의체 또는 지역 대인서비스계획협의회 등에서 이루어지며 계획가의 중심역할은 대인서비스, 사회계획, 서비스의 통합과정에서 보다 합리성을 발휘하는 것이다.

5) 프로그램 개발과 지역사회 연결(= 연계)
   지역사회조직의 연결활동은 프로그램 개발 측면에서 필수적이며 목표는 지역사회의 대상자에게 필요하다고 평가되는 서비스를 향상시키거나 새로운 서비스를 계획하고 실행하는 것이다.

6) 정치·사회행동
   정치·사회행동모델은 지역사회에서 불평등을 극복하거나 지역사회의 욕구를 무시하는 의사결정자에게 대항하고 조직화의 필요성을 강조하고 불공평한 조건을 변화시키려는 기술을 활용하여 사람들의 역량을 강화하는 것을 목표로 한다.

7) 연합
   연합모델은 분리된 집단 및 조직을 연합적인 사회변화에 동참시키는데 있으며 목표는 연합체의 공통 이해관계에 대응할 수 있는 자원동원의 잠재력을 증진시키고 프로그램의 방향에 영향을 미칠 수 있는 다조직적(multi-organizational)인 권력기반을 구축하는 것이다.

> **기출문제 확인학습**
>
> **연합모델**
> 1) 목표는 프로그램의 방향 또는 자원을 최대한 끌어 낼 수 있는 조직 기반
> 2) 변화의 표적체계는 선출된 공무원, 재단, 정부기관
> 3) 일차적 구성원은 특정 이슈에 이해관계가 있는 조직
> 4) 사회복지사의 역할은 중재자, 협상가, 대변인

8) 사회운동
   사회운동의 목표는 바람직한 사회변화라 할 수 있으며 변화를 위한 표적체계는 일반대중과 정치제도라 할 수 있고 사회운동모델의 일차적인 구성원은 새로운 비전을 제시하고 이미지를 창출할 수 있는 조직과 지도자이다.

4 | 지역사회복지사의 역할 모델별 정리

지역사회 개발모델	안내자	1) 일차적인 역할 3) 객관적인 입장 5) 자기 역할의 수용	2) 주도 능력 4) 지역사회와의 동일시 6) 역할에 대한 설명	로스 (Ross)
	조력자	1) 불만 집약 3) 좋은 대인관계 육성	2) 조직화 격려 4) 공동 목표 강조	
	전문가	1) 지역사회 진단 3) 타 지역사회 정보 제공 5) 기술상의 정보 제공	2) 조사 기술 4) 방법에 관한 조언 6) 평가	
	사회 치료자	적절한 진단을 하기 위해 1) 지역사회 전체 또는 그 일부의 기원과 역사 2) 현재의 믿음이나 관습에 관한 사회적 근원과 믿음과 실제와의 관계 3) 지역사회의 권력구조, 지역사회 내의 역할과 역할들 간의 관계에 대해서 알아야 함		
사회계획 모델	분석가(평가, 분석), 계획가(계획 수립), 조직가(조직), 행정가(자원관리)			샌더스 (Sanders)
사회행동 모델	조력자(조직화 격려), 중개자(자원 소개), 대변자(옹호자, 주민의 정당성 주장), 행동가(시위행동에 동참)			그로서 (Grosser)

참고

지역사회복지사의 역할

지역사회개발모델		사회계획모델		사회행동모델	
Ross	Lippitt	Morris & Binstock	Sanders	Grosser	Grossman
안내자 조력자 전문가 사회치료자	촉매자 전문가 실천가 조사자	계획가	분석가 계획가 조직가 행정가	조력자 중개자 옹호자 행동가	행동조직가

5 | 사회행동의 전략 및 전술

힘의 결집	정보력	지역사회 내에서 발생하는 문제에 관한 지식을 정부당국이나 지방자치단체, 전문가와 관련 당사자에게 제공할 수 있는 힘이다.
	동원력	사회행동은 힘의 원천으로서 많은 사람이 참여하게 하는 것이다. - 힘의 원천 중에서 가장 중요함
	잠재력	지역사회 내 소수의 착취자에게 실제로 피해를 입히는 것보다 피해를 입힐 수 있다는 잠재력을 상대방에게 주지시킴으로써 효과적인 전술이 될 수 있다.
협력 전술	협조	타조직과 최소한의 협력을 유지하는 관계 유형
	연합	참여하는 조직들 간에 이슈와 전략을 합동으로 선택하는 보다 조직적인 협력관계
	동맹	영구적이면서 가장 고도의 조직적인 협력관계를 맺는 경우

조정(coordination) - 타 조직과의 협력 전략 중 하나 - 기출

사회복지사가 서비스의 중복을 방지하고 자원 활용의 효율성을 도모하기 위해 조직의 정체성을 유지하면서 정기모임이나 회의를 통해 활동이 이루어지도록 조력하는 것

전술 (3가지)	압력전술 (정치적 압력)	상대집단(정부)이 자체의 게임에서 굴복하도록 노력하는 것이 목표이다.
	법적 전술	상대집단이 준수하지 않는 규칙을 스스로 준수하도록 하는 것이 목표이다.
	항의 전술	행동집단이 게임의 규칙이 공정하지 않다고 결론을 내리고 새로운 규칙을 만들려는 것이 목표이다.

6 | 지역사회복지실천의 이론적 기초

사회체계이론	지역사회체계 내에 다양한 사회제도들을 관련시키는 방식으로, 지역사회의 능력을 향상시키기 위해서는 전체로서의 지역사회체계와 지역사회 내의 다수의 하위체계를 동시에 고려해야 한다.
생태학 이론	환경과의 적합성, 상호교류, 적응을 지지하거나 방해하는 요소를 중요하게 여긴다.
구조기능론	사회는 여러 부분으로 구성되어 있고, 각 부분은 합의된 가치와 규범에 따라 변화하며, 균형 또는 안정을 강조한다.
갈등이론	지역사회 내의 구성원들이 경제적 자원, 권력, 권위 등이 불평등한 배분관계에 놓일 때 갈등이 발생하고, 이러한 갈등관계를 통해 지역사회의 변동을 초래한다.
자원동원이론	사회운동조직의 역할과 한계를 규명하는 이론으로서, 사회운동의 성패는 조직원 충원과 자금조달, 그리고 적절한 조직구조를 개발할 수 있는 능력에 달려 있다.

교환이론	개인이나 집단은 다른 사람이나 집단에게 무엇을 주는 대신 다른 보상을 얻으려고 하거나 얻을 수 있다고 생각할 때 상호작용이 일어난다.
엘리트주의론	소수의 지배 엘리트 집단이 국가의 정책을 좌우하는 권력을 장악하고 있다.
다원주의론	개개인과 집단의 이익대결과 갈등을 정부가 공정하고 종합적인 입장에서 조정한 결과로서의 균형을 의미한다. **기출문제 확인학습** **다원주의론** 1) 다양한 집단과 조직이 이익을 표출함으로써 정책과정에 영향을 미칠 수 있다. 2) 지역사회복지정책은 이익집단들 간의 갈등과 타협의 산물로 간주된다. 3) 지역사회복지정책 결정은 이익집단들의 상대적 영향력 정도에 따라 달라진다.
사회구성론	개인이 처한 사회나 문화 속 맥락에 따라 현실의 문제나 상황을 구성 또는 재구성할 수 있다는 관점이다. **기출문제 확인학습** **사회구성론[5]에 입각하여 지역사회복지실천에 참여하는 사회복지사의 원칙** 1) 사회적·경제적·정치적 구조가 개인행동과 문화적 가치와 규범과 관련한 의미들을 어떻게 형성하는지를 이해해야 한다. 2) 사회복지실천에 영향을 미치는 문화적 상징과 의미를 결정하기 위하여 다른 전문가들과 의견교류를 해야 한다. 3) 지역사회가 현실을 어떻게 해석하는지, 그리고 지배문화에 의한 억압을 어떻게 내재화하는지에 대한 통찰력을 얻기 위하여 주변화 된 지역사회에 대한 공동연구에 참여해야 한다.
권력의존이론	어떤 관계의 참여자가 활용가능한 자원의 크기에 의해 결정되는 권력균형의 교환과정으로 파악한다. **사례 - 기출** 사회복지관은 생존차원에서 외부 재정지원을 필요로 하지만 재정지원자의 요구를 무시하기 어렵다. 이런 상황에서 A사회복지관은 기관운영 재원을 마련하기 위해 다양한 후원기관을 발굴하였고, 이를 통해 직원들은 사업운영의 자율성이 확대되는 것을 경험하였다.

---

[5] 사회구성론은 한 사회를 지배하는 주류 이데올로기가 어떻게 만들어지고 유지되고 내재화되는지에 초점을 맞추고 있고 사회구성론은 포스트모더니즘과 연관되어 있는데, 이는 소외된 집단구성원의 삶과 경험에 대한 새로운 지식을 구성함으로써 억압을 극복하고자 하는 지식적 접근이기 때문이다. 사회구성주의 접근은 개인과 집단이 사회제도, 관습, 일상생활과 연관된 의미들을 확인하는 대화의 과정에 참여해야한다는 것을 요구하고 있고 사회구성론은 [상징적 상호작용주의]에서 출발하였다. 그리고 사회구성론에서 사회문제는 그것을 문제로 보는 집단에 의해 문제가 되는 것이지, 처음부터 객관적 현상으로서 문제로 존재하는 것은 아니라고 주장한다.

> **기출문제 확인학습**

사례 사회복지사는 '아동보호를 위한 마을만들기 지원사업'을 시작하기 위해 지역사회복지 이론에 기초한 실천을 계획하였다.

1) 사회체계이론의 관점에서 학교나 병원과 같은 아동관련 하위체계를 조사하고 방문할 계획이다.
2) 생태학이론의 관점에서 과거부터 지금까지의 아동관련 지역사회 활동을 조사할 계획이다.
3) 사회자본이론의 관점에서 '아동이 살기 좋은 마을은 모두에게 안전한 마을'이라는 슬로건 하에 지역사회의 호혜성을 강화할 계획이다.

> **cf 사회자본이론**
> (1) 사회적 교환관계에 내재된 자본이다.
> (2) 수평적 관계에서 형성된다.
> (3) 자본의 총량은 고정적이지 않고, 사회자본은 사용하면 할수록 총량이 늘어나는 독특한 특성을 지닌다.
> (4) 구성원 일부가 아닌 모두에게 공유된다.
> (5) 호혜적 문화를 기초로 형성된다.

지역사회복지 이론

1) 지역사회 상실이론 : 과거의 지역사회 공동체는 이상적인 것으로 복구될 수 없는 잃어버린 세계로 간주한다.
2) 사회체계이론 : 지역사회를 하나의 체계로 간주하고 지역사회와 환경의 관계를 설명한다.
3) 생태이론 : 지역사회의 변화과정을 역동적으로 설명하기 위해 경쟁, 중심화, 분산, 분리 등의 다양한 개념들을 사용한다.
4) 사회교환이론 : 사회적으로 구성된 지식을 교환 가능한 자원을 매개로 사회적 행동을 추구하고자 한다.
5) 지역사회 개방이론 : 사회적 지지망의 관점에서 비공식적인 연계를 강조한다.

> **실력다지기**

사회자본의 개념 및 구성[6]

사회자본은 다양한 학문분야에서 매우 호소력 있게 널리 사용되는 개념임에도 불구하고 그 개념에 관한 정의가 이렇다 할 만큼 정착되지 못하고 있다. 사회자본이라는 개념을 처음 사용한 사람은 Hanifan이며, Putnam(1995)이 이탈리아의 민주주의 발전에 대한 연구와 Coleman(1988)의 인적자본과 관련하여 학업의 성과에 관한 연구에서 사회자본이라는 개념을 사용하면서 널리 알려지게 되었다.

사회자본을 연구하는 큰 흐름은 사회자본의 개념사용의 목적이나 관점에 따라 큰 차이를 보이는 Bourdieu와 Coleman을 중심으로 두 학파가 중심토대가 되고 있다(White, 2002). 사회자본이라는 개념은 두 학자 모두 자본개념을 확장했다는 점에서 외형상 유사해 보이지만, Coleman은 자본의 강화를 위한 것이고 Bourdieu는 자본의 비판을 위한 것이었다(김상준, 2004). 또한 관심대상에 있어 Bourdieu는 통일된 관심거리가 있는 동질적인 집단의 수준에서 사회자본을 논의한 반면, Coleman의 이론적 논의는 사회자본 형성을 위한 동질성 대 이질성에 대한 함의에 대해서 관심을 갖지 않는다. 따라서 Bourdieu는 집단 내 사회자본을 견고하게 강화시키기 위한 노력으로써 이익집단의 활동을 예로 드는 반면, Coleman은 그들의 경계 내에서 사회자본을 강조하기 위한 방법으로 계급과 기관과 같은 집단의 속성을 강조하지는 않는다.

---

[6] 출처 : 한상미(2007), 지역사회복지관 사회복지사들의 사회자본 유형 연구, 사회복지정책학회

다양한 사회자본의 정의와 그 안에 여러 가지 차이점이 존재함에도 불구하고 다음과 같은 속성에 대해서는 대체로 합의되는 경향이 있다(한상미, 2007).

첫째, 사회자본은 행위자들이 개별적으로 보유하고 있는 자본이 아니라 행위자들 사이의 관계 속에 내재하고 있는 자본이라는 점이다. 즉 둘 이상의 행위자가 맺고 있는 관계라는 분석단위의 특성이 사회자본을 다른 형태의 자본과 구분하는 가장 근본적인 차이점이다. 따라서 사회자본은 '개인이 소유하고 있는 개인적 자원(personal resources)'이 아니라 개인들 간의 '관계를 통해서 접근할 수 있는 사회자원(social resources)'이라고 정의된다(Lin Nan, 2001). 경제적 자본이 개인의 은행계좌에 있고 인적자본이 개인의 머릿속에 있는 반면, 사회 자본은 개인들의 관계구조에 있다. 사회자본을 소유하기 위해서 사람들은 다른 사람과 관계를 맺어야만 한다. 자기 이익의 실질적 원천이 바로 자기 자신이 아니라 다른 사람인 것이다(Portes, 1998). 이런 특징으로 인해 사회자본은 공공재라고도 한다. 경제자본이나 인적자본은 개인이 소유하는 사유재의 특징을 갖는데 반해, 사회자본은 사회관계의 부산물로 발생하며 그 혜택 또한 집단 안에 있는 모든 사람이 같이 받기 때문이다.

둘째, 사회자본을 보유하기 위해서는 지속적으로 유지하는 노력이 필요한 자본이다. 누군가 특정 집단에 소속되었다고 해서 집단의 구성원으로 누릴 수 있는 혜택이 모두 저절로 얻어지는 것은 결코 아니기 때문이다. 집단 구성원사이에서 서로의 관계를 끊임없이 확인하고 재확인함으로써 인정을 받는 일련의 지속적인 교환과정을 거쳐야만 사회자본은 유지되고 재생산될 수 있다(Bourdieu, 1986). 사회자본은 형성되기는 어려워도 파괴되기는 쉬우며, 손상된 사회자본을 원상회복하는 것은 많은 노력을 요할 수 있다(구혜정, 2003). 그런 의미에서 한 개인이 특정한 시점에 보유하고 있는 사회자본은 다른 사람과의 관계를 만들고 유지하기 위해 오랜 기간 동안 의도적으로 혹은 비의도적으로 투자한 결과라고 이해해야 한다.

셋째, 사회자본을 매개로 한 사회적 교환관계는 다른 경제적 거래처럼 동등한 가치를 지닌 등가물의 교환이 아니다. 신뢰를 주고 받았다고 해서 거래 당사자인 두 사람 사이에 존재하는 신뢰가 준 것만큼 줄어들고 받은 것만큼 늘어나는 영합(zero-sum)관계로 나타나지 않는다. 오히려 사회자본은 거래 당사자 모두가 사용하면 할수록 더욱 축적되고 더욱 증가하며 사용하지 않으면 고갈되는 정합(positive-sum) 관계로 나타난다(Adler & Kwon, 2000). 이런 의미에서 사회자본은 사용하면 할수록 총량이 늘어나는 독특한 특성을 지닌다(Putnam, 1993; 구혜정, 2003 재인용), 자기 강화적 자본이다. 이런 이유 때문에 사회적 생산과 파괴는 선순환 또는 악순환(virtuous or vicious circle)을 따를 것으로 기대된다(Putnam, 2000; 구혜정, 2003 재인용).

넷째, 사회자본의 교환은 동시성을 전제로 하지 않는다. 사회적 교환관계에 있어서는 서로가 주고받은 도움에 대해 언젠가는 보상을 받으리라는 믿음이 존재하고 있어야 하기 때문이다.

7 | 하드캐슬 등(1997)의 힘 균형 전략(power - balancing strategy)

하드캐슬 등(1997)은 교환 참여 주체인 A와 B의 교환에서 발생하는 교환 상의 불균형을 수정하기 위해 취할 수 있는 힘 균형 전략(power - balancing strategy)으로 다섯 가지 제시하였는데, 그것은 경쟁(competition), 재평가(re - evaluation), 호혜성(reciprocity), 연합(coalition), 강제(coercion) 전략이다. **암기법 재경연 호강**

1) 개념

A와 B의 교환에서 발생하는 교환상의 불균형을 수정하기 위한 전략이다.

2) 유형과 사례

(1) 경쟁 - 기출

① 교환에 참여하는 대신, 다른 자원을 찾는 것이다.
② A가 필요한 자원을 B가 독점하고 있을 때, A는 B에 종속되고 B는 A에게 권력을 행사할 수 있다.
③ 이러한 경우에 A가 교환을 포기하고 C와 같은 다른 사람이나 조직에게 필요한 자원을 얻으려고 한다.

(2) 재평가

① A가 B의 자원을 재평가하여 종속을 피하는 방법이다.
② 가치나 이념 등의 변화에 의해 B가 소유한 자원에 대한 관심이 적어질 때 발생한다.
③ B가 소유한 자원에 대한 A의 관심이 적어지면서 발생한다.
④ B가 A와의 지속적인 교환을 위해 새로운 제안이나 유인책 등을 제시할 수도 있다.

(3) 호혜성

① A와 B가 서로에게 필요한 자원 교환관계임을 인식하게 하여 A와 B의 관계를 독립적이고 동등한 관계로 바꾸는 것이다.
② A는 B가 필요로 하거나 B가 관심을 끌 수 있는 자원을 얻으려고 노력한다.

(4) 연합

A에 종속된 B, C, D 등이 힘을 합쳐서 A의 권력에 대항하는 전략이다.

(5) 강제(강압)

물리적인 힘을 동원하여 B가 가지고 있는 자원을 A가 장악하는 전략이다.

8 | 지방자치[7]와 지역사회복지

지방분권화는 사회복지의 효율성 증대, 복지집행체계의 구축 용이성 등 긍정적인 영향을 줄 수 있으나 지역 간 재정 능력의 격차는 복지의 불균형을 초래할 수 있다. 그리고 지방분권화 시대에 지역사회복지의 발전을 위해서는 재정의 확보가 무엇보다도 중요한 과제라고 할 수 있다.

[지방분권화의 영향과 과제]

분권화의 영향	긍정적 영향	1) 지방의 자율성과 지역상황에 기초한 개별적 대응 2) 직접적인 서비스 집행체계 구축 용이 3) 지역 간 경쟁의 정책이전과 확산 4) 분권형 복지사회의 실현
	부정적 영향	1) 지역 간 불균형 초래(수평적 불균형) 2) 행정수준의 전국적 통일성 저해 3) 지방정부 재정책임 전가 4) 복지수준의 불균등 발전
분권화의 과제	행정분권 차원	1) 사무 배분 및 기능조정 2) 지역복지의 행정 역량강화 : 전달체계의 혁신과 책임성 강화
	재정분권 차원	1) 자주 재원의 확충과 지방재정의 책임성 2) 지역 간 수평적 불균형의 완화
	정치분권 차원	1) 지역 민주주의의 공고화 2) 참여의 활성화와 로컬 거버넌스의 함양 : 지역복지의 네트워크화

실력다지기

분권교부세 폐지

1) 2015년부터 분권교부세가 폐지되고 종합부동산세가 지방세로 전환되는 등 지방 재정 운영의 자율성이 확대된다.
2) 분권교부세는 정신·장애인·노인 요양시설과 같은 국가 사업에서 지방으로 이양된 사업의 예산을 지방정부에 보전해 주기 위해 2005~2009년 한시적으로 도입됐다가 2014년까지 연장된 제도이다.
3) 2015년 1월부터 종전의 분권교부세를 폐지하고 보통교부세로 통합 운영하는 내용의 지방교부세법 개정안이 2014년 12월 29일 본회의를 통과했다.
4) 개정안은 종전에 분권교부세를 통해 교부를 받았던 지자체 재원을 보전하기 위해 5년간 해당 지자체에 보통교부세로 보전하는 내용도 담았다.

기출문제 확인학습

지방자치가 지역사회복지에 미친 긍정적 영향

1) 지역사회복지에 대한 주민의 주체적 참여 기회 제공
2) 주민 욕구 맞춤형 복지 프로그램 제공
3) 지방행정부서의 역할 강화
4) 비정부조직(NGO)의 자원 활용

---

7) 지방자치는 일정한 지역을 기초로 한 지방자치단체가 지역주민의 자유로운 의사에 따라서 지방차지단체 자신의 권능과 책임 아래 지역 공공사무를 자치적으로 처리하는 것이다. 한국은 1952년 선거를 통해 처음으로 지방자치제가 실시되었다.

9 | 지역사회복지실천 기술

기술	개념
옹호 기술	1) 지역사회복지실천 과정에서 지역주민, 특히 희생되고 있는 집단 입장의 정당성을 주장하고 지도력과 자원을 제공해야 한다는 점에서 매우 중요하다. 2) 옹호의 기술은 모든 사회복지사가 갖추어야 할 기본 기술로서 다양한 수준의 클라이언트로 하여금 문제 해결에 적극적으로 참여할 수 있도록 돕고 그들의 이익을 대변하는 핵심기술이다. **지역사회복지실천에서 옹호(advocacy) 기술 중 하나인 설득의 요소 - 기출** 1) 전달자 전달자 혹은 소스란 커뮤니케이션의 출발점 혹은 정보의 원천을 의미한다. 설득커뮤니케이션에서 전달자란 설득메시지를 수용자에게 전달하는 사람이나 기관, 조직을 의미한다. 2) 메시지 메시지란 전달자의 의미를 어떠한 종류의 부호를 통해 수용자에게 전달하는 내용을 의미한다. 3) 채널 또는 전달형식 채널이란 전달자가 다양한 방식으로 제작하거나 포장한 메시지를 수용자에게 전달해 주는 운반체를 의미한다. 4) 수용자 또는 대상 수용자란 커뮤니케이션 모델의 일직선상에서 전달자와 대칭되는 위치에 자리 잡고 있어 전달자로부터 전달된 메시지를 수용하는 역할을 한다. 5) 효과 연구자들이나 실무자들의 주된 관심은 설득과정을 어떻게 측정하는가에 있으며, 이런 연구 경향을 효과연구라고 한다. **지역사회복지실천에서 옹호(advocacy) 기술 - 기출** 1) 사회정의를 지키고 유지하는 목적 2) 표적 집단에 대한 강력한 영향력이나 압력 행사 3) 정당한 처우나 서비스를 받지 못하는 경우에 활용
연계 기술	1) 서비스의 중복을 방지하고 자원을 효율적으로 관리하기 위하여 정기적인 모임을 통해 서비스 계획을 수립한 후 개별기관들이 각각 서비스를 제공하는 것으로 서비스 제공에 있어서 팀 접근을 시도해 나가는 것을 말한다. 2) 사회복지실천에서 연계 기술은 모든 자원의 공유와 상호 교류를 위해, 클라이언트를 원조하기 위해, 사회복지사의 역량을 강화하기 위해 적합한 능력을 갖춘 둘 이상의 개인이나 기관 혹은 조직의 특성을 파악하여 이들을 한 체계로 묶는 기술이다. 3) 서비스의 패키지화, 원스톱 서비스와 관련이 있다. 4) 연계 기술은 다양한 지역사회 주체들의 자발성을 촉진한다. 5) 연계 기술은 상호 호혜적 의사소통을 하며 상호 신뢰형성을 위해 수평적 관계를 유지한다. 6) 연계 기술은 서비스 중복과 누락 문제를 해결하기 위해 사용할 수 있다.

조직화 기술	지역사회복지에서 조직화는 클라이언트의 문제를 해결하기 위해 필요로 하는 인력이나 서비스를 규합하고 나아가 조직의 목표를 성취하도록 합당하게 운영해 나가는 과정이다. **기출문제 확인학습** 사회복지사가 활용하는 조직화 기술에는 회의 기술, 협상 기술, 지역문제 이슈설정 기술, 지역사회 지도자 발굴 기술 등이 있다.

자원개발/
동원 기술
	1) 지역사회복지실천 활동에서 필수적이다.
	2) 자원의 유형은 개인, 현금, 현물, 시설, 조직, 기관, 정보 등으로 구분한다.
	3) 이 중에서 실제적으로 지역사회복지에서 가장 핵심이 되는 자원은 인적 자원과 물적 자원이다.
	4) 자원개발 방법 중 공익연계 마케팅(CRM : Cause Related Marketing)
	   (1) 기업이 전략적으로 이용하는 방법이다.
	   (2) 기업의 이미지를 높여 상품판매에도 긍정적인 영향을 준다.
	   (3) 사회복지기관의 자원개발에도 기여하며 사회공헌활동도 한다.

임파워먼트 기술	지역사회 차원에서 임파워먼트는 지역사회 내 개인이나 조직들이 각자의 욕구를 충족시키기 위해 자신의 기술과 자원을 공동노력으로 이끌어 낼 수 있는 지역사회로 만드는 것을 의미한다.

기출문제 확인학습

지역사회복지 실천에서 사회복지사의 기술과 역할 간 연결

1) 네트워킹 기술 - 촉진자
2) 연계 기술 - 중개자
3) 참여 기술 - 교육가
4) 임파워먼트 기술 - 자원연결자
5) 자원동원 기술 - 모금가

심화학습

지역사회 사정의 유형

지역사회 사정의 유형은 사정의 목적, 영역, 초점 등에 따라 다양하게 구분할 수 있으며 실제 지역사회 사정을 수행할 경우에는 여러 유형이 동시에 활용될 수 있다.

1) 포괄적 사정 : 1차 자료의 생성과 함께 전체 지역사회를 포함한다.
2) 문제중심 사정 : 전체 지역사회와 관련되지만, 지역사회의 중요 문제에 초점을 둔 사정으로 아동 보호, 정신건강 등 지역사회 특정문제를 중심으로 사정하는 것을 예로 들 수 있다.
3) 하위체계 사정 : 지역의 특정 부분(하위체계)이나 일면을 조사하는 것으로 지역사회의 하위체계인 학교, 종교기관, 보호기관에 초점을 둔 사정이다.
4) 자원사정 : 지역사회에서 이용할 수 있는 권력, 전문기술, 재정, 서비스라는 자원 영역을 검토하는 사정으로 클라이언트의 욕구보다는 이용 가능한 자원의 본질, 운용, 질적 측면에 초점을 두는 것이다.
5) 협력사정 : 지역사회 참여자가 완전한 파트너로서 조사계획, 참여관찰, 분석과 실행 국면 등에 관계되면서 지역사회에 의해 수행되는 사정이다.

10 | 지역사회복지실천의 과정

사실의 파악	지역실태 조사, 설문조사, 주민의 토론 및 좌담회를 통해 면밀히 검토 및 파악한다.
계획의 수립	어떤 사실에 대하여 어떤 사람들이 어떤 방법으로 얼마의 경비와 시간을 들여 그 목표를 달성할 것인가에 대한 계획을 수립한다.
계획실시의 촉진	지역사회를 위한 사회사업 계획의 인식보급, 활동의 동기를 불어넣을 수 있는 홍보활동, 조직 내부의 상호 협력관계를 유지·강화할 수 있는 조정활동 등이 전개되어야 한다.
자원의 활용 및 동원	계획을 구체적으로 수행하기 위해서는 인적, 물적, 사회적, 기타 각종 자원을 활용하고 동원해야 한다.
활동의 평가	목표의 성취도, 수행 과정에서 야기된 문제점을 원인별로 검토하여 수정함으로써 앞으로의 계획수립에 크게 기여할 수 있다.

기출문제 확인학습

지역사회복지실천 과정

1) 욕구조사단계에서는 주요 정보제공자 인터뷰, 지역사회포럼 개최, 사회지표 등을 활용할 수 있다.
2) 목적·목표설정단계에서는 갠트 차트(Gantt chart)를 활용하기도 한다.
3) 실행과정 점검단계(monitoring)에서는 실행과 결과를 추적함으로써 프로그램의 진척정도를 파악한다.
4) 평가단계에서는 결과평가뿐만 아니라, 다른 평가기준에 따른 평가도 실시한다.

11 | 지역사회복지 추진체계 - 사회복지협의회

개념		지역사회의 사회복지 서비스 기관들이 효과적인 서비스 제공을 위하여 상호연락·협의·조정하고 지역사회복지에 관한 계획을 수립하여 주민의 참여를 유도하고 자원을 동원하는 중간조직의 성격을 갖는다.
역할		1) 지역사회복지 활동 기능 　지역사회 전체가 갖고 있는 복지욕구를 찾아내고 해결을 위한 방안을 강구하며 계획을 세워 실천하여 지역사회의 복지를 증진시키는 것이다. 이 기능을 수행하기 위해 가장 중요한 것은 주민의 자발적인 참여를 유도해 내는 것이다. 2) 연락, 조정, 협의 기능 　사회복지시설·기관·단체들의 상호 연계·협력을 통하여 민간의 복지역량을 강화하고 중복적으로 진행되는 사업을 조정하여 한정적인 민간 자원의 효율적 활동을 도모하여 관련기관·단체와의 협력체계를 구축하여 지역사회의 복지증진을 추구하는 것이다. 3) 보완, 유지 기능 　앞의 두 가지 기능을 잘 수행할 수 있도록 보완해주는 것이다.
한국 사회 복지 협의회	**법적 내용**	1) 사회복지에 관한 조사·연구와 각종 복지사업을 조성하기 위하여 전국단위의 한국사회복지협의회(중앙협의회)와 시·도 단위의 시·도사회복지협의회(시·도 협의회)를 두며, 시·군·구 단위의 시·군·구사회복지협의회(시·군·구협의회 – 2003년 사회복지사업법 개정 내용)를 둔다. 2) 중앙협의회, 시·도 협의회 및 시·군·구협의회는 이 법에 의한 사회복지법인으로 하되, 제23조 제1항(법인은 사회복지사업의 운영에 필요한 재산을 소유하여야 한다)의 규정은 이를 적용하지 아니한다.
	업무	1) 사회복지에 관한 조사·연구 및 정책 건의 2) 사회복지 관련 기관·단체 간의 연계·협력·조정 3) 사회복지 소외계층 발굴 및 민간사회복지자원과의 연계·협력 4) 사회복지에 관한 교육훈련 5) 사회복지에 관한 자료수집 및 간행물 발간 6) 사회복지에 관한 계몽 및 홍보 7) 자원봉사활동의 진흥 8) 사회복지사업에 관한 기부문화의 조성 9) 사회복지사업에 종사하는 사람의 교육훈련과 복지증진 10) 사회복지에 관한 학술 도입과 국제 사회복지 단체와의 교류 11) 보건복지부장관이 위탁하는 사회복지에 관한 업무

12 | 지역사회복지 추진체계 - 사회복지관

1) 운영 원칙과 설치 및 운영

개념		지역사회 내에서 일정한 시설과 전문 인력을 갖추고 지역사회의 인적·물적 자원을 동원하여 지역사회복지를 중심으로 한 종합적인 사회복지사업을 수행하는 사회복지시설을 말한다.
운영 기본 원칙	지역성	사회복지관은 지역사회의 특성과 지역주민의 문제나 욕구를 신속하게 파악하여 지역사회의 문제를 해결하고, 이에 따른 서비스를 제공하여야 하며, 주민이 적극적으로 참여토록 유도함으로써 주민의 역할과 책임을 조장하여야 한다.
	전문성	사회복지관은 다양한 지역사회 문제에 대처하기 위해 일반적 프로그램과 특정한 문제를 해결할 수 있는 전문적 프로그램이 병행될 수 있도록 지식과 기술을 보유한 전문 인력에 의거해 사업을 수행하고 이들 인력에 대한 지속적인 재교육 등을 통해 전문성을 증진토록 하여야 한다.
	책임성	사회복지관은 지역사회 이용자 등에게 사업수행에 따른 효과성과 효율성을 입증하고 책임을 다하려는 다각적 노력을 기울여야 한다.
	자율성	사회복지관은 다양한 복지서비스를 효율적으로 제공하기 위하여 사회복지관 능력과 전문성이 최대한 발휘될 수 있는 자율적인 운영이 될 수 있도록 하여야 한다.
	통합성	사회복지관은 사업을 수행함에 있어 지역 내 공공 및 민간복지기관 서비스 간에 연계성과 통합성을 강화시켜 지역사회복지 체계를 효율적이고 효과적으로 운영되도록 하여야 한다.
	자원 활용	사회복지관은 주민 욕구의 다양성에 따라 다양한 기능 인력과 재원을 필요로 하므로 지역사회 내의 복지자원을 최대한 동원·활용하여야 한다.
	중립성	사회복지관은 정치활동, 영리활동, 특정 종교 활동 등으로 이용되지 않도록 중립성이 유지되도록 하여야 한다.
	투명성	사회복지관은 자원을 효율적으로 이용하고 운영 과정의 투명성을 유지하여야 한다.
설치 및 운영 주제		1) 사회복지관은 지방자치단체, 사회복지법인 및 기타 비영리법인이 설치·운영할 수 있다. 2) 지방자치단체는 사회복지관을 설치한 후 사업의 전문성을 향상시키기 위해 운영능력이 있는 사회복지법인 등에 위탁하여 운영할 수 있다. 3) 지방자치단체는 공공단체의 시설물을 위탁받아 사회복지관을 설치·운영하거나 사회복지법인 등에 위탁하여 운영할 수 있다. 4) 사회복지관을 설치·운영하고자 하는 자는 시설의 소재지를 관할하는 시장·군수·구청장에게 시설설치 신고를 하여야 한다.

2) 사회복지관 사업내용(2012년 개정)

기능	영역	필수단위 사업군
사례관리 기능	사례발굴	지역 내 보호가 필요한 대상자 및 위기 개입대상자를 발굴하여 개입계획 수립
	사례개입	지역 내 보호가 필요한 대상자 및 위기 개입대상자의 문제와 욕구에 대한 맞춤형 서비스가 제공될 수 있도록 사례개입
	서비스 연계	사례개입에 필요한 지역 내 민간 및 공공의 가용자원과 서비스에 대한 정보 제공 및 연계, 의뢰
서비스 제공 기능	가족기능 강화	1) 가족관계증진사업 : 가족원 간의 의사소통을 원활히 하고 각자의 역할을 수행함으로써 이상적인 가족관계를 유지함과 동시에 가족의 능력을 개발·강화하는 사업 2) 가족기능보완사업 : 사회구조 변화로 부족한 가족기능, 특히 부모의 역할을 보완하기 위하여 주로 아동·청소년을 대상으로 실시되는 사업 3) 가정문제해결·치료사업 : 문제가 발생한 가족에 대한 진단·치료·사회복귀 지원사업 4) 부양가족지원사업 : 보호대상 가족을 돌보는 가족원의 부양부담을 줄여주고 관련정보를 공유하는 등 부양가족 대상 지원사업 5) 다문화가정, 북한이탈주민 등 지역 내 이용자 특성을 반영한 사업
	지역사회 보호	1) 급식 서비스 : 지역사회에 거주하는 요보호 노인이나 결식아동 등을 위한 식사제공 서비스 2) 보건의료서비스 : 노인, 장애인, 저소득층 등 재가복지사업 대상자들을 위한 보건·의료관련 서비스 3) 경제적 지원 : 경제적으로 어려운 지역사회 주민들을 대상으로 시설이 아닌 지역사회에 거주하기 위해서 필요한 기초적인 일상생활 지원서비스 4) 일상생활 지원 : 독립적인 생활능력이 떨어지는 요보호 대상자들이 시설이 아닌 지역사회에 거주하기 위해서 필요한 기초적인 일상생활 지원서비스 5) 정서서비스 : 지역사회에 거주하는 독거노인이나 소년소녀가장 등 부양가족이 없는 요보호 대상자들을 위한 비물질적인 지원 서비스 6) 일시보호서비스 : 독립적인 생활이 불가능한 노인이나 장애인 또는 일시적인 보호가 필요한 실직자·노숙자 등을 위한 보호서비스 7) 재가복지봉사서비스 : 가정에서 보호를 요하는 장애인, 노인, 소년·소녀가정, 한부모 가정 등 가족기능이 취약한 저소득 소외계층과 국가유공자, 지역사회 내에서 재가복지봉사서비스를 원하는 사람에게 다양한 서비스 제공
	교육문화	1) 아동·청소년 사회교육 : 주거환경이 열악하여 가정에서 학습하기 곤란하거나 경제적 이유 등으로 학원 등 타기관의 활용이 어려운 아동·청소년에게 필요한 경우 학습 내용 등에 대하여 지도하거나 각종 기능 교육 2) 성인기능교실 : 기능습득을 목적으로 하는 성인사회교육사업 3) 노인 여가·문화 : 노인은 대상으로 제공되는 각종 사회교육 및 취미교실운영사업 4) 문화복지사업 : 일반주민을 위한 여가·오락프로그램, 문화소외집단을 위한 문화프로그램, 그 밖에 각종 지역문화행사사업

서비스 제공 기능	자활지원 등 기타	1) <u>직업기능훈련</u> : 저소득층의 자립능력배양과 가계소득에 기여할 수 있는 기능훈련을 실시하여 창업 또는 취업을 지원하는 사업 2) <u>취업알선</u> : 직업훈련 이수자 기타 취업희망자들을 대상으로 취업에 관한 정보제공 및 알선사업 3) <u>직업능력개발</u> : 근로의욕 및 동기가 낮은 주민의 취업욕구 증대와 재취업을 위한 심리·사회적인 지원프로그램 실시사업 4) 기타 특화사업
지역 조직화 기능	복지 네트워크 구축	지역 내 복지기관·시설들과 네트워크를 구축함으로써 복지서비스 공급의 효율성을 제고하고, 사회복지관이 지역복지의 중심으로서의 역할을 강화하는 사업 – <u>지역사회연계사업, 지역욕구조사, 실습지도</u>
	주민 조직화	주민이 지역사회 문제에 스스로 참여하고 공동체 의식을 갖도록 주민 조직의 육성을 지원하고, 이러한 주민협력강화에 필요한 주민의식을 높이기 위한 교육을 실시하는 사업 – <u>주민복지증진사업, 주민조직화 사업, 주민교육</u>★
	자원 개발 및 관리	지역주민의 다양한 욕구 충족 및 문제해결을 위해 필요한 인력, 재원 등을 발굴하여 연계 및 지원하는 사업 – <u>자원봉사자 개발·관리, 후원자 개발·관리</u>

기출문제 확인학습

반열방과 태화여자관[8]

1) 처음으로 우리나라에 사회복지관 사업을 소개한 것은 외국의 종교단체였다. 한국에서 사회복지관 운동은 <u>미국의 감리교 선교사인 놀스(Knowles) 여사가 1906년 원산에 반열방이라 칭하는 인보관을 설립하여 여성을 위한 계몽사업</u>을 시작한 것에 그 기원을 두고 있다.

2) 미국 감리교 선교부는 그 후 이러한 인보관운동을 확산하여 1921년 서울에 태화여자관의 설립을 시작으로 개성, 춘천, 공주 등의 지방에도 여자관을 설립하였다(남경현, 1978). 당시의 <u>보편적인 인보관은 태화여자관으로, 선교사인 마이어스(Marry Myers)가 뉴욕의 감리교 선교본부에 청원하여 당시 명월관 소유의 건물에 세운 것</u>이다.

3) 태화여자관의 주요사업은 여성들을 대상으로 한글교육, 가정방문상담, 가정위생 및 생활개선사업을 전개하고 아울러 아동건강 및 영양사업을 실시한 것이었다. 미국 감리교 선교사들에 의해 설립된 초기의 사회복지관들은 그 이름을 여자관이라고 하고 여성을 위한 사업을 중점적으로 실시하였는데, 그것은 당시 사업을 전개한 운영 및 실무주체가 여성들이었으며 또한 그들은 한국 여성들에 대한 차별 대우를 중요한 사회적 문제로 인식했기 때문이다. 그래서 이러한 사회관들은 야학, 재봉, 요리 등 계몽 및 사회교육을 통해서 여성의 사회적 지위를 향상 시키는 사업에 중점을 두었으며 부수적으로 어린이 보건 및 교육사업을 실시하였다.

---

[8] 출처 : 에듀에버 사회복지 용어사전

13 | 지역사회복지 추진체계 - 재가복지봉사센터

정의		지역사회에서 일정한 시설과 전문 인력 및 자원봉사자를 갖추고 필요한 재가복지서비스를 제공하는 사회복지시설을 말한다.
기능 및 역할	조사·진단 역할	재가복지서비스 대상자 및 가정의 욕구조사와 문제의 진단 등을 통해 필요한 서비스의 종류를 선정한다.
	서비스 제공 역할	재가복지서비스 대상별 측정된 욕구와 문제의 진단내용에 따라 직·간접적 서비스를 제공한다.
	자원동원 및 활용 역할	재가복지서비스의 내실화와 대상자 및 가정의 욕구와 문제해결을 위해 지역사회 인적·물적 자원을 동원, 활용한다.
	사업평가 역할	재가복지서비스사업을 평가하기 위하여 서비스기능, 분야별 효과, 자원동원 및 활용효과 등에 관하여 자체 평가하고 그 결과가 사업에 활용되도록 한다.
	교육기관 역할	자원봉사자 및 지역사회 주민들에게 재가복지서비스사업, 사회복지사업 및 취미·교양 등에 관한 교육을 제공한다.
	연대의식 고취 역할	지역사회 내 인적·물적 자원 연계를 통한 계층 간 연대감을 고취시킨다.
운영 기본 원칙	적극성 원칙	서비스 대상자의 요청을 기다리지 아니하고 적극적으로 서비스 요구를 발굴하여 필요한 서비스를 제공하여야 한다.
	능률성 원칙	최소의 비용으로 최대의 효과를 거두기 위하여 인적·물적 자원을 효율적으로 운영하여야 한다.
	연계성 원칙	다양한 서비스 욕구를 적절히 충족시키기 위하여 행정기관, 사회봉사단체 등 관련기관과 수시 연계 체계를 갖추고 알선, 의뢰, 자원봉사 등을 수행하여야 한다.
	자립성 원칙	요보호 대상자에 대한 서비스는 본인의 신체적, 정신적, 사회적 자립, 자활을 조성하는데 주안점을 두어야 한다.
우선 대상자		1) 국민기초생활보장 수급권자 2) 기타 저소득층 가정으로 재가복지서비스가 필요하다고 인정되는 자(무의탁 국가유공자 및 유족 등) 3) 미인가시설 생활자(장애인, 부녀, 아동, 노인 등) : 정부 인가시설 생활자× 4) 재가복지서비스를 원하는 지역주민
서비스 내용	가사서비스	집안청소, 식사준비 및 취사, 세탁 등
	간병서비스	안마, 병간호 수발, 병원 안내 및 동행, 통원 시 차량지원, 병원 수속대행, 약품 구입, 체온측정, 신체운동, 집안소독 등
	정서적 서비스	말벗, 상담, 학업지도, 책 읽어주기, 여가지도, 취미활동 제공, 행정 업무
	결연서비스	1) 대상자에 대한 생활용품 및 용돈 등의 재정적 지원 알선 2) 의부모, 의형제 맺어주기 등의 서비스
	의료서비스	지역의료기관, 보건기관과의 연계 및 결연을 통한 정기 또는 수시 방문 진료(링거액 투약, 혈압 체크, 질병상담 및 치료 등)
	자립지원 서비스	탁아, 직업보도, 기능훈련, 취업알선 등 자립능력을 배양할 수 있는 내용의 서비스 등

서비스 내용	주민교육 서비스	보호대상자의 가족, 이웃, 친지 등을 포함한 지역주민을 위한 재가보호 서비스 요령 및 방법 교육
	기타	사회복지관 내 시설을 활용한 서비스 등

14 | 지역사회복지 추진체계 - 사회복지공동모금회

목적	공동모금을 통하여 사회복지에 대한 국민의 이해와 참여를 제고함과 아울러 국민의 자발적인 성금으로 조성된 재원을 효율적이고 공정하게 관리·운용함으로써 사회복지증진에 이바지함을 목적으로 한다.
필요성 (장점)	1) 무분별한 자선사업의 난립을 막고 지역주민이 신뢰할 수 있는 민간모금단체를 등장시키는 데 주안점이 있다. 2) 지역사회 주민의 참여기회를 제공함으로써 지역주민들의 자원봉사활동을 크게 활성화시키게 될 것이다. 3) 공동모금의 배분을 받기 위해 사업계획서를 작성하고 신청하는 과정에서 전문화 제고에 기여할 수 있다는 것이다. 4) 공동모금이 활성화되면 후원자 또는 자원봉사자들을 동원하고 재원을 동원할 수 있는 노하우(know-how)가 없어서 모금을 하지 못하고 있는 기관들에게 복지 재원 분배의 기회가 제공될 것이며 사회복지계의 전반적인 서비스 수준향상에 도움이 된다. 5) 전 국민을 상대로 다양한 홍보 전략과 모금활동을 벌이는 가운데 사회복지에 대한 국민의 일반적 인식을 개선한다. 6) 사회복지 발전을 위한 정부와 민간의 동반자 관계를 형성한다.
특성	1) 봉사활동으로서 민간운동의 특성을 띤다. - 민간 재원 2) 지역사회를 중심 기반으로 한다. 3) 효율성과 일원화의 특성이다. 4) 기부금 모집에 대한 노력·시간·경비를 절약할 수 있다. 5) 공표·기부금의 관리, 배분의 내용을 공표함으로써 기부자인 지역주민에게 필요액에 관한 이해를 구함과 동시에 모금결과에 대해서도 공표하고, 기부금의 배분이 종료된 후에도 그 결과를 새로이 공표한다. - 투명성 6) 전국적인 협조를 도모할 수 있다. - 중앙회 차원

특성	**참고** **공동모금의 기본적 특성** 1) 지역성 　사회복지공동모금은 사회복지의 활동으로서 사회연대와 상부상조의 정신에 바탕을 둔 지역주민의 자주적인 봉사활동이다. 2) 효율성 　사회복지공동모금은 기부자의 선의를 효율적으로 활용하기 위하여 모금운동을 일원화하고 있고 지역사회의 기부자를 대신하여 면밀한 조사와 적절한 평가를 통해 배분함으로써 기부금을 효율적으로 활용해야 한다. 3) 공개성 　(1) 사회복지공동모금은 기부금의 관리와 배분 등 모든 면에서 명확히 공표해야 한다. 　(2) 즉, 모금운동에 앞서 각 회원시설 및 단체가 신청한 금액을 심사하여 배분계획을 세우고 모금목표액을 결정해야 한다. 　(3) 모금에 관한 모든 내용을 공표함으로써 기부자인 지역주민에게 소요되는 금액에 관한 이해를 구하고 모금운동의 결과에서 전체 모금액의 용도에 대해 공표하는 것이 중요하다. 　(4) 모든 기부금에 대한 배분이 종료된 후에도 그 결과를 공표해야 한다. 4) 협력성 　(1) 사회복지공동모금은 지역사회 내의 민간사회복지자금을 확대하고 사회복지 관련단체 등의 신청을 받아 이를 심사하여 배분한다. 　(2) 이러한 모든 과정은 일정한 계획성을 세워 전개하되, 각 과제마다 체계적이고 조직적으로 이행하는 것이 바람직하다. 5) 교육성 　(1) 사회복지공동모금은 모금운동을 통해 지역주민의 사회복지에 대한 이해를 높이고, 지역사회복지활동으로서 적극적인 참가를 촉진하는 데 있다. 　(2) 지역주민들은 지역사회복지의 실천을 위해 모금운동을 전개하되, 사회복지의 철학과 사회복지에 대한 이해를 도모할 수 있도록 기본적인 교육과 인식이 전개되어야 한다.
사회적 기능	1) 합리적 기부금 모금을 통한 사회복지 자금조성의 기능 2) 국민의 상부상조 정신 고양의 기능 3) 사회복지에 관한 이해의 보급과 여론형성의 기능 4) 민주시민으로서의 권리와 책무 수행 기능
단점	1) 권력의 집중화에 따른 개별기관의 자주성 상실 　가입기관의 계획, 정책, 운영에 대하여 중앙회의 독선적이고 간섭 가능성 2) 금전에 관심이 기울어져 사회복지의 정신과 동기 상실 3) 기부자의 선택의 자유 박탈(현금 위주가 될 경우) 4) 기부자를 적시시 하지 못함으로써 사회복지의 현상유지를 위한 방어자가 되고 사회행동을 주저하게 됨 5) 모금 실패 시 가입기관 전체 타격

사회 복지 공동 모금회법 (1999) 내용	1) 지원대상을 사회복지사업법 상의 사회복지사업 이외의 폭넓은 민간비영리복지사업이 포함되었다. 2) 사회복지공동모금회를 사회복지법인으로 설립하고 지역단위의 사회복지사업을 관장하기 위한 지역공동모금회를 독립법인에서 중앙공동모금회의 지회로 전환하였다. 3) 기부금품모집규제법의 적용을 배제하여 모집 경비를 종래 모금액의 2%에서 10%까지 현실화하였다. 4) 보건복지부의 승인사항을 대폭 줄이고, 대신 보고사항을 활용함으로써 불필요한 관(官)의 개입을 방지하였다. 5) 연중 기부금품의 모집·접수·집중모금 가능 6) 회계연도 : 1월 1일～12월 31일(배분 공고 : 8월 31일까지) 7) 기획, 홍보, 모금, 배분업무에 관한 사항을 심의하기 위하여 해당 분야의 전문가와 시민대표 등으로 구성되는 기획분과실행위원회, 홍보분과실행위원회, 모금분과실행위원회 및 배분분과실행위원회를 둔다. 8) 재원 　 사회복지공동모금에 의한 기부금품, 복권 및 복권기금법에 의하여 배분받는 복권수익금(공동모금회 복권 발행은 보건복지부장관의 승인사항), 기타 수입금, 법인·단체가 출연하는 현금·물품 그 밖의 재산 9) 기부금품의 지정사용 　 기부금품의 기부자는 수혜지역·수혜대상자 또는 사용 용도를 지정할 수 있다. 모금회는 지정이 있는 경우 그 지정 취지에 따라 기부금품을 사용하여야 한다.
사업 (모금, 지회, 기부금품) (기부 문화 조성x)	1) 사회복지공동모금사업 2) 공동모금재원의 배분 3) 공동모금재원의 운용 및 관리 4) 사회복지공동모금에 관한 조사·연구·홍보 및 교육기관 5) 사회복지공동모금지회의 운영 6) 사회복지공동모금과 관련된 국제교류 및 협력증진사업 7) 다른 기부금품 모집자의 협력사업 8) 기타 모금회의 목적달성에 필요한 사업

기출문제 확인학습

사회복지공동모금회 배분사업의 종류

1) 신청사업 : 사회복지 증진을 위하여 자유주제 공모형태로 복지사업을 신청 받아 배분하는 사업[9] [프로그램사업 및 기능보강사업]
2) 기획사업 : 모금회가 그 주제를 정하여 배분하는 사업 또는 배분대상자로부터 제안 받은 내용 중에서 선정하여 배분하는 시범적이고 전문적인 사업
3) 긴급지원사업 : 재난구호 및 긴급구호, 저소득층 응급지원 등 긴급히 지원해야 할 필요가 있는 경우에 배분하는 사업
4) 지정기탁사업 : 사회복지 증진을 위하여 기부자가 기부금품의 배분지역·배분대상자 또는 사용용도를 지정한 경우 그 지정취지에 따라 배분하는 사업

---

9) 신청사업은 주로 프로그램을 지원하는 '프로그램사업'과 주로 시설의 기능보강을 지원하는 '기능보강사업'이 있다.

15 | 지역사회복지 추진체계 - 자활근로/자활기업

1 추진체계

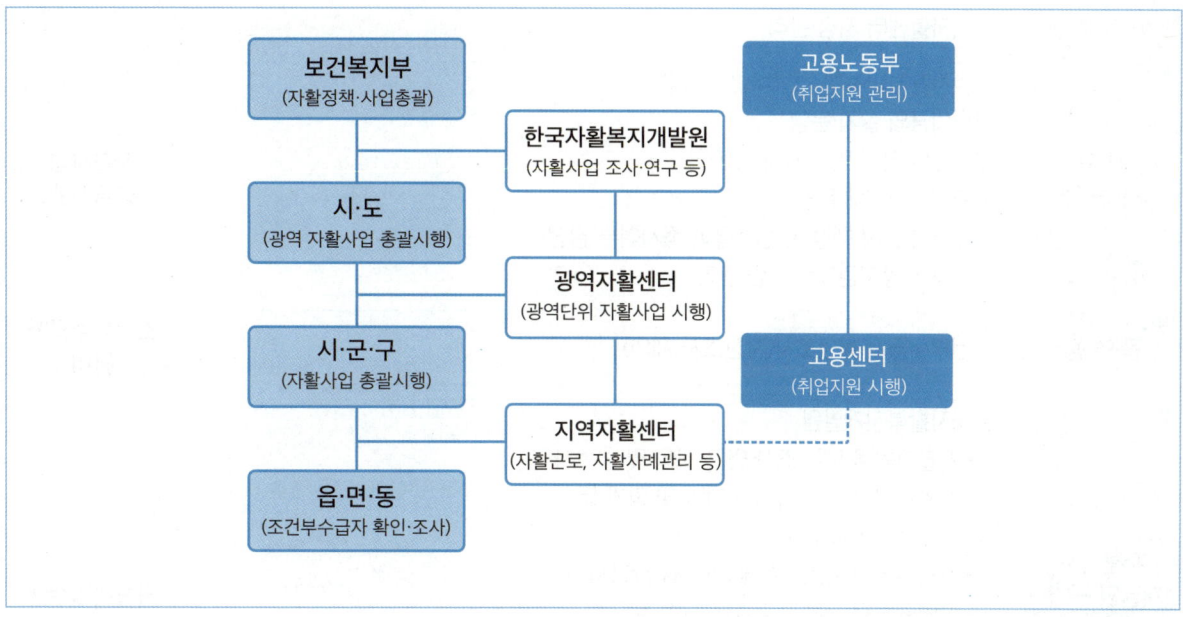

2 추진 주체별 역할

주체	역할	구분
보건복지부	- 국민기초생활보장제도 총괄 - 종합자활지원계획 수립(매년 12월) - 자활프로그램 개발·추진 - 지역자활센터 지정·관리	자활정책·사업 총괄관리
시·도 시·군·구	- 지역자활지원계획수립(매년 1, 2월) - 자활기금의 설치·운영 - 급여 실시여부 및 내용결정, 지급 - 자활기관협의체 운영 - 조건부 수급자 책정 및 생계급여 중지여부 결정 - 참여자 자활지원계획 수립·관리	자활사업 총괄시행
읍·면·동	- 조건부수급자 확인조사(자산조사 제외)	조건부수급자 관리

자활복지
개발원·광역·
지역자활센터
	- 한국자활복지개발원
	  • 자활지원을 위한 조사·연구·교육 및 홍보사업
	  • 자활지원을 위한 사업의 개발 및 평가 등
	- 광역자활센터(14개 시·도)
	  • 광역단위의 저소득층에 대한 취·창업지원
	  • 지역특화형 자활 프로그램 개발·보급 등
	- 지역자활센터
	  • 자활의욕 고취를 위한 교육, 참여자 사례관리
	  • 자활을 위한 정보제공·상담·직업교육 및 취업알선
	  • 기타 자활을 위한 각종 사업 등
		자활사업수행

고용노동부	- 종합 취업지원계획 수립(매년 12월) - 취업지원 프로그램 개발·추진	취업지원관리
고용센터	- 개인별 취업지원계획 수립·관리 - 취업알선 등 취업지원프로그램 시행 - 취업대상자의 조건이행 여부 확인	취업지원시행

3 자활사업 대상자 선정

1) 개요

「국민기초생활 보장법」에 따라 수급권자를 자활사업에 참여하기 위한 사전조치로서 근로능력의 유·무를 판정
※ 근로능력평가 대상자는 생계·의료급여 수급권자에 한정되며, 주거·교육급여 수급권자는 근로능력평가의 대상이 아님

2) 자활사업 참여 자격

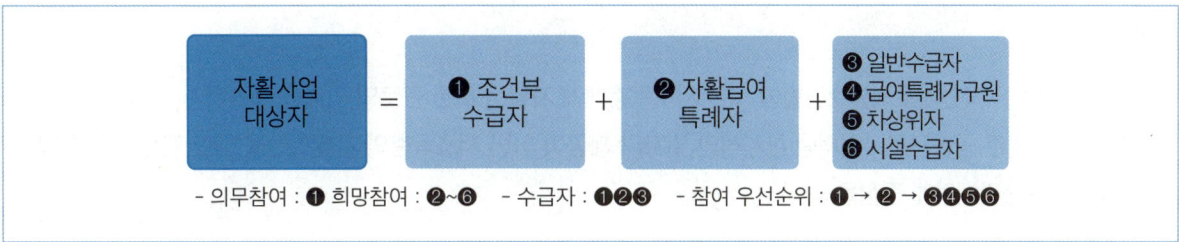

- (1) 조건부 수급자 : 근로능력이 있는 수급자는 자활에 필요한 사업에 참가할 것을 조건으로 생계급여를 지급받는 조건부 수급자로 선정. 단, 국민기초생활보장법 시행령 제8조 ②항 각 호에서 정하는 요건에 해당하는 자는 조건부과를 유예할 수 있음(조건부과유예자)
- (2) 자활급여특례자 : 생계·의료급여 수급자가 자활근로, 자활기업 등 자활사업 및 취업성공패키지(고용노동부)에 참가하여 발생한 소득으로 인하여 소득인정액이 기준 중위소득의 40%를 초과한 자(「국민기초생활보장사업안내」참조)
- (3) 일반수급자 : 참여 희망자(만 65세 이상 등 근로무능력자도 희망 시 참여 가능)
  - 단, 정신질환·알코올질환자 등은 시·군·구청장의 판단 하에 참여 제한 가능
  - 일반수급자는 다음의 경우로 구분됨
  ① 근로능력 없는 생계급여수급권자 및 조건부과제외자
  ② **의료·주거·교육급여 수급(권)자**
      ※ 기타 수급유형(의료·주거·교육급여)은 별도 차상위 책정 절차 없이 수급권 자격 받는 동시에 바로 자활사업 참여 기능
- (4) 특례수급가구의 가구원 : 의료급여특례, 이행급여특례가구의 근로능력 있는 가구원 중 자활사업 참여를 희망하는 자
- (5) 차상위자 : 근로능력이 있고, 소득인정액이 기준 중위소득 50% 이하인 사람 중 비수급권자
  ① 소득인정액이 기준 중위소득 50% 이하인 자로서 한국 국적의 미성년 자녀를 양육하고 있는 국적 미취득의 결혼이민자 포함
  ② 만 65세 이상 등 근로능력이 없는 차상위자가 자활사업 참여를 원할 경우 시·군·구의 자활사업 및 지원예산·자원의 여건을 감안하여 시군구청장 결정에 따라 참여 가능
- (6) 근로능력이 있는 시설수급자
  ① 시설수급자 중 생계·의료급여 수급자 : 행복e음 보장결정 필수(조건부수급자 전환 불필요)
  ② 일반시설생활자(주거·교육급여 수급자 및 기타) : 차상위자 참여 절차 준용

4 자활근로사업 - 도표 정리 참고

1) 개념

자활근로사업은 국민기초생활보장법에 의한 저소득층에게 자활을 위한 근로의 기회를 제공하여 자활기반을 조성하는 사업 - 기존 공공근로사업처럼 한시적인 일자리 제공이 아닌 저소득층의 자활촉진을 위한 자활기업 창업 등을 위한 기초능력배양에 중점을 둠

2) 사업영역

전국 표준화사업*, 공공·민간 연계사업** 등 전국 단위 사업 및 지역 실정에 맞는 특화사업을 적극 개발하여 추진
* 간병, 집수리, 청소, 자원 재활용 등
** 커뮤니티케어(주택개보수, 돌봄), 정부양곡배송 등

3) 자활참여자의 자활 촉진 및 자활근로 사업 참여에 안주하는 것을 방지하기 위하여 자활근로 참여기간을 최대 36개월로 제한(단, 근로유지형 자활근로는 연속 참여기간 제한 없음)하고, 다른 유형으로 전환할 경우 최대 60개월까지 참여 가능

※ Gateway 참여기간은 자활근로 참여기간에 산정하지 않음
- 유형별 참여기간은 해당 유형에 따름
- 유형 변경은 시장진입형, 사회서비스형, 인턴·도우미형 상호 간의 이동을 의미

4) 차상위자는 취업성공패키지 사업 참여를 적극적으로 유도하고, 근로유지형 자활근로사업에는 참여 제한

5 자활기업

2인 이상의 수급자 또는 차상위자가 상호협력하여, 조합 또는 사업자의 형태로 탈빈곤을 위한 자활사업을 운영하는 업체로, 자립형 자활기업과 사회형 자활기업이 있다.

> **국민기초생활 보장법에 의한 자활기업 요건을 갖추고 보장기관으로부터 인정을 받은 인정 자활기업**
>
> [연혁]
> 1) 2000. 10. 국민기초생활보장법 시행으로 '자활공동체' 창업 지원
> 2) 2012. 8. 2. 국민기초생활보장법 개정으로 명칭변경 및 설립요건 완화
>   - 명칭 : 자활공동체 → 자활기업
>   - 설립요건 : 사업자등록 상 2인 공동사업자 → 1인 이상 사업자

1) 사업목적 및 추진방향

(1) 수급자 등 저소득계층의 자활기업 참여를 통한 탈빈곤을 목적으로 함
(2) 보장기관은 지역자활센터 등 자활사업실시기관을 통해, 개인 신용이나 담보력이 부족한 자활기업 참여자들이 공동창업의 형식을 통해 시장에 진입할 수 있도록 지원하여야 함
(3) 지역사회 자원과의 적극적인 연계를 통해 안정적인 일감을 제공함으로써 자활기업 참여자들이 근로경험을 축적할 수 있도록 지원
(4) 상호출자의 조합방식 운영을 통해 자활기업에 대한 소속감을 높이고 미래의 창업에 대한 비전 제시로 상대적인 저임금 등 제약요인을 극복
(5) 자활기업의 원활한 수행을 위하여 자활기업 참여자는 관할 시·군·구 지역 거주자에 국한하지 않으며, 사업실시 지역은 관할지역을 벗어날 수 있음
(6) 보장기관은 시장진입형 자활근로사업의 기술향상·경험축적 등 수행능력을 제고하고, 기존 자활기업 성공사례를 벤치마킹하여 자활기업으로 육성 및 지원
(7) 자활기업 실시기관은 자활기업 설립 및 관리를 목표로 추진하여야 함

2) 자활기업 설립요건

(1) 운영주체 : 자활근로사업단을 거친 2인 이상의 수급자 또는 차상위자로 구성
(2) 1인이 창업한 경우는 개인 창업으로, 자활기업이 아님
(3) 설립방식 : 조합 또는 부가가치세법상 사업자 : 조합형태로 설립을 추진하더라도 사업자등록을 하여야 하며, 사업자등록이 없는 경우 자활기업으로 인정하지 않음
(4) 설립절차 : 부가가치세법상 사업자 등록절차 및 타 법령상 조합 설립 절차에 따름
(5) 2017. 1. 1.부터 자활사업 실시기관 종사자(센터장 포함) 명의의 사업자등록 및 대표직 겸직을 금지함

3) 인정요건

(1) 자활기업 구성원 중 기초생활보장 수급자와 차상위자의 경우 전체의 1/3 이상이어야 한다. (단, 수급자는 반드시 1/5 이상이어야 함.)
(2) 기존 자활기업에 참여하던 수급자가 전·출입 등 변동요인에 의해 감소한 경우는 1/5까지 인정
(3) 모든 자활기업 참여자에 대해 노동관계법령상의 최저임금 이상의 임금 지급이 가능하여야 함
(4) 모든 참여자에 대해 노동관계법령상의 최저임금 이상의 임금 지급이 지속적으로 가능한 자활사업단은 특별한 사유가 없는 한 자활기업으로 전환하여야 함

> **정리**

자활근로와 자활기업

자활근로	시장 진입형	1) 매출액이 총 투입예산(인건비를 포함한 사업비 총액을 말함)의 30% 이상 발생하고, 일정기간 내에 자활기업 창업을 통한 시장진입을 지향하는 사업단 사업 2) 참여대상자 　　조건부수급자 및 희망참여자(일반수급자, 자활급여특례자, 차상위자 등) 3) 대상사업 　　시장진입 가능성이 높고 자활기업 창업이 용이한 사업으로, 매출액이 총 투입 예산의 30% 이상 발생하는 사업
	사회 서비스형	1) 사회적으로 유용한 일자리 제공으로 참여자의 자활능력 개발과 의지를 고취하여 향후 시장진입을 준비하는 사업 2) 매출액이 총 사업비(인건비 + 사업비)의 10% 이상 발생하여야 함 3) 매출액 기준을 이행하지 못하였을 경우, 사업단 폐지가 원칙이나 시·군·구와 협의 하에 1년간 운영 연장 가능
	인턴· 도우미형	1) 지자체, 지역자활센터, 사회복지시설 및 일반기업체 등에서 자활사업대상자가 자활인턴사원으로 근로를 하면서 기술·경력을 쌓은 후 취업을 통한 자활을 도모하는 취업유도형 자활근로사업 2) 참여대상자/유형 　(1) 참여대상자 : 조건부수급자 및 희망참여자(일반수급자, 자활급여특례자, 차상위자 등) 　(2) 유형 : 인턴형, 복지·자활도우미형, 사회복지시설 도우미형
	근로 유지형	1) 현재의 근로능력 및 자활의지를 유지하면서 향후 상위 자활사업 참여를 준비하는 형태의 사업 2) 참여대상자 　　생계·의료급여 수급자, 자활급여특례자(차상위자 참여 제한) 3) 대상자 선정 시 아래사항을 감안 　(1) 연령 및 건강·학력 등을 감안하여 노동 강도가 낮은 사업 참여가 필요한 자 　(2) 간병·양육·보호 등 가구여건상 관내 사업 참여가 필요한 자 　(3) 자활 역량평가 결과가 근로의욕증진대상자(점수가 55점 미만인 자)
자활 기업	운영주체	1) 자활근로사업단을 거친 2인 이상의 수급자 또는 차상위자로 구성 2) 1인이 창업한 경우는 개인 창업으로, 자활기업이 아님
	설립방식	1) 조합 또는 부가가치세법상 사업자 2) 사업특성상 사업자등록이 곤란한 경우 조합형태로 설립을 추진함
	인정요건	1) <u>자활기업 구성원 중 기초생활보장 수급자와 차상위자의 경우 전체의 1/3 이상이어야 한다.</u> (단, 수급자가 1/5 이상이어야 함.) 2) 모든 자활기업 참여자에 대해 노동관계법령상의 최저임금 이상의 임금 지급이 가능하여야 함

> **기출문제 확인학습**
>
> **사회적 경제의 주체에 관한 설명**
>
> 1) 마을기업은 지역공동체 이익을 추구하고 지역자원을 활용한다.
> 2) 사회적 기업은 사회적 목적을 추구하면서 영업활동을 하는 기업이다.
> 3) 협동조합은 조합원의 권익 향상과 지역사회 공헌을 목적으로 한다.
> 4) 지역자활센터는 수급자와 차상위계층의 자활을 촉진하며, 사회복지법인, 비영리법인과 비영리단체가 지정에 대한 신청을 할 수 있다.

16 | 지역사회복지 추진체계 - 자원봉사센터

기능	역할	업무
수급조정	수급	모집, 상담, 연결, 관리 배치
	안내(상담)	자원봉사활동(프로그램에 대한 상담)
기록·등록	기록 및 등록	• 활동의 기록 작성(활동카드, 상담카드) 작성 • 등록카드 작성(등록카드, 욕구카드)작성
자원봉사 활동지원	기자재·장소 대여	• 회의장·기자재의 제공 • 자원봉사활동에 대한 각종 지원금 소개, 절차의 안내 • 자원봉사활동을 위한 기금 조성
	인정 및 보상	• 자원봉사자 보험 가입(자원봉사활동기본법 시행령 10조) • 자원봉사활동 인정서·수첩 발급, 자원봉사자 표창
	상담·조언	• 자원봉사활동에 관한 상담·정보 제공 • 자원봉사활동에 관한 자료의 안내·제공·대출
	육성·조직	자원봉사자 소그룹 활동의 지원, 전산프로그램 설치
양성·연수	교육·훈련	• 자원봉사자 오리엔테이션 및 재교육 • 자원봉사자 스쿨, 워크숍
	연수	자원봉사 담당자 교육 및 훈련
홍보·계발	홍보	홍보지·포스터 발행, 자원봉사신문 발행, 사례집 발간
	계발	자원봉사 캠페인 실시, 자원봉사 체험학교
네트워크화	연계망 구축	자원봉사단체 간의 협의체 구성
	교류	• 자원봉사자, 자원봉사활동 그룹, 관계기관·단체, 담당자 간 교류 • 지역 연대사업(지역 내 공동의 자원봉사자 대회 참가)
조사·연구	조사·연구	욕구, 지역조사
	프로그램 개발	조사·연구를 통한 프로그램 개발

실력다지기

자원봉사자 욕구(프란시스)

암기법 실제적 - 경험/이타적 - 책임/인정 - 존경/보상 - 교환/접촉 - 친교

1) 경험 추구의 욕구 : 실제적인 이득 및 자아성장
2) 사회적 책임감 표현 욕구 : 이타적 동기들
3) 타인 기대 부응 욕구 : 의미 있는 주위 사람들의 압력, 영향
4) 사회적인 인정 욕구 : 사회의 존경
5) 사회적 접촉 욕구 : 친교 및 사회 경험
6) 사회적 교환 욕구 : 미래에 대한 보상
7) 성취 욕구 : 개인적 성취

17 | 지역사회복지운동의 성격

조직운동	지역사회 주민의 주체성과 역량을 강화하고 지역사회의 변화를 주도하는 조직운동이다.
사회권 확립운동	주민참여의 활성화에 의해 복지권리의식과 시민의식을 배양하는 사회권 확립운동이다.
생활운동	지역사회복지의 주된 관심사가 지역사회 주민의 삶의 질과 관련된 생활영역에 두고 있기 때문에 지역사회복지의 확산과 발전을 위한 생활운동으로서 의미를 가지고 있다.
자원동원 운동	지역사회의 다양한 자원 활용 및 관련 조직 간의 유기적인 협력이 이루어지는 자원동원 운동이다.

기출문제 확인학습

지역사회복지 운동

1) 지역사회의 변화를 주도하는 조직운동
2) 지역사회복지의 확산과 발전을 위한 생활운동
3) 복지권리의식과 시민의식을 배양하는 사회권 확립운동
4) 지역사회 관련조직 간의 유기적인 협력이 이루어지는 연대운동

18 | 주민운동과 이슈 중심의 사회복지운동[10]

1) 지역사회복지운동은 '사회복지 발전을 목표로 하는 사회운동적인 노력'이며 즉 '목표로서의 사회복지 발전'과 이를 달성하기 위한 '수단적 노력으로서의 사회운동'의 조합으로서, 지역사회복지운동을 정의하면 '지역사회복지 발전을 목표로 하는 지역사회운동적인 노력'이라고 할 수 있다.
2) 현재 우리나라의 사회복지운동은 운동의 쟁점, 즉 사회복지 문제 또는 주민의 욕구충족이라는 기준에 근거할 경우 그 유형은 크게 두 가지로 분류할 수 있다.

   (1) 주민운동
   지역사회를 중심으로 하는 사회복지운동, 즉 지역사회 주민의 복지와 관련된 주민운동이다.(사례 핵폐기물 처리장 설치 반대운동 등)

   (2) 문제 또는 이슈 중심의 지역사회복지운동
   이는 지역성과는 별개로 사회적 이슈로서 사회복지 문제를 운동의 쟁점으로 설정하고 있는 이슈 중심의 사회복지운동이다(사례 국민 최저선 확보 운동, 조례 제정 운동 등).

3) 지역복지운동은 지역사회복지의 한 영역으로서 지역사회복지 발전을 목표로 하는 사회운동이라고 할 수 있다.
4) 또한 지역사회 주민의 복지와 관련된 주민운동이라고 할 수 있으며 주민운동은 '일정한 지리적 공간 안에 거주하는 주민들이 주체가 되어 자신들의 공통된 문제를 해결하고자 벌이는 사회운동'이다.

19 | 비영리 민간단체 - 비당파적·비종교적·공익적·자발적·자율적 성격 지님

1) 조직의 소유자 혹은 운영자에게 이윤을 배분하지 않아야 한다.
조직 활동의 결과로서 이윤이 발생되어도, 그것을 조직 본래의 목적을 위해서 재투자하여야 한다.

2) 정부조직이 아니어야 한다.
이것은 정부에 의해 설립되거나 정부기구의 일부분이 아니어야 함을 가리키며, 정부로부터 자금 지원을 받아서는 안 된다는 의미는 아니다.

3) 공식성을 띤 것이어야 한다.
조직으로서 체제를 갖추고 있어야 하며, 일시적 행사를 목적으로 사사로이 결성된 것이 아니어야 한다는 것이다. 그러나 반드시 법인격을 갖춘 것이어야 하는 것은 아니다.

4) 자주성을 갖춘 것이어야 한다.
다른 조직에 지배되지 않고, 독립해서 독자적으로 조직을 운영하는 것이어야 한다.

---

[10] 김성기(2002), 1990년대 이후 지역복지운동단체의 성격 연구, 재인용 성공회대 석사학위논문

5) 자발적인 것이어야 한다.

자발적으로 조직된 것으로서, 자발적인 기부와 자원봉사에 주로(비록 전부는 아니더라도) 의존하는 것이어야 한다.

6) 특정 정치집단이나 종교집단을 위한 것이 아니어야 한다.

공익성 추구를 주된 성격으로 하기 때문에, 특정한 정치적 혹은 종교적 이해관계나 목적을 위한 것이어서는 안 된다.

20 | 주민참여 단계에 따른 유형 암기법 조치/정상회/협권통

비(非)참여	조작	1단계의 조작과 2단계의 치료는 그 본래의 목적이 주민을 참여시키는 데 있는 것이 아니라, 단지 지방자치단체가 참여자를 교육시키거나 치료하는 데 있는 것이므로 비참여의 범주에 해당된다.
	치료	
명목적 참여 (= 형식적 참여)	정보제공	3단계의 정보제공과 4단계의 상담 및 5단계의 유화에서 주민은 정보를 제공받아 권고·조언하고 공청회·심의회나 각종 위원회에 참여하여 정책과 관련한 의견을 제시할 수 있지만 지방자치단체가 이에 대한 판단결정권을 유보하고 있기 때문에 명목적 참여의 범주에 있게 된다.
	상담	
	회유(유화)	
주민권력	협력관계	협력관계, 권한위임, 주민통제에 이르면 기존의 권력체계는 주민과 지방자치단체 간에 재분배되며, 일정한 권한과 책임이 주민에게 맡겨져 주민이 정책결정에 있어서 주도권을 획득하는 주민권력의 상태에 있게 된다.
	권한위임	
	주민통제	

기출문제 확인학습

아른스테인의 주민참여 8단계

1) 비(非)참여 단계
   (1) 1단계 : 조작
       행정과 주민이 서로 간의 관계를 확인한다는 것에서 의미를 찾을 수 있으며, 공무원이 일방적으로 교육하고 설득시키며 주민은 단순히 참석하는 수준이다.
   (2) 2단계 : 치료
       주민의 욕구불만을 일정한 사업(정책)에 분출시켜서 치료하는 단계로서, 행정의 일방적인 지도에 그친다.
2) 형식적(명목적) 참여 단계
   (3) 3단계 : 정보제
       행정이 주민에게 일방적으로 정보를 제공하지만, 환류는 잘 일어나지 않는다.
   (4) 4단계 : 상담
       공청회나 집회 등의 방법으로 행정에 참여하기를 유도하고 있으나, 형식적인 단계에 그친다.
   (5) 5단계 : 주민회유(유화)
       각종 위원회 등을 통해 주민의 참여범위가 확대되지만, 최종적인 판단은 행정기관이 한다는 점에서 제한적이다.

3) 주민권력 단계
   (6) 6단계 : 협동관계
      행정기관이 최종결정권을 가지고 있지만, 주민들이 필요한 경우 주민들의 주장을 협상으로 유도할 수 있다.
   (7) 7단계 : 권한위임
      주민들이 특정계획에 관해서 우월한 결정권을 행사하고 집행단계에 있어서도 강력한 권한을 행사한다.
   (8) 8단계 : 주민통제
      주민 스스로 입안하고, 결정에서 집행 및 평가단계에 이르기까지 주민이 통제한다.

실력다지기

주민참여 방법

1) 델파이 방법
   다양한 전문가 집단의 지식과 능력을 결합하여 정책과 계획의 내용에 반영하기 위해 우편조사를 하여 익명성을 보장하고 통제된 피드백 방식을 활용하는 방법이라 할 수 있으며, 문제의 확인, 목표와 우선순위의 결정 및 대안의 확인평가에 유용하다.

2) 명목집단 방법
   개인은 다른 사람 앞에서 행동은 하되, 상호작용은 이루어지지 않는 상황을 조성(집중적인 토론 없이)하여 해결해야 할 문제에 대해 개별적으로 해결방안을 나열하고 이를 우선순위, 중요성에 따라 등급화 및 정리하여 제시하는 방법으로, 문제이해, 목표확인, 행동계획 개발 등에 활용된다.

3) 샤레트 방법
   지역주민과 관료, 정치가들이 함께 모여 서로 배우는 비공식적 분위기를 조성하여 지역사회에서 느끼고 있는 문제점들과 관료 또는 정치가들이 인지하고 있는 문제의 시각을 개진하여 진솔하게 이야기를 나누고 상호이해를 통해 일정 시간 내에 합의된 제안을 작성하는 방법이다.

21 | 지역사회보장계획의 수립 과정(사회보장 급여의 이용·제공 및 수급권자 발굴에 관한 법률)

지역주민 등 이해 관계자 의견 수렴(욕구조사 등)
↓
시·군·구의 지역사회보장계획 수립(시, 군, 구청장)
↓
지역사회보장협의체(공무원 포함)의 심의 / 시·군·구 의회 보고
↓
시·도지사에게 제출(시·군·구 계획 조정 권고 가능)
↓
제출된 시·군·구 지역사회보장계획의 종합조정(시·도지사)
↓
시·도 지역사회보장계획 수립(시·도지사)
↓
시·도 사회보장위원회(공무원 포함) 심의 / 시·도 의회보고
↓
보건복지부장관에게 제출(시·도 계획 조정 권고 가능 / 사회보장위원회 보고)
↓
지역사회보장계획 시행
↓
지역사회보장계획 시행결과 평가

기출문제 확인학습

지역사회보장협의체
1) 네트워크 원리에 따른 운영
2) 수요자 중심의 지역사회보장서비스 제공기반 마련
3) 지역사회 공동체 기능 회복과 사회자본 확대 지향
4) 「사회보장급여의 이용·제공 및 수급권자 발굴에 관한 법률」로 시행

22 | 지역사회보장협의체의 민관 파트너십 모형 - 거버넌스

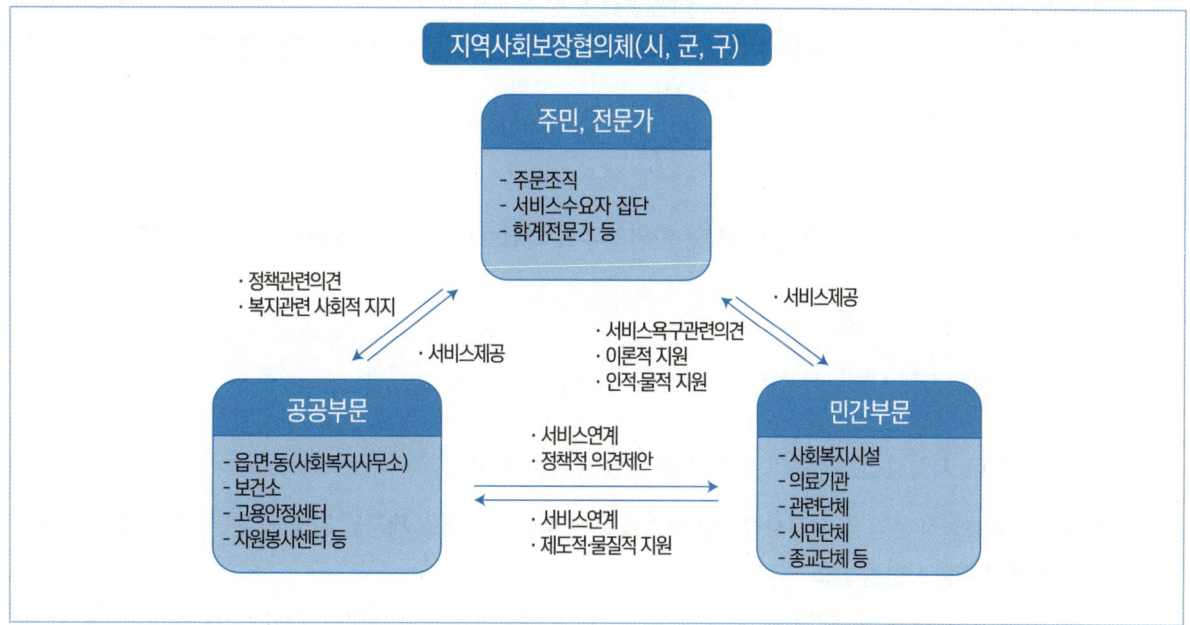

23 | 지역사회보장계획 심의기구들 - 정리

> **서울특별시 은평구 지역사회보장협의체 운영 조례 제2조**(용어의 정의)
>
> 이 조례에서 사용하는 용어의 뜻은 다음과 같다.
> 1. "지역사회보장협의체"(이하 "대표협의체")란 「사회보장급여의 이용·제공 및 수급권자 발굴에 관한 법률」 제41조 제2항의 기능을 수행하는 구청장의 심의 및 자문기구를 말한다.
> 2. "전문위원회"란 대표협의체의 효율적인 심의 및 자문업무 수행을 위한 위원회를 말한다.
> 3. "실무협의체"란 대표협의체의 효율적인 업무수행을 지원하기 위한 협의체를 말한다.
> 4. "실무분과"란 실무협의체의 효율적 업무수행을 지원하기 위한 조직을 말한다.
> 5. "동 지역사회보장협의체"란 동 단위 지역의 복지서비스 연계 및 협력을 위한 협의체를 말한다.

1) 지역사회보장협의체의 역할 - 심의 및 자문

(1) 지역사회보장계획수립·시행·평가에 관한 사항

지역사회보장계획의 수립, 집행과정 모니터링 및 시행결과 평가 등 계획 추진에 관한 일련의 사항

(2) 지역사회보장조사 및 지역사회보장지표에 관한 사항

지역사회보장계획 수립에 필요한 지역 내 사회보장 관련 실태와 지역주민의 사회보장에 관한 인식 등에 관하여 필요한 조사 설계·실시·조사결과 등을 심의, <u>지역사회보장의 실태와 계획 시행을 통하여 달성하고자 하는 목표를 점검할 수 있도록 지표 및 목표치 설정</u>

(3) 사회보장급여 제공에 관한 사항

지역사회의 복지문제 해결을 위한 시, 군, 구 단위의 주요 사회보장급여 제공 계획 등의 심의에 참여

(4) 사회보장 추진에 관한 사항

시, 군, 구 단위의 자체 사회보장 추진사업(지역고유사업) 등을 심의

(5) 읍, 면, 동 단위 지역사회보장협의체 구성 및 운영에 관한 사항

① 협의체의 효율적 운영 및 복지사각지대 해소를 위한 통합적 서비스 제공을 위해 읍, 면, 동 단위 협의체의 구성 운영에 관한 사항을 심의
② 읍, 면, 동 협의체 구성·운영방향, 협의체의 읍, 면, 동 단위 협의체 지원방안, 대표협의체/실무협의체와 읍, 면, 동 협의체 간 연계방안 등

(6) 그 밖에 위원장이 필요하다고 인정하는 사항

협의체 설치목적 범위 내에서 연찬회, 정책토론회, 세미나, 워크숍, 교육사업 등 각종 역량강화 사업 추진, 지역 내 잠재되어 있는 인적·물적 복지자원 발굴 등

2) 지역사회보장 실무협의체 역할

(1) 대표협의체의 심의/자문사항의 사전 검토와 대표협의체 또는 실무협의체 위원장이 필요하다고 인정하는 사항을 반드시 심의
(2) 지역사회보장계획의 주요 사업 논의, 시책개발 사업 개발 및 논의, 실무분과 및 읍, 면, 동 지역사회보장협의체 공동사업 조정·연계 논의, 지역사회보장협의체 주최 교육 및 워크숍, 행사 추진 사항 등 논의

> **서울특별시 은평구 지역사회보장협의체 운영 조례 제6조 ④항 : 실무협의체는 다음의 사항을 검토·협의한다.**
>
> 1) 대표협의체의 안건에 대한 사전 협의 및 조정
> 2) 지역사회보장 서비스 제공 및 자원의 연계협력에 관한 협의·건의
> 3) 실무분과에서 발의된 안건에 대한 논의 및 실무분과 간 역할조정·협력
> 4) 지역사회보장계획에 관련된 모니터링
> 5) 지역사회보장조사 및 지역사회보장 지표에 관련된 모니터링
> 6) 그 밖에 대표협의체 위원장이 실무협의체에 검토를 요구한 사항

3) 실무분과의 역할

공동사업의 수행, 서비스제공 및 연계, 대상자별 사례회의, 서비스 제공 관련 건의 등

4) 읍, 면, 동 지역사회보장협의체 역할

(1) 관할지역 내 사회보장대상자 및 자원 발굴
(2) 사회보장대상자에 대한 서비스 연계·지원
(3) 지역사회보호체계 구축·운영 : 지역인적안전망 구축
(4) 지역 내 복지문제 해결을 위한 자체 특화사업 수행 등

CHAPTER 6
사회복지정책론

나눔복지교육원 동영상 강의

CHAPTER 06 사회복지정책론

1 | 사회복지정책의 영역

협의	건강보장정책, 소득보장정책, 주택정책, 교육정책, 사회복지서비스정책(By. 마샬, 암기법 건소주교사)
광의	협의의 영역 + 노동정책(= 고용정책), 조세정책 암기법 노조광

2 | 사회복지정책 가치로서의 평등 - 사회복지정책은 가치지향적인 성격이 있다.

수량적 평등	결과의 평등/욕구나 능력의 차이와는 관계없이 사회적 자원을 똑같이 분배하는 것
비례적 평등	공평/욕구, 능력, 기여에 따라 사회적 자원을 상이하게 배분하는 것
기회의 평등	소극적 평등/결과의 측면은 보장하지 않으면서 과정상 기회만 제공 사례 긍정적 차별시정 조치(Affirmative Action), 장애인의무고용제 등

기출문제 확인학습

수량적 평등(산술적 평등, 결과의 평등), 비례적 평등, 기회의 평등

1) 수량적 평등
   (1) 개념 : 모든 사람을 똑같이 취급하여 사람들의 욕구나 능력, 기여의 차이에 관계없이 사회적 자원을 똑같이 분배하는 것이다.
   (2) 사회복지정책적 의미 : 소득재분배를 목표로 빈곤한 사람에게 능력이나 기여에 상관없이 사회적 자원을 배분하는 노력에서 찾을 수 있다(예 국민기초생활보장법에 의한 공공부조 급여).
2) 비례적 평등
   (1) 개념 : 개인의 욕구, 노력, 능력, 기여에 따라 사회적 자원을 상이하게 배분하는 것을 평등의 개념으로 상정하는 것이다.
   (2) 사회복지정책적 의미 : 사회보험과 같이 보험료를 많이 낸 사람에게 더 많이 급여하는 방법 등에서 찾을 수 있다(예 사회보험에서의 소득비례의 원칙).

열등처우의 원칙 → 비례적 평등(공평) 반영

사회복지의 급여수준이 노동시장에 있어 최하의 임금수준보다 낮아야 한다는 원칙으로 국가의 부조를 받는 빈민의 상태는 전체적으로 최저 계급의 독립노동자의 상태에 비하여 실질적으로 혹은 외견상으로 열등해야 한다는 것이다. 이는 1834년 영국의 신빈민법에 도입되어 사회복지의 주요원칙 중 하나로 강조되고 있다.

3) 기회의 평등
    (1) 개념 : 과정이 평등하다면 결과의 불평등은 상관이 없다는 관점이다.
    (2) 사회복지정책적 의미 : 과정상에 똑같은 기회의 평등이 주어졌지만, 결과의 평등은 실패한 사례에서 찾을 수 있다.
    (3) 예 1960년대 미국 빈곤과의 전쟁에서 빈곤층의 교육, 훈련의 기회 제공 → 실패함

3 | 사회복지정책 가치로서의 자유

소극적 자유	다른 사람의 간섭 또는 의지로부터의 자유, 기회의 측면 강조 → 자유주의
적극적 자유	자신의 능력을 발휘할 수 있는 자유, 능력의 측면 강조 → 사회주의

4 | 사회복지정책 수단적 가치로서의 효율성

목표효율성	대상효율성, 정책표적의 효율성과 유사 개념으로, 정책이 목표 대상들에게 그 정책에 사용되는 자원의 집중적 할당 정도
운영효율성	정책을 운영할 때 얼마나 적은 비용을 활용하는가의 정도

기출문제 확인학습

파레토 최적(Pareto optimal) 또는 파레토 효율(Pareto efficient)

1) 파레토 최적(Pareto optimal)과 파레토 효율(Pareto efficient)은 동일한 개념으로, 파레토 최적이란, '한정된 자원이 가장 효율적으로 배분된 상태'를 의미한다.
2) 파레토 최적의 개념은 이탈리아 출신 경제학자 파레토(Vilfredo Pareto)가 고안한 개념으로, 파레토 최적이 이루어지려면 '생산의 효율'과 '교환의 효율' 두 가지 측면에서 다음의 조건이 충족되어야만 한다.
    (1) '생산의 효율'에 대해서는 어떤 한 재화의 생산량을 증가시키기 위해서는 다른 재화의 생산량을 감소시키지 않으면 안 된다는 것이다.
    (2) '교환의 효율'에 대해서는 한 사람의 효용을 증가시키기 위해 다른 소비자의 효용을 감소시키지 않으면 안 된다는 것이 파레토 효율 또는 파레토 최적의 기본 전제이다.
3) 결론적으로, '파레토 최적의 상태'란 위의 두 가지 조건이 동시에 충족되는 상태를 말한다.
4) 파레토 최적은 자원의 합리적인 배분을 뜻하는 것으로, 유한한 자원이 최적으로 배분된 상태, 곧 사회적 효용(사회후생)이 가장 만족할 만한 상태로 달성된 상태라고 할 수 있다.
5) 파레토(Vilfredo Pareto)는 손해를 보는 사람도 없고, 이익을 보는 사람만 있는 상태를 '사회적 개선'이라고 명명했으며, 이러한 개선을 '파레토 개선(Pareto improvement)'이라고 한다.
6) 더 나아가 더 이상의 '파레토 개선'이 불가능한 상태를 '파레토 최적'이라고 지칭했다.
7) 경제학적으로 파레토 효율은 파레토 개선이 불가능한 상태이며, 반대로 파레토 개선이 가능한 사회적 상태를 일컬어 파레토 비효율이라고 한다.

8) 이 같은 '파레토 최적'의 상태에서는 어떤 한 사람이 추가적인 이익을 얻기 위해 반드시 다른 어떤 사람이 손해를 보게 된다.
9) 경제학자들은 ① 교환의 효율성, ② 생산의 효율성, ③ 자원배분의 효율성이 보장되는 완전경쟁시장에서 파레토 최적이 달성된다고 본다.
10) 그러나 '파레토 최적'이 무조건 좋은 것은 아니라는 지적도 있는데, 그 예를 들어보자.

> 한 사회에 열 명의 구성원이 있고, 이 사회에 10개의 생산 공장이 있다고 가정하자. 이때, 한 사람이 열 개의 공장 모두를 가지고 있다고 하면, 파레토적인 관점에서는 이 역시 파레토 최적에 해당한다. 왜냐하면 이 사람의 공장을 빼앗아 다른 9명에게 나누어줄 경우, 9명의 효용은 증가하지만, 결국 원래 공장을 가지고 있던 사람의 효용은 감소하기 때문이다.

11) 따라서 파레토(Vilfredo Pareto)는 사회후생을 증가시키기 위해서는 소득을 재분배하는 것보다 생산성을 향상시켜야 한다고 주장했다.
12) 개인의 효용을 서로 비교하는 것이 불가능하다고 생각한 파레토(Vilfredo Pareto)는 사회 전체의 효용, 즉 사회후생(social welfare)을 측정할 수 있는 방법으로 '파레토 효율'이라는 개념을 고안했다.
13) 파레토(Vilfredo Pareto)는 개인의 효용들은 서로 비교할 수 없으므로 특정한 사회적 선택으로 일부 구성원이 손해를 본다면 나머지 사람들의 효용이 아무리 크게 증가해도 새로운 사회후생이 이전보다 개선됐다고 할 수 없다고 주장했다.
14) 바로 이런 점 때문에 '파레토 최적'은 소득재분배 효과를 인정하지 않고, 현상 유지를 옹호하는 이론적 근거라는 비판을 받기도 한다.
15) 결론적으로, 파레토 개선(Pareto Improvement)은 하나의 자원 배분상태에서 어느 누구에게도 손해가 가지 않게 하면서 최소한 한 사람 이상에게 이득을 가져다주는 변화이다. 파레토 최적(파레토 효율)이란, 파레토 개선이 불가능한 상태, 즉, 다른 사람에게 손해가 가도록 하지 않고서는 어떤 한 사람에게 이득이 되는 변화를 만들어내는 것이 불가능할 때 이 배분상태를 이른다. 반대로, 파레토 비효율은 파레토 개선이 가능한 상태를 말한다.

> (1) 효율적인 상태란 경제학에서 말하는 파레토 최적(Pareto optimal) 상태를 의미하며, 어떤 사람의 자원을 줄이지 않고서는 다른 사람의 자원을 증가시키는 분배 변화가 불가능한 상태를 말한다.
> (2) 오쿤은 평등과 효율의 관계에서 평등을 확대하면 효율이 줄어들고, 효율을 늘리면 평등이 감소하는 식의 상충적인 면을 과도하게 강조한 면이 있다. 평등과 효율은 일차적으로 각각 독립적인 목표로 설정되는 것이고 별도로 추구해야 할 과제이다. 또한, 평등과 효율의 관련성을 볼 경우에는 상호보완적 측면과 상호 충돌하는 면을 균형 있게 인식할 필요가 있다. 그런데 오쿤의 논의에서는 평등과 효율의 상호 보완적인 측면이 경시되어, 평등을 늘리는 것이 동시에 효율 향상에도 크게 기여하는 면이 있음이 간과되고 있다.
> (3) 예컨대, 빈곤 가족에 대한 소득 지원은 빈곤층과 아동의 생활을 안정시키고 교육과 건강을 향상시키는 인적자본투자의 성격을 가진다. 또 평등한 소득분배는 계층 간 갈등을 줄이고 근로와 생산 활동에 대한 사회구성원의 노력을 증진시킬 수 있다. 복지지출은 또한 세계화 등으로 인한 경제 변동의 피해자를 돕는 기능을 하고, 더 나아가서는 환경변화에 대응한 경제구조의 조정을 쉽게 한다. 사회안전망이 강화되어 해고 근로자에게도 생활안정을 보장할 수 있다면 기업의 구조조정도 한층 원만하게 진행될 수 있는 것이다. 이러한 이유로 평등한 분배 상태는 효율을 떨어뜨리고, 불평등한 분배 상태는 효율이 높다는 식으로 상충 관계를 부각시키는 것은 평등과 효율의 관계를 균형 있게 인식하는 것이 아니다.

재분배와 파레토(Pareto) 효율 : 기출문제 지문(2019년)

1) 파레토 개선이란 다른 사람들의 효용을 감소시키지 않으면서 어떤 사람들의 효용을 증가시키는 것이다.
2) 파레토 효율의 정의상 소득재분배는 비효율적일 수 있다.
3) 재분배를 통하여 빈곤층의 소득이 늘어나도 개인의 효용은 증가할 수 있다.
4) 파레토 개선의 예로 민간의 자선활동을 들 수 있다.
5) 파레토 효율은 완전경쟁시장에서 개인의 자발적인 선택을 전제로 한다.
6) 사회적 자원의 배분이 평등적이면서 동시에 파레토 효율적이지 않은 한, 사회복지정책이 추구하는 평등의 가치와 효율의 관계는 대체적(상충적, trade - off)일 수밖에 없다.
7) 사회적 자원 배분이 평등적이고 동시에 파레토 효율적이라면 평등과 효율을 동시에 달성할 수 있다.

5 | 평등추구를 목표로 하는 사회복지정책 확대가 효율성을 저해한다는 5가지 관점

근로동기의 약화, 저축 및 투자동기의 약화, 생산부문에서 사용가능한 자원의 축소, 소비자 선택의 왜곡(현물급여의 문제점) 경우, 정부의 운영 상 실패

실력다지기

성장기여론(사회복지가 경제성장에 기여한다는 관점) - 복지개입론자들의 주장

1) 사회적 갈등과 정치적 불안을 해소시킴으로써 경제의 불확실성을 줄여 투자를 촉진시킨다.
2) 중산층이나 저소득층의 구매력을 높여 내수를 진작시킨다.
3) 건강하고 우수한 노동력을 재생산함으로써 고도 산업사회의 인적자본형성에 기여하는 사회적 기능을 수행함으로써 성장 원동력의 밑거름이 되는 효과를 발휘한다.
4) 출산율 증대와 더불어 여성의 경제활동 참가를 촉진시키는 기능을 한다.
5) 임금 인상의 요인이 되는 주거, 사회복지서비스, 환경, 보건, 교육 등에 대한 과도한 개인적 부담을 완화하여 생산비용을 절감시킬 수 있다.

성장저해론(사회복지가 경제성장을 저해한다는 관점) - 시장개입론자들의 주장

1) 조지와 윌딩(George&Wilding : 179~277)은 사회정책이 경제성장을 저해한다는 관련 근거로써 탈산업화(de - industrialization), 파업에 대한 국가보조, 투자저해, 근로의욕 감소 등을 들고 있다.
2) 사회복지가 자원을 탈산업화시킨다. 탈산업화란 노동과 자본 같은 자원을 부를 창조하는 제조부문 같은 시장지향적인 분야에서 사회복지와 같은 비시장지향적인 부문으로 이전하는 것이다. 따라서 시장지향적 분야에서의 생산성과 자본축적을 저하시키게 된다는 것이다. 즉 반생산적이다. 경제성장에 있어서 필수적인 생산성과 자본축적을 저하시키기 때문에 사회복지는 경제성장을 저해하게 된다.
3) 파업 중인 근로자에 대한 사회복지 급여의 지급은 파업의 국가보조금 역할을 하므로 파업을 부추기고 장기화시키게 되며 과도한 임금인상을 요구함으로써 산업생산을 마비시키고 경쟁력을 저하시켜 경제성장을 해치게 된다.
4) 사회복지는 투자동기를 저하시킨다. 사회복지서비스 재원을 마련하기 위한 누진적 조세제도는 납세자의 가처분소득을 감소시키는 소득효과를 가져오게 된다. 따라서 사적투자를 위한 자본축적의 중요한 재원이 되는 개인저축과 이윤창출 의욕을 감소시킴으로써 경제성장을 저해하게 된다.
5) 사회복지는 근로의욕을 저해한다. 사회복지의 혜택이 많은 사람에게 관대하게 베풀어지면 노동에 대한 동기유발이 어렵게 된다. 근로의욕의 저하는 대규모 자발적 실업의 발생과 노동생산성의 저하를 가져와 경제성장을 해치게 된다.

6 | 영국의 사회복지정책

1) 엘리자베스 구빈법(구구빈법, 1601)과 신구빈법(1834)의 비교

(1) 엘리자베스 구빈법(구구빈법, 1601)

① 구빈에 대한 최초의 국가책임 인정으로 공공부조의 효시
② 각 교구별 행정(교구 : 구빈 행정을 담당하는 행정기관)
③ 구빈세 징수(구빈감독관 임명)
④ 빈민의 범주화에 따른 대상별 처우
⑤ 빈민구제에 대한 가족 또는 친족의 1차적 책임 강조

(2) 개정구빈법(1834)

① 시니어와 채드윅, 중요 3원칙, 제정 당시 스핀햄랜드 제도 폐지
② 전국적 행정통일의 원칙(= 균일처우의 원칙, 중앙집권행정)
③ 열등처우의 원칙(공평성)
④ 작업장 활용의 원칙(= 작업장 재설립 원칙 = 작업장테스트 원칙 = 원내구제)
 But, 원외구제 제한적 실시

기출문제 확인학습

중상주의

[식량부족으로 인구증가 억제정책을 추진하였다. ×]

1) 15세기 중반부터 18세기 중반까지 유럽대륙을 지배하였던 경제사상을 지칭하는 용어이다.
2) 국가유지에 필요한 비용을 마련하기 위해 식민지 개척과 무역정책을 추진하였다.
3) 빈민들의 근면성을 위해 임금수준을 낮게 유지하고자 하였다.

> 15세기 중반(1400년대 중반)부터 18세기 중반(1700년대 중반)까지 유럽대륙을 지배하였던 경제사상인 중상주의는 절대주의 시대의 유럽 각국의 경제 정책으로서, 처음에는 수출을 증가시키고 수입을 억제하여 여기서 얻어지는 무역의 차액으로 국가의 재력을 증가시키려고 하였다. 수입품에 대한 높은 보호 관세의 부과 등은 그러한 목표 달성을 위한 정책의 하나였다. 그러다가 점차 국내 공업의 보호 육성, 외국 기술의 도입, 식민지 획득과 본국 위주의 식민지 경영 등 다양한 정책을 실시하게 되었다. 이와 같이 중상주의는 국가가 거의 모든 경제 활동을 통제하고 간섭하는 한편, 이를 보호하고 육성함으로써 국가의 부를 증대시키려는 정책이었다. 시민계급의 힘이 약하고 상공업의 발달이 초기 단계에 머물러 각국의 경쟁이 치열하였던 당시로서는 국가의 보호와 간섭이 필요하였던 것이다. 또한 빈민들의 근면성을 위해 임금수준을 낮게 유지하고자 하였다.

> cf 맬서스는 인구증가 대비 식량 생산량의 불균형을 방지하기 위해서는 성적 금욕과 기독교적 도덕을 강조하였다. 이런 그의 주장은 1834년에 제정된 영국의 신구빈법에 반영되었는데, 구빈원에 수용 시 부부를 분리 수용하였으며, 노동 불능자를 제외하고는 원외구제(院外救濟)를 폐지하였고, 노동능력이 있는 자에게 노동을 강제하는 것을 목표로 하였다. 이는 신구빈법 제정에 주도적인 역할을 했던 애드윈 채드윅이 맬서스에게 깊은 영향을 받았기 때문이었다. 또한 사회적 의무이자 빈민의 권리로서 인식되던 빈민구제는 배척되고, 빈곤은 개인의 게으름과 자기 절제의 결여로 낙인을 찍히게 되는 인식의 전환이 발생하였다.[1]

2) 길버트법(1782)

(1) 작업장에서 빈민의 비참한 생활과 착취 개선의 목적
(2) 실질적 원외구제 실시(거택구호와 취업 알선)
(3) 연합교구 설립으로 구빈행정의 단위 확대
(4) 구빈법의 인도주의화, 근대적 고용실업대책의 기반

3) 스핀햄랜드법(1795) - 버크셔빵법

(1) 최저생활 기준에 미달되는 임금의 부족분을 구빈세로 보조
(2) 오늘날 가족수당이나 최저생활보장의 기반
(3) 빈민에게 주는 구제 금액을 빵의 가격과 가족의 크기에 비례해서 결정
(4) 구빈세 부담 증가, 저임금 합리화, 노동의욕 저하, 계층분화 촉진의 문제점

4) 자선조직협회와 인보관 운동 비교

구분	자선조직협회(COS)	인보관 운동
사회문제 근원	개인적인 속성	환경적 요소
이데올로기	사회진화론	자유주의, 급진주의, 기독교 사회주의
사회문제 접근방법	• 빈민의 도덕적 개혁 • 역기능적인 면 수정	• 빈민과 거주 • 기존 사회질서에 대한 비판
사업 내용	• 서비스 조정에 역점 • 사적 자선사업 간의 협조	• 서비스 자체 제공에 역점 • 잠재능력을 발휘하도록 교육 강조
구호	• 사회 유지적 • 지도자는 상류층, 중류층	• 사회 개혁적 • 지도자는 지식층, 중류층

---

[1] 출처: 위키백과

5) 베버리지 보고서(1942)

(1) 5악(나태, 무지, 궁핍, 불결, 질병)의 제거, 요람에서 무덤까지의 사회보장
(2) 5가지 프로그램 : 사회보험, 공적부조, 아동수당(가족수당), 포괄적인 건강 및 재활서비스(무료), 완전고용
   암기법 사 공 ~ 완전 아 포
(3) 사회보장 전제조건 3가지 : 아동수당(가족수당), 포괄적인 건강 및 재활서비스(무료), 완전고용
   암기법 완전 - 아 - 포
(4) 사회보험 6원칙
   ① 정액급여의 원칙(= 균일급여의 원칙)
   ② 정액기여(갹출)의 원칙(= 균일기여의 원칙)
   ③ 위험 대상(= 적용범위)의 포괄성 원칙
   ④ 급여의 적절성
   ⑤ 행정책임통합(관리·운영 통합) 원칙
   ⑥ 피보험자 구분(= 대상자의 분류) 원칙

7 | 미국의 사회복지정책

1) 경제 대공황 - 뉴딜정책/사회보장법(1935)

(1) 연방정부의 적극적인 개입
(2) 구제·부흥·개혁(3R) - 목적
(3) 정부권력에 의한 통제(혼합경제), 케인즈의 경제학(정부의 간섭주의)을 받아들여 미국 자본주의 수정
(4) 사회보장법(1935) 제정 - 세계 최초로 '사회보장' 용어 사용
(5) 사회보장법(1935) - 광의의 사회보장
   ① 사회보험 프로그램 - 노령연금, 실업보험
   ② 공적부조 프로그램
   ③ 보건 및 복지서비스 프로그램

2) 레이거노믹스 - 신연방주의 표방

(1) 정부의 복지비용 최소화 - 석유파동(1970년대)의 영향
(2) 연방정부의 권한을 주정부로 이양, 연방세금 감면 등 연방정부 역할 최소화(작은 정부)
(3) 선별주의에 의한 급여 제공, 단기간 제공

8 | 독일의 사회복지정책 - 비스마르크의 3대 사회보험

1) **비스마르크의 '당근과 채찍' 정책** – 노동자의 국가에 대한 충성을 위한 목적
2) **노동자 탄압을 위한 채찍** – 사회주의자 진압법(1878)/당근 – 사회보험법(질병보험법, 노동재해보험, 노령폐질보험) 제정 – 실업보험×

- 1883년 : 질병보험법(세계 최초의 사회보험)
- 1884년 : 노동재해보험(노동자보상보험)
- 1889년 : 노령폐질보험(노령연금)

9 | 한국의 사회복지정책 - 고려시대와 조선시대를 중심으로

시대	구분	내용
고려시대	5대 진휼사업	1) 은면지제(恩免之制) 　왕이 베푸는 각종 은전으로 조세와 부역을 3년 동안 면해 주고 부랑자 정착 및 농사에 종사하도록 해 줌 2) 재면지제(災免之制) 　천재지변 등으로 흉작이 든 경우로 그 피해정도에 따라 이재민의 조세를 전부 혹은 일부 감면 3) 환과고독진대지제(鰥寡孤獨賑貸之制) 　홀아비, 과부, 고아, 자식이 없는 이를 진휼하는 항구적 구빈사업 4) 납속보관지제(納粟補官之制) 　흉년과 재해 때 백성을 구휼하기 위한 재원조달의 한 방편으로 이용한 것으로 일정한 금품을 납입한 자에게 일정한 관직을 주었던 것 5) 수한질려진대지제(水旱疫癘賑貸之制) 　홍수, 한재(旱災), 전염병으로 인한 이재민에게 쌀, 잡곡, 소금, 간장, 의류 등 각종 물품과 의료, 주택 등의 급여 제공
	상설 구빈기관	1) 제위보(濟危寶) 　빈민 구제사업과 이재민 구제사업을 모두 맡아서 행하던 제도 2) 의창(義倉) 　흑창을 성종 5년에 개칭한 것으로서, 각 주와 군에 두어 평상시에 곡물을 쌓아두었다가 흉년, 전쟁, 질병 등 비상시에 대비함 3) 상평창(常平倉) 　성종 12년에 개경, 서경 및 12주와 행정 중심지에 설치한 것으로서, 생활필수품의 물가조절 기능과 빈민에게 곡식을 대여하고 추수기에 갚게 하는 구빈기능을 담당함

조선시대	민간구제	1) 계 : 친목, 혼상 등 조합주의적 성격 2) 두레 : 촌락 단위의 공동노동을 상호협동 노동조직체 3) 품앗이 : 주민 상호 간 노동력 교환개념의 노동협동 양식 4) 향약(鄕約) : 사회질서를 유지하기 위한 향촌자치규약
	오가 작통제	인보상조와 연대책임 원칙, 각 구역 내 치안유지, 복리 증진 - 국영 인보제도

10 | 국가가 복지를 담당해야 하는 실증적, 경제적 이유 - 복지국가의 필요성

필요성	내용
사회복지 서비스 등의 공공재적 성격	1) 비경합적, 비배타적 성격 2) 만약 시장이 개입할 경우 무임승차 현상이 발생하여 시장 실패 야기함
외부효과	1) 제3자에게 의도하지 않은 혜택이나 손해를 가져다주면서도, 이에 대한 대가를 받지도 지불하지도 않는 상태 2) 긍정적 외부효과, 부정적 외부효과
재화에 대한 불완전한 정보 (정보의 비대칭성)	1) 도덕적 해이(moral hazard) 　일반적으로 보험회사가 가입자의 형태를 완벽하게 감시·감독할 수 없기 때문에 가입자는 보험회사가 최상이라고 생각하는 만큼의 노력을 기울이지 않는 현상이다. 2) 역의 선택(adverse selection) 　(1) 위험이 발생할 가능성이 높은 사람들(사례 당뇨병 등)이 보험에 집중적으로 가입하게 되어 평균적인 위험확률과 보험료가 높아지는 악순환이 생겨서 위험분산이 되지 않는 문제이다. 　(2) 해결책은 국가가 강제적으로 사회보험을 실시하는 것이다.
위험발생의 상호 의존성	사회적 위험발생이 서로 연관되어 있는 위험은 민간시장에서 보장할 경우 재정의 문제가 발생하기 쉬워 시장은 실패한다.
규모의 경제	대규모의 공급이나 생산은 평균생산비용을 감소시키는데 유리하다.

기출문제 확인학습

복지국가의 개념

1) 복지국가는 자국 내에 거주하는 국민들의 삶에 대하여 집합적 책임을 지는 국가를 말한다.
2) 복지국가는 빈곤을 제거하기 위해 노력하고 국민들이 빈곤상태에 빠지는 경우 그들을 위해 적절한 사회보장을 제공하며 또한 국민들의 삶을 향상시키기 위해 노력한다.
3) 복지국가는 정책의 형성과 집행에서 국가의 역할이 중요하다.
4) 정치적 민주주의를 복지국가 성립의 수반조건으로 한다.
5) 복지정책의 일차적 목표를 전 국민의 최소한의 생활보장에 둔다.
6) 복지국가는 궁극적으로 '비례의 평등 - 배분적 정의'를 추구한다.

11 | 복지국가의 변천과정

1) 복지국가의 팽창기(1945년부터 1970년대 중반)

(1) 2차 세계대전, 진보적 정치집단(사례 노동당)의 집권 및 산업화의 진전 등
(2) 시혜가 아닌 시민적 권리로서의 복지 인정, 복지제도 정착
(3) 완전고용, 높은 수준의 사회복지서비스 실시 및 복지국가와 함께 혼합경제(시장체제에 정부가 개입하는 형태의 경제체제) 확산
(4) 정치경제적인 이념 : 사회민주주의

기출문제 확인학습

케인즈주의의 개념[2]

1) 케인즈주의(Keynes principle)는 유효수요의 원리에 입각하여, 경기순환을 안정시키고 완전고용을 실현시키기 위해서는 국가의 적극적 개입이 필요하다는 사상으로서 케인즈(J. M. Keynes)가 주장했다.
2) 케인즈는 19세기 유럽에서 전성기를 누렸던 고전파 경제학의 자유주의 질서는 국내외적으로 불평등을 심화시켰고, 이것이 세계경제의 침체, 대공황, 그리고 제2차 세계대전으로 이어져 세계는 위기를 맞았다고 보면서, 소위 케인즈주의를 제시하게 된다.
3) 케인즈주의는 고전파 경제학에서 말하는 고용감소의 요인인 사용자에 대한 근로자의 높은 수준의 임금요구, 이에 대한 사용자의 고용거부, 이어서 실업을 초래한다는 기존 이론을 거부하고 유효수요의 입장에서 새로운 이론을 제시했다.
4) 즉, 고용감소의 요인을 소비와 투자로 구성된 유효수요의 감소로 보고, 이것이 감소할 경우 경기불황이 초래되고, 이는 기업의 이윤감소로 이어지며, 실업이 발생한다는 것이다.
5) 또한, 소득의 불평등에 내해서도 언급했는데, 소득의 불평등으로 인해 부유층 및 서소득층의 계층차이가 명확히 구분될 경우, 부유층은 소비하고 남은 소득을 저축하게 되면서, 이로 인해 소비에 이어 투자가 감소하여 실업이 초래된다는 것이다.
6) 이러한 고용감소를 지양시키기 위해서는 국가가 적극적으로 나서서 유효수요를 증대시키고, 소득의 불평등을 완화해야 한다는 것인데, 누진세 등 재분배정책, 경기활성화를 위한 공공투자정책 등이 그것이다.
7) 이 중 사회복지정책과 가장 관련이 있는 정책은 누진세 등을 활용한 재분배정책으로서, 이를 통해 소비성향을 제고하고 소득의 불평등을 완화하여 고용증대를 높이자는 것이다.

---

2) 복지국가의 위기기

(1) 1973년 오일쇼크로 인한 경제성장률 하락, 물가 급상승, 실업률 상승
(2) 노, 사, 정 간의 화해적 정치구조에 균열 야기
(3) 영국 : 대처의 보수당 집권(대처리즘)/미국 : 레이건의 공화당 집권(레이거노믹스)
(4) 보수체제 정권 회귀로 신우파인 신보수주의 등장 – 국가의 복지개입 축소
(5) 이념 : 신자유주의

---

[2] 김경우 외(2008), 사회복지정책론, 창지사

> **기출문제 확인학습**

복지국가 위기기의 원인
1) 경기침체와 국가재정 위기
2) 관료 및 행정 기구의 팽창과 비효율성
3) 포디즘적 생산방식의 비효율성
4) 독점자본주의의 축적과 정당화 간의 모순

3) 복지국가의 재편기
(1) 스칸디나비아의 길(스웨덴, 노르웨이 등 스칸디나비아 국가)소득유지 프로그램 기반, 적극적 노동시장정책, 사회서비스 확대 등
(2) 신자유주의의 길(미국, 영국, 뉴질랜드 등)시장 원칙 강조, 긴축재정, 국가의 복지개입 축소, 탈규제화
(3) 노동 감축의 길(독일, 프랑스, 이탈리아 등 유럽 대륙국가)사회보장 수준 유지, 노동공급 감축 유도

제3의 길
1) 1997년 토니 블레어의 노동당 정부가 수립된 후 이루어진 새로운 정책노선
2) 사회투자국가의 건설, 직업의 창출, 도덕적 해이가 야기되는 급여제도의 개혁
3) 생산적 복지 및 WtW(welfare to work, 노동연계복지) 정책 강조
4) 변증법적 원리 - 정(正 - 사민주의)/반(反 - 신자유주의)/합(合 - 제3의 길)

> **기출문제 확인학습**

사회투자전략
1) 아동 세대에게 교육기회를 제공하여 미래의 근로능력을 향상시킨다.
2) 사회정책과 경제정책을 통합적으로 실시하여 사회적 목표를 추구한다.
3) 사회투자모형에서 인적자원에 대한 투자는 기회의 평등을 지향한다.
4) 인적자본의 근본적 육성을 통해 사회참여 촉진을 목표로 한다.
5) 경제활동 참여를 활성화한다.

심화학습

자본주의 경제사회구조의 변화[3] : 구 사회위험과 신 사회위험

1) 제2차 세계대전 이후 1970년대까지 서구의 대다수의 국가들은 지속적인 경제성장을 바탕으로 이른 바 '고전적 복지국가' 체제를 만들어 냄으로써 경제성장과 사회통합이라는 두 개의 목표를 동시에 성취할 수 있었다. 서구에서 1960년대와 1970년대 중반까지 '전통적 복지국가'의 황금기에 존재했던 사회정책들은 몇 가지 경제, 사회인구학적 바탕 위에서 성립되었다.
2) 경제적으로는 대규모의 제조업이 경제적 부를 창출하는 주요 수단이었고 경제성장률도 매우 높았다. 높은 경제성장은 사회정책의 재정적 기반을 제공하였고, 사회정책은 사회통합의 기반으로 작용하였다.
   (1) 노동시장구조에서는 이른 바 '포디즘적 노동시장 구조'로 불리는 남성위주의 대규모의 표준화된 육체노동자가 존재하였고, 비교적 높은 수준의 고용율과 가족임금을 제공하였다.
   (2) 인구가족구조에서도 유지 가능한 출산율과 상대적으로 낮은 노인인구를 갖고 있었고, 가족이 노인, 아동 등 취약 가구원에 대한 보살핌 기능을 수행하였다. 주로 여성에게 부과되었던 가족의 보살핌 기능은 나라마다 정도의 차이는 있지만 남성은 일, 여성은 가사라는 역할 분담, 즉 남성 부양자모델에 입각해 있었다.
3) 고전적 복지국가는 높은 경제성장, 포디즘적 노동시장 구조, 그리고 비교적 안정적인 인구가족구조를 바탕으로 유지될 수 있었다. 이념형으로서의 복지국가의 주요 임무는 이러한 경제사회구조를 바탕으로 케인즈주의적 경제관리를 통해 "시장과 가족이 충족시키는 욕구를 사회적으로 공급하는 것을 조직화하는 것(Taylor - Gooby, 2004 : 2)"이었다.
4) 그러나 1970년대 중반 이후 전통적 복지국가를 지탱했던 자본주의 경제사회 구조는 근본적인 변화를 겪게 되며, 복지국가는 상당한 변화의 압력에 노출된다. 후기산업사회(post - industrial society)로의 이행으로 통칭되는 이러한 경제사회 구조의 변화를 가져온 요인은 다양하게 제시되지만(Pierson, 2001 : 82 - 99; Esping - Andersen, 1999 : Chap 9) 다음과 같은 몇 가지로 단순화시킬 수 있다.
   (1) 고용이 제조업 부문에서 서비스 부문으로 대량 이동하면서 생산성 하락과 경제성장의 둔화가 발생하였다. 즉 복지재정을 뒷받침할 만한 여력이 감소한 것이다.
   (2) 동시에 지식기반 경제가 도래하면서 인적자본을 축적하지 못한 일부 계층에서 만성적인 빈곤과 사회적 배제를 경험하는 현상이 나타났다.
   (3) 서비스업의 팽창으로 여성 노동력이 늘어나고 세계화 등의 영향으로 경쟁이 격화되는 상황에서 고용의 안정성이 떨어지는 등 노동시장 구조의 변화가 나타났다(특정계층의 사회적 배제의 구조화).
   (4) 인구의 노령화, 출산율 저하, 한부모 가구의 증가 등 전반적으로 가족의 보호 기능이 현저히 떨어지게 되었다.
   (5) 이러한 경제구조, 노동시장의 변화, 가족인구학적 구조의 변화는 소위 '새로운 사회적 위험'의 출현이라는 논의로 이어진다.

---

[3] 김연명(2007). 사회투자정책과 한국 사회복지의 미래 심포지움 발제문

12 | 사회(복지)정책 발달이론

이론	주요 내용
사회양심이론	타인에 대한 사랑, 사회적 의무감, 낙관적 & 문제해결 중심의 관점, 국가의 자선활동
사회통제이론 (음모이론)	사회통제를 위한 엘리트의 음모, 사회양심론과 정반대의 입장(수혜자에게 해로움)
수렴이론	이념의 종언(이념은 중요치 않음), 산업화이론/산업화된 국가에서 적용 가능
다원주의론	여러 이익집단 간 민주적 타협의 결과, 국가는 중립적인 중재자 역할 수행
엘리트론	대중에게 일방적·하향적 전달, 지배 엘리트들의 선호나 가치에 따라 결정, 일반대중과 분리
시민권론 (마샬)	1) 공민권, 정치권, 복지권/시민권이 분화, 발전되어 사회정책 발달 2) 불평등한 계급구조와 시민권이 양립할 수 있다고 주장함
종속이론	저개발 국가정책은 선진국가의 경제구조, 사회형태에 의해 결정, 저발전 야기
확산이론 (전파이론)	한 나라의 사회정책이 다른 나라에 영향을 미침, 국제적 모방
사회민주주의 이론	노동자 계층의 정치세력화로 복지정책 발달
사회정의론 (롤스) 기출	1) 개인의 기본적 자유 보장을 제1원칙으로 한다. 정의의 제1원칙이 보장하고자 하는 개인의 기본적 자유란 선거권이나 피선거권 같은 정치적 자유, 언론과 집회의 자유, 양심과 사상의 자유, 신체의 자유와 사유 재산권 등 기본권을 말한다. 2) 개인의 자유를 중시한다는 점에서 자유주의적 전통에 속한다. 3) 최소 극대화원칙(maximin rule)을 통해 평등주의적 분배의 근거를 제공한다. 4) 원초적 상황(original position)에서 사회구성원 간의 사회적 계약의 원칙을 도출하고자 하였다. **기출문제 확인학습** **= 존 롤스(J. Rawls)의 사회정의를 구성하는 요소** 1) 무지의 베일 　(1) 계약 당사자로서 사회 정의와 기준을 선택하는 자가 자기 개인의 지적·체력적·배경적 조건, 즉 자신의 사회적 지위나 타인과의 모든 차이에 대해 전혀 모른다는 가정이다. 　(2) 그러나 사회에 대한 일반적인 사실(권리, 기회, 자유 등 사회의 기본 가치)은 알고 있다고 가정한다. 　(3) 이러한 가정은 각자 자신에게 유리한 원칙을 선택하지 못하게 하여 정의의 원칙에 관한 공정한 합의를 도출할 수 있는 근거가 된다. 2) 원초적 상황 　(1) 전통적 사회 계약론이 논리적으로 전제하는 자연 상태를 롤스는 원초적 입장이라는 개념으로 사용한다. 　(2) 원초적 입장은 역사상 실재했던 상태나 문화적 원시 상태로 생각해서는 안 된다.

사회정의론 (롤스) 기출	(3) 원초적 입장은 일정한 정의관에 이르게 하도록 규정된 순수한 가상적 상황이다.
	(4) 이 상황에서 정의의 원칙을 합의할 때 어떠한 원칙에 도달하겠느냐는 것이며, 원초적 상황에서는 계약 당사자들이 무지의 베일에 가려져 있고 합리성과 상호 이기적인 무관심을 지니고 있다는 조건이 가정된다.
	3) 차등의 원칙
	  (1) 불평등은 최소 수혜자에게 최대 이익이 되도록 배치되어야 한다.
	  (2) 가장 혜택 받지 못한 자들에게 유익한 결과가 오지 않는 한 부의 차등 분배는 정당화 될 수 없다.
	4) 최소극대화의 원칙
	  사회 성원들 간의 불평등을 인정하더라도 가장 불리한 사람이 가능한 한 이익을 많이 보는 불평등을 선택할 것은 분명하다는 원칙이다.

읽어보기

정의의 2가지 원칙 - 롤스

롤스는 원초적 상황에서 계약자들이 선택하리라고 기대되는 정의의 원칙으로 2가지를 제시하였다.

1) 제1원칙 : 다른 모든 사람이 자유와 양립할 수 있는 범위에서 가장 광범위한 자유에 대해 동등한 권리를 가져야 한다.
2) 제2원칙 : 사회 경제적 불평등은 다음의 2가지 조건을 만족시키도록 배정되어야 한다.
   (1) 불평등은 최소 수혜자에게 최대 이익이 되도록 배치되어야 한다.
   (2) 공정한 기회 균등의 원칙에서 불평등의 계기가 되는 직위와 직책이 모두에게 개방되어야 한다.
3) 제1원칙은 평등한 자유의 원칙이며, 제2원칙의 (1)은 가장 혜택 받지 못한 자들에게 유익한 결과가 오지 않는 한 부의 차등 분배는 정당화될 수 없다는 차등의 원칙이고, (2)는 기회 균등의 원칙이다.
4) 롤스는 이 3가지 원칙 사이에 우선성이 있어서 제1원칙이 제2원칙보다 우선시된다는 자유 우선성의 원칙을 내세우고, 제2원칙 안에서는 (2)의 기회 균등 원칙이 (1)의 차등의 원칙보다 우선되어야 한다고 본다.
5) 결론적으로 정의로운 사회는 개인의 자유와 존재에 대한 우월성을 인정하는 자유로운 기회 균등의 사회이면서, 동시에 그 결과 생기는 특권을 상쇄하기 위해 보다 유능한 사람들의 자원을 보다 불행한 사람들의 처지를 개선하는데 사용하는 배분적 정의가 실현되는 복지 사회이다.

> 기출문제 확인학습

마이클 샌델(M. Sandel)의 정의(justice)[4]

[절차적 장치로써 무지의 베일 활용 ×]

1) 정의로운 사회를 만들기 위해서는 좋은 삶의 의미를 함께 고민하고 그 과정에서 생길 수밖에 없는 이견을 기꺼이 수용하는 문화를 만들어야 한다. 정의에는 어쩔 수 없이 판단이 개입된다. 정의는 올바른 분배의 문제일 뿐만 아니라, 올바른 가치 측정의 문제이기도 하다.
2) 공동선의 정치 - 공동선을 추구하는 새로운 정치의 모습에 가능한 주제는 다음과 같다.
   (1) 시민의식, 희생, 봉사
      정의로운 사회를 위해서 강한 공동체 의식이 필요하다면, 시민들이 사회 전체를 염려하고 공동선을 헌신하는 태도를 키울 방법을 찾아야 한다. 그러기 위해서는 공적인 삶에서 시민이 보이는 태도와 기질인 '마음의 습관'에 무관심할 수 없다. 좋은 삶에 대한 판단을 순전히 개인의 판단 영역으로 남겨 두지 말고, 시민의 미덕을 키울 수 있는 방법을 찾아야 한다.
   (2) 시장의 도덕적 한계
      우리 시대에 가장 두드러진 특징 가운데 하나는 시장과 전혀 다른 기준의 지배를 받던 전통적 삶의 영역까지 시장 논리 및 시장 친화적 사고가 파고든다는 사실이다. 선의 가치를 측정하는 올바른 방법을 놓고 공개적인 토론을 통해 시장의 도덕적 한계에 대해 깊게 생각해야 할 필요가 있다.
   (3) 불평등 해소방법, 연대, 시민의 미덕
      미국 내 빈부 격차는 계속 커지고 있음에도 불구하고, 불평등은 정치 문제로 비화되지 않고 있다. 한편 소득과 공정한 분배는 정치 철학 논쟁의 중심이었지만, 철학자들은 공리나 합의라는 틀로 바라보는 경향이 있어서, 도덕 및 시민성 회복 운동의 핵심이자, 정치 청문회를 열 만한 주제인 불평등에 반대하는 주장을 간과하고 만다. 하지만 불평등의 심화가 걱정되는 더 중요한 이유는 빈부 격차가 지나치면 민주 시민에게 요구되는 연대 의식이 약화된다는 것이다. 그리하여 불평등은 공리나 합의에 미치는 영향과는 별개로 시민의 미덕을 좀먹을 수 있다. 그런데도 시장에 매혹된 보수주의자들과 재분배에 관심을 쏟는 자유주의자들은 이러한 손실을 간과한다. 정치가 공동선을 추구한다면 시민적 삶의 기초를 재건하는 것을 1차 목표로 삼아, 사적 소비에 대한 접근을 확대하려는 목적으로 재분배에 초점을 맞추기보다는 부자와 빈자 똑같이 공공기관과 공공 서비스를 이용할 마음이 생길 수 있도록 부유한 사람들로부터 세금을 걷어 공적 영역이 잠식되는 문제를 해결할 것이다. 불평등이 시민에게 미치는 결과와 그것을 바로잡을 방법에 초점을 맞춘다면, 비슷한 소득 재분배 주장으로는 불가능한 정치적 견인력을 찾을 수 있을 것이다. 또한 이는 분배 정의와 공동선 사이의 연관성을 조명하는 데도 도움이 될 것이다.
   (4) 도덕적인 참여 정치
      우리가 지금껏 익숙한 정도보다 더 왕성하게 정치사회 문제에 적극 참여하는 공적 생활을 한다면, 상호 존중을 바탕으로 한 정치도 가능할 것이다. 최근 수십 년간 동료 시민의 도덕적·종교적 신념에 대해 모른척하고 방해하지 않으며, 공적 생활영역에서 가급적 언급하지 않는 등 회피에서 나오는 피상적인 존중을 해 왔다. 이런 태도는 도덕적 이견을 실제로 회피한다기보다 흔히 억누른다고 볼 수 있어, 서로 반발이나 분노를 유발할 수 있다. 도덕적 이견에 좀 더 적극적으로 공적인 참여를 한다면 상호 존중의 기반을 더욱 굳건하게 할 수 있다. 도덕적인 참여 정치는 회피하는 정치보다 시민에게 더 많은 이상을 불어넣을 수 있을 뿐만 아니라, 정의로운 사회 건설에 더 유망한 기반을 제공한다.

---

[4] 출처: 마이클 샌델(2014), 정의란 무엇인가?, 와이즈베리

존 롤스(John Rawls)의 무지의 베일(Veil of Ignorance)

1) 무지의 베일(Veil of Ignorance)은 합의 당사자들의 특수한 사정을 모르게 함으로써 사회적, 자연적 여건들을 자신에게 유리하게 하도록 하지 못하게 하는 역할을 한다.
2) 무지의 베일(Veil of Ignorance)은 공정한 사회 원칙을 도출하기 위한 사고실험으로, 우리가 자신의 개인적 특성이나 사회적 지위를 모르는 상태에서 사회 원칙을 선택한다면 어떤 결정을 내릴 것인가를 상상해보는 것이다.
3) 무지의 베일 뒤에 선 개인들은 다음과 같은 정보를 알 수 없다.
    (1) 자신의 사회적 지위나 계급
    (2) 자신의 재능이나 능력
    (3) 자신의 지능이나 체력
    (4) 자신이 속한 세대
    (5) 자신의 성별, 인종, 민족
    (6) 자신이 살게 될 사회의 경제적, 정치적, 문화적 상황
4) 이러한 상황에서 개인들은 어떤 사회 원칙을 선택할까? 롤스(Rawls)는 이 상황에서 사람들이 가장 불리한 위치에 놓일 가능성을 고려하여 '최소 극대화(Maximin)' 전략을 택할 것이라고 주장한다. 즉, 최악의 상황에서도 가장 나은 결과를 얻을 수 있는 원칙을 선택한다는 것이다.

13 ㅣ 사회복지정책 모형

1) 윌렌스키와 르보

(1) 잔여적(= 보완적) 모형
① 가족이나 시장의 기능실패에 따른 국가의 보충개입
② 개인주의, 빈곤에 대한 개인의 책임, 경쟁, 낮은 복지급여, 자산조사 등

(2) 제도적 모형
① 주요 제도로서의 사회복지, 국가 복지개입 극대화, 사회권 성격
② 보편주의, 높은 복지급여 수준, 집합주의 강조 등

실력다지기

개발적 관점(= 발전적 관점, developmental perspective)
1) 경제발전에 긍정적으로 기여하는 사회적 개입을 옹호한다. 즉, 사회복지는 경제발전의 긍정적 동력이다.
2) 경제제도와 사회제도의 조화를 도모한다.
3) 경제적 진보와 사회적 진보를 중요한 요소로 간주한다.
4) 경제계획과 사회계획에서 정부의 적극적인 역할을 강조한다.
5) 사회의 모든 구성원들의 복지를 위한 경제개발과 사회개발의 통합에 초점을 둔다.
6) 근로조건부 복지를 지향하는 신자유주의적 요소를 배척하지 않는다.

2) 티트머스

(1) 잔여적(= 보완적) 모형
① 취약계층 대상으로 사회복지제도 활용
② 공적부조 프로그램 강조

(2) 산업적 성취 수행 모형
① 사회복지를 기능주의 입장에서 경제성장의 수단으로 활용
② 시장경제 메커니즘에서의 생산성 중심으로 업적 강조, 사회보험 강조

(3) 제도적 재분배 모형
① 시장경제 메커니즘 외부에서 욕구에 따른 서비스 제공
② 보편적 서비스를 제공하며 복지정책의 진취적 입장 표명

3) 조지와 윌딩[5]

(1) 반집합주의(자유방임주의)
① 개인주의, 불평등, 소극적 자유, 정부개입 불인정, 복지국가 반대
② 정부는 규칙제정자, 공동자원의 관리자, 가부장적 역할로 제한

(2) 소극적 집합주의(수정자유주의)
① 개인주의, 불평등, 소극적 자유, 정부개입 조건부로 인정, 복지국가 찬성
② 실용주의(사회보험)와 인도주의(기회 제공) 강조

(3) 페비안 사회주의(사회민주주의)
① 평등, 적극적 자유, 우애 강조, 정부개입 인정, 복지국가 적극 찬성
② 비복지 요소에 대한 공평한 분담과 이타주의 증진

(4) 마르크스주의(사회주의)
① 자본주의의 수정이나 개혁보다는 자본주의를 전면 부정
② 경제적 평등과 적극적 자유, 정부개입 적극 인정, 복지국가 적극 반대

---

[5] 1994년 조지와 윌딩은 사회복지 모형을 다음의 6가지로 새롭게 분류하였다. 즉, 신우파, 중도노선, 사회민주주의, 마르크스주의, 페미니즘, 녹색주의가 그것이다.

> **실력다지기**
>
> **국가독점자본주의 이론(= 신마르크스주의 이론) - 밀리반트, 오코너**
> 1) 생산의 사적 소유보다는 사회적 성격을 강조하는 국가독점자본주의 단계의 국가는 독점자본에 대해 상대적 자율성을 가지고 능동적으로 활동하는 형태를 띤다.
> 2) 전통적인 마르크스주의 이론이 자본주의 사회에서 복지국가의 단계의 가능성을 찾지 않았던 반면, 2차 세계대전 이후의 신마르크스주의자들은 자본주의가 고도로 발달할 경우 복지국가가 발달하는 것으로 보았다.
> 3) 국가독점자본주의의 이론에 의한 복지정책
>   (1) 복지국가는 자본의 지속적인 축적을 위한 장기적인 여건을 확보하기 위해 기능하며, 자본축적의 위기를 해소하기 위해 국가가 사회복지를 증대시킨다.
>   (2) 국가독점자본주의에서 국가는 경제규제 수단을 통해 상대적 자율성을 키워 가는데, 재정정책 외에도 사회보장제도, 단체교섭제도, 최저임금제도, 적극적 노동시장 정책이라는 사회복지와 관련된 정책도 구사하게 된다.

4) 에스핑 - 안데르센

복지국가 유형화의 기준은 탈상품화(de - commodication)와 계층화

(1) 자유주의
① 시장의 효율성과 노동력의 상품화가 중요하고 소득조사에 의한 공적 부조
② 탈상품화 효과가 가장 작고 사회권이 제한됨

(2) 조합주의(= 보수주의)
① 국가가 주된 사회복지 제공자 역할을 수행하며 사회석 지위 차이 유지
② 보험원칙을 강조하는 사회보험을 중요시 - 탈상품화 효과에 한계가 있음

(3) 사회민주주의
① 보편주의와 사회권을 통한 탈상품화 효과가 가장 큼
② 복지급여 대상 - 새로운 중간층까지 확대
③ 시장의 복지기능 최대한 약화, 가족생활의 비용을 사회화, 완전고용정책

기출문제 확인학습

조합주의 복지국가 모형의 특징

1) 산업재해와 같은 동일한 위험에 대해서 다수의 운영주체(다수의 조합)가 존재한다.
2) 제도의 적용대상은 임금근로계층을 원칙으로 한다.
3) 사회복지제도들은 위험별로 구분하여 각각 독립적인 제도로 운영된다.
4) 조합단위의 제도로 인하여 위험분산의 효과가 상대적으로 낮게 발생한다.
5) 높은 소득 형평성과 고용 안정성으로 인해 사회보험 가입자들의 직장 이동성이 낮다.

> cf 연구보고들을 보면, 전반적으로 조합주의 국가들이 비조합주의 국가들과 노동조합 없는 조합주의 국가들보다 노동생산성과 가구소득 형평성에서 높은 성적을 거두었다. 이로 미루어 조합주의 국가들의 높은 소득 형평성과 고용 안정성, 복지 및 빈곤 제도 등의 요소들은 생산성과 소득 성장을 저해하지 않는다.

기출문제 확인학습

안토넨과 시필라(A. Antonnen & T. Sipila)[6]의 사회서비스 제공체제 모형[7]

1) 사회서비스 제공체제 모형연구에는 안토넨과 시필라(Antommen & Sipila, 1996), 먼데이(Munday, 2003), 바알레(Bahle, 2003)의 연구가 있다.
2) 이들의 연구는 주로 1980년대 후반 유럽의 아동 및 노인 관련 서비스 수준을 지표로 하여 크게 4가지 또는 5가지 유형군을 찾아내었다.
3) 사회서비스 제공체제 모형
   (1) 공공서비스 모델
      ① 사민주의 국가유형은 대개 공공서비스 모델로 구분되어지며, 이들 국가는 복지의 절대량이 상대적으로 크며, 이전지출뿐 아니라 사회복지서비스와 같은 비(非) 이전지출 분야에 많은 노력을 기울이는 국가로서, 북유럽 국가들(스웨덴, 덴마크, 핀란드, 노르웨이)이 이에 해당된다.
      ② 서비스 집약적 복지국가라고도 불리며, 이 유형에서는 비영리 및 영리 부문의 역할은 미미한 대신 조세에 의한 보편주의적 서비스가 제공된다.
      ③ 이들 국가는 이중 생계부양자모델을 일반화하고 여성의 유급노동을 지원하며 보육책임을 사회화한 국가에 속한다.
      ④ 중앙정부보다는 지방정부가 중심적 역할을 하며 아동에 대한 보편주의적 접근이 특징적이다.
      ⑤ 이들 국가는 적극적 노동시장정책을 통해 여성노동참여를 유지함으로써 복지를 생산에 기여하게 하는데 정책적 초점이 있다.
   (2) 자산조사 - 시장의존 모델
      ① 자유주의 레짐에 해당되는 미국과 영국의 복지국가 모형은 자산조사 - 시장의존 모델로 대표된다.
      ② 사회서비스 공급에 있어, 공공지출은 하위를 차지하나, 일반적으로 사회서비스는 민간영역 또는 가족과 같은 비공식영역에서 제공되는 유형이다.

---

6) 안토넨과 시필라는 1980년대 후반 유럽 국가들의 아동 및 노인 관련 서비스 수준을 평가지표로 하여, 유럽국가의 사회서비스 체계를 4가지 (① 공공서비스모델, ② 가족주의모델, ③ 자산조사 - 시장의존모델, ④ 보충주의모델)로 군집화하였다.
7) 정경희 외, 한국의 사회서비스 쟁점 및 발전전략, 한국보건사회연구원, 2006

③ 일반적으로 잔여적 복지국가의 특성을 지니고 있어 복지는 문제 사례들에 대해 선별적으로 이루어지나, 시장 자본주의 추구는 탈규제로 인하여 사회서비스 시장이 광범위하게 형성되어 있다.
④ 특히 미국의 사회서비스는 자유주의 전통 속에서 비영리 및 영리 민간부문의 역할이 크다.
⑤ 레이건 행정부 이후의 신자유주의 경향 속에서 영리부문의 급성장으로 특히 보육과 시설보호 부문에서의 영리부문은 절대적이라 할 수 있다.

(3) 보충주의 모델
① 보수주의 레짐에 해당되는 독일, 오스트리아와 같은 대륙 유럽 국가들은 사회서비스 보충주의 모델로 구분된다.
② 즉, 공공사회지출은 높은 수준이나, 사회서비스 지출은 상대적으로 낮은 국가들이다.
③ 일반적으로 대륙 유럽 복지국가는 산업적 성취에 기초한 소득과 기여에 상응하는 현금 이전지출 면에서는 높은 복지수준을 자랑한다.
④ 그럼에도 불구하고 이들 국가들의 분배성적은 중간 정도에 머무는데, 이는 사민주의 국가들에 버금가는 높은 복지지출에도 불구하고 보편적 서비스 확대를 통한 높은 고용과 인적자본투자 및 생산성 제고의 노력이 결여되기 때문이다.
⑤ 즉 적극적인 노동 - 복지 연계 정책이라기보다 사회서비스는 교회에 뿌리를 둔 비영리부문에 의해 주로 공급되는 전통적 지역사회 서비스에 머무르고 있다.
⑥ 이는 사회서비스의 보충성 원칙을 말하는데, 즉, 돌봄 서비스의 경우 수혜자와 가장 가까운 사회단위인 가족이나 비영리조직의 활동이 우선적이며 단지 국가는 이들 활동이 불충분할 때에 개입하여 지원한다는 것이다.
⑦ 정부의 재원부담의 원칙도 보충성 원칙을 따르고 있어, 정부는 단지 재원을 조달하는 방식을 취하지만, 그러나 이러한 동반자 관계는 교회를 바탕으로 한 복지서비스 네트워크 또는 독일의 복지조합(welfare associations)들과 같이 이중체계 속에서 정부와 협력하여 사회서비스를 제공하는 형태를 창출해 내었다.

(4) 가족주의 모델
① 가족주의 모델은 스페인, 그리스, 포르투갈 등 남부 유럽 국가들로, 사회서비스 시스템은 전반적으로 매우 낙후된 국가들이다.
② 이들 나라의 사회서비스 지출은 GDP 대비 1% 미만의 국가들로서 사회서비스는 주로 비공식영역 즉, 전통적으로 가족의 책임으로 인식된다.
③ 가톨릭 전통에 따라 노인과 아동에 대한 보살핌이 가족 책임이므로, 사회서비스 접근에 있어 보편적 권리는 정립되어 있지 못하다.
④ 비영리부문은 국가나 시장에 비해서는 활성화되어 있으나, 이는 다만 가톨릭에 의해 제공되는 형태이기 때문에 공공과의 연계 없이 분절적으로 제공된다.
⑤ 따라서 가족의 부담과 일 - 가족 양립의 어려움으로 인하여 여성의 노동시장 참여는 낮은 수준이며 심각한 저출산 문제에 직면하고 있다.

(5) 준 공공서비스모델[8]
① 준 공공서비스모델로는 프랑스와 벨기에가 이에 속한다.
② 이들 국가는 보수주의 대륙 유럽형 복지국가로 분류되고 있지만, 사회서비스 영역에서는 공공부문이 비영리부문보다 활성화되어 있어, 특히 공공 아동복지서비스는 사민주의 국가군과 가깝다고 할 수 있다.

---

[8] 바알레(Bahle)는 프랑스·벨기에 유형을 보충주의 모델의 하위유형(준공공서비스모델)으로 분류하였다.

14 | 보편주의와 선별주의의 비교

구분	내용
보편주의	1) 보편주의를 지향하는 전 국민 대상의 복지 2) 사회권을 통한 탈상품화 효과가 큼 3) 급여의 혜택이 새로운 중간층까지 확대 4) 국가의 적극적 개입에 대해 상대적으로 시장의 복지 기능을 최대한 약화 5) 국가가 미리 가족생활의 비용을 사회화하는 가족수당 제도 발달 6) 복지와 노동의 완벽한 결합 형태로서 완전고용정책과 직접 연계가 있음
선별주의	1) 시장의 효율성과 노동력의 상품화 중요 2) 저소득층을 대상으로 하여 소득 및 자산조사에 의한 공공부조 프로그램 강조 3) 엄격하고 까다로운 자격기준을 제시하고 있어 잔여적임 4) 시혜적인 성격으로 사회권 제한 5) 계층화의 측면에서는 다차원의 사회계층체제 발생

15 | 정책형성 및 평가의 제 과정

1) 과정

문제형성 → 이슈화 → 공공(= 체제)어젠다 형성 → 정책(= 정부, 제도)어젠다 형성 → 정책대안 형성 → 정책결정 → 정책집행 → 정책평가

2) 어젠다 형성과정(아이스톤 모형)

문제인식 → 사회이슈(이슈화 단계) → 공공어젠다 → 정책어젠다

3) 정책대안 형성기법

점진적 방법, 브레인스토밍, 델파이 기법, 미래예측 방법(유추, 경향성 분석, 마르코프 모형, 회귀분석)

4) 정책대안 비교분석 방법

비용편익분석, 비용효과분석, 줄서기 분석, 모의실험, 의사결정나무분석, 선형계획기법

5) 정책평가의 필요성 및 목적

(1) 사회복지정책의 효과성 검증
(2) 책임성 증진
(3) 정책결정과 집행에 필요한 정보 제공
(4) 이론 형성을 통한 학문발전 기여

> 기출문제 확인학습

정책평가
1) 정책평가는 정책효과성 제고에 기여할 수 있다.
2) 평가지표 선택에서 측정 용이성보다는 정책 목표를 우선한다.
3) 정책평가는 정책 활동의 책임성을 높인다.
4) 산출과 영향에 대한 평가방법으로 양적·질적 평가를 병행할 수 있다.
5) 평가결과의 활용도를 높이는 기제를 마련하는 것이 바람직하다.

> 기출문제 확인학습

길버트와 스펙트(테렐)의 사회복지정책의 분석 유형(3P)
길버트와 스펙트는 사회복지정책분석을 3가지로 분류하여, 소위 '3P'분석이라고 이름을 지었다. 과정(Process), 산물 또는 산출(Product), 그리고 성과(Performance) 분석이 그것이다.

1) 사회복지정책의 과정분석
   (1) 과정분석은 사회복지정책의 전체 혹은 부분적인 과정과 연관한 분석으로서, 사회복지정책과 관련된 다양한 변수들의 영향력과 관계를 알아보려는 작업이다.
   (2) 사회복지정책의 과정은 충족되지 않은 욕구의 발생에서부터 개인문제, 그리고 사회문제의 과정을 비롯하여 여러 과정을 거쳐 비로소 사회복지정책으로 확정되고, 이는 다시 행정적, 조직적 활동을 통해 사회복지서비스로 전환되어 대상자에게 전달되는 과정이다.
   (3) 과정분석은 이러한 과정과 연관한 다양한 관심을 사회과학적 지식과 방법론, 특히 최근에 와서는 정책학적인 방법론을 원용함으로써 해결하려고 한다.
   (4) 과정분석은 기획 자료의 투입, 사회 내의 다양한 정치적, 정부의 그리고 다른 조직화된 집단 간의 관계와 상호작용이 정책형성에 어떻게 영향을 미치는가에 관심을 가진다.
   (5) 과정분석은 정책평가가 조직 되어지는 초점이나, 의사결정에 대한 정치적이고 기술적인 투입에 관한 사례연구 형태로서 이루어진다.
   (6) 과정분석은 시간적 차원을 어떻게 잡느냐에 따라 달라지기 때문에, 현재의 프로그램에 대한 분석도 포함된다.
   (7) 과정분석은 일반적으로 정책결정이 이루어지는 사회적 맥락과 그 과정에 참여한 다양한 사람들의 행위, 동기, 목적 및 정책개발과정의 단계들과 같은 문제들을 취급한다.
   (8) 과정분석은 사회적 상황, 행위자 및 개발의 단계가 정책의 결과에 어떻게 기여하였는지를 설명하는 데 도움을 준다.

2) 사회복지정책의 산출(산물)분석
   (1) 산물분석은 사회복지정책이 계획되고 수립되는 것은 일련의 정책적 선택과정을 거친다는 전제에서 출발한다.
   (2) 산물분석은 이러한 일련의 정책선택과 연관된 다양한 쟁점에 대한 분석을 말한다.
   (3) 예컨대, 정책계획을 구성하고 있는 선택의 형태와 내용은 무엇인가? 어떤 가치, 이론, 전제가 이러한 정책선택을 지지하는가? 등이다.
   (4) 산물분석은 특정의 사회복지정책으로 확정될 수 있는 선택의 한두 가지 대안에 분석의 초점이 모아진다.
   (5) 길버트와 테렐이 제안하였던 4가지 영역(할당, 급여, 전달체계 및 재정)의 질문에 대한 3가지 차원(가치, 이론 및 대안) 분석이 바로 그것이다.
   (6) 사회복지정책의 산물분석은 정책선택과 관련된 그 범위가 다양하다.

3) 사회복지정책의 성과분석
　(1) 사회복지정책의 성과분석은 정책선택의 프로그램 결과에 대한 설명과 평가에 관심을 가진다.
　(2) 프로그램의 결과에 대한 분석은 과정이나 산출분석에 비하여 한층 객관적인 관찰이 가능한데, 그것은 프로그램의 범위가 더욱 명확하게 설명될 수 있기 때문이다.
　(3) 성과분석은 질적, 양적 자료의 수집을 통하여 광범위한 학문의 방법론의 응용을 통하여 측정될 수 있다.

권능부여국가(능력부여국가, enabling state)

→ 근로촉진, 선별적 표적화, 민영화, 사회적 의무와 연계된 급여

네일 길버트(Neil Gilbert, 2004, 2005)의 권능부여국가(능력부여국가, enabling state)는 신자유주의적 관점에 기초해 기존 복지국가 체제에서 이루어지던 국가와 공공 분야 중심의 사회서비스를 민영화하고 시장 원리의 도입, 근로촉진, 사회적 의무와 연계된 급여, 더 나아가 보편적 서비스를 선별적 서비스로 전환할 것을 주장했다. 그러나 길버트의 신자유주의적 역량 증진 국가(enabling states)는 교육의 공공성에 대한 고려가 부족하고, 사적 시장 원리에 기반 한 교육개혁이 초래할 또 다른 부작용과 비효율에 눈감고 있다고 미에띠넨은 비판한다(Miettinen, 2013: 173).[9]

16 | 길버트와 스펙트(테렐)의 산물분석 틀 - 할당체계 암기법 귀 - 보 - 진 - 자

1) 귀속적 욕구

욕구의 규범적 준거에 기반을 둔 범주적 할당 기초

2) 보상

형평을 회복하기 위한 규범적 준거에 기반을 둔 범주적 할당 기초

3) 진단적 구분

전문가의 판단에 의존, 욕구의 기술적 진단기준에 기반을 둔 개인적 할당 기초

4) 자산조사에 대한 욕구

욕구의 경제적 기준에 근거를 둔 개인적 할당 기초

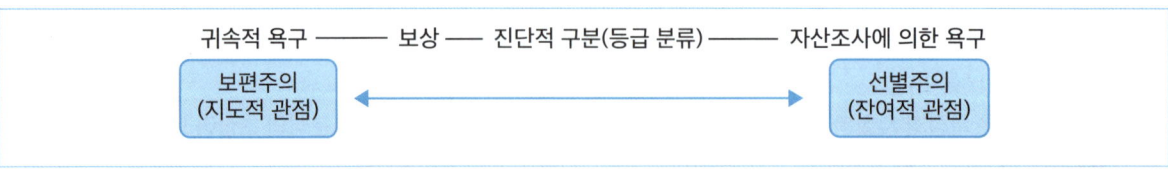

---

9) 출처 : 서현수(2023). 역량 중심 복지국가와 교육혁신 4.0 : 핀란드 교육개혁 모델의 특징과 함의. 스칸디나비아연구 (31). 1-44

17 | 길버트와 스펙트(테렐)의 산물분석 틀 - 급여체계

1) 현금
수급자의 효용 극대화, 수급자의 선택 자유, 소비자 주권주의, 인간의 존엄성 우월, <u>높은 운영효율성, 낮은 목표효율성</u>, 소비적 통제 용이하지 않음

2) 현물
욕구를 가진 자의 선별성과 집중급여 제공, <u>높은 목표효율성, 낮은 운영효율성, 정치적 선호, 대량생산 및 대량소비로 규모의 경제효과</u>, 소비적 통제 유리, 낙인 등

3) 증서(바우처)
정해진 일정한 용도 내에서 원하는 재화나 서비스를 자유롭게 선택 가능, 제3의 급여형태, 시행과정에서 오용·남용의 문제 발생 - <u>현물보다 목표효율성이 낮음</u>

4) 기회
기회의 평등 개념, 무형의 급여 형태, 긍정적 차별(시정 조치)

5) 권력
수급자로 하여금 정책결정에 대한 권력을 가지게 하여 결정과정에 참여하게 함 - 거버넌스와 관련됨

정리

현금급여, 현물급여, 증서의 비교
1) 목표효율성의 크기 : 현금 < 증서 < 현물
2) 운영효율성의 크기 : 현물 < 증서 < 현금
3) 소비자의 선택권의 크기 : 현물 < 증서 < 현금
4) 소비통제의 정도 크기 : 현금 < 증서 < 현물
5) 오용 및 남용의 정도 크기 : 현물 < 증서 < 현금
6) 정치적 선호도 : 현금 < 증서 < 현물

18 | 길버트와 스펙트(테렐)의 산물분석 틀 - 재정체계

1) 공공재원

(1) 정부의 일반예산(= 조세) : [직접세 - 누진적/간접세 - 역진적]

① 평등(= 소득재분배)이나 사회적 적절성 달성 용이
② 복지대상 및 급여내용의 보편성, 재원의 안정성과 지속성이 높음

(2) 사회보장세(= 사회보험료) : 역진적

목적세 성격, 국민연금, 산재보험, 건강보험, 고용보험, 노인장기요양보험 등 5대 보험료, 사용자나 피용자에게 강제 부과

(3) 조세비용(= 조세감면, 조세지출) : 역진적

조세를 감면(조세율 인하, 세액공제 등)함으로써 간접적인 방법의 비용, 고소득자에게 유리

2) 민간재원

사용자 부담금(= 수익자 부담금, 역진적), 자발적 기여, 기업복지 재원(역진적), 가족 간 이전, 공동모금 등

> **기출문제 확인학습**

우리나라 사회복지재원에 관한 설명

1) 사회보장의 주된 재원은 조세이다.
2) 국민연금기금은 특별회계가 아니라, 기금에 해당한다.
3) 공공부조 시행에 필요한 모든 비용은 중앙정부와 지방정부가 부담한다.
4) 국고보조금은 중앙정부 각 부처가 지방자치단체에 지원하는 재원이다.
5) 일반회계 예산은 기금에 비해 운용의 신축성은 낮고 재원의 범위는 넓다.

> **심화학습 기출**

재정의 이해[10]

1) 국가가 1년 동안 세금을 얼마나 걷고, 또 어디에 얼마나 지출할 것인지에 대한 계획을 예산이라고 하는데, '재정'이라는 말은 '예산'보다 넓은 의미로 사용된다.
2) 국가의 재정에 관한 기본법인 「국가재정법」은 예산과 기금을 모두 포함하여 재정으로 보고 있다.

[재정 = 예산 + 기금]

3) 예산에는 '일반회계'와 '특별회계'가 있다.
4) 중앙정부의 경우 일반회계는 1개뿐이지만, 일반회계와 구별하여 특별한 사업을 따로 운영하고자 특별회계를 두고 있다.
5) 대표적인 특별회계 중 우체국 예금특별회계는 세금이 아닌 우체국 예금을 관리하는 특별한 회계이다.
6) 기금도 여러 부처에서 운용하고 있는데, 특히 '국민연금'이나 '청소년육성기금'은 모두 기금으로 운용되고 있다.

[중앙정부 재정 = 일반회계 + 특별회계 + 기금]

사회보장성 기금

사회보장성 기금은 장래의 연금지출에 대비하여 보험료를 징수하여 연금급여 및 여유자금을 운용하는 연금성 기금과 보험기능을 수행하는 보험성 기금으로 구성된다.

사회보장성 기금은 국민연금기금, 사립학교교직원연금기금, 고용보험기금, 산업재해보상보험 및 예방기금, 군인연금기금, 공무원연금기금이 있다.

※ 주의 : 국민건강보험 재정은 기금이 아니다. 보건복지부장관의 승인 하에 국민건강보험공단 일반회계로 운용돼 국회의 심의나 의결을 받지 않고 있다. 건강보험의 경우 수입과 지출을 1년 단위로 맞추는 단기보험이기 때문에 국민연금 등 장기보험과는 재정운용상 큰 차이가 있다. 이번 달 보험료를 걷으면 다음 달 바로 줘야 하는 것이 건강보험 재정이기 때문에 돈을 쌓아놓고 기금을 운영하기가 어렵다.

---

10) 출처 : 국회예산정책처

기출문제 확인학습

사회보험료와 조세

1) 사회보험료와 소세는 빈곤 완화, 소득 안정, 불평등의 완화 등 동일한 기능을 수행한다.
2) 조세는 부담능력에 따라, 사회보험료는 급여가치(장차 받을 것으로 기대되는 가치)에 따라 부과된다.
3) 사회보험료는 조세에 비해 역진적이다.
4) 사회보험료와 조세의 공통점
    (1) 빈곤 완화
    (2) 소득의 규칙성과 안정성 강화
    (3) 수평적 불평등 감소
    (4) 소득의 불평등 완화
5) 사회보험료와 조세의 차이점
    (1) 부과되는 대상의 차이 : 조세는 부담능력에 따라, 사회보험료는 급여가치에 따라 부과된다.
    (2) 사회보험 보험료는 조세에 비해 역진적임
    (3) 조세는 사회보험료와 달리 국가의 반대급부가 특정화되어 있지 않다.

중앙정부와 지방정부 간의 재정 이전방식 3가지

1) 범주적 보조금(categorical grant)
    (1) 재원의 사용목적이 상세히 규정되어 있고 제약조건이 부여되는 특징이 있어, 지방정부의 재량권이 가장 약한 특징이 있다.
    (2) 따라서 범주적 보조금(categorical grant)의 매칭 펀드[11]는 지방정부의 재정운영을 어렵게 만들 수 있으며, 복지서비스의 전국적 통일성과 평등한 수준을 유지하는 데 적합하다.
2) 포괄 보조금
    (1) 지원대상이 되는 활동의 범주가 넓으며, 특정 사업이나 정책영역에 사용되기보다는 일반적인 영역을 대상으로 지급되며, 지방자치단체에 어느 정도의 재량권을 인정하고 있는 보조금이다.
    (2) 예 공중보건의 증진과 같은 일반적이고 광범위한 영역을 대상으로 한다.
3) 일반 교부세
    (1) 국가가 예산 일부를 지방정부에게 일정한 비율로 배분하는 것으로 지방정부의 재량권이 가장 큰 특징이 있어, 지역 간 재정 격차를 해소하려는 데 목적이 있다.
4) 결론
    지방정부의 재량권을 기준으로 작은 것에서 큰 순서로 나열하면 범주적 보조금 < 포괄 보조금 < 일반교부세 순이다.

---

11) 재정적 의미의 '매칭 펀드'는 자금이 필요한 지자체나 민간에 정부가 예산을 배분해주는 방식으로, 지원 대상 단체의 자구노력 수준에 연계해 지원 규모가 정해진다.

19 | 길버트와 스펙트(테렐)의 산물분석 틀 - 전달체계

1) 공공 사회복지서비스 전달체계 필요성 - 중앙정부
   (1) 공공재적 성격, 규모의 경제성, 평등과 사회적 적절성 달성
   (2) 지속적·안정적으로 제공

2) 중앙정부의 문제점
   (1) 수급자의 선택 반영이 어려움
   (2) 독점성 - 가격과 질에 있어 수급자에게 불리
   (3) 관료성으로 인해 특수적인 욕구에 융통적이지 못함
   (4) 업무내용이 중복되어 책임소재 불명확
   (5) 업무의 자율성 및 전문 인력 부족
   (6) 사회복지행정 - 지방 일반행정 체계로 편입됨

3) 공공 사회복지서비스 전달체계 필요성 - 지방정부
   (1) 지역주민의 욕구를 중앙정부보다 더 효율적으로 해결 가능
   (2) 지방정부 간의 경쟁 - 재화의 가격과 질적 서비스 개발 용이하여 수급자에게 유리
   (3) 창의적이고 실험적인 서비스 개발 용이 - 재정자립도 좋은 정부의 경우
   (4) 수급자들의 변화되는 욕구에 적극 대처 가능

4) 지방정부의 문제점
   (1) 지역 간 불평등 야기로 사회통합 저해
   (2) 규모의 경제효과가 적어 사회보험의 경우 기술적 측면 불리
   (3) 지방정부 단위의 단편화된 프로그램 가능성 있음 - 재정자립도 열악한 정부의 경우
   (4) 프로그램의 안정성과 지속성 측면 불리

5) 민간 사회복지서비스 전달체계 필요성
   (1) 정부 제공 서비스 비해당자나 정부가 제공할 수 없는 서비스 제공
   (2) 동일 종류의 서비스에 대한 선택의 기회 제공
   (3) 사회복지서비스의 선도적 개발 및 보급
   (4) 민간의 사회복지 참여 욕구 유도
   (5) 정부의 사회복지 활동에 대한 압력단체로서의 역할 수행
   (6) 국가의 사회복지 비용 절약 효과

기출문제 확인학습

마을기업(민간부문)

1) 마을 주민이 주도적으로 지역의 각종 자원을 활용한 수익사업을 통해 지역공동체를 활성화하고 지역주민에게 소득 및 일자리를 제공하여 지역발전에 기여하는 마을단위의 기업이다.
2) 현재 마을기업 육성 및 지원에 관한 법률안이 발의된 상태이며, 아직 국회를 통과하지는 않았다. 법률 내용 중에는 행정안전부장관은 대통령령으로 정하는 바에 따라 마을기업지원센터를 설립하거나 지정하는 것으로 되어 있다.
3) 마을기업은 심사를 통해 선정된다.
4) 구체적으로 살펴보면, 시, 군, 구 심사위원회를 구성하여 1차 심사를 통해 적격단체 선정 → 조건에 맞는 단체를 선정하여 시, 도에 추천 → 시, 도에서 2차 심사를 통해 선정 → 행정안전부에 제출하고 시, 도에서 선정된 단체에 대해 행정안전부에서 사업계획 검토 및 현지점검을 하여 설립이 이루어진다.

6) 사회복지서비스 전달체계 구축의 원칙 〔연결 문제 대비〕

(1) 전문성 원칙 – 전문가, 전문적 프로그램
(2) 적절성 원칙 – 급여나 서비스의 충분성
(3) 포괄성 원칙 – 다양한 서비스 제공
(4) 지속성 원칙 – 계속적으로 서비스 제공
(5) 통합성 원칙 – 자원 간 유기적 연계
(6) 평등성 원칙 – 차별 없이 고르게 제공
(7) 책임성 원칙 – 효과성, 효율성 위해 충실히 이행
(8) 접근 용이성 원칙 – 쉽게 이용 가능

7) 사회복지서비스 전달체계 원칙(둘 중에 하나는 해결할 것)

(1) 행정적인 측면

① 기능분담의 체계성 원칙
② 전문성에 따른 업무분담의 원칙
③ 책임성의 원칙
④ 접근용이성의 원칙
⑤ 통합 조정의 원칙
⑥ 지역사회 참여의 원칙
⑦ 조사연구 및 평가의 원칙

(2) 서비스 제공 측면 〔암기법〕 적을 평정하는 자가 지포를 먹는다.

① 평등성의 원칙
② 포괄성의 원칙

③ 적절성의 원칙
④ 계속성(= 지속성)의 원칙
⑤ 자활과 재활목표의 원칙
⑥ 가족 중심의 원칙

> **기출문제 확인학습**

길버트(N. Gilbert)와 테렐(P. Terrell)이 주장한 사회복지전달체계 재구조화 전략[12]

길버트(Gilbert)와 테렐(Terrell)은 정책결정 권한과 통제력을 재구조화하는 전략, 업무 배치를 재조직하는 전략, 전달체계 조직 구성(단위 조직의 수와 형태)을 변화시키는 전략을 제시했다.

1) 정책결정 권한과 통제력의 재구조화 전략

　(1) <u>조정 전략 : 사회복지서비스를 통합적이고 포괄적으로 발전시키기 위한 전략</u>

　　조정은 사회복지서비스의 통합성과 포괄성을 발전시키기 위한 전략이다. 조정을 위한 접근방법에는 집중화(centralization), 연합(federation), 사례수준의 협력(case – level collaboration) 등 세 가지가 있다.

　① <u>집중화(중앙집권화) : 각종 업무 부서를 하나로 통합하여 새로운 부서를 만드는 것</u>

> 집중화의 좋은 예로는 1970년 영국의 지방정부, 사회서비스법(the Local Authority and Social Services Act)을 들 수 있는데, 당시 영국은 지방정부의 아동복지, 지역사회개발서비스, 가정지원서비스 및 기타 복지업무의 부서와 직원을 하나로 통합하여 새로이 지방정부 사회복지서비스과를 창설한 바 있다. 집중화는 가장 강력한 조정절차 중 하나이다.

　② <u>연합(연합화) : 서비스 조직 간 그들의 기술, 자원, 인력 등을 협조체제로 활용하는 것으로 서로 다른 기관들의 자원을 지리적으로 집중화 하되, 기관을 행정적으로 통합하지 않는 것</u>

> 서로 다른 기관들의 자원을 지리적으로 집중화하되, 기관을 행정적으로 통합하지는 않는 것을 말한다. 연합은 제휴(coalition)와 다르다. 연합이 공식적인 직원구조들(의사결정 권한을 가진)간의 협력관계를 구축하여 일부 의사결정 권한을 협력을 맺은 기관들의 비준(승인)의 대상으로 삼는 데 비해, 제휴는 보다 임기응변적인 성격을 갖고 있어 협력관계를 맺은 기관의 의사결정 권한을 공유하거나 변경시키거나 하지는 않는다. 기관들이 연합관계를 구축하면 협력적인 관계 아래 그들의 기술, 자원, 지식, 직원을 교환한다. 미국의 경우 1980년대 이후 정신보건서비스 부서와 아동복지서비스 부서 간의 연합이 잘 이루어지고 있다. 이들 양 부서의 직원들은 책임을 공유하고, 직원훈련을 공동관리하고 있다.

　③ <u>사례수준의 협력 : 전술한 조정체계가 잘 구축되지 않을 때 각 기관의 최일선 사회복지사들 간에 원조 네트워크를 만들 필요가 생기는데 이러한 아래로부터의 조정을 말함</u>

> 이는 서비스의 통일과 연합을 위해 조직을 재구성하는 것이 아니라, 사회복지기관과 기관의 직원들 간의 상호작용을 분산시키는 것을 말한다. 조정체계가 잘 구축되지 않을 때 각 기관의 최일선 사회복지사들 간에 원조 네트워크를 만들 필요가 생긴다. 이런 낮은 수준에서의 조정을 사례수준의 협력이라고 한다. 이는 새로운 것은 아니다. 전통적으로 사회복지사들은 복합적인 문제를 지닌 클라이언트들이 다양한 서비스를 받을 수 있도록 도와왔다. 다만, 오늘날 서비스 전달체계가 더욱 복잡해짐에 따라 현장의 사회복지사들 간 연계망을 형성해 적시에 효율적인 방법으로 클라이언트에게 서비스를 제공해야 할 필요성이 더욱 커졌을 뿐이다.

---

[12] 신창식(2021). 사회복지행정론. 교육과학사

(2) 시민참여 전략 : 의사결정 권한을 기관과 클라이언트에게 재분배하는 전략

> 이는 의사결정 권한을 기관과 클라이언트에게 재분배하는 데 목적이 있다. 시민참여의 전제는 클라이언트가 영향력을 행사해야 보다 책임 있고 효과적인 서비스가 보장된다는 데 있다. 사회복지 전문가의 선의(a good will)와 관료적 합리성만으로는 클라이언트의 욕구충족이 완전히 보장되지는 않는다고 본다. 이유는 전문직이나 관료조직은 그 자체의 이익과 목적을 갖고 있기 때문이다. 시민참여에는 비분배적 참여(non-distributive participation), 정상적인 참여(normal participation), 재분배적 참여(distributive participation) 등 세 가지 형태가 있다.

① 비분배적 참여 : 기존의 의사결정 권한에 실질적인 변화가 없음유사참여(pseudo-participation)라고도 한다. 시민들이 교육이나 치료의 형태로 참여하거나 단지 명목적으로만 참여하는 것으로, 기존의 의사결정 권한에 실질적인 변화가 없는 경우를 말한다.
② 정상적인 참여 : 의사결정에 결정적인 변화가 일어나지 않음의사결정 과정에 시민이 실질적으로 참여하지만, 시민의 참여로 의사결정에 결정적인 변화가 일어나지 않는다.
③ 재분배적 참여 : 시민이 의사결정과 서비스 전달체계에 실질적인 영향을 미치는 경우시민이 의사결정과 서비스 전달체계에 실질적인 영향을 미치는 경우를 말한다.

2) 업무 분담의 재조직화 전략 : 업무를 누가 담당할 것인가의 질문에 대한 전략
  (1) 역할 연결(전문가 역할 부여) : 수급자와 전문가 사이에 상호이해나 접근이 용이하지 않고 서비스 전달이 어려운 경우 중개역할을 할 수 있는 비전문가(토착적인 사람)에게 전문가 역할의 일부를 부여하는 것

> 사회복지사와 사회복지 수급자를 연결시키는 역할을 만드는 것이다. 대체로 사회복지사는 중간계급의 전문직이고, 사회복지 대상자는 하층계급이 주를 이룬다. 중간계급 출신 전문직은 하층계급의 생활방식, 행위 패턴, 문화적 가치를 제대로 이해하지 못할 수도 있다. 예컨대, 사회복지사의 눈에 클라이언트가 고집불통에 위험한 사람으로 비춰질 수가 있는 것이다. 반면에 전문직이 중시하는 객관성 규범과 불편부당한 치료의 원칙은 클라이언트에게 비우호적이거나 사무적인 것으로 인식될 수가 있다. 이러한 상호 인식의 차이로 인해 서비스 접근성에 장애가 오고, 서비스의 불연속성 문제가 야기된다. 따라서 두 계급 간의 차이를 해소시켜 줄 수 있는 인간연계(human link)가 필요하다. 인간연계의 역할을 수행하는 사람으로는 그 지역주민의 가치와 문화에 대해 잘 아는 토착의 비전문직이 적합하다. 이들이 수행하는 역할을 사회계급 중재 기능(social-class-mediating function)이라고 한다. 이런 점에서 사회복지기관은 이들 비전문직을 채용할 필요가 있다. 다만, 비전문직에게 역할을 부여함으로써 서비스의 질적 저하와 전문직의 저항을 불러온 수도 있다는 점에 유념해야 한다.

(2) **전문가의 철수(전문적 이탈)** : 서비스 전달조직이 관료제적인 특성이 강하여 전문성 발휘가 곤란한 경우 전문가로 하여금 조직을 떠나 개업하게 함으로써 전문성 발휘를 용이하게 하기 위한 조건을 만드는 것

> 사회복지사들 중에는 행정조직의 요구와 클라이언트의 요구 사이에서 도덕적(윤리적) 딜레마에 빠지는 경우가 종종 있다. 이들은 사회복지사로서의 전문적 윤리와 기관의 정책 사이에서 갈등을 겪으며, 이는 사회복지사의 높은 이직률과도 관련이 깊다. 이 경우 서비스 전달을 확대하기 위해서는 사회복지사가 기관의 관료조직을 개혁하기보다는 그로부터 철수하는 것이 더 효과적일 수가 있다. 예컨대, 전문가들은 기관정책이 부과하는 서비스 전달의 구속으로부터 벗어나기 위해 클라이언트로부터 서비스 요금을 징수하자는 조언을 받는 경우가 있다. 사회복지사가 조직 관료에서 기업가로 역할을 바꾸는 것이다. 이를 전문가의 철수(professional disengagement)라 한다.

3) **전달체계 조직 구성(단위조직의 수와 형태)의 변화전략** : 전달체계조직의 단위 및 수를 어떻게 할 것인가에 관한 전략
   (1) ★**접근구조의 전문화** : 서비스의 접근을 전문으로 하는 기관을 만드는 것을 의미함

> 접근성(access)이 사회복지서비스의 하나로 제공된다는 것이다. 전통적으로 접근성의 제공은 기관 직원의 독립된 기능이라기보다는 부차적인 기능으로 간주된다. 하나의 부차적인 기능으로서 접근성은 기관 전문화의 협소적인 관점(기관의 핵심 기능만을 중시하고, 클라이언트가 야기하는 특정한 문제는 무시하는 좁은 관점)에 의해 부당하게 제한된다. 이런 현상은 무능력의 산물도, 악의의 산물도 아니다. 전문화된 서비스 조직의 정상적인 구조적 현실이다. 기관의 전문성을 유지하면서 클라이언트의 접근성을 높이기 위해서는 전달체계에 새로운 구조를 첨가할 필요가 있다. 이를 '공평무사한 출입구(professionally unbiased doorway)'라고 한다. 이러한 출입구는 클라이언트 권익보호(case - advocacy), 조언, 정보 등을 전문적으로 제공하는 기관으로 나타난다.

   (2) **의도적인 중복** : 의도적으로 같은 서비스 전달체계를 중복시키는 방법을 말함

> 의도적인 중복(purposive duplication)은 기존의 서비스의 일부 또는 전부를 재창조하는 것을 말한다. 의도적인 중복은 유사하면서도 서로 다른 두 가지 형태인 경쟁(competition)과 분리(separatism)의 형태로 나타난다.

   ① 경쟁
      경쟁은 기존의 전달체계 안에서 기관들이 서로 경쟁하도록 기관을 중복(duplicate agencies) 시키는 것을 말한다. 이런 전략은 선택을 확대시킨다. 경쟁은 또한 기관과 전문직에게 활력을 불어넣어 주고, 클라이언트의 욕구에 대한 민감성을 증대시키고, 기관의 진취성과 창조성도 증대시킨다. 그러나 경쟁은 기관 간의 소모적인 갈등을 야기할 수도 있다. 서비스를 중복시킴으로써 경쟁을 야기하는 전략은 직접적인 방법과 간접적인 방법이 있다. 직접적 방법은 새로운 기관을 창설함으로써 전달체계를 재구조화하는 것이다. 사회복지기관이 기존의 서비스를 확대하는 대신 보육서비스, 상담, 지역사회조직사업을 제공하는 기관을 신설하는 것을 예로 들 수 있다. 간접적 방법은 사회적 공급의 형태를 바꾸는 전략을 말하는데, 예컨대, 현금급여를 바우처 형태로 변환시키는 것이다.

   ② 분리
      분리는 구조와 목적에서 경쟁과 다르다. 분리는 기존의 전달체계 외부에 새로운 기관을 조직하는 것이다. 경쟁은 분리의 무의식적이고 의도하지 않은 산물일 수도 있다. 분리의 목적은 인종, 성, 사회경제적 지위 등의 이유로 차별을 받는 특정 집단을 위해 기존의 서비스 네트워크 밖에 하나의 대안적인 서비스를 제공하는 데 있다. 최근 들어 미국에서 많이 조직되고 있는 독립된 지역사회 기반 서비스(independent community - based services) 네트워크인 동성애자, 에이즈 환자, 새로운 이민자를 위한 서비스가 분리의 좋은 예이다.

20 | 소득재분배

1) 세대 내 재분배
(1) 수직적 재분배 : 소득계층 간의 재분배 형태 **사례** 공공부조
(2) 수평적 재분배 : 집단(동일한 계층) 내에서 위험발생에 따른 재분배 형태 **사례** 사회보험

2) 세대 간 재분배
현 근로세대와 노령세대 간의 소득재분배 형태, 공적 연금 제도의 부과방식

기출문제 확인학습

소득재분배
1) 소득재분배는 세대 내 재분배와 세대 간 재분배로 구분할 수 있다.
2) 소득재분배는 국가의 기능에 따라 2차적으로 소득이 분배되는 것이다.
3) 정부가 조세정책과 사회복지정책 등을 통해 실현한다.
4) 개인의 자발적 기부와 같이 민간에 의해 이루어질 수도 있다.
5) 시간적 소득재분배는 한 개인이 안정된 근로생활 시기에서 불안정한 소득시기로 소득을 이전하는 것을 의미한다.

> **시간적인 소득재분배**
> 1) 한 개인(또는 가계)의 생활 소득에 따른 시간적인 소득재분배
> 2) 근로자가 자신의 일생의 소득을 전체 인생으로 나누어 소득을 재분배하는 의미
> 3) 인생의 기간 중 높은 소득시기에서 낮은 소득시기로, 건강한 시기에서 병약한 시기로, 안정적 근로생활 시기에서 불안정한 소득시기로 소득을 이전함으로써 소득재분배에 의해 생애전반에 걸쳐 안정적인 생활을 영위하도록 하는 기능이 있음
> 4) 다만, 시간적 소득재분배는 실제로는 빈번하게 발생하지 않는다. 사례로 산재보험의 경우 일생에 걸쳐 산업재해가 전혀 발생하지 않는 경우가 대부분이다.
> 5) 시간적 재분배의 하나인, 장기적 소득재분배의 경우는 연금제도를 들 수 있다.

기출문제 확인학습

이용료(본인부담금) 부과 방식에 따른 소득재분배 효과가 작은 것에서 큰 순서로 나열하면, 정액제 - 정률제 - 연동제(sliding scale)의 순이다.

설명 이용료(본인부담금) 부과 방식에 따른 소득재분배 효과가 크다는 것은 소득이 낮은 계층일수록 작게, 소득이 높은 계층일수록 높게 부과하는 것을 의미한다. 따라서 소득수준에 상관없이 동일금액(정액제)을 본인이 부담한다면 소득재분배효과는 가장 낮을 것이다. 반면, 본인부담금 차등제(sliding scale, 연동제)는 소득이 낮은 계층일수록 작게, 소득이 높은 계층일수록 높게 부과하는 것으로 소득재분배 효과가 가장 높다. 정률제는 서비스 이용료의 일정률을 부담하는 것으로, 전체 이용료에 따라 본인부담금액이 달라질 수 있다는 것이 정액제와 다른 점이다.

21 | 사회보험과 공공부조의 비교

사회보험	공공부조
급여의 양을 예상할 수 있다.	급여의 양을 예상하기 어렵다.
욕구나 자산조사가 필요하지 않다.	욕구나 자산조사가 필요하다.
지정된 조세·기여금으로 재원 조달한다.	정부의 일반조세에서 재원 조달한다.
모든 참여자가 피보험자이고 특정한 시점부터 일부만 수혜자가 된다.	신청에 의해 수급권자로 인정되어 직접 참여하는 자는 모두 수혜자이다.
낙인감이 아닌 권리로 인정된다.	낙인을 받게 되어 신청기피의 소지가 있다.
법적 권리성이 강하고 구체적이다	법적 권리성이 추상적이다
수평적 재분배 기능이 크고, 수직적 재분배 기능도 있다.	수직적 재분배 기능이 크다.

기출문제 확인학습

사회안전망

1) 1차적 사회안전망은 개인의 노력과 능력으로 확보하게 되는 안전망으로, 1차적 사회안전망은 주로 사회보험제도로 구성되어 있다.
2) 2차적 사회안전망은 빈곤계층의 기본적 욕구를 충족시켜 주기 위한 목적으로 운영되며, 2차적 사회안전망은 주로 공공부조제도로 구성되어 있다.
3) 1차적 사회안전망과 2차적 사회안전망은 각자의 목표에 따라 엄격하게 구분하여 운영되는 것은 아니다. 예를 들어, 실업자의 경우 고용보험을 적용하며 1차적 안전망에 속하며, 실업자는 취약계층에도 속할 수 있으므로 실업대책은 2차적 안전망에도 속하게 된다.

> 사회안전망은 모든 국민을 노령, 질병, 실업, 산업재해, 빈곤 등의 사회적 위험으로부터 보호하기 위한 제도적 장치로 사회보험, 공적부조 등의 소득보장제도와 제한적 사회복지 서비스 및 일시적 조치를 포함할 뿐 아니라, 이러한 공식체계 외에 민간단체 등의 비공식체계도 포함한다고 정의할 수 있다. 한국보건사회연구원에서는 사회안전망을 보다 구조적으로 개념 정의하였는데, 즉, 사회안전망의 일반적 개념을 1차 안전망(일반 국민을 대상으로 한 사회보험) 2차 안전망(저소득층의 기초생활보장을 위한 공공부조와 실업대책), 3차 안전망(긴급구호 등)으로 구분하여 개념화하였다.

22 | 사회보험과 민간보험의 차이점

구분	사회보험	민간보험
원리	사회적 적합성의 원리에 기초	개인적 공평성의 원리에 기초
참여	강제적, 비선택적인 참여	임의적, 선택적, 자발적 참여
관계	제도적, 법적인 관계	보험자와 피보험자 간의 계약관계
기여방식	형평성에 의한 기여 (소득수준에 따른 차등부과)	충분한 기여금 적립을 위한 능력성 요구 (위험정도·보험급여수준에 따른 부과)
완전적립 기금 여부	완전적립 기금방식 취하기 어려움	완전적립기금방식 취하는 것 용이함
물가상승기 보전	인플레이션 비취약	인플레이션 취약

기출문제 확인학습

사회보험과 민간보험 - 정리

1) 공통점
   (1) 위험의 이전에 기초하고 있으며, 위험의 광범위한 공동분산에 기초하고 있다.
   (2) 적용범위, 급여 및 재정과 관련된 모든 조건들을 구체적이고 완전하게 규정한다.
   (3) 급여의 자격 여부와 양이 정확한 수학적 계산을 필요로 한다.
   (4) 프로그램의 운영에 필요한 비용을 충당하는 데 충분한 보험료와 보험금 지급을 필요로 한다.
   (5) 사전에 결정된 급여를 제공한다.
   (6) 가입자의 경제적 보장을 목적으로 한다.
2) 사회보험과 민간보험의 차이점
   (1) 사회보험
      ① 강제가입
      ② 기여금(보험료)는 평균적 위험이나 소득에 비례해 결정되며 법령으로 정함
      ③ 급여는 사회적 적합성, 별도로 법령으로 정한 산정방식
      ④ 관리체계는 국가 또는 국가가 위임한 기관(독점)
      ⑤ 재원방식은 부과방식 또는 부분적립방식
      ⑥ 법적 권리가 있음
      ⑦ 물가상승률 및 경제성장률 등 반영
   (2) 민간보험
      ① 임의가입
      ② 기여금(보험료)는 개인적 위험의 정도나 개인의 의사에 의해 결정
      ③ 급여는 개인적 적합성(형평성), 보험수리원칙
      ④ 관리체계는 민영기관(경쟁체제)
      ⑤ 재원방식은 완전적립방식
      ⑥ 법적 권리가 없음
      ⑦ 물가상승률 및 경제성장률 등 미반영

23 | 사회보험, 공공부조, 사회수당의 비교

구분	기여	자산조사	내용
사회보험	○	×	위험으로부터의 예방, 권리성, 사회적 적절성 원리
공공부조	×	○	최저생활 보장, 최후의 안전망, 집중급여(목표효율성), 소득재분배 효과, 시혜성, 낙인 발생, 납세자와 수급자의 계층 간 대립 가능성, 저축동기 약화, 빈곤의 함정
사회수당	×	×	인구학적 조건(연령 등)에 따른 보편적 프로그램(아동·장애수당), 인간존엄성 향상, 사회통합 달성, 많은 예산 필요, 소득재분배 효과 미약, 데모그란트(Demogrant)

기출문제 확인학습

공공부조와 사회보험의 차이점

1) 공공부조는 조세로 충당하며, 사회보험은 주로 보험료로 재정을 충당한다.
2) 공공부조는 사후적인 성격이 강한 반면 사회보험은 예방적인 성격이 강하다.
3) 공공부조는 빈곤을 완화하는 데 목적이 있는 반면, 사회보험은 빈곤을 예방하고 모든 계층의 경제적 비(非)보장을 경감시키는 데 목적을 둔다.
4) 사회보험이 공공부조보다 (계약적) 권리성이 강하다.
5) 사회보험은 중앙정부가, 공공부조는 중앙정부와 지방정부가 운영주체이다.

24 | 적립방식

가입자의 근로기간 중 보수의 일부를 갹출하여 그 원금과 운용수입을 적립하여 이를 급여재원으로 하는 방식

1) 장점
(1) 가입기간 중 납부되는 보험료에 대한 이자의 축적으로 보험료 총액보다 높은 연금액을 지급받을 수 있다.
(2) 장래의 보험료 부담이 경감된다.
(3) 부과방식에 따르는 인구변동으로 인한 위험이 적다.
(4) 적립된 기금이 잘 활용되는 경우 경제발전에 기여할 수 있다.
(5) 재정의 안정화를 기할 수 있다.

2) 단점
(1) 인플레이션으로 인해 연금의 실질가치를 보호하지 못한다.
(2) 투자위험이 존재한다.
(3) 충분한 적립기간이 요구된다.

25 | 부과방식 → 수지균형의 원리 적용

노령세대에 지급하여야 할 연금에 소요되는 재원을 당시의 경제활동세대가 부담하는 방식으로 매 연도마다 지급될 연금액만큼 당해 연도에 보험료 납부하는 방식 - 제도 도입 이후 바로 적용 가능

1) 장점

연금수지차가 미비하여 연금의 실질가치 대책이나, 연금 재정의 장기추계를 필요로 하지 않는다.

2) 단점

(1) 인구구조의 변화에 영향을 많이 받는다.
(2) 장기적인 측면에서는 재정운영이 불안정해진다.
(3) 사회경제적 환경의 변화를 반영하여 정부가 연금의 급여수준 및 보험료율을 변화시키는 정치적 위험이 적립방식보다 크다.

> **심화학습 기출**
>
> 한국의 국민연금 급여방식 - 수정적립방식
> 1) 1.5(A + B) (1 + 0.05n) : 40년 가입 시 소득대체율 50%
>   (1) 2008년부터 비례상수 1.5 적용/해마다 0.015씩 감소
>   (2) 20년을 가입하는 경우 소득대체율은 25%
> 2) 1.2(A + B) (1 + 0.05n) : 40년 가입 시 소득대체율 40%
>   (1) 2028년에는 비례상수 1.2 적용
>   (2) 20년을 가입하는 경우 소득대체율은 20%
> 3) A : 균등(평등 = 소득재분배) 부분
>   연금 수급 전(前) 3년간 평균소득월액(기준소득월액의 평균치) - 가입자 전체의 기준소득월액의 평균치)
> 4) B : 소득비례(= 공평) 부분
>   가입자 개인의 전체 가입기간에 대한 평균소득월액(기준소득월액의 평균치)

> **기출문제 확인학습**
>
> **공적 연금 재정관리 방식의 특징**
> 1) 적립방식은 가입자들 각자가 보험료를 납부하여 축적한 적립기금으로 자신들의 노후를 보장하는 방식이다.
> 2) 적립방식의 연금제도에서도 수지상등의 원칙[13]은 고려된다.
> 3) 적립방식의 연금제도는 저축 기능을 토대로 운영된다.
> 4) 부과방식은 매년도 연금재정의 수입총액과 지출총액이 균형을 유지할 수 있도록 운영하는 방식이다.
> 5) 부과방식의 연금제도는 도입 당시의 노인세대에게도 일정한 연금을 제공할 수 있다.

---

13) 수지상등의 원칙 : 보험계약에서 장래 수입으로 들어올 순보험료의 현가 총액이 장래 지출해야 할 보험금의 총액과 같아야 된다는 원칙이다. 즉, 보험가입자로부터 받은 순보험료 총액은 보험사고로 지급하는 보험금 총액과 같다는 의미로 보험의 사회적 기능이 상부상조의 정신에 있기 때문에 형성된 개념이다.

26 | 국민건강보험제도 - 질병군별 포괄수가제와 행위별 수가제

행위별 수가제		1) 의료공급자의 서비스 행위 하나하나 그리고 제공된 상품 하나하나를 가격으로 환산하여 지급 2) 가장 시장 지향적이며 진료비 지불방식 중 진료비용 절감 효과가 가장 낮고 청구된 진료비를 일일이 심사해야 하기 때문에 관리가 어렵고 관리비용도 많은 방법
질병군별 포괄수가제	개요	1) 2002년 처음 실시되었으며 2012년에는 전국 병원, 의원 의무적 실시 2) 질병군별 중증도에 따라 이미 정해진 정액의 진료비를 의료행위 항목별로 따지지 않고 포괄하여 계산하는 새로운 치료비 결정방식
	실시원칙	1) 입원환자 대상 2) 입원환자의 분류 및 지불단위로 DRG(Diagnosis Related Group)분류체계 활용 3) DRG분류체계 : 모든 입원환자들의 주 진단 및 기타 진단, 수술·처치명, 연령, 진료결과 등에 따라 진료내용이 유사한 환자군으로 분류하고 하나의 환자군 의미
	목적	1) 대부분의 비급여 항목을 보험급여 대상으로 포함시켜 환자 본인부담금 수준을 경감 2) 항생제 사용 감소유도로 국민건강 보호 3) 적정진료의 제공으로 국민의료비의 상승 억제
	적용 (4개 진료과 7개 질병군)	안과 : 수정체수술(백내장수술) 일반외과 : 치질수술, 서혜 및 대퇴부 탈장수술, 맹장염수술 이비인후과 : 편도 및 아데노이드수술 산부인과 : 자궁 및 자궁부속기 수술, 제왕절개 분만
	문제점	의료의 질적 서비스 저하 우려, 의료원가 보상 미흡(새로운 약물이나 의학기술의 적용 어려움), 복잡한 중증환자에 대한 포괄수가 적용 무리, 조기 퇴원 문제, 많은 진료건수로 건강보험공단 재정에 부정적 영향 미침

27 | 사회보험제도 - 최근 기출 정리

1) 산업재해보상보험 제도

(1) 보험료는 업종별로 상이한 보험료율을 적용하고 있다.

(2) 보험료는 개별 사업장의 산재사고 실적에 따라 보험료를 증감한다.

(3) 당연적용사업장 중 미가입 사업장에서 발생한 산재사고에 대해서도 보상받을 수 있다.

(4) 보험료는 개산보험료[14]와 확정보험료[15]로 구성되어 있다.

(5) 산업재해보상보험에서는 근로자의 과실 여부에 상관없이 산재사고에 대한 보상이 이루어진다.

---

14) 개산보험료라 함은 매 보험연도마다 그 1년간(보험연도 중에 보험관계가 성립한 경우에는 그 성립일로부터 그 보험연도의 말일까지의 기간)에 사용할 모든 근로자에게 지급할 임금총액 추정액에 보험료율을 곱하여 산정한 금액을 말한다.

15) 확정보험료라 함은 매 보험연도의 초일(보험연도 중에 보험관계가 성립한 경우에는 성립일)부터 연도 말일 또는 보험관계가 소멸한 날의 전날까지 지급한 임금총액에 보험료율을 곱하여 산정한 금액을 말함

(6) 장해급여는 등급에 따라 연금이나 일시금으로 지급된다.
(7) 업무와 재해 사이의 인과관계가 있는 경우 보상한다.
(8) 신업재해보상보험 급여 수급권은 노동자가 퇴직하더라도 소멸되지 않는다.
(9) 다만, 3년간 수급권을 행사하지 않을 경우 소멸시효에 의하여 소멸한다.
(10) 산업재해보상보험은 고용노동부장관이 관장한다.
(11) 각종 민간 사회단체는 산업재해보상보험의 당연적용 사업장으로 분류된다.

2) 산업재해보상보험법상 업무상의 재해의 인정 기준 → 법령 내용을 그대로 서술함

> **기출문제 확인학습**
>
> **산업재해보상보험법 제37조(업무상의 재해의 인정 기준)**
> ① 근로자가 다음 각 호의 어느 하나에 해당하는 사유로 부상·질병 또는 장해가 발생하거나 사망하면 업무상의 재해로 본다. 다만, 업무와 재해 사이에 상당인과관계(相當因果關係)가 없는 경우에는 그러하지 아니하다.
>   1. 업무상 사고
>   가. 근로자가 근로계약에 따른 업무나 그에 따르는 행위를 하던 중 발생한 사고
>   나. 사업주가 제공한 시설물 등을 이용하던 중 그 시설물 등의 결함이나 관리소홀로 발생한 사고
>   다. 삭제
>   라. 사업주가 주관하거나 사업주의 지시에 따라 참여한 행사나 행사준비 중에 발생한 사고
>   마. 휴게시간 중 사업주의 지배관리하에 있다고 볼 수 있는 행위로 발생한 사고
>   바. 그 밖에 업무와 관련하여 발생한 사고
>   2. 업무상 질병
>   가. 업무수행 과정에서 물리적 인자(因子), 화학물질, 분진, 병원체, 신체에 부담을 주는 업무 등 근로자의 건강에 장해를 일으킬 수 있는 요인을 취급하거나 그에 노출되어 발생한 질병
>   나. 업무상 부상이 원인이 되어 발생한 질병
>   다. 「근로기준법」 제76조의2에 따른 직장 내 괴롭힘, 고객의 폭언 등으로 인한 업무상 정신적 스트레스가 원인이 되어 발생한 질병
>   라. 그 밖에 업무와 관련하여 발생한 질병
>   3. 출퇴근 재해
>   가. 사업주가 제공한 교통수단이나 그에 준하는 교통수단을 이용하는 등 사업주의 지배관리하에서 출퇴근하는 중 발생한 사고
>   나. 그 밖에 통상적인 경로와 방법으로 출퇴근하는 중 발생한 사고

기출문제 확인학습

산업재해보상보험제도 도입의 논리적 근거

1) 산업위험이론
   (1) 산업재해는 산업화의 결과로 불가피하게 초래된 것으로 마땅히 사회적으로 그에 대한 보상비용을 부담하여야 한다는 논리이다.
   (2) 산재 보험료는 임금총액에 비례하여 부과되는 사회보장세(payroll tax)와 같다.
2) 사회비용 최소화이론
   (1) 산재보상이 산재발생을 억제시켜 기업의 경제적 비용을 감소시킨다는 이론이다.
   (2) 산재발생률을 줄여야 보험료 부담이 줄어들고, 산재보험에 가입하지 않았을 때보다 산재보험에 가입했을 때 비용부담에서 이익이 되기 때문에 기업은 사고를 줄이려는 인센티브가 있다.
3) 사회적 타협이론
   산재근로자는 산재보상을 받는 데 필요한 법정비용을 줄일 수 있고, 기업주도 노동자가 제기하는 법정제소(litigation)의 부담과 재판에서 패소했을 때 부담해야 하는 높은 보상비를 피할 수 있는 장점이 있다.

사용자 보상의 원칙(사회법상의 무과실책임 원칙)

1) '근로기준법'에서 근로자가 작업장에서 사고를 당하면 사용자는 과실이 없어도 당연히 보상할 책임을 지게 되었는데 이것이 이른바 무과실 책임원칙으로 사고를 당한 근로자의 생활도 보장하도록 하였다.
2) 근로기준법(제78조~제93조) 등을 통해 업무상의 사고에 대하여 개별사업주가 전적으로 보상책임을 지고 사고를 당한 근로자에게 일시금으로 보상하도록 하는 것이 그것이다.
3) 그러나 일시금제도는 근로자의 생계를 효과적으로 보장하지는 못하였다.
4) 산재를 당한 근로자에게 연금형태로 생계를 보장해 주기 위해서는 이들을 별도로 관리하기 위한 추가적 부담이 생기는데, 개별 사업주의 입장에서는 현실적으로 유리하지 않았다.
5) 무엇보다도 무과실책임주의에 입각한 사용자의 보상책임(employer's liability) 원칙의 도입으로 가장 큰 어려움을 겪게 된 것은 사용자였는데, 사용자가 산재발생 시 한꺼번에 많은 비용을 부담해야 하는 것이 하나의 사회적 위험으로 작용하였기 때문이다.
6) 무과실책임 원리에 대한 견해들
   (1) 위험책임이론 : 위험시설의 소유자가 그것으로부터 발생하는 손해에 대하여 절대적으로 책임을 져야한다.
   (2) 보상책임이론 : 근로자의 노동력을 지배함으로써 생기는 이익의 귀속자에게는 그곳에서 발생하는 손실도 마땅히 귀속되어야 한다.
   (3) 원인책임이론 : 물적 시설 등에 따라서 손해의 원인을 발생시킨 자가 그로부터 생긴 손해를 배상해야 한다.
   (4) 공평책임이론 : 손해를 가해자와 피해자에게 구체적 사정에 따라 분담시키는 것이 공평하다.

3) 국민연금 제도

(1) 국민연금 보험료 부과체계상 소득상한선과 소득하한선

① 소득하한선은 일정수준 이하의 저소득계층을 제도의 적용으로부터 제외시키는 기능을 한다.
② 소득하한선을 높게 설정할 경우 국민연금 가입자 규모가 감소할 수 있다.
③ 상한선을 낮게 유지할 경우 고소득계층의 부담은 그만큼 더 작아지게 된다.

④ 소득상한선은 국민연금 가입자들 상호 간 연금급여의 편차를 일정수준에서 제한하는 기능을 하게 된다.
⑤ 소득상한선은 그 이상의 소득에 대해서는 더 이상 보험료가 부과되지 않는 소득의 경계선을 의미한다.

(2) 국민연금의 연금보험료와 연금급여액

① 저소득층에게 유리하게 설계되어 있다.
② 기본연금액의 균등부분(A)에서 소득재분배기능이 나타난다.
③ 2008년 이후 급여수준을 결정하는 비례상수는 매년 0.015%씩 감소한다.
④ 연금액은 지급사유에 따라 기본연금액과 부양가족연금액을 기초로 산정한다.

기출문제 확인학습

확정급여식 연금과 확정기여식 연금

1) 확정급여식 연금
   (1) 확정급여식 연금은 나중에 받을 연금액이 사전에 결정되어 있는 형태이다.
   (2) 확정급여식 연금제도는 나중에 받을 연금액이 사전에 결정되어 있는 형태이므로 물가상승, 경기침체 등의 위험을 사회 전체적으로 분산 대응하는 장점이 있다.
2) 확정기여식 연금
   (1) 확정기여식 연금은 기여금만이 결정되어 있고 급여액은 적립한 기여금의 운용 결과에 의해 나중에 결정되는 형태이다.
   (2) 확정기여식 연금은 기여금만이 결정되어 있으므로 추후에 받는 급여액은 기본적으로 적립한 기여금과 기여금의 투자수익에 의해서 결정된다.
   (3) 확정기여식 연금제도에서는 투자위험에 대해서 개인이 전적으로 책임진다.

> **퇴직연금의 확정기여형**(Defined Contribution : DC)
>
> 근로자가 자신의 계좌를 가지고 스스로 적립금을 운용하는 형태로, 회사의 부담금은 사전에 확정된다. 따라서 연금급여는 근로자의 적립금 운용수익에 따라 변동되고 근로자 본인이 운용의 책임을 지므로 주식투자 등으로 손실을 볼 우려가 있고 이 경우 사용자는 추가적립 부담을 지지 않으므로 경영이 불안정하거나 퇴직금을 중간 정산하는 기업 등에 적합하다.

---

4) 노인장기요양보험 제도

(1) 시설급여의 경우, 시설급여 제공기관은 장기요양기관이 운영하는 「노인복지법」에 따른 노인의료복지시설 등이며, 시설급여는 시설급여 제공기관에 장기간 동안 입소하여 신체활동 지원 및 심신기능의 유지·향상을 위한 교육·훈련 등을 제공하는 장기요양급여이다.
(2) 노인장기요양보험에서는 재가급여를 시설급여에 우선한다.
(3) 재가급여에는 방문요양, 방문목욕 등이 있다.
(4) 특별현금급여에는 가족요양비 등이 있다.

기출문제 확인학습

장기요양기관의 종류

장기요양급여를 제공할 수 있는 장기요양기관의 종류 및 기준은 다음과 같다(「노인장기요양보험법」 제23조 제2항 및 「노인장기요양보험법 시행령」 제10조[16]).

1) 재가급여를 제공할 수 있는 장기요양기관
   「노인복지법」 제38조에 따른 재가노인복지시설로서 「노인장기요양보험법」 제31조에 따라 지정받은 장기요양기관
2) 시설급여를 제공할 수 있는 장기요양기관
   (1) 「노인복지법」 제34조 제1항 제1호에 따른 노인요양시설로서 「노인장기요양보험법」 제31조에 따라 지정받은 장기요양기관
   (2) 「노인복지법」 제34조 제1항 제2호에 따른 노인요양공동생활가정으로서 「노인장기요양보험법」 제31조에 따라 지정받은 장기요양기관

노인복지법 시행규칙 - 시설의 규모

노인의료복지시설(이하 "시설")은 다음 각 호의 구분에 따른 인원이 입소할 수 있는 시설을 갖춰야 한다. 이 경우 입소정원 1명당 연면적 산정 시 「주차장법」에 따른 설치기준을 초과하는 주차장의 면적은 제외하며, 그 밖에 연면적의 산정에 필요한 세부 사항은 보건복지부장관이 정한다.

(1) 노인요양시설: 입소정원 10명 이상(입소정원 1명당 연면적 23.6㎡ 이상의 공간을 확보해야 한다). 다만, 노인요양시설 안에 치매전담실을 두는 경우에는 치매전담실 1실당 정원을 16명 이하로 한다.
(2) 노인요양공동생활가정: 입소정원 5명 이상 9명 이하(입소정원 1명당 연면적 20.5㎡ 이상의 공간을 확보해야 한다)

> cf 노인장기요양보험법상 재가급여로 분류되는 단기보호의 급여기간은 월 9일 이내를 원칙으로 하되, 특별한 사유가 있는 경우 연장이 가능하다. 그리고 노인장기요양은 노인장기요양 가입자, 피부양자, 의료급여 수급권자가 신청할 수 있기 때문에 장기요양등급판정을 받은 65세 이상 노인은 소득수준과 상관없이 장기요양보험 급여를 받을 수 있다.

5) 국민건강보험 제도

(1) 보험료 경감대상자(법 제75조)

다음의 어느 하나에 해당하는 가입자 중 보건복지부령으로 정하는 가입자에 대하여는 그 가입자 또는 그 가입자가 속한 세대의 보험료의 일부를 경감할 수 있다.

① 섬·벽지(僻地)·농어촌 등 대통령령으로 정하는 지역에 거주하는 사람
② 65세 이상인 사람
③ 「장애인복지법」에 따라 등록한 장애인
④ 「국가유공자 등 예우 및 지원에 관한 법률」에 따른 국가유공자
⑤ 휴직자
⑥ 그 밖에 생활이 어렵거나 천재지변 등의 사유로 보험료를 경감할 필요가 있다고 보건복지부장관이 정하여 고시하는 사람

---

[16] 2019. 1. 1. 시행(단, 2019년 법률개정에 의해 재가장기요양기관 명칭이 삭제됨)

6) 고용보험 제도

(1) 자영업자의 고용보험

① 본인의 희망에 따라 가입이 가능하다.
② 구직급여를 받기 위해서는 재취업을 위해 적극적으로 노력하여야 한다.
③ 자영업자도 직업능력개발훈련을 받을 수 있다.
④ 구직급여는 120일 ~ 210일까지 받을 수 있다.
⑤ 보험료를 체납한 사람에게는 실업급여를 지급하지 아니할 수 있다.

> **자영업자 실업급여 지급이 제한되는 보험료 체납 횟수**
> 피보험기간이 1년 이상 ~ 2년 미만인 경우, 1회 체납/2년 이상 ~ 3년 미만인 경우, 2회 체납/3년 이상인 경우, 3회 체납

28 | 공공부조의 원리 암기법 최국생보자무

1) 생존권보장의 원리
2) 국가책임의 원리
3) 최저생활보장의 원리
4) 자립조장(= 자활조성)의 원리
5) 무차별평등의 원리
6) 보충성의 원리 - 빈곤의 함정, 자산조사와 관련이 있다.

29 | 공공부조의 실시원칙

1) 신청직권병행 원칙
2) 보호기준 및 정도의 원칙
3) 가구단위의 원칙(특별한 경우 개인을 단위로 하여 보호를 제공 가능)
4) 현금급여의 원칙
5) 거택보호의 원칙
6) 필요즉응의 원칙
7) 개별성의 원칙
8) 가족부양 우선의 원칙
9) 타 급여 우선의 원칙
10) 보편성의 원칙 : 일반적 공공부조의 의미로서 인구학적 기준 폐지

30 | 불평등 지수[17]

로렌츠 곡선	개념	1) 소득분포의 불평등도(不平等度)를 측정하는 방법으로 한 사회구성원들을 소득이 가장 낮은 사람부터 높아지는 순서에 따라 차례로 배열 2) 일정 비율의 사람들이 차지하는 전체소득 중의 비율을 나타내는 점들을 모아 놓은 곡선 누적소득 100% 균등분포선(완전평등) 수직선 완전불평등 불균등 면적 로렌츠 곡선 (x, O) 누적인원 100%
지니 계수	내용	1) 소득이 어느 정도 균등하게 분배되는가를 나타내는 소득분배 불균형 수치/ 　0≤G≤1(지니계수는 0에서 1 사이의 값을 가진다) 2) 지니계수가 작을수록 평등하며 클수록 불평등이 심화된다.
십분위 분배율	개념	1) 한 나라의 모든 가구를 소득의 크기로 하여 10등급으로 분류 2) 소득이 낮은 1등급에서 4등급까지의 소득 합계를 소득이 가장 높은 9, 10등급의 소득 합계로 나눈 비율, 즉 상위 소득 20%의 소득 합계에 대한 하위 소득 40%의 비율
	분석	1) 완전평등 = 2 2) 완전불평등 = 0 3) 비율이 높으면 소득 격차가 작고, 반대로 낮으면 소득격차가 큼 　cf 5분위 배율 　(1) 소득이 작은 가구에서 소득이 높은 가구를 일렬로 배열하여 5개의 구간으로 나눈 후, 상위 20%(최상위 구간)의 소득을 하위 20%(최하위 구간)의 소득으로 나눈 것이다. 　(2) 5분위 배율은 10분위 배율과 유사하게 값이 커질수록 소득의 양극화가 커지고 불평등한 소득 분배를 나타내며, 값이 작아질수록 소득의 양극화가 작고 균등한 소득 분배를 나타내게 된다.
앳킨슨 지수	공식	1) 공식 : 1 - {(균등분배대등소득)/(1인당 평균소득)} 2) 균등분배대등소득 : 현재와 동일한 사회후생을 얻을 수 있는 완전평등한 소득분배상태에서의 평균소득
	분석	1) 완전평등 = 0 2) 완전불평등 = 1

---

[17] 그 외 불평등 지수로는 센(Sen) 지수가 있다.

31 | 최저생계비 추정방식

객관적 방식	절대적 방식	실태 생계비 방식	1) 적당한 수의 가구에 대해 실제 가계조사를 실시하여 명확한 실제 생계비를 산정해서 이를 토대로 가계 내용을 분석하여 이에 일정 비율을 가감 혹은 생계비목별로 평균치를 구함 2) 일반에게 필요로 하는 현실적 생계비임
		이론 생계비 방식 — 전물량 방식	기초생활필수품 목록(Market Basket)들을 작성하고 각각에 대한 최저지출비를 모두 합하여 빈곤선을 산출하는 방식(= market basket 방식 = 라운트리 방식)
		이론 생계비 방식 — 반물량 방식	기초생활필수품 전체 목록 가운데 어느 한 목록(식품)을 택하고, 소득 가운데 해당 목록에 대한 지출비용이 얼마인가를 파악한 후, 해당 목록의 최저비용이 소득 가운데 차지하는 비율을 산정하고, 그 비율(엥겔계수)의 역수를 해당 목록의 최저지출비용에 곱하여 빈곤선을 산출하는 방식(= 오션스키 방식 = 엥겔방식)
	상대적 방식		1) 선진국과 OECD 국가 간 비교에서 활용되며 빈곤의 영향을 직접적으로 받게 되는 방식이다. 2) 평균소득 또는 중위소득 대비(평균소득 수준 > 중위소득 수준) 3) 상대적 박탈 개념 4) 한 가족의 평균소득이 그가 속한 가족형태의 평균소득의 80% 이하에 속할 때 빈곤층, 50% 이하에 속할 때 극빈층임 - 타운젠트
주관적 방식	라이덴 방식		사람들에게 그들 자신들의 상황을 고려할 때 최저생계비가 얼마인가를 묻고, 이를 바탕으로 이 사람들이 판단한 최소 소득과 그들의 실제소득과의 관계를 분석하여 결정하는 방법

참고

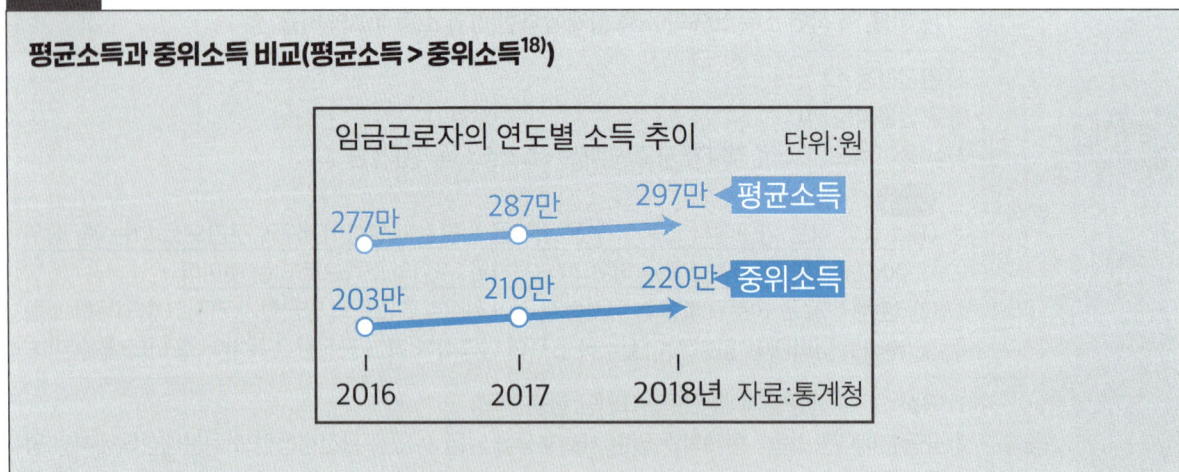

평균소득과 중위소득 비교(평균소득 > 중위소득[18])

---

18) 그림출처 : 동아일보

실력다지기

2025년 중위소득

1) 2025년도 기준 중위소득은 맞춤형 급여체계로 전환된 2015년 이후 역대 최고 증가율로 결정하였다. 4인 가구 기준으로 올해 572만 9,913원 대비 6.42% 인상된 609만 7,773원, 생계·의료·주거·교육급여를 포함한 전체 수급가구의 약 74%를 차지하는 1인 가구 기준으로는 올해 222만 8,445원 대비 7.34% 인상된 239만 2,013원으로 결정하였다.
2) 급여별 선정기준은 각각 기준 중위소득의 (생계) 32%, (의료) 40%, (주거) 48%, (교육) 50%로 올해와 동일하게 결정하였다.
3) 생계급여는 선정기준이 곧 최저보장수준으로 4인 가구 기준 '24년 183만 3,572원에서 '25년 195만 1,287원으로 인상했다. 의료급여는 합리적 의료이용 유도 및 비용의식 제고를 위해 17년간 변화 없이 유지되던 현행 정액제 위주의 본인부담체계를 정률제 위주로 개편한다.
4) 주거급여는 임차가구의 기준임대료를 올해 대비 급지·가구원수별 1.1 ~ 2.4만 원 인상하고, 자가가구의 주택 수선비용을 올해 대비 133~360만 원 인상했다. 교육급여는 교육활동지원비를 올해 대비 5% 인상했다.
5) 한편 생계급여 및 의료급여 제도개선도 적극 추진한다. 수급대상 확대 및 사각지대 해소를 위해 일반재산 환산율(4.17%)을 적용하는 자동차재산 기준을 완화하여, 과도한 자동차재산 기준으로 탈락하는 경우를 최소화한다. 아울러 생계급여 부양의무자 기준을 완화하고, 노인층 근로소득 공제 대상을 확대한다.

> **생계급여 부양의무자 기준**
> 1) 2024년 : 부양의무자 연 소득 1억 원 또는 일반재산 9억 원 초과 시 수급 탈락
> 2) 2025년 : 부양의무자 연 소득 1억 3천만 원 또는 일반재산 12억 원 초과 시 수급 탈락

6) 의료급여외 경우 연간 365회 초과한 과다 외래진료는 본인부담을 상향하는 본인부담 차등제 도입, 그간 형식적으로 운영되었던 급여일수 관리및 선택 의료급여기관 개선 등 합리적 의료이용을 위한 대책을 추진하기로 하는 한편, 수급자의 부담 증가를 최소화하기 위해 건강생활유지비도 2배 인상(월 6천원 → 1.2만원)한다.

< 2024년도 및 2025년도 기준 중위소득 >

(단위 : 원/월)

가구원 수		1인	2인	3인	4인	5인	6인
기준 중위소득	'24년	222만 8,445	368만 2,609	471만 4,657	572만 9,913	669만 5,735	761만 8,369
	'25년	239만 2,013	393만 2,658	502만 5,353	609만 7,773	710만 8,192	806만 4,805

< 2024년도 및 2025년도 급여별 선정기준 >

(단위 : 원/월)

가구원 수		1인	2인	3인	4인	5인	6인
교육급여 (중위 50%)	'24년	111만 4,222	184만 1,305	235만 7,328	286만 4,956	334만 7,867	380만 9,184
	'25년	119만 6,007	196만 6,329	251만 2,677	304만 8,887	355만 4,096	403만 2,403
주거급여 (중위 48%)	'24년	106만 9,654	176만 7,652	226만 3,035	275만 358	321만 3,953	365만 6,817
	'25년	114만 8,166	188만 7,676	241만 2,169	292만 6,931	341만 1,932	387만 1,106
의료급여 (중위 40%)	'24년	89만 1,378	147만 3,044	188만 5,863	229만 1,965	267만 8,294	304만 7,348
	'25년	95만 6,805	157만 3,063	201만 141	243만 9,109	284만 3,277	322만 5,922
생계급여 (중위 32%)	'24년	71만 3,102	117만 8,435	150만 8,690	183만 3,572	214만 2,635	243만 7,878
	'25년	76만 5,444	125만 8,451	160만 8,113	195만 1,287	227만 4,621	258만 738

< 2025년도 기준임대료 >

(단위 : 만 원/월)

구분	1급지 (서울)		2급지 (경기·인천)		3급지 (광역·세종시· 수도권 외 특례시)		4급지 (그외 지역)	
1인	35.2	(+1.1)	28.1	(+1.3)	22.8	(+1.2)	19.1	(+1.3)
2인	39.5	(+1.3)	31.4	(+1.4)	25.4	(+1.4)	21.5	(+1.4)
3인	47.0	(+1.5)	37.5	(+1.7)	30.2	(+1.5)	25.6	(+1.7)
4인	54.5	(+1.8)	43.3	(+1.9)	35.1	(+1.8)	29.7	(+1.9)
5인	56.4	(+1.9)	44.8	(+2.0)	36.3	(+1.9)	30.7	(+2.0)
6인	66.7	(+2.1)	53.1	(+2.4)	42.8	(+2.2)	36.3	(+2.3)

* 괄호는 '24년 대비 증가액
* 가구원 수가 7인의 경우 6인 기준임대료와 동일하고, 가구원 수가 8~9인의 경우 6인 기준임대료의 10%를 가산

< 2025년도 교육급여 보장수준(단위: 원) >

구분		'23년	'24년		'25년	
			지원금액	전년대비	지원금액	전년대비
교육활동 지원비	초	415,000	461,000	+46,000(+11.1%)	487,000	+26,000(+5.6%)
	중	589,000	654,000	+65,000(+11.0%)	679,000	+25,000(+3.8%)
	고	654,000	727,000	+73,000(+11.2%)	768,000	+41,000(+5.6%)
교과서 비	고	해당 학년의 정규 교육과정에 편성된 교과목의 교과서 금액 전체				
입학금·수업료	고	연도별·급지별 학교장이 고지한 입학금·수업료 전액				

> **기출문제 확인학습**

긴급복지지원법 제9조(긴급지원의 종류 및 내용)

① 이 법에 따른 지원의 종류 및 내용은 다음과 같다.
  1. 금전 또는 현물(現物) 등의 직접지원
     가. 생계지원 : 식료품비·의복비 등 생계유지에 필요한 비용 또는 현물 지원
     나. 의료지원 : 각종 검사 및 치료 등 의료서비스 지원
     다. 주거지원 : 임시거소(臨時居所) 제공 또는 이에 해당하는 비용 지원
     라. 사회복지시설 이용 지원 : 「사회복지사업법」에 따른 사회복지시설 입소(入所) 또는 이용 서비스 제공이나 이에 필요한 비용 지원
     마. 교육지원 : 초·중·고등학생의 수업료, 입학금, 학교운영지원비 및 학용품비 등 필요한 비용 지원
     바. 그 밖의 지원 : 연료비나 그 밖에 위기상황의 극복에 필요한 비용 또는 현물 지원
  2. 민간기관·단체와의 연계 등의 지원
     가. 「대한적십자사 조직법」에 따른 대한적십자사, 「사회복지공동모금회법」에 따른 사회복지공동모금회 등의 사회복지기관·단체와의 연계 지원
     나. 상담·정보제공, 그 밖의 지원
② 제1항의 구체적인 지원기준·방법 및 절차 등에 관하여 필요한 사항은 대통령령으로 정한다. 이 경우 제1항 제1호가목 및 다목의 지원은 「국민기초생활 보장법」 제2조 제11호에 따른 기준 중위소득의 100분의 40을 각각 한도로 한다.
③ 시장·군수·구청장은 제1항 제1호라목에 따른 사회복지시설 이용 지원을 하는 경우 관할 사회복지시설의 장에게 지원을 요청할 수 있다. 이 경우 지원요청을 받은 사회복지시설의 장은 정당한 사유가 없으면 해당 시설의 입소기준에도 불구하고 긴급지원대상자가 제10조에 따른 기간에 그 시설을 이용할 수 있도록 조치하여야 한다.

긴급복지지원법 제10조(긴급지원의 기간 등)

① 제9조 제1항 제1호가목(생계지원)에 따른 긴급지원은 3개월간, 같은 호 다목(주거지원)·라목(사회복지시설 이용 지원) 및 바목(그 밖의 지원)에 따른 긴급지원은 1개월간의 생계유지 등에 필요한 지원으로 한다. 다만, 같은 호 다목(주거지원)·라목(사회복지시설 이용 지원) 및 바목(그 밖의 지원)에 따른 긴급지원은 시장·군수·구청장이 긴급지원대상자의 위기상황이 계속된다고 판단하는 경우에는 1개월씩 두 번의 범위에서 기간을 연장할 수 있다.
② 제9조 제1항 제1호나목(의료지원)에 따른 지원은 위기상황의 원인이 되는 질병 또는 부상을 검사·치료하기 위한 범위에서 한 번 실시하며, 같은 호 마목(교육지원)에 따른 지원도 한 번 실시한다.
③ 시장·군수·구청장은 제1항 및 제2항에 따른 지원에도 불구하고 위기상황이 계속되는 경우에는 제12조에 따른 긴급지원심의위원회의 심의를 거쳐 지원을 연장할 수 있다. 이 경우 제9조 제1항 제1호가목(생계지원)·라목(사회복지시설 이용 지원) 및 바목(그 밖의 지원)에 따른 지원은 제1항에 따른 지원기간을 합하여 총 6개월을 초과하여서는 아니 되고, 같은 호 다목(주거지원)에 따른 지원은 제1항에 따른 지원기간을 합하여 총 12개월을 초과하여서는 아니 되며, 같은 호 나목(의료지원)에 따른 지원은 제2항에 따른 지원횟수를 합하여 총 두 번, 같은 호 마목(교육지원)에 따른 지원은 제2항에 따른 지원횟수를 합하여 총 네 번을 초과하여서는 아니 된다.
④ 제3항에 따른 지원연장에 관한 긴급지원심의위원회의 심의 시기 및 절차는 보건복지부령으로 정한다.

실력다지기

기본소득제도[19]

1) 기본소득은 현재 실행되고 있는 국민기초생활보장이나 교육, 의료, 주거, 보육, 노후 등과 같은 복지프로그램과 구분되는 것이다.
2) 기본소득의 도입은 기존의 복지제도들을 폐지하지 않고 병행해서 실시되는 것이며, 이 소득은 통상 "자산조사나 근로조건의 부과와 무관하게 모든 공동체의 구성원들이 개인 단위로 지급 받는 소득"이며 '무조건성, 보편성, 개별성'의 3가지 특성을 지닌다.
3) 기본소득의 5가지 구성요소

   (1) 보편성

   원칙적으로 한 사회의 구성원이라면 누구나 국적과 연령을 불문하고 수급권자가 될 수 있다. 보편성 원칙에 따르면 한국에 거주하고 있는 외국인 노동자들도 원칙적으로 기본소득을 받을 자격이 주어진다.

   (2) 무조건성

   기본소득의 수급 자격이 소득(혹은 재산) 수준(흔히 말하는 자산조사(means-test)과 상관없을 뿐 아니라 노동시장에서의 지위, 그리고 사회보험료(연금이나 고용보험료)의 납부 여부와도 연계되어 있지 않다. 즉 일정한 요건을 충족하면 청구권이 무조건적으로 생긴다는 점에서 보험료를 납부한 자에게만 허용되는 사회보험(social insurance)이나 일정한 소득(혹은 재산)과 자격요건을 충족한 사람에게만 주어지는 사회부조(social assistance)와 구별된다.

   (3) 개별성

   혜택이 주어지는 기초 단위가 가구가 아닌 개인이다. 바로 이 점에서 기본소득제도는 우리나라의 대표적 사회부조제도라 할 수 있는 기초생활보장제도와 차이가 있다. 기초생활보장제도의 기본단위는 가구이다.

   (4) 현금 지원

   정부가 개인에게 혜택을 부여하는 방식이 현금이전(cash transfer) 형태로 이루어진다는 점에서 현물 급여나 조세지출과 다르다.

   (5) 충분성

   지급 수준이 최저생계비가 아닌 인간다운 삶을 누릴 수 있는 수준이어야 한다.

---

[19] 출처 : 최한수(2017). 각국의 기본소득 실험과 정책적 시사점

32 | 사회적 배제[20]

1) 사회적 배제라 함은 빈곤에 대한 확대 개념으로서 사회적 배제에 대한 논의는 프랑스를 시점으로 유럽을 중심으로 확산되었다.
2) 사회적 배제(social exclusion)는 내부자 – 외부자, 다수자 – 소수 사이에 존재하는 관계의 단절과 차별을 지칭하는 개념이기 때문에 경제성장으로 사회적 배제가 해결되는 것은 아니다.
3) 사회적 배제는 빈곤의 근본적 책임이 개인에게 있지 않으며 주거와 취업 그리고 적절한 생활조건 등과 같은 기회와 주요 결정과정으로부터 개인과 집단이 차단되는 다차원적인 불이익의 형태로 설명될 수 있다.
4) 빈곤을 이해하기 위한 새로운 개념으로 등장한 사회적 배제는 기존에 빈곤을 설명하던 관점을 벗어나 새롭게 재편되고 있는 경제구조와 정책변화, 이와 같은 변화 속에서 이루어지는 특정 개인 및 집단에 대한 소외 등 다양한 요인을 포함하고 있다.
5) 개인은 가족, 시장, 국가와 같은 사회집단에 속하여 집단의 다른 구성원들과 함께 다양한 자원과 가치를 공유하면서 살아간다.
6) 집단이 공유하는 자원과 가치 또한 단순히 경제자본을 넘어서 신뢰·믿음과 같은 사회자본과 학력과 같은 문화자본을 아우른다.
7) 이렇게 공유되는 자원과 가치는 사회구성원들이 서로에게 일체감을 느끼는 데 중요한 원리이자 울타리가 된다.
8) 하지만 이러한 울타리는 동시에 외부자들을 울타리 안의 자원과 가치로부터 소외시키는 이중적인 기능을 하기도 한다(Jordan, 1996).
9) 본래 사회적 배제는 국가의 공유재인 사회보험으로부터 소외된 실업자를 설명하는 용어였지만, 점차 그 개념범주가 확장되어 현재에는 경제적 빈곤계층민이 아니라 정치적·사회적·문화적 자원과 가치로부터 소외당한 사회적 소수자 일반을 의미하는 개념이 되었다(심창학, 2001).
10) 사회적 배제는 한계계층을 바라보는 대안적 관점으로 다음과 같은 특성을 가지고 있다.

> 1) 사회적 배제는 '다층적'이다(Percy – Smith, 2000 : 9). 그것은 위에서 살펴보았듯이 물질적 자원으로부터의 배제만이 아니라 정신적 가치로부터의 배제를 포괄한다.
> 2) 사회적 배제는 '역동성'을 중시하는 관점이다(Commisson, 1992 : 8). 즉, 한계계층이 경험하는 배제는 고정되어 있는 정태적 사건이 아니라 그들의 일상 속에서 끊임없이 이루어지는 동태적 과정이다.
> 3) 사회적 배제는 다수자 – 소수자의 '관계'를 중시한다. 배제는 고립과는 다른 개념이므로 사회적 관계 속에서 파악해야만 올바로 이해할 수 있다. 그것은 배제하는 다수자와 배제당하는 소수자를 전제하기 때문이다.

---

20) 김홍수영, 사회적 소수자의 인권배제와 인권딜레마에 관한 연구에서 발췌

33 | 근로장려세제(EITC)

> 저소득 근로자 또는 자영업자 가구에 대하여 가구원 구성과 총급여액 등에 따라 산정된 근로장려금을 지급함으로써, 근로빈곤층의 근로를 장려하고 실질소득을 지원하는 근로연계형 소득지원제도

근로장려세제 추진경위

1) 2005. 07. 12.   『한국형 EITC 도입 타당성 검토』 공청회
2) 2005. 08. 18.   제64회 국정과제회의에서 EITC 도입 결정
3) 2006. 06. 22.   『EITC 실시방안에 대한 공청회』 실시
4) 2006. 08. 21.   EITC 정부안 발표
5) 2006. 09. 29.   세법개정안 국회 제출
6) 2006. 12. 26.   제 264회 임시국회 본회의 통과 → 근로장려세제 도입(2006)
                    (조세특례제한법, 법률 제8146호)
7) 2008. 01. 01.   근로장려세제 실시
8) 2009. 09.   근로장려금 지급

1) 저소득 근로자 가구에 근로장려금을 세금 환급의 형태로 지급하는 제도이다. 1975년 미국에서 처음 실시한 이래 영국·프랑스·캐나다 등 선진 7개국에서 운영하고 있으며, 한국에서는 조세특례제한법의 '근로 장려를 위한 조세특례'에 따라 2008년부터 시행하여 2009년에 첫 근로장려금을 지급하였다.
2) 근로장려세제는 기존 일반국민을 대상으로 하는 사회보험제도와 극빈층을 대상으로 하는 국민기초생활보장제도로 이원화된 사회복지제도의 혜택을 받지 못하는 근로빈곤층을 지원하기 위하여 도입되었다.
3) 근로장려세제는 일을 통한 빈곤 탈출과 경제적 자립을 지원하는 능동적·예방적 복지제도이며, 근로빈곤층의 실질소득을 증가시킴으로써 조세제도를 통한 근로의욕 고취와 소득재분배의 효과를 기대할 수 있다.
4) 근로장려세제의 도입으로 사회안전망이 2중(사회보험, 국민기초생활보장제도)에서 3중으로 확충되어 저소득계층의 사회적 보호를 한층 강화하게 될 것이다.

[근로장려세제 변화내용]

년도	변화내용
2011년	수급요건을 완화, 대상자 확대하는 등의 개편추진
2012년	수급가구 규모가 크게 증가
2013년	60세 이상 무자녀 단독 가구 대상 포함
2015년	기초생활보장수급자 근로장려금 지급, 자영업자 근로장려금·자녀장려금 지급
2016년	단독가구 근로장려금 연령을 종전 60세 이상에서 50세 이상으로 확대
2017년	단독가구 40세까지 장려금 혜택 주어짐
2018년	단독가구 30세 이상 신청 가능
2019년	단독가구 - 연령기준 폐지

5) 신청자격은 다음의 요건을 모두 충족하여야 한다.
   (1) 부양자녀·배우자 : 전년도 12월 31일을 기준으로 배우자 또는 18세 미만의 부양자녀가 있어야 하며 단독가구도 지원이 가능하다.
   (2) 총소득 요건 : 전년도의 연간 부부합산 총소득이 단독가구는 2,200만 원, 홑벌이 가족가구는 3,200만 원, 맞벌이 가족가구는 4,400만 원 미만이어야 한다.
   (3) 재산 요건 : 가구원이 소유하고 있는 토지·건물·자동차·예금 등 재산의 합계액이 2억 4천만 원 미만이어야 한다.

(2025년)

가구원 구성	총 소득기준 금액	근로장려금 최대지급액
단독가구	2,200만 원 미만	165만 원
홑벌이 가족가구	3,200만 원 미만	285만 원
맞벌이 가족가구	4,400만 원 미만	330만 원

6) 단, 재산 합계액이 1억 4천만 원 이상인 경우에는 산정된 근로장려금의 50%만 지급하고, 신청기간(5월 1일 ~ 31일)을 지나 종료일로부터 6개월 이내에 '기한 후 신청'을 한 경우에는 10%를 감액하여 지급한다.
7) 2015년부터 자녀장려세제를 도입하여 산정액 외에 부양자녀 1명당 최대 100만 원을 추가로 지급한다.
8) 모형 : 점증 – 평탄 – 점감
9) 근로장려금과 부녀자 소득공제 중복 적용을 허용함
10) 2019년부터 근로장려금은 반기별로 1년에 2회 지급함

기출문제 확인학습

우리나라의 근로연계복지정책
1) 복지급여에 대해 국가보다 개인책임을 강조한다.
2) 수급자의 근로유인을 강화하는 것이 목적이다.
3) 취업 우선전략과 인적자원 투자전략이 활용된다.
4) 자활지원사업이 근로연계복지정책에 해당한다.
5) 취업을 위한 직업훈련을 강조한다.

> 참고

근로장려금 모형도

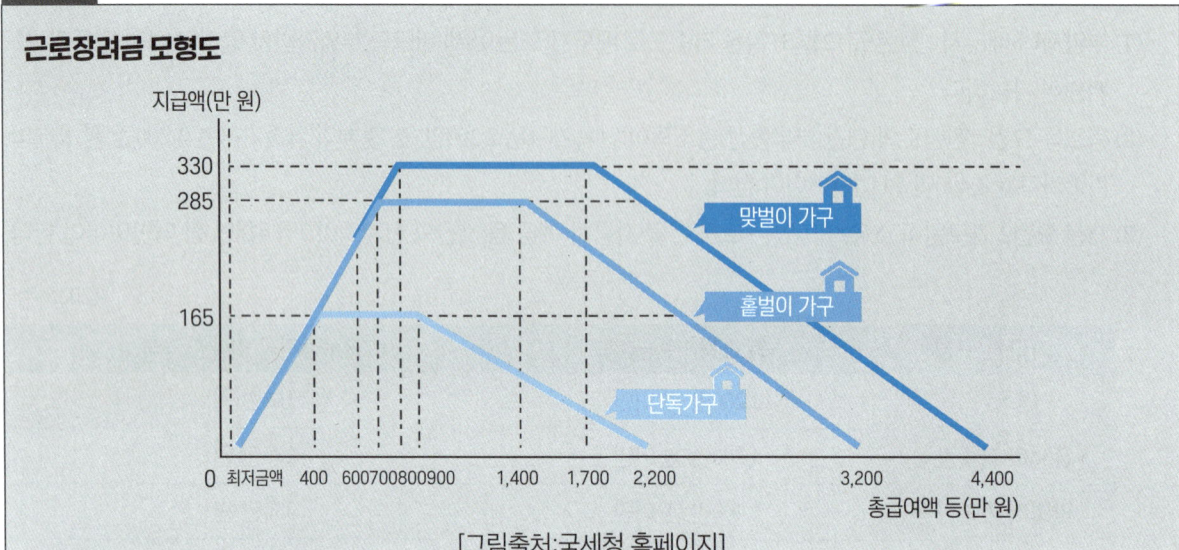

[그림출처:국세청 홈페이지]

> 실력다지기

부(負)의 소득세(NIT) – 미국에서 시행하고 있는 제도

1) 부의 소득세(negative income tax)는 기본적으로 소득세의 구조를 빈곤층까지 확장하는 제도로서, 세금을 징수하는 것이 아니라 오히려 급부를 한다는 점에서 부의 소득세라고 부른다.
2) 즉, 소득신고액이 과세대상의 최저한도 이하인 경우에 그 부족분에 대해서는 일정률을 적용하여, 그만큼의 금액을 정부가 세금의 환급과 같은 방법으로 지급하는 제도이다.
3) 부의 소득세 원리는 우선 한 가계가 얻을 수 있는 최소한의 소득수준을 정해 놓고 정부에서 보조를 해주되, 이 수준을 넘어서는 소득에 대해서는 소득의 일정비율 만큼을 정부보조에서 빼는 것이다.
4) 예를 들어 최저소득의 기준을 80만 원으로 정할 경우 소득이 없는 가계에 대해서는 80만 원을 지원해 주고, 만약 이 가계가 10만 원의 소득을 얻게 되면 10만 원의 일정비율(가령 50%라고 하자)인 5만 원을 보조금에서 빼는 것이다.

cf EITC 제도의 도입배경(미국)

1975년 미국 정부는 근로활동에 참여하는 빈곤층(working poor)의 소득을 향상시켜 빈곤으로부터 벗어나도록 하며, 동시에 복지지출을 감소시키고 근로유인을 제공하기 위한 프로그램으로 EITC를 도입하였다. 재정위원회(Finance Committee)에서는 EITC를 지지하였으며, EITC가 사람들로 하여금 일자리를 구하도록 만들고, 실업률을 낮추며, 복지지출을 감소시킬 것이라고 예상하였다. 도입 초기의 EITC는 매우 제한적으로 적용되는 프로그램이었다. 상원은 소득세를 납부하기에는 가난하지만 사회보장세를 부담하고 있는 사람들로 대상자를 한정하였다. 제도 적용에 있어서 아동이 있는 근로가구만을 대상으로 하였으며, 비록 근로소득이 있을 지라도 아동이 없는 개인이나 가구는 제외시켜서, 초기의 EITC는 빈곤대책으로는 불충분하였다.

34 | 전자바우처 제도(2007년 시행)

1. 사회서비스 전자 바우처 제도 - 우리나라에서 현재 시행하고 있는 바우처 제도

1) 바우처(증서)

정부가 특정 수혜자에게 교육, 주택, 의료 등의 복지 서비스 구매에 대해 직접적으로 비용을 보조해 주기 위하여 지불을 보증하는 증서이다.

> **참고**
>
> **사회서비스 이용 및 이용권 관리에 관한 법률(2011년 제정)**
> 1) 사회서비스 제공자(이하 제공자)란 사회서비스 제공기관으로 등록을 하고 이용자가 제시하는 이용권에 따라 사회서비스를 제공하는 자 또는 기관을 말한다.
> 2) 사회서비스이용권을 통하여 사회서비스를 제공하려는 자는 제공하려는 사회서비스별로 시장·군수·구청장에게 등록하여야 한다. 등록사항을 변경하는 경우에도 또한 같다.
> 3) 등록을 하려는 자는 보건복지부령으로 정하는 기준에 따른 인력·시설 또는 장비를 갖추어야 한다.

2) 전자 바우처제도의 도입배경

(1) 인구 및 사회구조 변화

고령화, 핵가족화, 여성의 사회참여 증가로 일, 가정 양립에 대한 인식의 변화는 사회서비스에 대한 수요를 빠르게 증가하고 있음

(2) 공급기관의 허위·부당 청구 등 도덕적 해이를 최소화하여 투명성과 효율성 제고

사회서비스 관련 투자 및 지출은 자금흐름의 투명성, 업무 효율성 확보, 정보 집적 관리를 통한 사회서비스 발전기반 마련을 위해 금융기관 시스템을 활용한 「전자식 바우처」 추진이 필요함

(3) 시장의 한계성 극복

기존 사회복지서비스는 공급자 지원방식으로 이루어져 수요자의 선택권 제한으로 인한 시장 창출의 한계성은 수요자 중심의 직접 지원방식으로 바우처(서비스 이용권) 제도에 대한 필요성이 대두됨

(4) 사회서비스 제공기관 간 긍정적인 경쟁 유도의 필요성

질 좋은 서비스를 제공하여 수요자들의 욕구충족은 제도적, 보편적 사회복지 실현의 장(場)을 마련하는 데 역할 제시

[공급자 지원 방식과 수요자 지원 방식 비교]

구분	공급기관 지원방식	수요자 지원방식
대상	수급자 등 저소득층(수동적 보호대상)	서민·중산층까지 확대(능동적 구매자)
서비스 비용	전액 국가 지원	일부 본인부담
서비스 시간	공급기관 재량	대상자 욕구별 표준화
공급기관	단일 기관 독점	다수 기관 경쟁
특징	획일적이고 정형화된 서비스 제공	공급자 간 경쟁을 통한 다양한 서비스 제공

3) 바우처 사업 추진 경과

(1) 2007년 : 장애인활동보조(장애인활동지원), 노인돌봄종합서비스, 지역사회서비스투자사업시행
(2) 2008년 : 산모신생아 건강관리, 가사간병 방문지원사업, 임신 출산 진료비지원 사업 시행
(3) 2009년 : 발달재활서비스 시행
(4) 2010년 : 언어발달지원사업 시행
(5) 2011년 : 사회서비스 이용 및 이용권에 관한 법률 제정(2011. 8. 4.)
(6) 2012년 : 7월 「차세대 전자바우처 운영체계」로 전환, 8월 4개 사업 지정제에서 등록제로 전환
　※ 6대 사회서비스 바우처 사업 전체를 금융기관 위탁방식에서 결제승인·카드발급·단말기 관리기능을 사회보장정보원이 일괄 수행하는 「차세대 전자바우처 운영체계」로 전면 전환
(7) 2013년 : 지역사회서비스투자사업, 산모 신생아 건강관리지원사업, 가사 간병방문지원사업을 '지역자율형 사회서비스투자사업'으로 통합
(8) 2014년 : 노인돌봄(단기 가사), 발달장애인부모심리상담서비스 시행
(9) 2015년 : 국가 바우처 운영체계 도입(국민행복카드 출시)

> **기출적용**
>
> 2013년부터 지역사회서비스투자사업, 산모 신생아 건강관리지원사업, 가사 간병방문지원사업을 '지역자율형 사회서비스투자사업'으로 통합하였다.

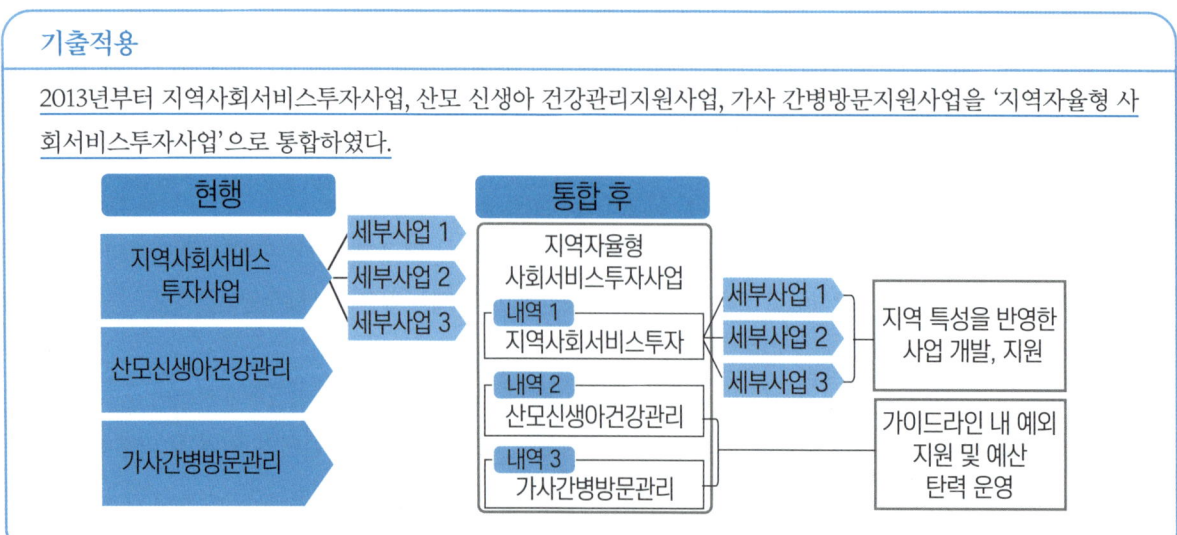

4) 전자바우처 제도의 장·단점

(1) 장점

① 바우처는 현금급여와 현물급여의 장점을 함께 갖고 있어, 최대 장점인 소비의 선택권을 보장하며, 통제력을 적절히 발휘함으로써 수급자들의 급여 오용 및 남용문제를 해결할 수 있다.
② 소비자의 선택권은 현금급여보다 제한되고 현물급여보다는 많이 보장되며 수급자의 소비에 대한 통제는 현금급여보다 많고 현물급여보다는 적다.
③ 공급자 간 경쟁을 통해 재화나 서비스의 시장가격을 인하할 수 있으며 품질을 향상시킬 수 있다.

(2) 단점

① 바우처 이용자들의 선택권이 제대로 행사되지 못할 수 있다는 점이 지적되고, 그 이유로 재화나 서비스 공급자가 수요자를 자의적으로 선정할 수 있다.
② 재화나 서비스에 대한 충분한 정보접근이 이루어지지 않을 수 있다.
③ 공급자들이 좋은 이용자, 편한 이용자만 선별적으로 받을 수 있다.

5) 현재 시행 중인 사회서비스 사업

(1) 산모, 신생아 건강관리지원 사업

출산 가정에 신모·신생아 관리사를 통한 가정방문 서비스를 지원하여 산모·신생아 건강관리 및 출산가정의 경제적 부담 완화

(2) 지역사회서비스 투자사업

지역특성과 주민 수요에 따라 지자체가 기획·발굴한 사업을 바우처 방식으로 지원하여 지역사회서비스 확충 및 일자리 창출 도모

(3) 가사, 간병 방문지원 사업

일상생활과 사회활동이 어려운 저소득층을 위한 가사·간병서비스를 지원함으로써 취약계층의 생활 안정을 도모하고 가사·간병 방문 제공인력의 사회적 일자리 창출

(4) 장애아동 가족지원 사업

① 발달재활서비스
성장기 정신적·감각적 장애아동의 인지, 의사소통, 적응행동, 감각·운동 등의 기능향상과 행동발달을 위한 발달재활서비스 지원

② 언어발달 지원사업

감각적 장애 부모의 자녀에게 필요한 언어발달지원서비스를 제공하여 아동의 건강한 성장지원 및 장애가족의 자체 역량 강화

(5) 발달장애인 지원사업 - 발달장애인 부모상담 지원사업

과중한 돌봄 부담을 가지고 있는 발달장애인 부모에게 집중적인 심리 정서적 상담 서비스 제공
- 우울감 등 부정적 심리상태를 완화시켜 궁극적으로 발달장애인 가족의 기능 향상을 도모

(6) 임신, 출산 진료비 지원사업

건강한 태아의 분만과 산모의 건강관리, 출산 친화적 환경 조성을 위해 임신 및 출산과 관련된 진료비를 전자바우처(국민행복카드)로 일부 지원('08. 12. 15. 시행)

> **지원금액**
> 임신 1회당 100만 원 이용권(국민행복카드) 지원(다태아 임산부는 140만 원 지원, 단, 분만 취약지의 경우 20만 원 추가 지원)
>
> **사용기간**
> 카드 수령 후 분만예정일 이후 2년까지

(7) 청소년 산모 임신, 출산 의료비 지원사업

산전관리가 취약한 청소년 산모에게 임신·출산 의료비를 지원함으로써 산모와 태아의 건강증진을 도모함

> **지원대상**
> '임신확인서'상 임신확인일 기준 만 18세 이하 산모/소득·재산 기준 없음
>
> **지원금액**
> 임신 1회 당 120만 원
>
> **사용기간**
> 카드 수령 후(국민행복카드 소지자는 서비스신청 승인 다음날)부터 분만예정일 이후 2년까지

(8) 기저귀, 조제분유 지원사업

저소득층 영아(0 ~ 24개월) 가정의 육아 필수재인 기저귀 및 조제분유 지원을 통해 경제적 부담 경감 및 아이 낳기 좋은 환경 조성

(9) 아이 돌봄 지원사업

가정의 아이 돌봄을 지원하여 아이의 복지증진 및 보호자의 일·가정 양립을 통한 가족구성원의 삶의 질 향상과 양육친화적인 사회환경 조성하기 위함(아이돌봄지원법 제1조)

(10) 에너지 바우처사업

에너지 취약계층을 위해 에너지 바우처(이용권)을 지급하여 전기, 도시가스, 지역난방, 등유, LPG, 연탄을 구입할 수 있도록 지원

(11) 여성청소년 보건 위생물품 지원사업

보건위생물품 지원을 통한 여성 청소년의 건강한 성장지원 및 건강권 보장

(12) 첫만남 이용권 지원사업

출생 아동에게 첫만남 이용권 200만 원을 지급하여 생애초기 아동양육에 따른 경제적 부담 경감을 목적으로, 2022. 1. 1. 이후 출생아로서 출생 신고되어 정상적으로 주민등록번호를 부여받은 아동이 대상이며, 생애초기 아동양육에 따른 경제적 부담 경감을 위해 국민행복카드 바우처 포인트(200만 원)로 지급함

(13) 전국민 마음투자 지원사업

① 우울·불안 등 정서적 어려움으로 인해 심리상담이 필요한 국민에게 전문 심리상담 서비스 바우처를 제공하는 서비스이다.
② **사업 목적**: 우울·불안 등 정서적 어려움이 있는 국민에게 심리상담 서비스를 제공하여, 국민의 마음건강 돌봄 및 정신질환 사전 예방·조기발견
③ **지원대상 제외**
  ㄱ. 약물·알코올 중독, 중증 정신질환(예 조현병 등), 심각한 심리적 문제(급박한 자살위기 등)로 정신건강의학과 진료가 우선적으로 필요한 경우
  ㄴ. 지역사회서비스 투자사업의 아동·청소년 심리지원서비스, 아동·청소년 정서발달 지원서비스, 정신건강토탈케어 서비스, 성인 심리지원서비스를 지원받고 있는 경우
④ **지원내용**
  전문 심리상담 서비스 총 8회기 제공(바우처)
⑤ **서비스 가격**
  ㄱ. **1회당 바우처 단가**: 1급 유형은 8만원, 2급 유형은 7만원
  ㄴ. **본인부담금**: 이용자는 서비스 가격에서 정부지원금을 제외한 차액을 본인 부담

(14) 긴급돌봄 지원 사업

① 주 돌봄자 부재, 질병, 부상 등으로 긴급한 위기에 처한 대상자에게 방문형 돌봄, 가사 서비스 등을 통해 돌봄 공백을 신속히 해소하는 서비스이다.
② **사업 목적**: 질병, 부상, 주 돌봄자의 갑작스러운 부재(사망, 입원 등) 등으로 인한 돌봄 공백을 신속히 보완해 국민의 돌봄 불안 해소

③ **서비스 대상**

주 돌봄자 부재, 질병, 부상 등으로 긴급하게 돌봄이 필요한 위기상황이 발생했으나 기존 서비스로 돌봄을 받기 어려운 국민

④ **소득 기준**: 소득 수준에 따른 대상자 기준 없이 '긴급히 서비스가 필요한 누구나' 이용할 수 있도록 하고, 소득에 따라 본인부담 차등 부과

⑤ **본인부담 기본원칙**: 기초수급자 및 차상위계층은 본인부담이 면제되며, 기준 중위소득 160% 초과자는 전액 본인 부담(그 외 구간은 지역별 상이하므로 확인 필요)

⑥ **연령 요건**: 서비스의 특성상 '성인 돌봄(19세 이상)'을 주 대상으로 하나, 예외적으로 긴급한 지원이 필요한 경우 연령에 관계없이 지원

(15) 최중증 발달장애인 통합돌봄 서비스

① 돌봄 사각지대에 놓여 있는 최중증 발달장애인을 대상으로 파악된 욕구 및 지원 필요도에 따라 통합적·맞춤형 서비스이다.

② **사업 목적**
  ㄱ. 돌봄 사각지대에 놓여있는 최중증 발달장애인을 대상으로 파악된 욕구 및 지원 필요도에 따라 통합적·맞춤형 서비스 제공
  ㄴ. 최중증 발달장애인에게 필요한 다양한 사회적 지원을 통해 사회참여 및 적응도를 향상시켜 다른 지원체계로 전이

③ **서비스 대상**
  ㄱ. 18세 이상 65세 미만의 「장애인복지법」 상 등록된 지적 및 자폐성 장애인
  ㄴ. 최중증 통합돌봄서비스 대상자 선정기준 점수가 70점 이상 80점 미만인 자

④ **서비스 이용인원**
  ㄱ. 주간 그룹형 제공기관에서 제공하는 서비스를 이용할 수 있으며, 전담 제공인력 배치를 통하여 서비스 제공
  ㄴ. 제공인력 1인은 이용자와 1대 1로 매칭, 그룹을 구성할 경우 최대 3인을 넘을 수 없음

⑤ **서비스 이용시간**: 월~금(주간) 09:00~18:00 / 1일 최대 8시간, 월 최대 176시간

35 | 드림스타트 사업(출처 : 보건복지부)

1) 목표

(1) 공적 전달체계 중심의 지역사회 건강, 복지, 보육 등 협력·연계 체계를 구축하여 수요자의 실제 욕구에 부응하는 맞춤형 통합서비스 제공

(2) 가난의 대물림을 차단하고 모든 아동에게 공평한 출발기회 보장
  ① 사전 예방적인 통합서비스 지원체계 도입
  ② 신체적·정서적·사회적 능력 등 전인적 발달 지원

2) 추진방향

(1) 빈곤아동 개인의 능력 향상 및 기회 평등 보장
(2) 빈곤아동과 그 가족에게 건강·복지·보육 등 을 통합한 맞춤형 전문서비스를 제공하여 문제를 조기 진단·개입하는 예방적 서비스 체계 강화
　① 시·군·구 드림스타트 전담팀 구성 등 공적전달체계 중심으로 추진
　② 지역사회 인구학적·사회경제학적 특성을 고려한 통합적 서비스 제공
(3) 빈곤가정 지원을 위한 지역사회 자원개발 및 자원 간 협력·연계 체계 구축
　보건소, 사회복지관 등 기존 지역사회 가용자원을 최대한 활용·지원

3) 운영계획

(1) 서비스 대상 : 0세(임산부) ~ 만 12세(초등학생 이하)의 저소득 아동 및 가족
　※ 만 12세 이상 아동 중 초등학교 재학아동 포함
(2) 사업지역에 거주하는 해당 연령 대 아동과 그 가족, 임산부(0세)를 대상으로 위기도 사정을 통해 고·중위기 아동을 대상 아동을 선정함
　- 기초수급 및 차상위층 가정, 결손가정, 성폭행 피해아동, 한부모가정 아동에 대한 우선지원을 원칙으로 함

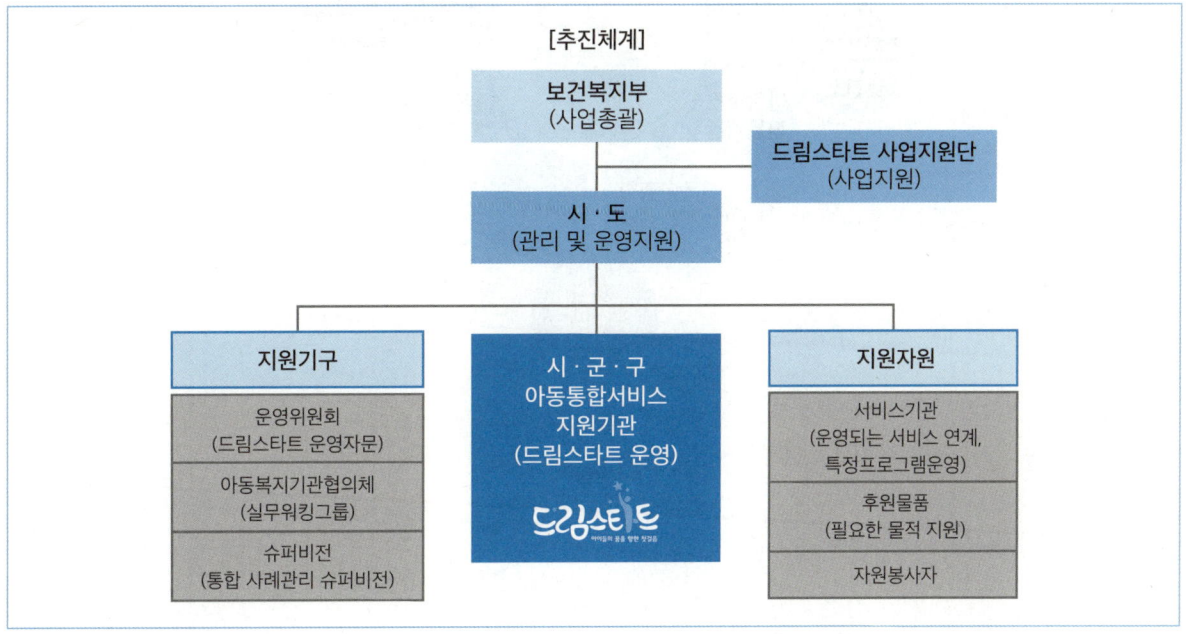

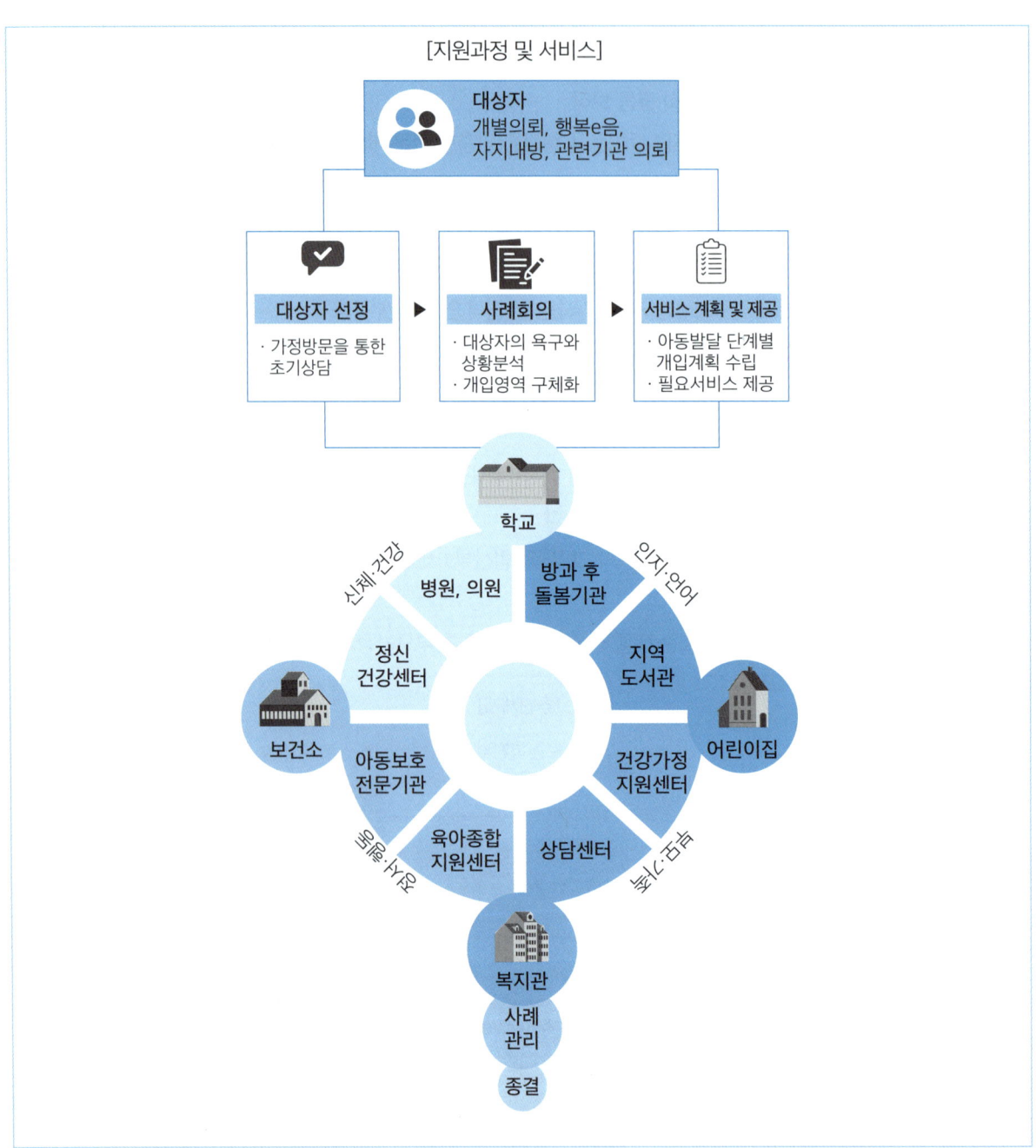

CHAPTER 7

사회복지행정론

나눔복지교육원 동영상 강의

CHAPTER 07 사회복지행정론

1 | 사회복지행정(가치지향적)과 일반 행정의 차이점(= 사회복지행정의 특징)

사회복지행정과 일반 행정의 차이점 (사회복지행정만의 특징)

1) 사회복지조직에서 행정은 지역사회 내의 인지된 욕구를 충족시킬 수 있도록 돕기 위해 존재하며 사회복지행정가는 사회복지조직의 내부 운영을 지역사회와 밀접하게 관련시킬 책임을 갖고 있다.
2) 자원 활용에 관하여 부단히 선택을 내릴 필요성이 있으며 사회복지행정은 사회복지 전문가의 재량권이 크고 이들의 직무수행에 크게 의존한다.
3) 사회복지 행정이 이루어지는 장(場)인 전형적인 사회복지조직은 일반적으로 지역사회를 대표하는 이사회를 갖고 있다. 즉, 사회복지행정은 지역사회 내의 욕구충족을 위해 존재하며, 지역사회를 대표하는 위원회가 존재하고, 지역사회와 관련된 책임을 진다.
4) 사회복지조직의 크기, 범위, 구조, 프로그램 형태는 광범위하고 다양하며 사회복지행정은 일반 행정과 관리에 관한 지식을 초월하는 범위를 가진다.
5) 모든 직원들이 행정 과정에 참여하고 전체 조직사업에 영향을 미친다.

2 | 사회복지조직의 특성(하젠펠드)

사회복지조직 특성

1) 변화되어야 할 클라이언트와 직접 접촉하여 활동하므로 원료는 인간이다.
2) 핵심적인 활동은 기관 직원과 클라이언트의 상호작용이며 일선 성원들의 활동이 중요하다.
3) 사용하는 기술이 다양하며 불확실하다.
4) 목표가 모호하고 애매하며 효과성·효율성 척도가 거의 없기 때문에 결과 평가에 논란이 많고, 변화와 혁신에 대한 저항이 다른 조직보다 크다.
5) 가치와 이해관계에서 갈등을 일으킬 수 있고, 환경과의 관계에 많은 어려움이 야기된다.
6) 사회복지서비스가 전달되는 과정은 조직적 과정을 통해 이루어진다.
7) 공공의 이익을 위해서 사회적, 물질적 등의 후원을 받으며 주로 전문가와 사회적 환경에 의존한다.
8) 결론적으로 ① 환경에의 의존성, ② 대립적 가치의 상존성, ③ 조직 간 연계의 중요성, ④ 성과평가의 취약성, ⑤ 인본주의적 가치지향성을 들 수 있다.

기출문제 확인학습

사회복지행정의 실천원칙

1) 사회사업 가치의 원칙
2) 지역사회와 클라이언트 욕구의 원칙
3) 기관목적의 원칙
4) 문화적 장의 원칙
5) 의도적 관계의 원칙
6) 기관 전체성의 원칙
7) 전문적 책임의 원칙
8) 참여의 원칙
9) 커뮤니케이션의 원칙
10) 지도력의 원칙
11) 계획의 원칙
12) 조직화의 원칙
13) 권한위임의 원칙
14) 조정의 원칙
15) 자원 활용의 원칙
16) 변화의 원칙
17) 평가의 원칙
18) 성장의 원칙

3 | 사회복지서비스 전달체계의 유형의 장점

공공 사회 복지 서비스 전달 체계	중앙 정부	1) 속성상 공공재적 성격이 강한 것, 규모의 경제성을 갖는 서비스, 평등과 사회적 적절성의 달성을 위해 필요하다. 2) 다양한 복지에 대한 욕구를 체계화하여 다양한 프로그램을 통합, 조정하거나 지속적이고 안정적으로 유지하기 위해 필요하다.
	지방 정부	1) 지역주민의 욕구를 중앙정부보다 더 효율적으로 해결할 수 있다(접근성). 2) 지방정부 간의 경쟁논리에 의하여 재화의 가격과 개발이 용이하다. 3) 창의적이고 실험적인 서비스 개발이 용이하여 수급자들의 변화되는 욕구에 적극 대처할 수 있다 (재정자립도가 높은 지방정부의 경우). 4) 수급자들이 정책결정에 참여할 기회들이 많아져 수급자의 입장이 반영될 가능성이 높아진다. **희망복지지원단 -** `기출` 1) 현재 대부분의 시·군·구에 설치되어 있다. 2) 민·관 협력을 통한 맞춤형 사례관리를 지향한다. 3) 지역단위 복지서비스 통합제공의 컨트롤 타워 역할을 의도한다. 4) 사회보장정보시스템을 활용한다.

공공 사회 복지 서비스 전달 체계	지방 정부	우리나라의 공공 사회복지전달체계 현황 - 기출
		1) 공공부조의 전달체계에서 시·군·구/읍·면·동이 중요한 역할을 하고 있다. 2) 사회보험제도 운영에서 중앙정부의 책임성이 매우 크다. 3) 서비스 신청과 상담을 위해 시·군·구/읍·면·동을 방문해야 한다. 4) 국민연금 보험료의 징수는 국민건강보험공단이, 지급 업무는 국민연금공단이 수행하고 있다. 5) 우리나라는 아직까지 사회복지청이 없다. 우리나라 복지의 패러다임을 바꾸어 복지전달체계를 공급자 중심에서 수요자인 국민중심으로 만들기 위한 대안으로 '사회복지청'의 신설을 법률안에 제안하고 있는 실정이다. 대개 국가나 지방자치단체가 복지서비스의 전문적 전달을 하고 있는 민간기관을 지원하고 있다.
민간 사회 복지 서비스 전달 체계		1) 정부제공 서비스 비해당자에 대한 서비스 제공이나 정부가 제공할 수 없는 서비스 제공 2) 동일 종류의 서비스에 대한 선택의 기회제공으로 경쟁을 유발 3) 사회복지서비스의 선도적 개발 및 보급 4) 민간의 사회복지 참여 욕구 수렴 (사례 자원봉사 등) 5) 정부의 사회복지 활동에 대한 압력단체 역할 6) 국가의 사회복지 비용 절약

기출문제 확인학습

사회복지서비스 전달체계의 구축 원칙

1) 통합성 원칙 구현을 위해서는 조직 간 유기적 연계가 중요하다.
2) 서비스 편중이나 누락이 없도록 하는 것은 비파편성 원칙에서 강조된다.
3) 충분성의 원칙은 서비스의 양과 기간을 설정하는 것과 관련된다.
4) 서비스 공급이 연속적으로 이루어지기 위해서는 지속성 원칙을 견지하여야 한다.
5) 책임성 원칙은 전달체계 자체의 효과성이나 효율성과 관련된다.

4 | 서비스 배분 방법(억제 전략)

공급억제 전략	수혜자격 제한 강화	수혜자격 요건을 강화하여 수혜자격이 있는 클라이언트의 서비스 이용률을 저하시키는 것이다.
	서비스의 희석화	1) 양적 감소 - 클라이언트와의 접촉시간의 단축, 사례의 조기종결 2) 질적 감소 - 전문가의 질을 낮춘다든지, 전문가를 자원봉사자로의 대체
수요억제 전략		서비스의 접근성에 문제를 일으켜서 수요를 억제하는 것으로서 물리적, 시간적 및 사회적 장애를 제거하지 않거나 또는 장애를 생기게 하는 것 등(접근성 방해)

5 | 서비스 통합의 방법

종합서비스센터	하나의 서비스 분야에 그와 관련된 여러 가지의 서비스들을 모두 한 곳에 모아 제공될 수 있게 하는 것이다.
단일화된 인테이크 (접수창구)	단일화된 접수창구는 클라이언트의 다양한 욕구에 대해 종합적으로 평가하여 적절한 서비스 계획을 개발한다.
종합적인 정보와 의뢰	각각 조직의 독립성을 유지한 채로 클라이언트의 의뢰나 서비스들 간의 연결을 목적으로 종합적 정보와 의뢰 시스템을 강화하는 방법이다.
사례관리	개별사례들을 중심으로 서비스들 간의 조정 효과를 나타낼 수 있는 방법이며 사례관리자를 중심으로 개별조직에 분산되어 있는 서비스들을 클라이언트의 욕구에 맞게 개별화하여 연결 및 조정하고 점검하는 활동을 말한다. **사례관리**(case management) 1) 사회복지서비스 전달체계 통합과 관련하여서 사례관리는 조직들 간에는 느슨한 네트워크를 구성하면서도 개별 사례들을 중심으로 서비스들 간의 조정 효과를 나타낼 수 있는 단순 조정의 한 방법이다. 2) 조직들 간의 구조적인 연계를 시도하는 것이 아니라, 사례관리자가 중심이 되어 개별 조직들에 분산되어 있는 서비스들을 클라이언트의 욕구에 맞추어 연결하고 관리해 주는 것이다.
트래킹	기존에 서로 다른 각각의 기관과 프로그램에서 다루었던 클라이언트에 대한 정보를 서로 공유하는 시스템이며 이는 클라이언트가 받은 서비스의 경로를 추적해서 정보를 알 수 있는 방법이다.
기출	**지역의 복지 네트워크를 강화하는 방법** 1) 참여자들 사이의 갈등을 대비하여 미리 협상규칙을 세워둔다. 2) 네트워크 환경과 목적에 대한 참여자들의 공동 인식을 강화한다. 3) 참여자들 사이의 개인적인 유대를 강화한다. 4) 자원배분과 교환에서 균등도를 높인다. **지역복지 조직 간 네트워크 조직화의 의도** 1) 지역사회서비스의 통합성 증진 2) 사회자본의 증대 3) 참여 조직 간 호혜성 증진 4) 지역공동체 지향성의 강화

6 | 조직이론

관료제(bureaucracy) 이론 (M. Weber) - 폐쇄체계 이론에 입각	1) 합리적이며 합법적인 규칙과 효율성의 최대화 목적 2) 권위의 위계구조, 규칙과 규정, 비인간적 인간관계, 분업과 전문화, 경력 지향과 능률성 강조 3) 명백한 권력과 권한, 고도의 전문화, 계층적 권한 구조, 조직구성원들 간의 비정(非情)의적 관계, 실적과 기술적 지식에 따른 관리 임명, 직무권한의 사전 명시, 정책과 행정결정의 분리 등 4) 병폐 　(1) 동조과잉과 수단의 목표화(목표전치) 　　 관료는 목표가 아닌 규칙 또는 절차에 지나치게 동조함으로써 창의성 결여 　(2) 형식주의(red tape) 　　 문서에 의한 업무처리 형식 강조 　(3) 인간성의 상실 　　 조직 내의 대인관계의 지나친 몰인정성은 무관심과 냉담 등으로 표출 　(4) 전문화로 인한 조직의 무능 　　 전문가는 타 분야에 대한 이해가 부족하여 조정과 협조 불가능 　(5) 무사안일주의 　　 문제를 쇄신적인 태도로 해결하지 못하고 상급자의 권위나 과거에 했던 방식에만 의존하려는 성향 **기출문제 확인학습** **신공공관리(New Public Management)** 1) 신공공관리의 핵심적 지향노선은 고객 지향성, 시장 지향성, 성과 지향성이다. 2) 신공공관리의 이러한 지향노선은 전통적 정부 관료제의 병폐를 시정하기 위한 것이다. 3) 원리 　(1) 시민에 대한 공공서비스의 개선 → 시민과 고객을 중심으로 서비스의 질적 수준 제고에 중점을 둔다. 　(2) 능률적, 효율적 관리 → 규제완화와 조직원 참여 중시, 행정 효율성과 고객에 대한 대응성을 중시한다. 　(3) 정부 감축과 민간화 → 공공부문 조직운영에 시장원리를 적용한다. 　(4) 산출과 성과의 강조 　(5) 조직구조의 개혁 　(6) 의사결정과 통제의 개혁: 분권화 등 → 조직규모 축소와 지방분권화를 지향한다.
과학적 관리론 (F. Taylor) - 폐쇄체계 이론에 입각	1) 조직에서 사람들의 육체적 능력의 중요성 강조, 개인들의 과업을 수행하는 데 필요한 시간 및 동작연구에 초점을 두고 과업의 성과에 따른 임금의 지급 제시 2) 과학적인 업무 분석, 과학적인 인력 선발과 개발, 관리자와 작업자 간의 긴밀한 협조
인간관계론 (신고전 모형, Mayo) - 폐쇄체계 이론에 입각	1) 조직 내의 비공식집단이 생산성과 밀접한 관련 2) 인간관계의 개선과 구성원의 자아실현 등을 통하여 조직의 능률성과 생산성 향상 3) 구성원의 심리사회적 욕구, 비공식적 관계, 정의적 관계 중시 4) 승진은 구성원의 다양한 능력과 경험에 의함

상황이론 - 개방체계 이론에 입각	1) 조직을 개방체계로 봄 2) 상황에 따라 적절한 조직화 방법을 결정하며 조직의 다양성과 환경과의 적합성 강조
총체적 품질관리 (TQM : Total Quality Management)	1) 고객에 대한 서비스의 질을 높이기 위한 관리기법 2) 생산물의 품질결정이 소비자에 의해 이루어지고 투입과 산출에 대한 계속적인 환류를 강조되는 이론 3) 고객의 욕구나 필요에 따라 조직의 목표가 설정되며(고객중심주의) 조직운영과 서비스의 지속적인 개선을 통해 양질의 서비스를 산출하여 조직의 경쟁력 증대 4) 목적을 달성하기 위해 전 조직구성원들이 참여하며 노력하는 관리체계
목표관리제 (MBO : Management By Objectives)	1) 상하구성원의 참여과정을 통하여 조직의 공통목표를 명확히 함 2) 조직 구성원 개개인의 목표를 합의하고 그 수행결과를 사후에 평가하여 환류함으로써 궁극적으로 조직의 효율성을 향상시키고자 하는 관리기법 3) 구성원 참여 강조, 전체 구성원의 협조 강조, 결과 지향적, 수량적 목표 중시, 환류의 중요성 강조 등 4) 실현가능성에 대한 욕구에 치중하여 장기적·질적 목표보다 단기적·양적 목표에 치중함

실력다지기

크리밍 현상 – 관료제의 병폐 중 무사안일주의와 관련됨

크리밍	1) 크리밍(creaming)은 '뽑아내다'의 뜻으로, 보다 쉽고 성공가능성이 높으며 유순한 클라이언트만을 선발하여 서비스를 제공하는 현상이다. 2) 이는 서비스 조직의 관료적 병폐의 하나이며 비협조적이거나 어려울 것으로 예상되는 클라이언트들을 배척하려는 것이다. 3) 환경관리전략의 경쟁적 전략에서 나타날 수 있는 문제점이며 이는 사회복지조직의 책임성 결여를 야기한다.

기출문제 확인학습

환경의존 대응전략 중 방해적 전략

1) 방해적 전략(obstructive strategy)은 외부조직의 자원생산 능력을 위협하는 행동을 의도적으로 하는 전략으로서, 이를 통해 외부조직이 조정되기를 바라고, 더 나아가 의존관계를 상당부분 변화시킬 수 있는 것이다.
2) 방해전략은 조직 간에 이루지는 경우도 있지만, 대개는 힘이 없는 클라이언트나 잠재적 클라이언트가 사회복지조직에 대하여 사용하는 경우가 많다.
3) 방해전략은 권력을 잃은 사람, 빈민 및 불우한 사람들을 대변하여 사회복지조직으로부터 양보를 얻어 내는데 효과적일 수 있다.
4) 그러나 이 전략은 일시적으로 얻은 이득을 상쇄해 버리는 반작용을 야기 시킬 수 있다.
5) 사례 장애인복지시설의 경우 이사진이 장애인수당을 횡령하고, 장애인에 대해 폭력을 가하여 이들이 상당부분 종속되어 고통에 노출되어 있다면, 이를 보건복지부 등에 탄원하여 정상적인 운영체계로 조정하는 것 등이 그것이다.

7 | 과학적 관리론과 인간관계론 비교

구분	과학적 관리론	인간관계론
인간관	X이론, 기계적 인간, 합리적, 경제적 인간	Y이론, 감성적 인간, 사회적 인간
동기유인	경제적 자극	비경제적, 인간적 자극
중심구조	공식적 구조	비공식적 구조
능률관	기계적 능률성	사회적 능률성
연구	시간과 동작 연구	호손 실험
중점	직무 중심	인간 중심

8 | 행렬조직(매트릭스 조직, matrix organization)

행렬조직	1) 행렬조직은 조직구조의 한 방법으로 주로 업무 세분화에 따르는 문제들에 대처하며 합리적인 수준의 분업과 통합을 강조하는 이중인 기능을 담고 있다. 2) 조직구성원들은 일차적으로는 분과에 소속되어 있으면서 수직적인 위계에 의해서 통제를 받기도 하며 조직구성원들은 각 프로그램 단위 혹은 팀(team)단위의 구분에 의해서도 나누어진다. 3) 각 프로그램 내에서 각 분과의 구성원 대표들은 프로그램의 목적을 수행하기 위해 수평적인 협조관계를 유지해야 한다. **사례** 새터민 지원 사업을 하려고 하는데 사업초기 1년 동안은 예산부족으로 기존의 범위 안에서 운영하려고 한다. 따라서, 기존의 수직조직은 그대로 유지하면서, 각 부서당 일정 인원씩을 뽑아 새터민 지원팀을 구성하여 사업을 운영하려고 하는 경우

9 | 조직의 유형

1) 권력 형태(= 복종관계)에 따른 분류(에치오니)

	소외적 관여	타산적 관여	도덕적 관여
강제적 권력	유형 1 (교도소, 정신병원)	유형 2	유형 3
보상적 권력	유형 4	유형 5 (산업조직)	유형 6
규범적 권력	유형 7	유형 8	유형 9 (종교단체, 사회복지·학교조직)

2) 일차적인 클라이언트에 따른 분류(블라우와 스콧)

조직의 유형	수혜자(1차 클라이언트)	조직의 종류
상호수혜조직	조직의 회원	정당, 종교단체, 노동조합
사업조직	사업체의 소유주	회사, 은행 등
서비스조직	클라이언트	사회복지조직
공공조직	일반대중	행정기관, 군대조직 등

3) 업무의 통제성에 따른 분류(길버트 스미스)

전면적 통제조직	클라이언트를 강제적 또는 자발적으로 시설에 수용했을 때 관리자가 클라이언트에 대해 강한 통제권을 가지는, 즉 조직 관리자가 수용자에 대한 강한 통제권을 가지는 조직
관료조직	공식적 조직과 규정, 위계적 권위구조, 명확하고 전문화된 분업, 문서에 의한 업무처리, 기술적 자격에 기초한 신분보장 등을 특성으로 하는 합리적 통제체제 조직
일선조직	조직의 주도권이 일선 업무단위에 있고, 각 업무단위는 상호 독립적으로 업무를 수행하며, 업무단위의 직접적 통제가 어려운 조직
투과성 조직	조직의 구성원이 임의적으로 참여하며, 조직의 문화나 규정에 의한 통제성이 약하고, 조직의 활동이 거의 노출되는 조직(사례 자원봉사조직)

10 | 조직의 구조

의시결정권의 집중/분산정도에 따라 구분	집권화	조직 내에서 기획이나 정책에 관한 의사결정에 참여하는 권한이 소규모의 집단에 국한되어 있는 경우
	분권화	권한이 다양한 집단에 분산 또는 위임되어 있는 경우
기출		1) 환경이 단순할수록 집권식이 적합하다. 2) 표준화된 기술일수록 집권식이 적합하다. 3) 일반적으로 사회복지조직은 표준화 정도가 높을수록 부적합하다. 4) 사회복지조직의 경우 외부상황에 따른 선택이 적합하다.
복잡성 - 조직 내에 존재하는 분화의 정도	수평적 분화	1) 종업원의 수, 과업의 질과 양 및 종업원의 교육훈련 정도에 따른 조직단위 간의 분화 정도를 말한다. 2) 따라서 조직 내에서 전문화된 지식과 기술을 요구하는 상이한 과업이 많을수록 수평적 분화는 많이 일어나게 되어 복잡성은 증대된다.
	수직적 분화	1) 조직 내의 책임과 권한이 나뉘어 있는 계층의 양태를 말하며 조직은 계층의 수에 따라 통솔 범위나 감독 범위(span of control)가 달라진다. 2) 계층제는 상관이 부하를 조정·통제할 수 있도록 하며, 계층의 높이에 따른 차별적인 보상을 통해 조직 구성원들의 근무 의욕을 자극시킨다.

정형화	1) 조직의 정형화 정도는 조직이 구성원들의 행동관리를 위해 어느 정도의 규칙, 절차들에 의존하는지를 통해 파악될 수 있다. 2) 행정규제 절차, 업무처리의 문서화 등으로 통제될수록 조직이나 프로그램의 정형화는 증가한다. 3) 정형화는 규칙과 절차를 통해 경직성을 증가시킬 수 있으며 업무수행 인력의 창의력과 주도력을 저해할 수도 있다. 4) 역할을 명확하게 제시하여 역할에 대한 기대를 분명히 하고 혼란을 방지한다.
공식화	1) 공식화는 조직이 어떤 일을 누가, 언제, 어떻게 수행해야 한다는 것을 어느 정도 공식적으로 규정하느냐에 관한 관념을 말한다. 2) 공식화는 조직 내의 직무가 표준화(Standardization)된 정도를 말하며 직무가 매우 공식화되면 직무담당자는 무엇을, 언제, 어떻게 해야 할 것인가에 대한 자율권이 줄어든다.
기출	**조직구조에 관한 설명** 1) 수평적 분화에서는 통제의 범위를, 수직적 분화에서는 조정과 의사소통의 수준을 고려하여 설계한다. 2) 업무의 표준화는 조직운영의 경제성과 예측성을 높이기 위한 활동이다. 3) <u>정보가 과다하게 집중되어 있는 상황에서는 의사결정의 집권화보다는 정보를 적절히 분산하여 의사결정을 시도하는 분권화가 실패 가능성을 줄일 수 있다.</u> 4) 공식적 권한의 집중·분산은 조직관리의 효과성·효율성과 연관되어 있다. 5) 공식화는 구성원들의 업무 편차를 줄이는 데 효과적이다.

11 | 사회복지 조직의 환경

1) 일반 환경 암기법 정치(법), 경제, 사회, 문화, 기술

경제적 조건	자원공급의 절대량과 서비스 수요에 영향을 줌 사례 경기불황 및 호황, 지방자치단체의 재정, 실업률, 경제성장률
사회인구학적 조건	장기적인 서비스와 수요 변동과 예측에 영향을 줌 사례 연령별, 성별 인구 분포, 가족 구성, 지역·계층 간 분포
문화적 조건	사회가치와 규범, 사회복지조직의 목표와 기술에 영향을 줌 사례 가족주의 가치, 빈곤에 대한 사회적 인식변화, 노동윤리 등
정치적·법적 조건	자원의 흐름에 대한 통제에 영향을 줌 사례 선성장 후분배, 성장과 분배의 균형정책(정치적 요인) 사례 국민기초생활보장법의 개정(법적 요인)
기술적 조건	사회의 기술적 진보 혹은 변화가 초래하는 영향 사례 컴퓨터와 네트워크의 발달로 인한 조직관리 방법의 변화 압력, 신경안정제의 개발로 인한 탈시설화

2) 과업환경

재정자원의 공급자	정부(보조), 기업체(출연), 개인(후원), 이용자(부담) 등
클라이언트 및 클라이언트 제공자	개인, 가족, 의뢰기관, 정부기관 등
서비스의 소비자(= 조직산출물의 인수자)	클라이언트 자신, 가족, 지역사회, 국가 등
보완적 서비스 제공자	조직의 업무수행을 위해 보충적으로 필요한 서비스를 제공
합법성·권위의 제공자	정부, 전문직 협회, 의회, 운영법인, 클라이언트 옹호단체 등
경쟁조직	자원과 클라이언트들을 두고 경쟁관계에 있는 다른 조직들

12 | 주요 조직 환경이론

구조 - 상황이론	조직 환경과 조직구조의 적합성은 조직의 성과 및 생존에 중요한 영향을 미치며 조직의 설계는 합리적인 선택에 의해 환경적 제약에 대한 조직의 적응이 가능하고 이는 조직의 성과를 높이는 데 중요하다.
조직군 생태이론	1) 환경의 조직선택이라는 환경결정론적 시각으로 환경적 욕구에 부합하는 조직만이 생존한다고 주장한다. 2) 즉, 조직과 환경과의 상호작용을 전제로 하지만 조직의 생존의 결정요인은 환경이며 환경에 적응하는 조직은 살아남고 그렇지 않은 조직은 도태된다는 것을 강조한다.
(신)제도이론	1) 조직의 규범과 조직을 둘러싼 제도적 환경이 조직의 특성과 형태를 좌우한다는 점을 강조하며 사회복지조직과 같이 정부와 제도화된 규범이 강하게 작용하는 조직을 이해하는 데 도움을 준다. 2) 즉, 제도적 환경(사회적 규범, 가치, 문화적 규칙 등)의 중요성을 강조한다.
정치경제이론 (= 자원의존이론)	조직은 생존과 서비스 생산이라는 목적 달성을 위해서 합법성과 권력과 같은 정치적(political) 자원과 생산과 서비스에 요구되는 경제적(economic) 자원이라는 두 가지 형태의 자원들을 확보해야 한다.

13 | 사회복지 조직에서의 의존 강화 및 상쇄조건

의존 강화조건	의존 상쇄조건
• 외부에서의 정책적 강요 • 조직의 서비스를 사용하는 데 있어서 외부에서의 재량권 행사 • 외부조직의 서비스를 크게 필요로 함 • 필요한 목표를 외부에서 인가 • 대안에 대한 부정확한 정보	• 외부세력에 의해서 허용된 자유 • 주요 자원의 소유 • 대체적 서비스의 가용성 • 자체승인의 이념개발 • 대안에 대한 효과적인 정보

14 | 리더십/리더십 이론

특성이론 (trait theory)	1) 특성이론은 리더들이 갖추고 있는 독특한 개성(퍼스낼리티)의 특성이 리더십과 중요한 연관이 있다고 주장한다. 2) 개성의 특성, 예를 들어 지능, 지배력, 자기 확신, 정열, 활동성, 업무 관련 지식, 심지어 외모 등의 성향들도 리더십의 효과성과 관련이 있다.
행동이론 (behavioral theory)	1) 리더십을 관찰 가능한 과정 혹은 행동으로 보려는 접근이다. 2) 목적은 어떤 행동들이 효과적인 리더십과 연관되어 있는지를 결정하려는 것이다. 3) 미시간 연구(Michigan Studies), 오하이오 연구(Ohio state Studies), 브레이크와 머튼(Blake and Mouton)의 관리격자(managerial grid) 이론[1]과 같은 것들이 대표적이다.
허시와 블랜차드의 상황적 리더십 이론 (Situational Leadership Theory))	1) 허시와 블랜차드가 개발한 상황적 리더십이론에 따르면 리더십의 행동유형은 리더를 따르는 구성원들의 성숙도(Readiness)에 의해 결정된다는 것이다. 2) 블랜차드에 의한 리더십 유형은 준비성, 책임능력, 의지의 유무에 따라 구분한다.

	지시형	준비성이 가장 낮은 상황으로서 부하들이 주어진 과업에 대해 책임을 질 능력도 없고 지려고 하는 의지도 없는 경우에 사용되는 형태이다.
	설득형 (판매형)	준비성이 낮거나 중간정도인 상황으로서 부하들이 책임질 능력은 없으나 하려고 하거나 할 수 있다고 느끼고 있는 경우에 사용되는 형태이다.
	참여형	준비성의 정도가 중간인 상황으로서 부하들이 책임질 능력은 있으나 일을 자발적으로 하려고 하지 않거나 할 가능성이 적을 때 사용되는 형태이다.
	위임형	준비성의 정도가 높은 상황으로서 부하들의 능력이 탁월하고, 적절한 책임을 지려고 하는 것에 대한 신뢰가 높은 경우에 사용되는 형태이다.

허시와 블랜차드의 상황적 리더십 정리

구분	준비성	책임능력	의지
지시형	↓	×	×
설득형	↓/중간	×	○
참여형	중간	○	×
위임형	↑	○	○

> **참고**
>
> **관리격자(managerial grid) 이론 : 블레이크와 머튼(Blake & Mouton)**
>
> | 인간에 대한 관심 | 높음
↑
↓
낮음 | 컨트리클럽형(1.9) | | 팀형(바람직)(9.9) |
> |---|---|---|---|---|
> | | | | 중도형(5.5) | |
> | | | 무기력형(1.1) | | 과업형(9.1) |
> | | | 낮음 ←――――――→ 높음 | | |
> | | **생산에 대한 관심** | | | |

---

1) 관리격자이론은 사람에 대한 관심과 생산성에 대한 관심이라는 두 가지 요인을 토대로 리더의 행동을 설명한다.

> **참고**
>
> ### 거래적 리더십과 변혁적 리더십 비교
>
> | 거래적 리더십 | 내부지향, 안정지향의 거래적(transactional) 리더십으로 업무 할당, 결과평가, 통제 등 일상적인 리더의 행동을 강조한다. |
> |---|---|
> | 변혁적 리더십 | 외부지향의 새로운 비전 제시, 조직문화, 규범 창출, 적절한 지지를 확보하는 등 조직의 변화를 주도하는 것을 강조한다. |

기출문제 확인학습

서번트 리더십(섬김 리더십, servant leadership)

→ 인간 존중, 정의, 정직성, 공동체적 윤리성 강조, 청지기(stewardship) 책무 활동

1) 서번트 리더십은 '섬기는 리더십'으로 알려져 있다. 미국 학자 로버트 그린리프가 1970년대 처음 주창한 이론으로 '다른 사람의 요구에 귀를 기울이는 하인이 결국은 모두를 이끄는 리더가 된다.'는 것이 핵심이다. 즉 서번트 리더십은 인간 존중을 바탕으로 구성원들이 잠재력을 발휘할 수 있도록 앞에서 이끌어주는 리더십이라 할 수 있다. 서번트 리더십은 리더의 역할을 크게 방향 제시자, 의견 조율자, 일 또는 삶을 지원해주는 조력자 등 세 가지로 제시하고 있다. 서번트 리더십은 이타주의에 초점을 두면서 리더십에 대한 새로운 접근법을 제시했다는 평가를 받는다.

2) **사례** 그린리프는 헤르만 헤세(H. Hesse)가 쓴 '동방 순례'라는 책에 나오는 레오(Leo)의 이야기를 통해 서번트 리더십의 개념을 설명하였다. 레오(Leo)는 순례자들의 허드렛일이나 식사 준비를 돕고, 때때로 지친 순례자들을 위해 밤에는 악기를 연주하는 사람이었다. 레오(Leo)는 순례자들 사이를 돌아다니면서 필요한 것들이 무엇인지 살피고, 순례자들이 정신적으로나 육체적으로 지치지 않도록 배려했다. 그러던 어느 날 갑자기 레오(Leo)가 사라져 버렸다. 그러자 사람들은 당황하기 시작했고, 피곤에 지친 순례자들 사이에 싸움이 잦아졌다. 그때 비로소 사람들은 레오(Leo)의 소중함을 깨닫고, 그가 순례자들의 진정한 리더였음을 알게 되었다.

심화학습

퀸(Quinn)의 경쟁가치 모델(경쟁적 가치 리더십, Competing Value model)

1) 퀸(Quinn)은 최근까지 등장한 여러 경영이론들을 정리하여, 포괄적인 리더십 모델을 제안하였다.
2) 퀸(Quinn, 1988)에 의하면 조직은 몇 가지 상호 모순되는 가치들을 동시에 만족시킬 수 있어야 높은 성과를 얻을 수 있다. 퀸은 내부와 외부(focus), 통제와 유연성(flexibility)의 두 가지 차원을 축으로 8개의 핵심 요소의 정도를 측정하여 4개의 조직문화 유형을 도출한다.
3) 유연성 지향의 가치는 분권화의 다양성(차별화)을 강조하는 반면, 통제지향의 가치는 집권화와 통합을 강조하는데, 이는 조직의 유기적 특성과 기계적 특성의 구분을 의미하기도 한다.
4) 내부지향성은 조직의 유지를 위한 조정과 통합을 강조하는 반면, 외부지향성은 조직 환경에 대한 적응, 경쟁, 상호관계를 강조한다. 이러한 두 가지 차원의 결합에 의해 다음의 4가지 조직문화의 유형이 결정된다.[2]

---

2) 출처 : 법률저널 일부인용 그림 : 퀸(Quinn, 1988)의 경쟁 - 가치모형 : 상사의 유형(출처 : https://tatamiro.tistory.com/49)

5) 리더의 4가지 유형은 (1) 비전 제시형(외부 지향적이며 개방적이며 조직 활동의 유연성 추구), (2) 분석가형(내부 지향적이며 구조화된 통제), (3) 목표 달성가형(조직 생산성을 최대화하기 위한 통제와 규율), (4) 동기부여형(인간관계 향상에 가치를 둠) 등의 상반된 가치의 리더십을 상황에 맞게 적절히 구사해야 한다.

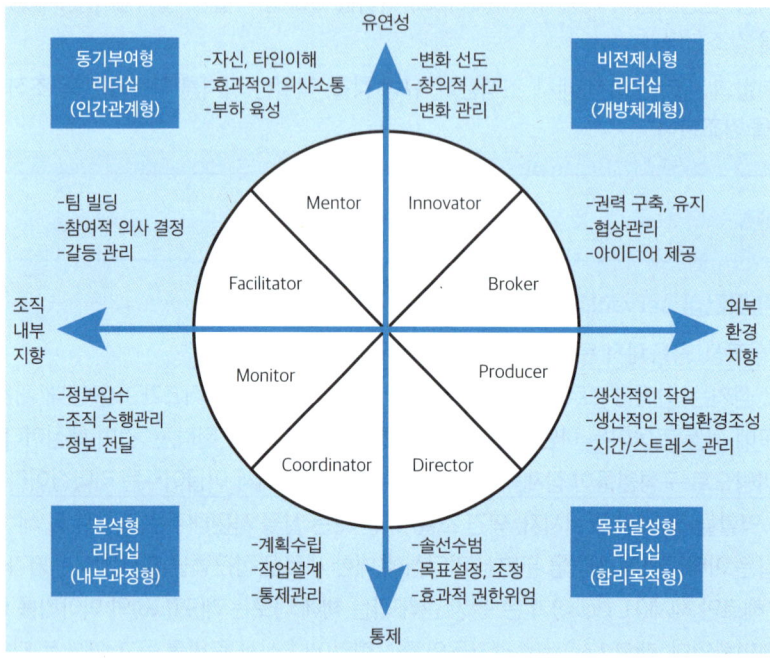

15 | 인사관리의 구성요소 - 성과관리, 개발관리, 보상관리

직무기술서	1) 직무분석의 결과 직무의 능률적인 수행을 위하여 직무 성격 등 중요한 사항을 기록한 문서이다. 2) 내용으로는 직무명칭, 직무개요, 장비, 환경, 작업 활동 등이 포함된다.
직무명세서	1) 직무분석의 결과를 인사관리의 특정한 목적에 맞도록 세분화시켜서 구체적으로 기술한 문서이며 주로 모집과 선발에 사용되며 인적 요건이 강조된다. 2) 내용으로는 교육수준, 기능·기술 수준, 정신적 특성(창의력·판단력 등), 육체적 능력, 작업경험 등이 포함된다.
OJT (On the Job Training)	선임자가 피훈련자에게 업무수행의 지식·기술을 학습하게 하는 것으로 현장훈련이라고도 한다.
직무확대	1) 수평적 직무부하로서, 이는 직무의 양적 증가를 의미한다. 2) 현재의 직무에 유사한 과업을 추가시켜줌으로써 기능 다양성의 증가 및 보다 의미 있는 과업 정체성(task identity)이 있는 직무를 제공하는 것이다.
직무확충	종업원의 동기와 적절히 조화를 이룰 수 있도록 직무의 특성과 성질을 본질적으로 변화시키는 직무설계의 한 방법이다.
직무순환	작업자들에게 정기적으로 직무를 바꿔 수행하도록 함으로서 기능 다양성을 증가시킨다.

직무충실	1) 직무충실은 근로자가 자기 직무에서 보다 많은 직무만족을 느낄 수 있도록 '작업내용에 질적인 변화'를 주어 생산성을 향상시키고자 하는 것이다. 2) 수직적 직무부하라고도 한다.

결론적으로, 직무확대는 양적인 측면에서 직무의 양을 증가시키는 것으로 「수평적 직무부하」라고 하며, 직무충실은 질적인 면에서 직무의 질을 개선한다는 점으로 「수직적 직무부하」라 한다.

기출문제 확인학습

인적자원관리 활동

과정은 확보 → 개발 → 활용 → 보상 → 유지의 순서로 이루어진다.

1) 인적자원의 확보(직원모집, 심사, 채용)
   가장 먼저 수행되는 기능이며, 적절한 인력의 내용과 수를 예측하고 확보하는 과정이다.
2) 인적자원의 개발(직원훈련, 지도, 감독)
   확보된 인력이 최대한 능력을 발휘하게 함으로써 조직의 유효성을 높이는 과정이다.
3) 인적자원의 활용(승진, 근태관리)
   조직의 유효성에 중대한 의미를 갖는다.
4) 인적자원의 보상(임금, 복리후생)
   구성원들의 공헌도에 따라 공정하게 화폐적 보상을 제공하는 과정이다.
5) 인적자원의 유지(인적자원 유지, 이직관리)
   조직 구성원들이 직무를 수행하는 과정에서 나타나는 어려운 문제를 극복하여 최대한의 능력을 발휘하도록 인적자원을 유지하는 과정이다.

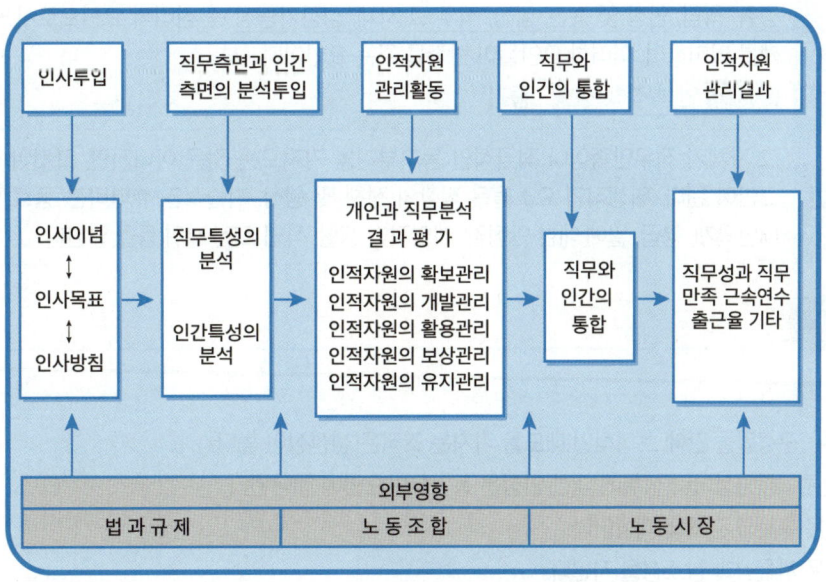

16 | 직무수행 평가의 측정도구

도표 평정식	한쪽에는 바람직한 평정요소를 나열하고 다른 한쪽에는 이들 요소와 관련된 직무수행의 등급을 나타내는 척도에 평가자가 각각의 요소에 대하여 직무수행 등급을 표시한다.
개조 서열식	도표평정식과 비슷하나 평가자가 각각의 평정요소에 대하여 모든 직원들에 대하여 최상부터 최하까지 등급을 매긴다.
이분 비교식	각각의 요소에 대해 직원 자신을 제외한 다른 모든 사람들과 비교한다.
강제 배분식	도표 평정식에서 나타나는 집중현상이나 관대화 경향 등의 결점을 배제하기 위하여 강제로 등급을 배분하는 것이다.
중요사건 평가식	슈퍼바이저가 직원들의 직무수행에 관하여 특별히 좋은 사건과 특별히 바람직스럽지 못한 사건을 기록하고 유지하여 좋은 사건은 강화하고 바람직스럽지 못한 사건은 교정해 주려는 목적을 가진다.
행동계류 평정식	1) 중요사건 평가식 기법을 세련화한 방식이다. 2) 중요한 사건들을 델파이 기법을 사용해서 전문가들에 의해 등급을 매기는 방식이다. 3) 시간이 많이 소요되어 값비싼 도구이기는 하지만, 사회복지의 직무수행을 평가하기 위한 도구로서 타당성이 가장 높은 기법이다.

17 | 동기 - 위생이론(2요인 이론, 허즈버그)

동기요인 = 직무만족 요인 = 적극적 동기	성취, 책임, 인정 및 승진, 향상, 직무 그 자체, 성장가능성 등 심리적 요인으로서 사람과 직무의 관계를 의미하며, 이러한 요인들이 만족을 주는 요인이다. **암기법** 인성/직책/성향 - 동기
위생요인 = 직무불만족 요인 = 소극적 동기	그 자체가 직무만족이나 적극적인 동기부여를 가져오는 것은 아니지만, 그것이 결핍되면 불만의 요인이 된다. 위생적인 요소들은 직장의 정책 및 행정, 기술적인 슈퍼비전, 동료 및 윗사람들과의 대인관계, 봉급, 일에 대한 안정감, 개인적인 생활, 작업조건, 지위 등을 말한다.

기출문제 확인학습

동기부여 이론

1) 인간관계이론 : 구성원들 간에 호의적인 태도를 가지는 조직은 생산성이 높다.
2) 동기 - 위생이론 : 책임성이나 성취에 대한 인정은 동기유발요인에 해당된다.
3) X이론 : 인간은 통제와 강제의 대상이다.
4) Y이론 : 인간은 자율성과 창조성을 지닌다.
5) 성취동기이론 : 인간의 동기부여 욕구를 권력욕구, 친화욕구, 성취욕구로 구분하였다.

기출문제 확인학습

동기이론 중 내용이론의 기본 가정

1) 욕구가 목표 지향적인 행동을 창출하고 유지한다.
2) 평형상태가 불균형을 이루거나 욕구 결핍을 느낄 때 욕구 행동이 나타난다.
3) 욕구는 상·하위 수준으로 우선순위가 정해진다.
4) 기본적으로 우리 모두는 동일한 욕구의 우선순위를 공유한다.

동기이론 중 목표설정이론(로크)

1) 형성배경
　　로크와 그의 동료에 의하여 1968년에 처음으로 목표이론 혹은 목표설정기법(Goal Setting Theory)이라고 명명된 이래, 동기에 대한 인지적 접근 방법의 하나로 널리 알려지게 되었다.

2) 목표
　(1) 목표란 개인이 의식적으로 성취하려고 하는 것으로, 내용과 강도가 매우 중요한 요인이 된다.
　(2) 목표의 내용은 하려고 하는 활동이나 얻고자 하는 성과와 관련을 가지며, 목표의 강도는 개인이 목표에 대해서 부여하는 중요성의 정도와 관련을 갖는다.
　(3) 이 이론에서는 목표의 내용과 강도가 동기 유발을 위한 중요한 기제가 된다고 주장한다.

3) 왜 목표설정은 과업수행을 향상시키는가?
　(1) 개인의 과업에 대한 주의력을 증가시킨다.
　(2) 행동에 투입하는 노력을 증진시킨다.
　(3) 일단 목표가 명료하게 확립된 후에는 포기하려는 유혹을 줄여 주기 때문에 지속성을 증대시킨다.
　(4) 구체적인 과업 추진 전략의 개발, 즉 과업을 수행하는 방법을 효율화함으로써 동기와 과업수행력을 증진시키는 기제가 된다.
　(5) 따라서 성공적인 과업수행을 위해서는 성공적인 목표실징이 필요하다.

4) 목표설정이론
　(1) 인간의 행위를 결정하는 인지적 요인에는 가치관과 의도(목표)의 두 가지가 있다.
　(2) 한 사람의 가치관은 그에 부합하는 일을 하고 싶어 하는 정서와 욕망을 창조하고, 정서와 욕망은 어떠한 목표를 설정하도록 한다.
　(3) 목표는 다시 주의와 행동을 지시하고, 에너지를 동원하며, 보다 높은 노력을 발휘하도록 하고, 지속적인 노력을 증가시킨다.
　(4) 목표가 전략을 개발하도록 사람들에게 동기를 유발하는 것이다.
　(5) 이에 따라 사람들은 목표를 달성하기 위한 행동을 수행하며, 그 결과로서 성과를 달성하고, 이러한 성과는 피드백을 통해 그 과정 전반에 영향을 준다.
　(6) 목표 달성이라는 성과는 만족과 보다 높은 동기를 가져오지만, 목표가 달성되지 않았을 경우에는 좌절과 보다 낮은 동기를 가져온다.
　(7) 즉, 인간 행동은 유목적적이며, 행위는 목표와 의도에 의하여 통제되고 유지된다.

18 | 슈퍼비전의 기능(카두신)

교육적 슈퍼비전	사회복지사(슈퍼바이지)가 업무를 보다 효과적으로 수행할 수 있도록 능력을 향상시킨다.
행정적 슈퍼비전	1) 사회복지사(슈퍼바이지)에게 업무를 질적·양적으로 잘 분배하고 기관의 행정규정에 대한 정확한 이해를 돕는다. 2) 예를 든다면, 의사소통 체계 연결, 직무수행의 책임성 부여, 사업평가, 사례 배당 및 업무분담 등을 통해 행정적으로 하급자에게 지시·지도한다.
지지적 슈퍼비전	일선 사회복지사가 자신의 업무에 관해 편안하고 좋은 감정을 가지도록 돕는다.

기출문제 확인학습

패러슈라만 등(A. Parasuraman, V. A. Zeithaml & L. L. Berry)이 주장한 서비스 질 측정도구인 SERV QUAL(서브퀄) 구성 차원[3]

1) SERVQUAL은 파라슈라만(Parasuraman) 등이 1988년에 기업의 서비스 품질(service quality)에 대한 고객의 인식을 측정하기 위해 5개 차원 22개 항목으로 구성하여 제시한 다항척도이다.
2) SERVQUAL의 5개 차원은 유형성(tangibles), 신뢰성(reliability), 대응성(응답성, 반응성, responsiveness), 보증성(확신성, assurance), 공감성(empathy)이며, 각 차원은 4~5개의 항목으로 구성되어 있다.
3) Tangibles(유형성) : 물리적인 시설 및 장비 능력, 종업원의 외모, 통신 장비의 이해와 활용의 용이성
4) Reliability(신뢰성) : 믿음직하고 정확하게 약속한 서비스 이행
5) Responsiveness(반응성) : 신속한 서비스를 제공하여 고객들을 도와 줌
6) Assurance(확신성) : 신용과 자신감 고취
7) Empathy(공감성) : 고객들에게 개별적인 관심을 갖고 서비스 제공

19 | 직무만족/소진의 개념과 단계

직무만족	직무수행 과정에서 경험하거나 직무수행 결과로 얻게 되는 성취감 등의 욕구만족을 의미한다.
소진 (burn-out)	1) 대인 서비스 분야에 종사하는 전문가에게 흔히 발생하는 신체적·정신적·정서적 고갈상태를 지칭한다. 2) 소진의 결과는 클라이언트에 대한 비인간적 태도, 개인적 성취감의 결여, 무력감, 부정적인 자아개념, 근무태만 등의 태도를 가져오는 현상이다.
소진의 단계	열성단계 - 침체단계 - 좌절단계 - 무관심단계
소진의 영향	클라이언트 / 사회복지사 / 소진 / 전문직 / 조직

[3] 암기법 패러슈라만 등 - 유신/반공/확신

20 | 예산제도

제도	특징
품목별 예산제도 (점증적 예산)	1) 전년도 예산을 근거로 지출항목별 회계에 기초하여 작성되며 일정한 양만큼 증가시키는 점증주의적 성격이 있다. 2) 예산항목별로 비용이 정리되어 통제적 기능이 강하며 회계자에게 유리한 예산이다. 3) 사회복지조직에서 가장 많이 사용한다.
성과주의 예산 (기능적 예산)	1) 단위원가에 업무량를 곱하여 예산을 산출하고 효율성을 중시하여 관리기능이 강한 관리지향의 예산제도로서 관리자에게 유리한 예산으로 과정중심 예산이다. 2) 장기적 계획은 고려하지 않는다. 3) 사업계획을 세부사업으로 분류하고 각 세부사업을 '단위원가×업무량 = 예산액'으로 편성한다.
프로그램 기획 예산제도 (기획예산)	1) 프로그램 목표와 장기적 사업계획 수립 및 프로그램 기획과 예산을 수립하며 프로그램과 예산을 통합하는 형태이다. 2) 장기적 계획을 전제로 하여 목표를 분명히 설정하고 목표지향적 내용이 강조되며 계획자에게 유리한 예산으로 산출중심 예산이다. 3) 집권적 예산이다. – 하향적
영기준 예산	1) 전년도 예산과는 무관하게 영(Zero)의 상태에서 기존의 프로그램 및 새로운 프로그램의 우선순위에 따라 예산을 편성하는 형식이다. 2) 점증주의적 예산에 대처하기 위한 목적으로 효율적인 예산배분을 강조하고 예산할당에 있어서의 합리적인 기획과 우선순위 확보 등에 기여한다. 3) 분권적 예산이다. – 상향적

기출문제 확인학습

예산통제의 원칙(로만)

1) 개별화 원칙 – 각 조직의 개별적인 환경과 요구사항에 맞게 예산을 통제한다.
2) 강제의 원칙 – 규칙의 동일한 적용을 통한 공평성과 활동을 공식화한다.
3) 예외의 원칙 – 예외상황을 고려해서 적용한다.
4) 보고의 원칙 – 보고가 없으면 예산오남용과 같은 재정관리에 대한 감시와 통제가 불가능하다.
5) 개정의 원칙 – 예산 통제를 위한 규칙은 개정될 수 있어야 한다.
6) 효율성 원칙 – 예산 통제에 소요되는 비용과 노력은 최소화할 수 있어야 한다.
7) 의미의 원칙 – 효과적인 예산 통제를 위해 모든 사람들이 의미 있게 이해할 수 있도록 전달한다.
8) 환류의 원칙 – 여러 가지 결과들은 피드백을 통해 수정과 개선에 사용한다.
9) 생산성의 원칙 – 예산 통제가 사회복지 서비스제공에 장애요인이 되어서는 안 된다.

21 | 감사의 종류

규정순응 감사	1) 기관의 재정 운영이 적절한 회계절차에 따라 시행되었는지, 재정이나 다른 보고서들이 적절하게 준비되었는지, 기관에 적용된 각종 규칙과 규제들을 기관이 적절하게 따랐는지 등을 확인하는 것이다. 2) 이는 항목별 예산과 적합하다.
운영 감사	1) 바람직한 프로그램 결과의 성취 여부, 목표 성취의 경제성과 효율성 등의 문제에 관심을 갖는다. 2) 예산과의 관련성에 초점을 둔다. 그러므로 기능별 예산과 프로그램 기획 예산에 적합하다.
발생주의 감사	1) 실질적으로 수입이 획득되거나 지출 또는 비용이 발생한 시점을 기준으로 감사를 하는 것을 말한다. 2) 발생주의는 복식부기와 결합되며 사업적 성격이 강한 회계부문에 적용된다.

22 | 정보관리 - 사회보장정보시스템(행복e음 화면 중심으로)

1) 개념

2013년에 개통한 사회보장정보시스템(범정부 화면)은 정부 각 부처에서 분산되어 운영되고 있는 복지사업과 지원 대상자의 정보를 통합 관리하여 복지 업무를 처리하고 적정수급관리를 지원하는 시스템이다.

2) 사회보장정보시스템(행복e음)

(1) 개념

각종 사회복지 급여 및 서비스 지원 대상자의 자격과 이력에 관한 정보를 통합 관리하고, 지방자치단체의 복지 업무 처리를 지원하기 위해 기존 시·군·구별 새올 행정시스템의 31개 업무 지원시스템 중 복지 분야를 분리하여 개인별, 가구별 DB로 중앙에 통합 구축한 정보시스템이다.

(2) 주요 서비스

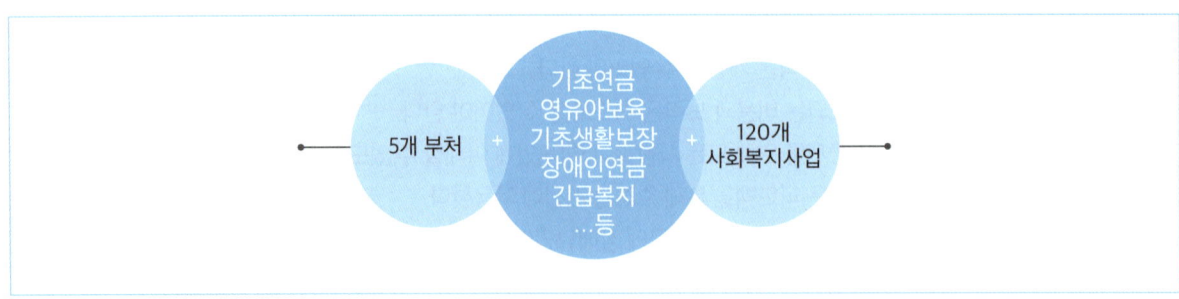

(3) 운영효과

복지대상자 선정·사후관리를 위해 소득·재산자료 및 서비스 이력정보를 연계하여 지방자치단체에 제공함으로써 수급자 선정의 정확성 제고 및 담당 공무원의 업무수행 편의성을 제고한다.

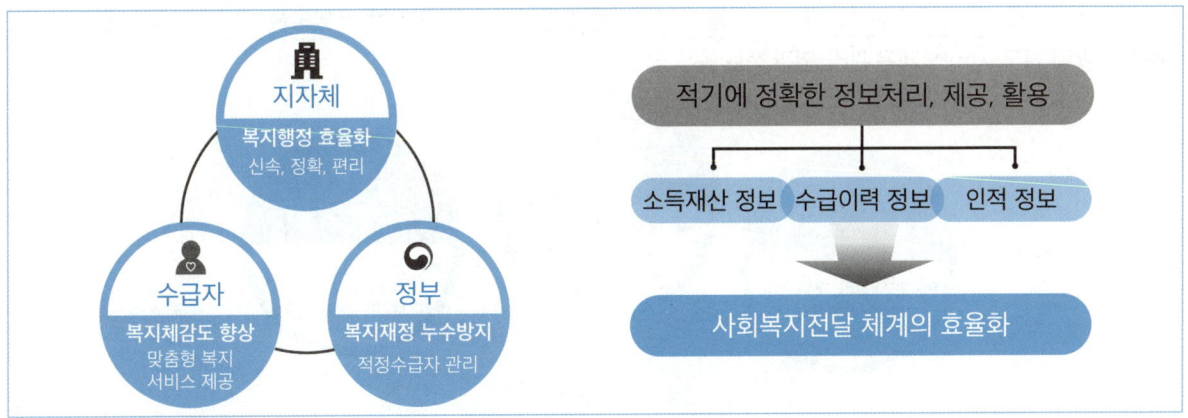

(4) 시스템 구성도 - 사회보장정보시스템(행복e음)

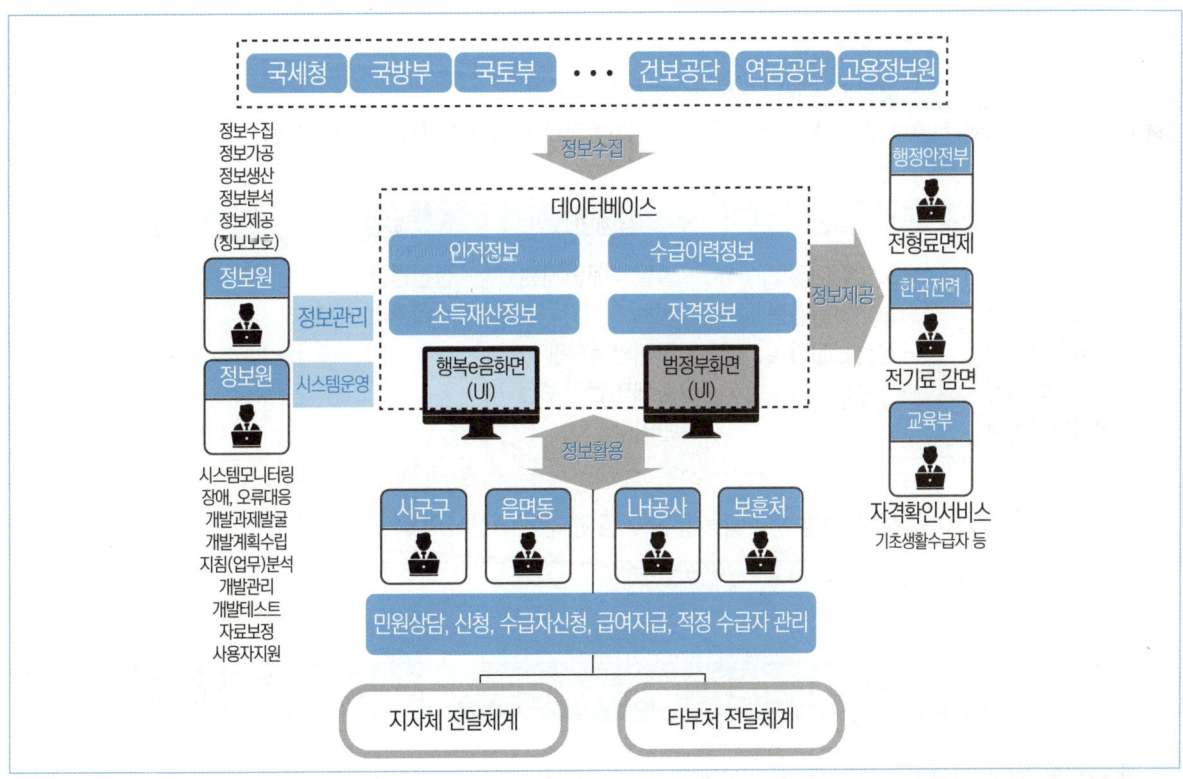

심화학습

차세대 사회서비스정보시스템(희망이음)

출처 : 보건복지부

사회서비스 제공기관에서 수행하는 주요 업무를 정보시스템을 통해 수행 및 관리할 수 있도록 지원하는 시스템

➡ 기관행정 업무, 서비스 제공 관리, 민관 정보 공유 및 협업 업무 지원

[희망 이음을 활용한 전자적 업무처리]

희망 이음은 사업별로 별도 운영하고 있던 정보시스템을 통합·지원

➡ 아동-노인-장애인-보건-자활 등 분야별로 운영되고 있던 정보 시스템을 희망이음으로 통합

아동	노인	장애인	보건	자활
- 입양정보시스템 - 국가아동학대 - 가정위탁지원 - 아동자립지원 - 디딤씨앗통장	- 노인학대정보 - 노인맞춤돌봄 - 응급안전안심	- 발달장애인지원 정보 - 장애인복지관 - 장애인건강보건 관리	- 정신건강 사례관리시스템	- 자활정보시스템

이를 통해, 개별 시스템을 통한 이중 관리와 대상자의 정보 분절을 방지

23 | 마케팅 믹스(4P) - 통제 가능한 전술적인 마케팅 도구의 집합

제품(상품, Product)	어떤 상품(서비스)을 제공할 것인가?
가격(Price)	가격(서비스 비용)을 어떻게 결정할 것인가?
촉진(판촉, Promotion)	서비스의 유용함을 어떻게 전달할 것인가? (홍보)
유통(장소, Place)	얼마나 쉽게 클라이언트가 조직을 찾을 수 있는가? (접근성)

24 | 마케팅 세부목표 설정

SMART 원칙	1) 구체적(specific) → 추상적× 2) 측정가능(measurable) 3) 달성가능(attainable) 4) 결과 지향적(result - oriented) → 관계 지향적× 5) 시간제한적(time - bounded)

25 | SWOT 분석[4]

구분		기관	
		강점(Strength)	약점(Weakness)
환경	기회(Opportunity)	SO 전략	WO 전략
	위협(Threat)	ST 전략	WT 전략

내부환경 분석(내부 능력)

강점(S) — 약점(W)
기회(O) — 위협(T)

외부환경 분석(외부 변화)

→ 복지 조직의 전략

SO전략
ST전략
WO전략
WT전략

26 | 마케팅 기법

다이렉트 마케팅 (DM)	잠재적 후원자들에게 우편으로 후원을 요청하는 편지를 발송함으로써 후원자를 개발하는 가장 전통적인 마케팅 방법
데이터베이스 마케팅	고객의 지리적, 인구 통계적, 심리적 특성, 생활 양식, 행동 양식이나 구매기록 뿐만 아니라 경쟁 사정보, 산업정보 등 시장에 관한 각종 정보를 직접 수집·분석하고 이를 데이터베이스하여 마케팅전략을 수립하는 마케팅 방법
인터넷 마케팅	정보화 시대에 적합한 마케팅 기법으로, 메일링 서비스를 통한 개별적인 고객 관리, 배너 교환이나 인터넷 홈페이지를 통하여 기관을 홍보하고 모금하는 마케팅 방법

---

[4] 기관 - 환경 분석으로서 기관의 강점(Strength), 약점(Weakness), 환경의 기회(Opportunity), 위협(Threat) 요소들을 분석하여 가장 적합한 목표 및 전략을 추구한다.

고객관계관리 마케팅	고객과 관련된 자료를 분석하고 그들의 욕구를 파악하여 이른바 '맞춤 서비스'를 지속적으로 제공함으로써 모금효과를 극대화하며 후원자 관리에 유용한 마케팅 방법
기업연계 마케팅	기업의 이미지를 높여주어 기업의 상품 판매에 긍정적으로 영향을 미치면서 동시에 사회복지기관의 후원자 개발에도 기여하는 방식 : 윈 - 윈(win - win) 전략
사회마케팅	1) 정부나 지방자치단체, 시민과 지역사회를 위한 공중의 행동 변화를 위함이 목적이다. 2) 사회문제로부터 도출된 사회적 목표를 달성하기 위하여 사회적 아이디어를 개발하여 공익을 실현하기 위한 집단적이고 조직적인 노력이다. 사례 공익연계캠페인

27 | 프로그램 기획 기법

기출문제 확인학습

프로그램 기획에 필요한 정보

1) 사회복지 프로그램의 필요성에 대한 정보
   지역사회의 상황, 문제와 욕구, 이슈 등은 무엇이며, 얼마나 오래 되었는가? 시간의 경과에 따라 어떤 변화를 거쳤는가? 그 역동성과 인과관계는 무엇인가? 등 과거의 중대한 역사적 기록을 조명한다.
2) 기대하는 결과에 대한 정보
   지역사회 주민들이 기대하는 결과는 정확하게 무엇인가를 파악한다.
3) 기존 서비스에 대한 정보
   문제해결을 위해 어떤 노력(프로그램 등)이 얼마만큼 또 얼마나 효과적으로 이루어지고 있는가를 파악한다.
4) 인적자원과 물적자원에 대한 정보
   그 프로그램을 수행하는데 필요한 자원 및 동원 가능성을 파악한다.
5) 관련 체계들에 대한 파악
   프로그램의 수행과 관련된 이용자체계, 목표체계, 행정체계, 복지관체계 등을 파악한다.
6) 기관 내부와 외부의 승인 획득
   기관 내의 의사결정기구 승인을 획득하고 법적, 행정적 하자는 없는지를 파악한다.
7) 프로그램 근거 이론 제시
   제시된 문제분석 및 문제원인과 해결방안을 보다 타당성 있게 설명할 수 있는 핵심적 근거이론을 제시한다.

간트 차트 (Gantt chart, 시간별 활동계획도표)	세로 바에는 사업을 위한 주요 세부목표 및 관련활동을 기입하고 가로 바에는 월별 또는 일별 시간을 기입한 도표에 사업의 시작 또는 완료시까지 기간 동안 계획된 세부목표 및 활동기간과 그것의 실제수행현황을 병행하여 막대모양으로 표시한 도표이다(단, 목표(과업) 간 상관관계의 파악이 어렵다). 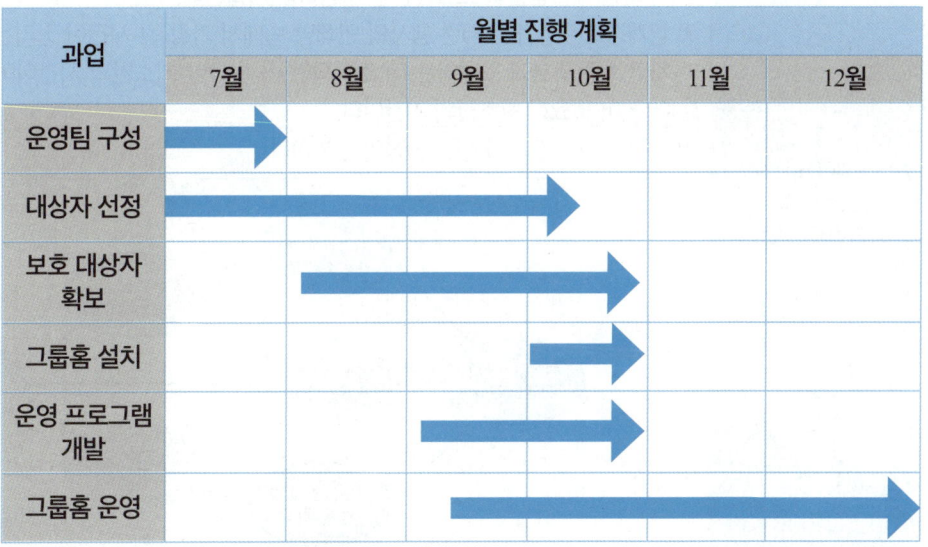
방침관리기획	PDCA(Plan - Do - Check - Act)에 따른 프로그램 기획방법으로 조직의 문제를 해결하고 핵심목표를 달성하기 위해 조직의 자원을 동원시키는 데 중점을 두며 공통된 목표 달성을 위해 전체 조직원이 노력을 적절하게 조정하기 위해 사용한다. 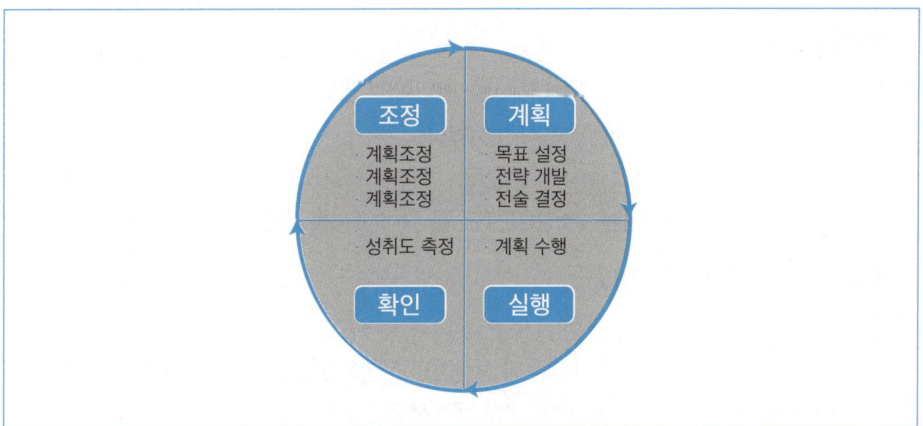
Shed - U Graph (월별 활동계획 카드)	Gantt chart와 비슷한 성격을 갖고 있고 바탕종이의 위쪽 가로에는 월별이 기록되어 있고, 각 월별 아래 공간에 카드를 삽입하거나 붙인다. 노인 교통봉사대 프로그램 활동 계획(사례 월별 활동계획 카드) | 7월	8월	9월	10월	11월
---	---	---	---	---
회원모집 및 관리	베스트 드라이버단 홍보	회원등록업체 발굴 및 관리	베스트 드라이버 회원파견	교통 안전자 및 운전자 소양교육, 평가회 실시	

PERT (프로그램 평가검토기법)

1) 대규모 프로젝트(군수산업, 우주개발사업 등)에서 활용되는 것으로 목표달성의 기한을 정해 놓고 목표달성을 위하여 주요 세부목표 또는 활동의 상호(상관)관계와 시간계획을 연결시켜 나타낸 것이다.
2) 최종목적으로부터 시작하여 이와 관련된 주요 과업과 활동들을 역방향으로 연결하는 과정과, 각 과업과 활동들의 소요시간을 추정하여 기입한다.
3) 임계경로(= 임계통로)란 행사의 연쇄망 속에서 가장 긴 시간이 걸리는 경로를 의미하며 기획자가 최종행사에 도달하는 데 소요되는 꼭 필요한 최소한의 시간이며 최종 목표를 달성하는 데 있어 필요한 최소한의 기간이다.
4) 목적은 비용 절감과 생산 공정의 단축이다.

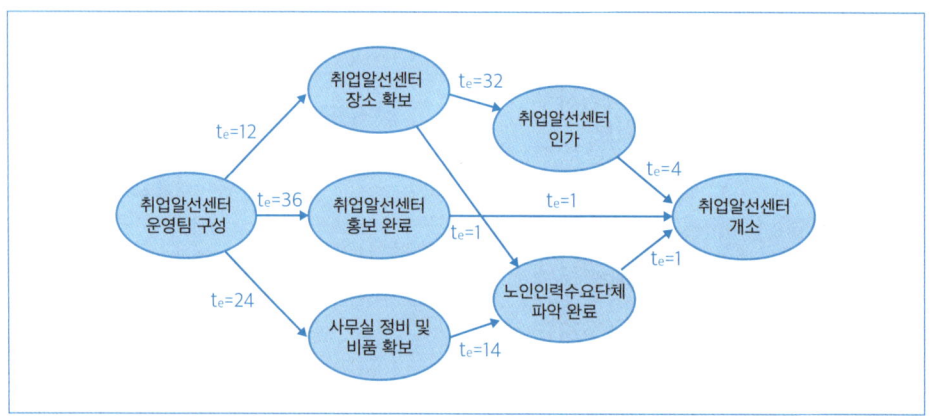

기출문제 확인학습

간트차트(Gantt Chart)의 단점
1) 작업 간의 유기적인 관계, 연결성에 대해서는 파악할 수 없다.
2) 복잡하고 세밀한 일정 계획에는 적용하기 어렵다.
3) 일정 계획의 변경을 유연하게 수용할 수 없다.
4) 실제 작업에 착수한 후, 일어날 수 있는 문제점을 미리 예상하기가 어렵다.

프로그램 평가검토 기법(PERT)
1) 장점
   (1) 활동 간 상관관계가 나타나기 때문에 전반적인 진행의 흐름을 파악하는 데 용이하다.
   (2) 활동의 순서가 나타나기 때문에 업무를 체계적으로 수행하는데 도움이 된다.
   (3) 활동을 진행하면서 특정 활동의 소요시간 증감, 일정 변경 등 유동적인 상황에 대해 대처하는데 편리하다.
2) 단점
   (1) 소요시간 예측이 어렵기 때문에 치밀한 계산이 필요하다.
   (2) 도식화가 지나치게 복잡하면 오히려 파악하기가 어려울 수도 있다.
   (3) 모든 활동을 활동 간 연결성을 파악하여 순서대로 배치해야 하기 때문에 도식화를 하는 과정에서 너무 많은 시간과 비용이 낭비될 수 있으며, 때로는 도식화 자체에 어려움을 겪을 수 있다.

실력다지기

기획(planning)과 계획(Plan)
기획은 조직의 목표를 유지·발전시키기 위해 조직의 내부·외부환경 변화에 대해서 현재와 미래의 합리적인 행위를 결정하는 과정으로 볼 수 있다.

[기획과 계획의 개념 비교]

구분	기획(Planning)	계획(Plan)	프로그램 기획
개념	계획을 세우는 활동·과정	기획과정에서 도출된 결론	프로그램 계획을 수립하는 것
구분	동적인 개념	정적인 개념	세부적인 개념

조직의 위계수준에 따른 기획의 내용
1) 최고 관리층
   장기 목표, 정책, 장기적 계획, 조직 전체 영역의 기획
2) 중간 관리층
   자원할당, 일반적 프로그램 계획, 보완적 목표, 정책결정 보조 기획
3) 감독 관리층
   구체적 프로그램 계획, 일정표, 단기목표, 운영 기획
4) 관리 실무자
   일상적 업무 및 사소한 절차에 국한

대상에 따른 유형
1) 전략적 기획
   조직체의 목적을 선정하거나 변경하며, 목적달성을 위한 자원을 획득하고, 자원을 사용, 분배하기 위한 정책을 추구하는 과정이다.
2) 운영 기획
   (1) 조직 목적을 효율적·효과적으로 달성하기 위하여 자원을 사용하는 것이다.
   (2) 관리운영 기획은 기관운영을 위한 규칙의 개발 → 공공 및 민간기관이 구체적 사업계획을 형성하거나 사업결과를 평가하기 위한 기준의 개발 → 서비스 전달체계의 설계와 프로그램의 실행 과정을 의미한다.

> **기출문제 확인학습**

기획의 과정 : 스키드모어의 사회복지행정의 기본적인 7가지 기획단계 　암기법　 목자/대결/획구개

기획의 과정 7단계는 ① 목표의 선택 – ② 기관의 가용자원들의 고려 – ③ 대안의 모색 – ④ 결과 예측 – ⑤ 계획 결정 – ⑥ 구체적 프로그램계획의 수립 – ⑦ 변화에 대한 개방성 유지하는 과정으로, 이러한 기획과정은 사회복지서비스의 전달에 능률성과 효과성을 확보해 준다.

1) 목표의 선택 – 1차적 과정
   (1) 목표는 사회복지기관이 달성하고자 하는 활동지표 또는 활동목표이며, 이것은 조직이 미래에 이루어야 할 방향(바람직한 상태)을 제시하고 측정 가능한 것이어야 한다.
   (2) 목표의 선택은 현재의 활동에 중요한 영향을 미치기 때문에 사회복지조직의 운영목표 설정에 있어 고려해야 할 사항이 있다.
      ① 민주적 과정 : 기관 내와 더불어 관계기관, 지역사회 주민 등의 활발한 의사소통을 통한 폭넓은 민주적 과정에서 사회적 욕구를 발견하는 민주적 과정이어야 한다.
      ② 기관 내외의 여러 분야 전문가의 폭넓은 의견교환을 통해 전문적 지식과 경험을 적극적으로 활용한다.
      ③ 사회복지기관에서 설정된 목표는 사회복지수준을 현재보다 높은 수준으로 끌어올릴 수 있는 바람직한 것이어야 한다.
      ④ 목표를 설정할 때 관리자의 가치관, 기관의 전통성, 기관 내외의 갈등 등 환경요인들이 영향을 미칠 수 있다는 것을 고려해 신중히 결정해야 한다.

2) 기관의 가용자원들의 고려
   조직이 경제적 및 물질적 자원은 물론, 인적 자원을 고려하는 것으로 설정된 목표를 기관의 설비, 가용예산 및 서비스에 대한 지역사회의 후원 등과 연결시키는 것은 매우 중요하며, 활용 가능한 직원의 수, 그들의 자질 능력, 태도와 감정 등도 고려되어야 한다.

3) 대안의 모색
   (1) 목표설정과 가용 자원의 고려 이후에는 목표달성 방식을 생각해 보아야 하며, 이러한 다양한 대안적 방법들을 고려하여 그 각각의 결과에 대해 주의 깊게 입안하고 예상하고, 이런 단계에서 창의력이 발휘될 수 있도록 자유로운 집단과, 대화를 통한 새로운 가능성을 발견할 기회를 만들 수 있다.
   (2) 대안모색의 주경로 즉, 목표달성 방식을 도식화하여 주경로를 설정하여 대안을 모색한다. 주경로란 중요한 경로란 뜻으로 할 수 있는 일을 구상하는 데 있어 합당한 경로를 파악하고 결정하게 된다.

4) 결과 예측
   여러 가지 선택대안들의 결과를 예측하는 과정으로, 발생 가능한 일을 다각도에서 예측해 보는 것이다.

5) 계획 결정
   대안들의 기대를 예측해 본 결과를 토대로 최선의 선택을 해야 한다.

6) 구체적인 프로그램 계획의 수립
   (1) 도표, 시간표 작성을 포함하여 단계적 행동개요가 나타나고 기록된다.
   (2) 진척상황의 검토와 보고 : 프로젝트 완성을 위해 구체적인 시간계획이 필요하며 이때 주로 많이 사용하는 것이 간트도표나 프로그램평가기법(PERT)이 있다.

7) 변화에 대한 개방성 유지
   개방성과 융통성은 기획과정에서 필수적으로 예정된 상황이 변하지 않았거나 목표를 향한 보다 향상된 절차가 개발되지 않았을 경우는 원래의 계획이 그대로 진행되지만, 유능한 행정가는 프로그램 실행 시 생길 수 있는 변화가 보다 나은 발전을 가져오거나 유용한 자원을 확보할 수 있는 경우 언제든지 계획을 변경할 수 있는 개방성과 융통성이 필요하다.

28 | 의사결정 모형 - 사회복지정책론에서 정책결정으로 주로 출제됨.

합리모형 (고도의 합리성)	1) 인간은 완전한 종합적인 정보를 얻을 수 있고 그 정보를 처리할 수 있는 능력이 있다. 2) 의사 결정에 고도의 합리성에 의해 최선의 합의를 이끌어낼 수 있다는 것을 전제로 한다. 3) 객관적 합리성을 지향한다.
점증모형 (정치적 합리성)	1) 기존의 실천을 정치적 합리성을 강조하여 조금씩 증가해 나가는 방법을 사용한다. 2) 인간의 정보수집과 처리에 대한 능력은 제한되어 있고 현실적인 제한점을 고려하여 최선의 합의를 이끌어내는 것도 어렵다고 전제한다. 3) 현상 유지를 위한 문제해결방법에 지나지 않는다는 비판이 있다.
혼합모형 (종합적 합리성)	1) 합리모형과 점증모형의 절충이다. 2) 일반적인 내용은 합리모형으로, 세부적인 내용은 점증모형의 방법을 사용한다.
만족모형 (제한된 합리성)	1) 합리모형의 현실적 제약점을 극복하기 위해 제시되었다. 2) 합리모형과 달리 제한된 합리성에 기초하고 있다. 3) 인간이 모든 정보와 대안 및 그 대안이 초래할 모든 결과를 예측하기에는 한계가 있음을 강조하고, 좀 더 현실적인 정책결정 모형을 설명하려고 한다. 4) 주관적 합리성, 적당한 대안의 결정을 선호한다.
최적모형 (초합리성, 경제적 합리성, 지적 합리성)	1) 개인적 차원이나 합리적 선택이라는 의사결정 초점을 두고 있는 다른 모형과는 달리, 질적으로 보다 나은 정책 산출을 위해 정책결정체제의 운영에 초점을 두고 있다. 2) 체계적인 관점에서 정책형성 체계 전체가 최적화를 달성하게 할 수 있는 합리적인 운영방법에 관심을 두고 있다. 3) 정책의 최적화(비용 줄이고 효과 극대화)를 강조한다.
쓰레기통 모형	1) 정책의 결정이 합리성이나 협상, 타협 등을 통해 이루어지는 것이 아니라 선택기회, 정책문제, 정책 내인, 정책결정 과정 참여자의 4가지 흐름이 의도하지 않은 우연한 시점에서 이루어진다. 2) 조직화된 무정부 상태에서 이루어지는 형태로 드문 경우이다.
공공선택모형 (theory of public choice)	1) 공공선택이론은 정치적·경제적인 입장에서 공공재와 공공서비스의 공급을 합리적으로 수행하는 것이 매우 중요하다. 2) 파레토 최적 기준점, 즉 다른 사회적 가치에 손실을 주는 일 없이 특정 가치를 더 많이 성취하는 지점에서 가장 합리적인 정책결정이 이루어지기 때문에 공공정책의 최적 선택이 가능하다.

기출문제 확인학습

의사결정 방법

1) 직관적(intdtive) 방법은 합리성보다는 감정이나 육감에 근거하여 결정된다.
2) 문제해결적(problem - solving) 방법은 정보수집, 연구, 분석과 같은 합리적인 절차를 통해 이루어진다.
3) 판단적(judgemental) 방법은 정형적·비정형적으로 구분되지 않으며, 기존 지식과 경험에 의해 결정하는 것이다. 기계적으로 결정하는 것은 아니다. 판단적 결정(judgemental decisions)은 개인이 가지고 있는 지식과 경험을 기초로 판단하여 결정하는 것이다.
4) 정형적(programmed) 의사결정은 절차, 규정, 방침에 따라 규칙적인 의사결정행위가 전개된다.
5) 비정형적(non - programmed) 의사결정은 사전에 결정된 기준 없이 이루어지며 보통 단발적이고 예상하지 못한 상황에 대한 결정이다.

29 | 의사결정 기술

의사결정 나무 분석(decision tree analysis)	개인이 가능한 여러 대인을 선정하고 각각의 대안을 택했을 경우와 그렇지 않을 경우의 결과를 그림으로 그려서 생각하는 방법이며 그림의 모양이 나무와 비슷하여 의사결정 나무 분석(decision tree analysis)이라 한다. 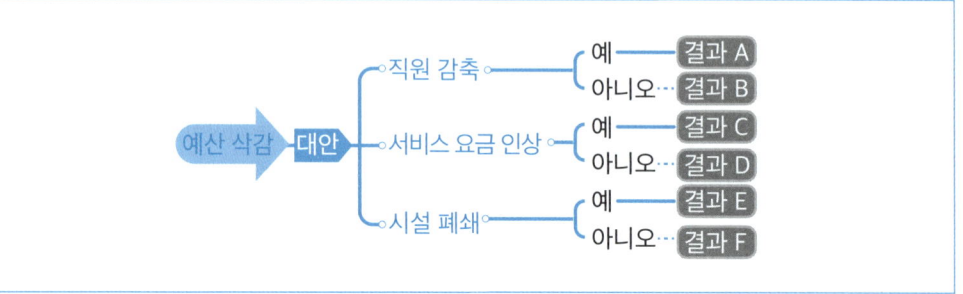
대안선택 흐름도표 (alternative choice flow chart)	목표가 분명하고 예상 가능한 사항의 선택에 적용될 수 있으며 어떤 사항의 연속적 진행 과정에서 '예'(Yes)와 '아니오'(No)로 답변할 수 있는 질문을 연속적으로 하여 예상되는 결과를 결정하도록 하는 도표를 말한다. 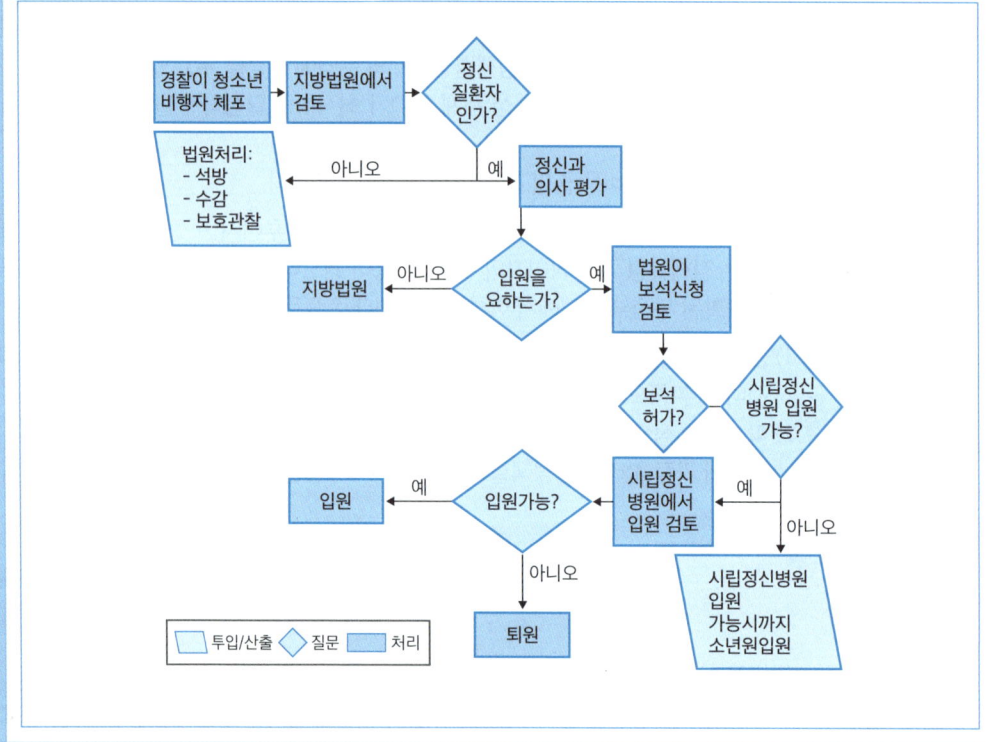

30 | 논리모형에 의한 투입, 활동, 산출, 성과의 요소들

투입	이용자나 서비스 자원과 관련된 변수이며 투입은 이용자, 직원/봉사자, 물적 자원, 시설, 설비의 5요소를 포함한다. 일반집단(General Population) 위기집단(At-Risk Population) 표적집단(Target Population) 클라이언트 집단(Client Population) 프로그램 직접적인 수혜자 확인(집단 깔때기, Population Funnel 모형)
활동	1) 개입방법과 관련된 변수이다. 2) 서비스 전달과정을 나타내며 목적달성을 위하여 투입되는 자원들을 통해 프로그램 진행을 시키는 것이다. 3) 전환은 서비스의 정의, 서비스의 과업, 개입의 방법을 포함한다.
산출	1) 서비스의 실적(종류), 결과와 관련된 변수이다. 2) 프로그램 활동을 통한 직접직인 산물, 실적 등으로 산출은 자체로는 고유 가치가 없거나 대상 집단, 참가자가 바라는 이익, 변화가 나타날 수 있도록 하기 때문에 중요하다.
성과	1) 변화내용과 관련된 변수이다. 2) 성과는 이용자가 하나의 프로그램에 참여하고 종결하는 것 사이에 성취된 삶의 질 측면에서 측정 가능한 변화로서 지식, 기술, 태도, 가치, 행동, 환경, 지위의 변화 등과 관계가 있다.
산출과 성과의 차이	1) 프로그램 체계에서 성과와 산출은 흔히 혼잡스럽게 사용된다. 2) 그럼에도 이를 구분하는 것은 프로그램의 이론적 발전뿐만 아니라, 내·외부적 책임성을 제시하는 데도 중요하다. 3) 성과는 프로그램이 의도하는 변화 목적의 성취 상태를 나타내야 하고, 산출은 성과를 위한 프로그램 활동의 직접적 결과 상태를 제시하는 것이어야 한다.

기출문제 확인학습

논리모델(logic model)을 적용한 '독거노인 사회관계형성 프로그램'의 내용

1) 투입 : 독거노인 20명, 사회복지사 2명
2) 활동 : 자원봉사자 모집, 사회성 향상 프로그램 실시
3) 산출 : 교육시간, 출석률
4) 성과(영향) : 지역의 독거노인 관심도 향상

31 | 욕구조사의 자료수집 방법

지역사회 공개토론회 (= 포럼)	조사자가 지역사회의 모든 사람들이 참여할 수 있는 공개적인 모임을 주선하여 이 모임에서 논의되는 지역사회 욕구나 문제들을 파악하는 것이다.
주요 정보제공자 조사	기관의 서비스 제공자, 지역 내의 사회복지 단체의 대표자, 공무원 등을 포함하는 지역사회 전반적 문제에 대하여 잘 알고 있는 사람들로부터 자료를 수집하는 방법이다.
사회지표조사	양적 조사방법의 하나로서 개인의 집합체의 어떤 면에 대한 계량적 측정치인 사회지표를 분석하는 방법이다.
서베이 조사	양적 조사방법의 하나로서 전체를 대표할 수 있는 표본을 선정하여 이들로부터 질문지 또는 면접을 통하여 자료를 수집하는 방법이다.
델파이법	질적 조사방법의 하나로서 어떤 문제에 대하여 우편조사를 통해 전문가들의 합의점을 찾는 방법이다.
이차적 자료 분석	지역주민 및 전문가들로부터 직접 자료를 수집하는 것이 아니라 지역사회 내의 사회복지 기관의 클라이언트에 관련된 기록을 검토하여 욕구를 파악하는 것이다.

32 | 프로그램 평가조사의 종류

형성평가	프로그램 운영 도중에 이루어지는 평가이며 서비스 전달체계 향상 및 서비스의 효율성 증진을 도모한다. - 프로그램의 수정·보완 목적
총괄평가	프로그램의 종료 후 실시하고 프로그램의 지속, 중단, 확대 등에 관한 총괄적인 의사결정을 할 경우에 한다.
효과성 평가	프로그램의 목적 달성 정도의 평가이다.
효율성 평가	투입과 산출을 비교 평가, 즉 비용최소화와 효과극대화를 평가한다.
자체평가	프로그램 담당자 스스로가 행하는 평가이다.
내부평가	프로그램을 직접 담당하지 않는 기관의 내부자에 의해 이루어지는 평가이다.
메타평가	평가의 평가로서, 평가계획서나 평가결과를 다른 평가자에 의한 평가이다.
노력성 평가	계획된 목표달성을 위하여 필요한 프로그램의 활동과 종류의 투입정도를 평가하는 것이다.
전문성 평가	프로그램의 질적인 부분을 평가하는 것이다.

33 | 효율성 측정방법

비용편익분석 (cost - benefit analysis)	1) 동일한 가치조건으로 비교한다. 2) 한 가지의 정책대안에 대해 그것에 투입될 비용과 그 대안이 초래할 편익을 추정하여 비교하는 것이다. 3) 사회복지현장에서 많이 사용하기 힘든 것으로, 사회복지서비스를 화폐가치로 계량화할 수 없고, 사회적 형평성 등의 기준을 적용할 수 없으며, 화폐적 가치로 표현하기 힘든 클라이언트 반응성 등의 기준은 적용하기 어렵다.
비용효과분석 (cost - effective analysis)	1) 상이한 가치조건으로 비교한다. 2) 비용효과분석은 성과에 대한 화폐단위 환산을 시도하지 않는다. 3) 정책목표를 달성하기 위한 대안의 선택과정에서 여러 대안 중 최소비용으로 최대효과를 내는 것이 효율적이라고 판단하고 사회복지현장에서 많이 사용한다.

> **기출문제 확인학습**
>
> ### 정성평가와 정량평가
> 1) 정성평가는 수량화, 계량화하기 어려운 부문의 평가를 하는 경우에 사용하며 정량평가는 비교할 수 있는 기준이 명확해서 그 기준에 대비해서 평가할 수 있는 방법이다.
> 2) 결론적으로 정량평가는 수치로 구분된 기준에 따른 양적 자료 평정을 말하며 정성평가는 질적 자료를 기준으로 평가자의 전문적 판단에 따른 평정을 말한다.

34 | 사회복지법인(이하 법인) 및 사회복지시설(이하 시설) 재무회계규칙

출납기한	1회계연도에 속하는 법인 및 시설의 세입·세출 출납은 <u>회계 연도가 끝나는 날까지 완결하여야 한다.</u> cf 회계연도 : 법인 및 시설의 회계연도는 정부의 회계연도에 따른다. <u>다만, 「영유아보육법」에 따른 어린이집의 회계연도는 매년 3월 1일에 시작하여 다음 연도 2월 말일에 종료한다.</u>
회계의 구분	이 규칙에서의 회계는 법인의 업무전반에 관한 회계(이하 법인회계), 시설의 운영에 관한 회계(이하 시설회계) 및 법인이 수행하는 수익사업에 관한 회계(이하 수익사업회계)로 구분한다.
예산 편성 지침	1) 법인의 대표이사는 매 회계연도 개시 1월 전까지 그 법인과 해당 법인이 설치·운영하는 시설의 예산 편성 지침을 정하여야 한다. 2) 법인 또는 시설의 소재지를 관할하는 시장·군수·구청장은 특히 필요하다고 인정되는 사항에 관하여는 예산편성지침을 정하여 매 회계연도 개시 2월 전까지 법인 및 시설에 통보할 수 있다.
예산의 편성 및 결정절차	1) 법인의 대표이사 및 시설의 장은 예산을 편성하여 각각 법인 이사회의 의결 및 「사회복지사업법」에 따른 운영위원회 또는 「영유아보육법」에 따른 어린이집 운영위원회(이하 시설 운영위원회)에의 보고를 거쳐 확정한다. 다만, 법인이 설치·운영하는 시설인 경우에는 시설운영위원회에 보고한 후 법인 이사회의 의결을 거쳐 확정한다. 2) 법인의 대표이사 및 시설의 장은 확정한 예산을 매 회계연도 개시 5일 전까지 관할 시장·군수·구청장에게 제출하여야 한다.
추가경정예산	1) 법인의 대표이사 및 시설의 장은 예산 성립 후에 생긴 사유로 인하여 이미 성립된 예산에 변경을 가할 필요가 있을 때에는 절차에 준하여 추가경정예산을 편성·확정할 수 있다. 2) 법인의 대표이사 및 시설의 장은 추가경정예산이 확정된 날로부터 7일 이내에 이를 시장·군수·구청장에게 제출하여야 한다.
예산의 전용	법인의 대표이사 및 시설의 장은 관·항·목 간의 예산을 전용할 수 있다. 다만, 법인 및 시설(소규모 시설은 제외)의 관간 전용 또는 동일 관내의 항간 전용을 하려면 이사회의 의결 또는 시설 운영위원회에의 보고를 거쳐야 하되, 법인이 설치·운영하는 시설인 경우에는 시설 운영위원회에 보고한 후 법인 이사회의 의결을 거쳐야 한다.
결산서 작성 제출	법인의 대표이사 및 시설의 장은 법인회계와 시설회계의 세입·세출 결산보고서를 작성하여 각각 이사회의 의결 및 시설운영위원회에의 보고를 거친 후 다음 연도 3월 31일까지(단, 「영유아보육법」에 따른 어린이집의 경우에는 5월 31일까지를 말한다.) 시장·군수·구청장에게 제출하여야 한다. 다만, 법인이 설치·운영하는 시설인 경우에는 시설운영위원회에 보고한 후 법인 이사회의 의결을 거쳐 제출하여야 한다.
장부의 종류	현금출납부, 총계정원장, 재산대장, 비품관리대장을 둔다.
후원금의 수입, 사용 결과 보고 및 공개	1) 법인의 대표이사와 시설의 장은 결산 보고서를 제출할 때에 후원금 수입 및 사용결과 보고서(전산파일 포함)를 관할 시장·군수·구청장에게 제출하여야 한다. 2) 시장·군수·구청장은 제출받은 후원금 수입 및 사용결과 보고서를 제출받은 날부터 20일 이내에 인터넷 등을 통하여 3개월 동안 공개하여야 하며, 법인의 대표이사 및 시설의 장은 해당 법인 및 시설의 게시판과 인터넷 홈페이지에 같은 기간 동안 공개하여야 한다. 다만, 후원자의 성명(법인 등의 경우는 그 명칭)은 공개하지 아니한다.

기출문제 확인학습

사회복지법인 및 사회복지시설 재무·회계규칙 제11조(예산에 첨부하여야 할 서류)

예산에는 다음의 서류가 첨부되어야 한다. 다만, 단식부기로 회계를 처리하는 경우에는 제1)·2)·5) 및 6)의 서류만을 첨부할 수 있고, 국가·지방자치단체·법인 외의 자가 설치·운영하는 시설로서 거주자 정원 또는 일일평균 이용자가 20명 이하인 시설은 2), 5) (노인장기요양기관의 경우만 해당한다) 및 6)의 서류만을 첨부할 수 있으며, 「영유아보육법」에 따른 어린이집은 보건복지부장관이 정하는 바에 따른다.

1) 예산총칙
2) 세입·세출명세서
3) 추정 재무상태표
4) 추정 수지계산서
5) 임직원 보수 일람표
6) 예산을 의결한 이사회 회의록 또는 예산을 보고받은 시설운영위원회 회의록 사본

사회복지법인 및 사회복지시설 재무·회계규칙 제20조(결산보고서에 첨부해야 할 서류)

① 결산보고서에는 다음의 서류가 첨부되어야 한다. 다만, 단식부기로 회계를 처리하는 경우에는 1)부터 3)까지 및 14)부터 23)까지의 서류만을 첨부할 수 있고, 소규모 시설의 경우에는 1) 및 17)의 서류(노인장기요양기관의 경우에는 1)부터 3)까지 및 16)부터 21)까지의 서류)만을 첨부할 수 있으며, 「영유아보육법」에 따른 어린이집은 보건복지부장관이 정하는 바에 따른다.

1) 세입·세출결산서
2) 과목 전용조서
3) 예비비 사용조서
4) 재무상태표
5) 수지계산서
6) 현금 및 예금명세서
7) 유가증권명세서
8) 미수금명세서
9) 재고자산명세서
10) 그 밖의 유동자산명세서 – 6)부터 9)까지의 유동자산 외의 유동자산을 말함
11) 고정자산(토지·건물·차량운반구·비품·전화가입권)명세서
12) 부채명세서(차입금·미지급금 포함)
13) 각종 충당금 명세서
14) 기본재산수입명세서(법인만 해당)
15) 사업수입명세서
16) 정부보조금명세서
17) 후원금수입 및 사용결과보고서(전산파일 포함)
18) 후원금 전용계좌의 입출금내역
19) 인건비명세서
20) 사업비명세서
21) 그 밖의 비용명세서(인건비 및 사업비를 제외한 비용)
22) 감사보고서
23) 법인세 신고서(수익사업이 있는 경우만 해당)

> **심화학습**

시설 운영위원회(사회복지관 포함)의 구성(법 제36조 제2항 및 시행규칙 제24조 제1항)

1) 위원회는 위원장 1인을 포함하여 5인 이상 15인 이하의 위원으로 구성한다.
2) 위원회의 위원은 아래에 해당하는 자 중에서 관할 시장·군수·구청장이 임명 또는 위촉한다.
    (1) 시설의 장
    (2) 시설 거주자(이용자) 대표
    (3) 시설 거주자(이용자)의 보호자 대표
    (4) 시설 종사자의 대표
    (5) 해당 시·군·구 소속의 사회복지업무를 담당하는 공무원
    (6) 후원자 대표 또는 지역주민
    (7) 공익단체에서 추천한 사람 - 공익단체는 「비영리민간단체 지원법」 제2조에 따른 비영리민간단체를 말함
    (8) 그 밖에 시설의 운영 또는 사회복지에 관하여 전문적인 지식과 경험이 풍부한 자

    > ※ ① 시설장의 친인척, ② 설치·운영자인 법인의 임원 등 특수관계가 명확한 자(시설장 제외)는 위원으로 임명·위촉하지 않도록 할 것
    > ※ 「지방자치법」 제35조 제5항에 따라 지방의회 의원은 지방자치단체로부터 운영비 등을 보조받는 사회복지사업을 하는 자가 설치·운영하는 사회복지시설의 운영위원회 위원이 될 수 없음에 유의할 것(법제처 해석, 17 - 0433)

3) 위원장은 호선, 위원의 임기는 3년으로 하되 연임할 수 있고 보궐위원의 임기는 전임자의 잔임 기간으로 한다.
4) 시설운영위원회의 심의사항(법 제36조 제1항)
    (1) 시설운영계획의 수립·평가에 관한 사항
    (2) 사회복지프로그램의 개발·평가에 관한 사항
    (3) 시설종사자의 근무환경 개선에 관한 사항
    (4) 시설거주자의 생활환경 개선 및 고충처리 등에 관한 사항
    (5) 시설 종사자와 거주자의 인권보호 및 권익증진에 관한 사항
    (6) 시설과 지역사회와의 협력에 관한 사항
    (7) 그 밖에 시설의 장이 운영위원회의 회의에 부치는 사항

CHAPTER 8
사회복지법제론

나눔복지교육원 동영상 강의

CHAPTER 08 사회복지법제론

총론

1 | 일반적인 법의 목적 중 사회정의 실현

1) 평균적 정의(= 절대적 정의, 산술적 정의, 교환적 정의)

법률관계상 급부와 반대급부, 손해와 배상, 형법상의 범죄와 형벌 등을 논의하는데 있어 '같은 것은 같은 방법으로'의 원칙에 의하여 형식적으로 공정한 균형을 유지하기 위하여 절대적 평등을 내용으로 하는 것이 평균적 정의이다.

2) 배분적 정의(= 상대적 정의)

'다른 것은 다른 방법으로'의 원칙으로 개인의 격차에 따라 개인의 권리와 이익을 배려하는 비례적 평등을 내용으로 한다.

2 | 성문법

1) 헌법
  (1) 국민의 기본권을 보장하는 근본 규범으로서 가장 강한 효력을 가진 상위법이다.
  (2) 복지권(생존권)에 관한 최초의 헌법적 규정은 독일의 바이마르헌법(1919년)에서 찾을 수 있으며, 우리나라 헌법에서는 헌법 제31조 ~ 제36조에서 생존권에 관한 내용을 규정하고 있다.

> **기출문제 확인학습**
>
> **사회복지와 관련한 헌법의 내용**
> 1) 헌법 전문에는 사회복지와 관련된 내용이 있다.
> 2) 환경권의 내용과 행사에 관하여는 법률로 정한다. - 제35조 ②항
> 3) 모든 국민은 능력에 따라 균등하게 교육을 받을 권리를 가진다. - 제31조 ①항
> 4) 여자의 근로는 특별한 보호를 받으며, 고용·임금 및 근로조건에 있어서 부당한 차별을 받지 아니한다. - 제32조 ④항

헌법 전문

유구한 역사와 전통에 빛나는 우리 대한국민은 3·1운동으로 건립된 대한민국 임시정부의 법통과 불의에 항거한 4·19 민주이념을 계승하고, 조국의 민주개혁과 평화적 통일의 사명에 입각하여 정의·인도와 동포애로써 민족의 단결을 공고히 하고, 모든 사회적 폐습과 불의를 타파하며, 자율과 조화를 바탕으로 자유 민주적 기본질서를 더욱 확고히 하여 정치·경제·사회·문화의 모든 영역에 있어서 각인의 기회를 균등히 하고, 능력을 최고도로 발휘하게 하며, 자유와 권리에 따르는 책임과 의무를 완수하게 하여, 안으로는 국민생활의 균등한 향상을 기하고 밖으로는 항구적인 세계평화와 인류공영에 이바지함으로써 우리들과 우리들의 자손의 안전과 자유와 행복을 영원히 확보할 것을 다짐하면서 1948년 7월 12일에 제정되고 8차에 걸쳐 개정된 헌법을 이제 국회의 의결을 거쳐 국민투표에 의하여 개정한다.

기출문제 확인학습

법령의 제정에 관한 헌법의 내용

1) 국무총리는 총리령을 발할 수 있다.
   → 헌법 제95조 : 국무총리 또는 행정각부의 장은 소관사무에 관하여 법률이나 대통령령의 위임 또는 직권으로 총리령 또는 부령을 발할 수 있다.
2) 행정각부의 장은 부령을 발할 수 있다.
3) 정부는 법률안을 제출할 수 있다.
   → 헌법 제52조 : 국회의원과 정부는 법률안을 제출할 수 있다.
4) 법률안은 국무회의의 심의를 거쳐야 한다.

> 「헌법」 제89조 – 다음 사항은 국무회의의 심의를 거쳐야 한다.
> 1) 국정의 기본계획과 정부의 일반정책
> 2) 선전·강화 기타 중요한 대외정책
> 3) 헌법개정안·국민투표안·조약안·법률안 및 대통령령안
> 4) 예산안·결산·국유재산처분의 기본계획·국가의 부담이 될 계약 기타 재정에 관한 중요사항
> 5) 대통령의 긴급명령·긴급재정경제처분 및 명령 또는 계엄과 그 해제
> 6) 군사에 관한 중요사항
> 7) 국회의 임시회 집회의 요구
> 8) 영전수여
> 9) 사면·감형과 복권
> 10) 행정각부간의 권한의 획정
> 11) 정부안의 권한의 위임 또는 배정에 관한 기본계획
> 12) 국정처리상황의 평가·분석
> 13) 행정각부의 중요한 정책의 수립과 조정
> 14) 정당해산의 제소
> 15) 정부에 제출 또는 회부된 정부의 정책에 관계되는 청원의 심사
> 16) 검찰총장·합동참모의장·각군 참모총장·국립대학교 총장·대사 기타 법률이 정한 공무원과 국영기업체 관리자의 임명
> 17) 기타 대통령·국무총리 또는 국무위원이 제출한 사항

5) 법률은 특별한 규정이 없는 한 공포한 날로부터 20일을 경과함으로써 효력을 발생한다.
   → 헌법 제53조 ⑦항

> **기출문제 확인학습**
>
> **헌법 제53조**
> ① 국회에서 의결된 법률안은 정부에 이송되어 15일 이내에 대통령이 공포한다.
> ② 법률안에 이의가 있을 때에는 대통령은 15일 이내에 이의서를 붙여 국회로 환부하고, 그 재의를 요구할 수 있다. 국회의 폐회 중에도 또한 같다.
> ③ 대통령은 법률안의 일부에 대하여 또는 법률안을 수정하여 재의를 요구할 수 없다.
> ④ 재의의 요구가 있을 때에는 국회는 재의에 붙이고, 재적의원 과반수의 출석과 출석의원 3분의 2 이상의 찬성으로 전과 같은 의결을 하면 그 법률안은 법률로서 확정된다.
> ⑤ 대통령이 15일 이내에 공포나 재의의 요구를 하지 아니한 때에도 그 법률안은 법률로서 확정된다.
> ⑥ 대통령은 제4항과 제5항의 규정에 의하여 확정된 법률을 지체 없이 공포하여야 한다. 제5항에 의하여 법률이 확정된 후 또는 제4항에 의한 확정법률이 정부에 이송된 후 5일 이내에 대통령이 공포하지 아니할 때에는 국회의장이 이를 공포한다.
> ⑦ 법률은 특별한 규정이 없는 한 공포한 날로부터 20일을 경과함으로써 효력을 발생한다.

2) 법률

(1) 법률이라 함은 국회의 의결을 거쳐서 대통령이 서명·공포함으로써 성립하는 법률이라는 이름을 가진 규범을 말하며 법의 체계에 있어서 법률은 헌법의 하위개념이다.

(2) 국민의 권리와 의무형성에 관한 법률은 원칙적으로 국회가 정한다.

3) 명령(대통령령, 총리령, 부령)

(1) 대통령령(시행령)

법률에서 구체적인 범위를 정하여 위임받은 사항과 법률의 집행을 위하여 필요한 사항에 관하여 대통령이 발할 수 있는 명령이다.

(2) 총리령, 부령(시행규칙)

국무총리나 행정 각부의 장관이 소관 사무에 대하여 발하는 명령이다.

(3) 행정입법으로서의 명령은 국회의 의결을 거치지 않는다.

4) 자치법규(조례, 규칙)

(1) 조례나 규칙은 지방자치단체가 법률에 의하여 인정되는 자치권의 범위 안에서 자기사무나 주민의 권리·의무에 관하여 제정한 자치에 관한 법규를 말한다.

(2) 조례는 지방의회의 의결을 거쳐 제정하고 규칙은 지방자치단체의 장이 직접 제정한다.

기출문제 확인학습

조례의 효력

1) 조례는 당해 지방자치단체가 관할하는 지역 안에서만 효력을 갖는다.
2) 조례는 상위법령(헌법, 법률, 시행령, 시행규칙)에 모순되거나 위배되어서는 안 된다.
3) 사회복지조례는 국가에 대해서 법적 구속력을 가지지 않는다.
4) 위법한 사회복지조례에 대해서는 취소소송으로 다툴 수 없는 것이 원칙이다.
5) 사회복지조례는 주민의 조례제정·개폐청구권의 대상이 될 수 있다.
6) 지방자치단체의 장이 제정하는 규칙은 사회복지조례와 동등한 효력을 갖지 않는다.

3 | 불문법

1) 관습법

(1) 관습법이란 사회적으로 생활하는 과정에서 자연스럽게 형성된 습관이 사회일반으로부터 법적 구속력을 얻음으로서 법적 의미가 존재하는 상태가 된 것을 말한다.
(2) 관습법은 성문법의 모체가 되었다.

2) 판례법

(1) 판례법은 재판의 선례에 따르는 법을 의미하며 선례기속의 원칙에 따른다면 판례는 일종의 법원으로서 작용하게 된다.
(2) 우리나라의 경우에는 법원조직법 제8조에서 '상급법원의 재판에 있어서의 판단은 당해 사건에 관하여 하급심을 기속한다.'라고 규정하고 있으나 당해 사건에 한정하기 때문에 판례가 법원으로서 작용한다고 볼 수 없는 것이다.

기출문제 확인학습

국민연금에 관한 헌법재판소의 결정 내용

1) 국민연금제도는 현재세대에서 다음세대로 국민 간에 소득재분배의 기능을 한다.
2) 국민연금 보험료는 조세로 볼 수 없다.
3) 국민연금의 소득재분배 기능은 고소득자의 재산권을 침해하는 것이 아니다.
4) 국민연금제도는 헌법상의 시장경제질서에 위배되지 않는다.
5) 공적연금수급권은 재산권 보호의 대상이 된다.

3) 조리

조리란 신의칙, 사회의 일반적 가치, 공서양속, 법의 일반원칙, 보편적 상식, 사물의 이치 등을 의미한다.

> **기출문제 확인학습**
>
> **사회복지법의 법원(法源)에 관한 설명**
> 1) 대통령의 긴급명령은 법원이 될 수 있다.
> 2) 국무총리는 사회복지에 관하여 총리령을 직권으로 제정할 수 있다.
> 3) 법률의 위임에 의한 조례는 법률과 동등한 자격을 가지지 않는다.
> 4) 법령의 범위를 벗어난 조례는 법적 구속력이 없다.
> 5) 관습법은 사회복지법의 법원이 될 수 있다.

4 | 일반법과 특별법

1) 법의 효력이 미치는 범위를 기준으로 일반법은 장소적·인적·사항적인 제한이 없이 적용되는 법을 말하고, 특별법은 특정지역 또는 특정인 또는 특정사항에 대하여만 적용되는 법을 말한다.
2) 특별법 우선의 원칙 - 특별법이 일반법과 상충할 때 특별법이 일반법에 우선한다는 원칙이다.
3) **사례** 사회복지사업법은 일반법이며 그 적용 법률인 복지 31법은 특별법이다.
4) 구법인 특별법과 신법인 일반법 간에 충돌이 있는 경우에는 구법인 특별법이 우선 적용된다.

5 | 사회복지관련 법률 간의 효력

1) 상위법 우선의 원칙
2) 신법 우선의 원칙
3) 특별법 우선의 원칙
4) 일사부재리의 원칙 : 동일한 사건에 대하여 재차 처벌하지 않는다는 원칙이다.
5) 법률 불소급의 원칙 : 법률 시행 이전에 발생한 사항에 대하여는 소급하여 적용하지 않는다.

6 | 사회권적 기본권의 구체적 규정(헌법 제34조)

1) 모든 국민은 인간다운 생활을 할 권리를 가진다.
2) 국가는 사회보장·사회복지의 증진에 노력할 의무를 진다.
3) 국가는 여자의 복지와 권익의 향상을 위하여 노력하여야 한다.
4) 국가는 노인과 청소년의 복지향상을 위한 정책을 실시할 의무를 진다.
5) 신체장애자 및 질병·노령 기타의 사유로 생활능력이 없는 국민은 법률이 정하는 바에 의하여 국가의 보호를 받는다.
6) 국가는 재해를 예방하고 그 위험으로부터 국민을 보호하기 위하여 노력하여야 한다.

> **참고**
>
> **사회권적 기본권 종류** `암기법` **혼인교환3년근**
>
> `해설` 혼인·가족·모성·보건 보호의 권리, 인간다운 생활을 할 권리, 교육권, 환경권, 근로3권(단결권, 단체교섭권, 단체행동권), 근로권

기출문제 확인학습

우리나라 사회복지법의 설명

1) 헌법상의 생존권을 구체적으로 실현하기 위한 법이 사회복지법이다.
2) 사회복지법은 단일 법전 형식이 아니라 개별법 체계로 구성되어 있다.
3) 최저임금법은 실질적 의미의 사회복지법에 포함된다.
4) 사회복지법은 사회법으로서 무과실책임의 원칙에 기초하고 있다.
5) 사회복지법에는 공법과 사법의 요소들이 공존하고 있다.

7 | 권리성의 성격

1) 프로그램 규정설(입법방침 규정설)

(1) 생존권적 기본권의 권리성을 인정하지 않는 입장으로 현실적으로 직접 적용되지 않고 국가의 사회 정책적 목표를 선언한 것에 불과하므로 국가의 생존권적 기본권의 실현에 필요한 입법작용에 의하여 사회보장수급권으로 구체화될 때 비로소 효력을 갖게 된다는 것이다.

(2) 입법부에 입법방침을 규정한다고 하여 입법권만 있다고 하는 것으로 현실적으로 국민의 사회보장에 대한 재정이 마련되지 못한다면 생존권적 기본권은 단순한 국가의 운영원리에 그치는 것으로 본다.

> `정리` 사회적 기본권을 권리로서 인정하지 않음/입법에 의해 구체화 될 때만 비로소 효력을 갖게 됨/헌법이 추상적 규정에 대해 국가 의무를 명확하게 하지 않고 있으며, 법적 권리로서 청구할 수 있는 요건과 절차도 명시하고 있지 않음/국가의 재정적 능력에 실질적으로 의존할 수밖에 없어 보장 가능성이 희박함

2) 법적 권리설 - 사회적 기본권은 법적 권리로 인정되며, 국가는 이에 대한 의무를 져야 함

(1) 추상적 권리설

① 추상적 권리설은 생존권적 기본권은 단순한 입법방침이 아니라 비록 추상적일지라도 법적 권리로 본다는 점에서 프로그램규정설과 차이가 있다.

② 국가의 생존권보장의 의무 이행이 재판에 의하여 강제될 수 없을지라도 국가의 생존권보장의 의무는 헌법에 의거한 추상적인 법적 의무라고 보는 입장이다.

> `정리` 법적 권리로 인정하나 추상적인 정도로만 권리를 인정/권리보장의 방법이 불완전해서 프로그램적 규정으로 보는 것은 문제가 있다고 봄/국민은 법제의 마련 등에 대해 국가에 요청할 권리가 있고, 국가 또한 이에 대한 법적 의무를 가짐/다수설

(2) 구체적 권리설

구체적 권리설은 사회권은 헌법에 규정된 법적인 권리로서 국민 개개인은 인간다운 생활을 누릴 권리가 법으로 보장되어 있고 국가는 이를 이행할 의무가 있다고 하여 입법권뿐만 아니라 행정권과 사법권 모두 다 해당된다는 것이다.

> **정리** 사회적 기본권을 구체적으로 실현시킬 수 있고 또한 국가에 대해 요구 가능/재판상의 규범으로서 효력을 가짐

8 | 사회권적 기본권의 규범적 구조

1) 실체적 권리 - 급여를 청구할 수 있는 권리

(1) 사회보험 급여 청구권
(2) 공공부조 급여 청구권
(3) 사회서비스 급여 청구권

2) 수속적 권리 - 사회복지급여를 받기 위해 적절한 절차에 참여하는 권리(수속을 밟는 권리)를 말함

(1) 수속 전 단계 : 사회복지급여에 대한 각종 정보를 요구하는 권리, 상담과 조언을 요구할 수 있는 권리, 각종 사회복지기관을 이용할 권리(상담요구권과 정보제공 요구권)
(2) 수속단계 : 신청, 조사, 결정, 실시의 각 단계에서 사회복지대상자의 권리가 침해되지 않도록 진행될 것을 요구하는 권리(적법 진행 보장권)

3) 절차적 권리 - 실체적 권리의 실현이 보장되지 않는 경우 이의 보전, 이행, 강제를 구체적으로 실현하는 절차와 관련된 권리를 말함

(1) 사회복지급여 쟁송권

실체적 권리인 사회복지급여청구권이 위법 또는 부당한 행정기관의 조치에 의해서 침해되었을 때, 이의 구제를 신청하는 권리를 의미함

(2) 사회복지 행정참여권

사회복지행정과정에 사회복지대상자나 국민이 참여할 권리를 의미함

(3) 사회복지 입법청구권

생존권 보장을 위해 사회복지급여를 제공하는 구체적인 법률이 제정되지 않았거나 제정되었더라도 불충분한 경우 사회복지 입법을 추진하거나 그 개정을 청구할 수 있는 권리를 말함

9 | 국제인권규약(1966) - 법적 구속력 있음

1) 국제인권규약은 1948년 12월 10일 채택된 세계인권선언의 내용을 구속력 있게 만들기 위해 1966년 유엔(UN)이 채택한 국제협약으로 1976년 9월 3일 발효되었다.
2) 이 규약은 「경제적·사회적 및 문화적 권리에 관한 국제규약(A규약)」과 「시민적 및 정치적 권리에 관한 국제규약(B규약)」 및 「시민적 및 정치적 권리에 관한 국제규약 선택의정서(B규약 선택의정서)」로 구성되어 있다.
3) A·B 두 규약은 모두 제1조에 민족자결권과 자연의 부(富) 및 자원에 대한 영구적 권리에 관해서 규정해 놓고 있는 점이 특징이다.

기출문제 확인학습

국제인권규약(1966)의 B규약의 권리 (암기법) 평생 B형 여자를 위해 참자
1) A규약 : 행복추구권, 자결권(자기와 관련된 일을 스스로 해결하고 결정할 수 있는 권리), 소유권, 노동권, 교육권, 건강권
2) B규약 : 평등권, 생명권, 여성권, 자유권, 참정권, 자결권(자기와 관련된 일을 스스로 해결하고 결정할 수 있는 권리)
3) 자결권(자기와 관련된 일을 스스로 해결하고 결정할 수 있는 권리)은 A규약과 B규약 공통적인 권리임

10 | 사회복지 국제화의 원인

1) 인간다운 생활보장의 보편화
2) 근로자의 국제적 이동
3) 국제적인 노동조합의 사회복지운동
4) 국제적 사회복지 기준의 설정

11 | '아동의 권리에 관한 국제협약(약칭 아동권리협약)' - 법적 구속력 있음

1) 개념

아동권리협약은 스스로 자기의 주장을 완전하게 할 수 없고 스스로의 욕구를 충족시킬 수도 없는 사회적 약자인 아동을 권리의 주체로 규정하고, 당사국이 이들의 권리를 보장하기 위하여 이행하여야 할 바를 규정한 국제적 조치이다.

2) 과정

1924년 국제연맹총회의 5개 항목으로 구성된 '아동의 권리에 관한 제네바선언'에서 출발하여 이후 1959년 유엔총회에서 제네바선언을 기초로 한 10개 항목의 아동권리선언이 채택되었고, 1989년 11월 20일 국제 연합 총회에서 채택되었으며, 1990년 9월 2일 발효되었다. 2010년 5월 5일까지 193개국이 비준하였다. '아동권리협약'이라고도 한다. 대한민국은 1990년 9월 25일 아동의 권리에 관한 협약에 서명하고, 1991년 11월 20일 비준하여 조약당사국이 되었다.

> **참고**
> - 아동권리협약 채택(유엔) - 1989년/발효 - 1990년
> - 한국 아동권리협약 서명(가입) - 1990년/비준 - 1991년

3) 아동권리[1]협약(1989)의 일반원칙(개인차 원칙 ×)

(1) 무차별의 원칙

비준국은 아동을 인종, 피부색, 성별, 언어, 종교, 정치적 의견 등 어떠한 종류의 차별 없이 협약에 규정된 권리를 존중하고 각 아동에게 보장하여야 하며, 국가는 모든 형태의 차별이나 처벌로부터 아동을 보호하도록 모든 적절한 조치를 취하여야 한다.

(2) 아동의 최선의 이익의 원칙

공공 또는 사적 사회복지기관, 법원, 행정당국 등에 의해 실시되는 아동에 관한 모든 활동에 있어서 아동의 최선의 이익이 최우선적으로 고려되어야 한다.

(3) 아동의 생명존중 및 발달보장의 원칙

비준국은 모든 아동이 생명에 관한 고유의 권리를 가지고 있음을 인정하며, 가능한 한 최대한도로 아동의 생존과 발달을 보장하여야 한다.

---

[1] 아동권리협약은 아동의 생존권, 보호받을 권리, 발달권, 참여권을 규정하였다.

(4) 아동의 의견존중의 원칙

비준국은 자기의 의견을 표명할 수 있는 아동에 대하여 그 아동에 영향을 주는 모든 사항에 대하여 자유로이 자기의 의견을 표명할 권리를 보장하면서 이때 아동의 권리는 그 연령 및 성숙에 따라 중시된다.

12 | 사회보장협정의 의의

1) 사회보장협정이란 사회보장에 관하여 상호주의에 입각하여 정부가 입법부의 동의 없이 단독으로 외국정부와 맺는 약정 또는 정부 간의 협정을 말한다.
2) 사회보장협정은 국제법상 실질적 의의를 지니는 조약의 하나이다.
3) 사회보장협정을 체결하는 목적협정 당사국 간의 연금제도에 있어서 서로 다른 점을 상호 조정하여 양 당사국 국민에게 보다 나은 혜택을 부여하기 위한 것으로 (1) 이중가입 배제, (2) 가입기간 합산, (3) 자국민과의 동등대우, (4) 급여송금 보장이라는 목적을 갖고 있다.
4) 사회보장협정의 규정을 두고 있는 법률은 국민연금법이다.

> **외국과의 사회보장협정 - 국민연금법 제127조**
> 대한민국이 외국과 사회보장협정을 맺은 경우에는 국민연금의 가입, 연금 보험료의 납부, 급여의 수급 요건, 급여액의 산정, 급여의 지급 등에 관하여 그 사회보장협정에서 정하는 바에 따른다.

각론

1 | 사회보장기본법(1995년 제정)

1) 기본 이념

사회보장은 모든 국민이 다양한 사회적 위험으로부터 벗어나 행복하고 인간다운 생활을 향유할 수 있도록 자립을 지원하며, 사회참여·자아실현에 필요한 제도와 여건을 조성하여 사회통합과 행복한 복지사회를 실현하는 것을 기본 이념으로 한다.

2) 정의

(1) 사회보장

출산, 양육, 실업, 노령, 장애, 질병, 빈곤 및 사망 등의 사회적 위험으로부터 모든 국민을 보호하고 국민 삶의 질을 향상시키는 데 필요한 소득·서비스를 보장하는 사회보험, 공공부조, 사회서비스를 말한다.

(2) 사회보험

국민에게 발생하는 사회적 위험을 보험의 방식으로 대처함으로써 국민의 건강과 소득을 보장하는 제도를 말한다.

(3) 공공부조(公共扶助)

국가와 지방자치단체의 책임 하에 생활 유지 능력이 없거나 생활이 어려운 국민의 최저생활을 보장하고 자립을 지원하는 제도를 말한다.

(4) 사회서비스

국가·지방자치단체 및 민간부문의 도움이 필요한 모든 국민에게 복지, 보건의료, 교육, 고용, 주거, 문화, 환경 등의 분야에서 인간다운 생활을 보장하고 상담, 재활, 돌봄, 정보의 제공, 관련 시설의 이용, 역량 개발, 사회참여 지원 등을 통하여 국민의 삶의 질이 향상되도록 지원하는 제도를 말한다.

(5) 평생사회안전망

생애주기에 걸쳐 보편적으로 충족되어야 하는 기본욕구와 특정한 사회위험에 의하여 발생하는 특수욕구를 동시에 고려하여 소득·서비스를 보장하는 맞춤형 사회보장제도를 말한다.

(6) 사회보장 행정데이터

국가, 지방자치단체, 공공기관 및 법인이 법령에 따라 생성 또는 취득하여 관리하고 있는 자료 또는 정보로서 사회보장 정책 수행에 필요한 자료 또는 정보를 말한다.

3) 사회보장위원회의 구성 등

(1) 사회보장에 관한 주요 시책을 심의·조정하기 위하여 국무총리 소속으로 사회보장위원회를 둔다.
(2) 사회보장위원회(이하 "위원회")는 위원장 1명, 부위원장 3명과 행정안전부장관, 고용노동부장관, 성평등가족부장관, 국토교통부장관을 포함한 30명 이내의 위원으로 구성한다.
(3) 위원장은 국무총리가 되고 부위원장은 기획재정부장관, 교육부장관 및 보건복지부장관이 된다.
(4) 위원의 임기는 2년으로 한다. 다만, 공무원인 위원의 임기는 그 재임 기간으로 하고, 제3항제2호 각 목의 위원이 기관·단체의 대표자 자격으로 위촉된 경우에는 그 임기는 대표의 지위를 유지하는 기간으로 한다.
(5) 보궐위원의 임기는 전임자 임기의 남은 기간으로 한다.
(6) 위원회를 효율적으로 운영하고 위원회의 심의·조정 사항을 전문적으로 검토하기 위하여 위원회에 실무위원회를 두며, 실무위원회에 분야별 전문위원회를 둘 수 있다.

4) 사회보장급여의 수준

국가 또는 지방자치단체는 최저보장수준과 최저임금을 고려하여 사회보장급여의 수준 결정

5) 사회보장제도의 운영원칙 〔암기법〕 보연이형 전민이 효공책

(1) 사회보장제도 운영함에 있어 이를 필요로 하는 모든 국민에게 적용해야 한다.
(2) 사회보장제도의 급여수준과 비용부담 등에 있어서 형평성을 유지해야 한다.
(3) 사회보장제도의 정책결정 및 시행과정에 공익의 대표자 및 이해관계인 등을 참여시켜 이를 민주적으로 결정하고 시행해야 한다.
(4) 사회보장제도를 운영함에 있어서 국민의 다양한 복지욕구를 효율적으로 충족시키기 위해 연계성과 전문성을 높여야 한다.
(5) 사회보험은 국가의 책임으로 시행하고, 공공부조와 사회서비스는 국가와 지방자치단체의 책임으로 시행하는 것을 원칙으로 한다. 다만, 국가와 지방자치단체의 재정 형편 등을 고려하여 이를 협의·조정할 수 있다.

> **기출문제 확인학습**
>
> **법 제26조(협의 및 조정)**
> ① 국가와 지방자치단체는 사회보장제도를 신설하거나 변경할 경우 기존 제도와의 관계, 사회보장 전달체계와 재정 등에 미치는 영향 등을 사전에 충분히 검토하고 상호 협력하여 사회보장급여가 중복 또는 누락되지 아니하도록 하여야 한다.
> ② 중앙행정기관의 장과 지방자치단체의 장은 사회보장제도를 신설하거나 변경할 경우 신설 또는 변경의 타당성, 기존 제도와의 관계, 사회보장 전달체계에 미치는 영향 및 운영방안 등에 대하여 대통령령으로 정하는 바에 따라 보건복지부장관과 협의하여야 한다.
> ③ 협의가 이루어지지 아니할 경우 사회보장위원회가 이를 조정한다.

6) 사회보장수급권의 제한 / 사회보장수급권의 포기

(1) 사회보장수급권은 제한되거나 정지될 수 없다. 다만, 관계 법령에서 따로 정하고 있는 경우에는 그러하지 아니하다.
(2) 사회보장수급권이 제한되거나 정지되는 경우에는 제한 또는 정지하는 목적에 필요한 최소한의 범위에 그쳐야 한다.
(3) 사회보장수급권은 정당한 권한이 있는 기관에 서면으로 통지하여 포기할 수 있다.
(4) 사회보장수급권의 포기는 취소할 수 있다.
(5) 사회보장수급권을 포기하는 것이 다른 사람에게 피해를 주거나 사회보장에 관한 관계 법령에 위반되는 경우에는 사회보장수급권을 포기할 수 없다.

7) 사회보장제도의 평가

(1) 보건복지부장관은 사회보장제도의 효과성 분석 및 통합 관리를 위하여 장기간 대규모의 예산이 투입되는 사업 등 대통령령으로 정하는 사회보장제도에 대하여 평가를 실시할 수 있다.
(2) 보건복지부장관은 사회보장제도의 평가를 위하여 필요한 자료나 정보의 제공을 관계 중앙행정기관의 장, 지방자치단체의 장, 교육감 및 관련 기관 또는 단체 등에 요청할 수 있다. 이 경우 요청을 받은 관계 중앙행정기관의 장 등은 특별한 사유가 없으면 이에 따라야 한다.
(3) 보건복지부장관은 사회보장제도 평가를 실시한 경우에는 그 결과를 사회보장위원회에 보고하여야 한다.

8) 중장기 사회보장 재정추계

(1) 보건복지부장관은 사회보장제도의 안정적인 운영을 위하여 중장기 사회보장 재정추계를 적어도 3년마다 실시하고 이를 공표하여야 한다.
(2) 보건복지부장관은 중장기 사회보장 재정추계의 실시를 위하여 관계 중앙행정기관의 장, 공공기관 또는 정부출연연구기관의 장에게 중장기 대내외 거시경제전망, 재정전망 및 장래인구추계 등에 관한 자료의 제출을 요청할 수 있다. 이 경우 자료의 제출을 요청받은 관계 중앙행정기관의 장 등은 특별한 사유가 없으면 이에 따라야 한다.

2 | 사회보장급여의 이용·제공 및 수급권자 발굴에 관한 법률(2014년 제정)

1) 기본원칙

(1) 사회보장급여가 필요한 사람은 누구든지 자신의 의사에 따라 사회보장급여를 신청할 수 있으며, 보장기관은 이에 필요한 안내와 상담 등의 지원을 충분히 제공하여야 한다.

(2) 보장기관은 지원이 필요한 국민이 급여대상에서 누락되지 아니하도록 지원대상자를 적극 발굴하여 이들이 필요로 하는 사회보장급여를 적절하게 제공받을 수 있도록 노력하여야 한다.

(3) 보장기관은 국민의 다양한 복지욕구를 충족시키고 생애주기별 필요에 맞는 사회보장급여가 공정·투명·적정하게 제공될 수 있도록 노력하여야 한다.

(4) 보장기관은 사회보장급여와 「사회복지사업법」의 사회복지법인, 사회복지시설 등 사회보장 관련 민간 법인·단체·시설이 제공하는 복지혜택 또는 서비스를 효과적으로 연계하여 제공할 수 있도록 노력하여야 한다.

(5) 보장기관은 국민이 사회보장급여를 편리하게 이용할 수 있도록 사회보장 정책 및 관련 제도를 수립·시행하기 위하여 노력하여야 한다.

(6) 보장기관은 지역의 사회보장 수준이 균등하게 실현될 수 있도록 노력하여야 한다.

2) 지원대상자 발견 시 신고의무

(1) 누구든지 출산, 양육, 실업, 노령, 장애, 질병, 빈곤 및 사망 등의 사회적 위험으로 인하여 사회보장급여를 필요로 하는 지원대상자를 발견하였을 때에는 보장기관에 알려야 한다.

(2) 다음의 어느 하나에 해당하는 사람은 그 직무상 사회적 위험으로 인하여 사망 또는 중대한 정신적·신체적 장애를 입을 위기에 처한 지원대상자를 발견한 경우 지체 없이 보장기관에 알리고, 지원대상자가 신속하게 지원을 받을 수 있도록 노력하여야 한다. (사회복지전담공무원×)
  - 「사회복지사업법」에 따른 사회복지시설의 장과 그 종사자
  - 「장애인활동 지원에 관한 법률」에 따른 장애인활동지원기관의 장 및 그 종사자와 활동지원인력
  - 「의료법」의 의료인과 의료기관의 장
  - 「의료기사 등에 관한 법률」의 의료기사
  - 「응급의료에 관한 법률」의 응급구조사
  - 「소방기본법」에 따른 구조대 및 구급대의 대원
  - 「국가공무원법」에 따른 경찰공무원
  - 「지방공무원법」에 따른 자치경찰공무원
  - 「정신건강증진 및 정신질환자 복지서비스 지원에 관한 법률」에 따른 정신건강복지센터의 장과 그 종사자
  - 「영유아보육법」에 따른 어린이집의 원장 등 보육교직원
  - 「유아교육법」에 따른 교직원 및 강사 등
  - 「초·중등교육법」에 따른 교직원, 전문상담교사 등 및 산학겸임교사 등
  - 「학원의 설립·운영 및 과외교습에 관한 법률」에 따른 학원의 운영자·강사·직원 및 교습소의 교습자·직원

- 「성폭력방지 및 피해자보호 등에 관한 법률」에 따른 성폭력피해상담소의 장과 그 종사자 및 성폭력피해자보호시설의 장과 그 종사자
- 「성매매방지 및 피해자보호 등에 관한 법률」에 따른 지원시설의 장과 그 종사자 및 성매매피해상담소의 장과 그 종사자
- 「가정폭력방지 및 피해자보호 등에 관한 법률」에 따른 가정폭력 관련 상담소의 장과 그 종사자 및 가정폭력피해자 보호시설의 장과 그 종사자
- 「건강가정기본법」에 따른 건강가정지원센터의 장과 그 종사자
- 「노인장기요양보험법」에 따른 장기요양기관의 장과 그 종사자
- 「지역보건법」에 따른 보건소의 방문간호 업무 종사자
- 「다문화가족지원법」에 따른 다문화가족지원센터의 장과 그 종사자
- 「지방자치법」에 따른 행정리의 이장 및 행정동의 하부조직으로 두는 통의 통장
- 「공동주택관리법」에 따른 관리주체
- 「자살예방 및 생명존중문화 조성을 위한 법률」에 따른 자살예방센터의 장과 그 종사자
- 「전기사업법」, 「수도법」 및 「도시가스사업법」에 따른 검침 및 안전점검 관련 업무 종사자
- 「국민연금법」에 따른 국민연금공단, 「국민건강보험법」에 따른 국민건강보험공단 및 「산업재해보상보험법」에 따른 근로복지공단에서 보험료의 납부·징수나 연금·보험급여의 지급 등과 관련한 민원 또는 상담 업무에 종사하는 자
- 「우편법」에 따라 우편업무를 집행하는 우편집배원

3) 이의신청

(1) 이 법에 따른 처분에 이의가 있는 수급권자 등은 그 처분을 받은 날로부터 90일 이내에 처분을 결정한 보장기관의 장에게 이의신청을 할 수 있다. 다만, 정당한 사유로 인하여 그 기간 내에 이의신청을 할 수 없음을 증명한 때에는 그 사유가 소멸한 때부터 60일 이내에 이의신청을 할 수 있다.

(2) 보장기관의 장은 이의신청을 받은 날부터 10일 이내에 그 이의신청에 대하여 결정하고 그 결과를 신청인에게 지체 없이 통지하여야 한다. 다만, 부득이한 사유로 정하여진 기간 이내에 결정할 수 없을 때에는 그 기간의 만료일 다음 날부터 기산하여 10일 이내의 범위에서 연장할 수 있으며, 연장 사유를 신청인에게 통지하여야 한다.

4) 지역사회보장에 관한 계획의 수립

(1) 특별시장·광역시장·특별자치시장·도지사·특별자치도지사(이하 시·도지사) 및 시장·군수·구청장은 지역사회보장에 관한 계획(이하 지역사회보장계획)을 4년마다 수립하고, 매년 지역사회보장계획에 따라 연차별 시행계획을 수립하여야 한다. 이 경우 「사회보장기본법」에 따른 사회보장에 관한 기본계획과 연계되도록 하여야 한다.

(2) 시장·군수·구청장은 해당 시(「제주특별자치도 설치 및 국제자유도시 조성을 위한 특별법」에 따른 행정시 포함)·군·구의 지역사회보장계획(연차별 시행계획 포함)을 지역주민 등 이해관계인의 의견을 들은 후 수립하고, 지역사회보장협의체의 심의와 해당 시·군·구 의회의 보고(보고의 경우 「제주특별자치도 설치 및 국제자유도시 조성을 위한 특별법」에 따른 행정시장은 제외)를 거쳐 시·도지사에게 제출하여야 한다.

(3) 시·도지사(특별자치시장은 제외)는 제출받은 시·군·구의 지역사회보장계획을 지원하는 내용 등을 포함한 해당 특별시·광역시·도·특별자치도의 지역사회보장계획을 수립하여야 한다.

(4) 특별자치시장은 지역주민 등 이해관계인의 의견을 들어 지역사회보장계획을 수립하여야 한다.

(5) 시·도지사는 지역사회보장계획을 시·도사회보장위원회의 심의와 해당 특별시·광역시·특별자치시·도·특별자치도(이하 시·도) 의회의 보고를 거쳐 보건복지부장관에게 제출하여야 한다. 이 경우 보건복지부장관은 제출된 계획을 사회보장위원회에 보고하여야 한다.

(6) 시·도지사 또는 시장·군수·구청장은 지역사회보장계획을 수립할 때 필요하다고 인정하는 경우에는 사회보장 관련 기관·법인·단체·시설에 자료 또는 정보의 제공과 협력을 요청할 수 있다.

(7) 보장기관의 장은 지역사회보장계획의 수립 및 지원 등을 위하여 지역 내 사회보장 관련 실태와 지역주민의 사회보장에 관한 인식 등에 관하여 필요한 조사(이하 지역사회보장조사)를 실시할 수 있으며, 시·도지사 및 시장·군수·구청장은 지역사회보장계획 수립 시 지역사회보장조사 결과를 반영할 수 있다.

(8) 보건복지부장관 또는 시·도지사는 지역사회보장계획의 내용이 대통령령으로 정하는 사유에 해당하는 경우에는 시·도지사 또는 시장·군수·구청장에게 그 조정을 권고할 수 있다. 이 경우 보건복지부장관은 관계 중앙행정기관의 장의 의견을 들을 수 있다.

(9) 지역사회보장계획의 수립 및 지역사회보장조사의 시기·방법 등에 필요한 사항은 대통령령으로 정한다.

5) 지역사회보장계획의 내용

(1) 시·군·구 지역사회보장계획은 다음의 사항을 포함하여야 한다.

① 지역사회보장 수요의 측정, 목표 및 추진전략
② 지역사회보장의 목표를 점검할 수 있는 지표(이하 지역사회보장지표)의 설정 및 목표
③ 지역사회보장의 분야별 추진전략, 중점 추진사업 및 연계협력 방안
④ 지역사회보장 전달체계의 조직과 운영
⑤ 사회보장급여의 사각지대 발굴 및 지원 방안
⑥ 지역사회보장에 필요한 재원의 규모와 조달 방안
⑦ 지역사회보장에 관련한 통계 수집 및 관리 방안
⑧ 지역 내 부정수급 발생상황 및 방지대책

(2) 특별시·광역시·도·특별자치도의 지역사회보장계획은 다음의 사항을 포함하여야 한다.

① 시·군·구의 사회보장이 균형적이고 효과적으로 추진될 수 있도록 지원하기 위한 목표 및 전략
② 지역사회보장지표의 설정 및 목표
③ 시·군·구에서 사회보장급여가 효과적으로 이용 및 제공될 수 있는 기반 구축 방안
④ 시·군·구 사회보장급여 담당 인력의 양성 및 전문성 제고 방안
⑤ 지역사회보장에 관한 통계자료의 수집 및 관리 방안
⑥ 시·군·구의 부정수급 방지대책을 지원하기 위한 방안

⑦ 그 밖에 지역사회보장 추진에 필요한 사항

(3) 특별자치시 지역사회보장계획은 다음의 사항을 포함하여야 한다.

① (1)의 ① ~ ⑧의 사항
② 사회보장급여가 효과적으로 이용 및 제공될 수 있는 기반 구축 방안
③ 사회보장급여 담당 인력의 양성 및 전문성 제고 방안
④ 그 밖에 지역사회보장 추진에 필요한 사항

6) 지역사회보장 운영체계

(1) 시·도 사회보장위원회(15인 이상 40인 이하)

① 시·도지사는 시·도의 사회보장 증진을 위하여 시·도 사회보장위원회를 둔다.
② **시·도 사회보장위원회는 다음의 업무를 심의·자문한다.**
   ㄱ. 시·도의 지역사회보장계획 수립·시행 및 평가에 관한 사항
   ㄴ. 시·도의 지역사회보장조사 및 지역사회보장지표에 관한 사항
   ㄷ. 시·도의 사회보장급여 제공에 관한 사항
   ㄹ. 시·도의 사회보장 추진과 관련한 중요 사항
   ㅁ. 읍·면·동 단위 지역사회보장협의체의 구성 및 운영에 관한 사항(특별자치시에 한정)
   ㅂ. 사회보장과 관련된 서비스를 제공하는 관계 기관·법인·단체·시설과의 연계·협력 강화에 관한 사항(특별자치시에 한정)
   ㅅ. 그 밖에 위원장이 필요하다고 인정되는 사항
③ **시·도 사회보장위원회는 다음의 사람 중 시·도지사가 임명 또는 위촉한 사람으로 구성한다.**
   ㄱ. 사회보장에 관한 전문적 지식이나 경험을 가진 사람
   ㄴ. 사회보장 관련 기관 및 단체의 대표자
   ㄷ. 사회보장을 필요로 하는 사람의 이익 등을 대표하는 사람
   ㄹ. 지역사회보장협의체의 대표자
   ㅁ. 「비영리민간단체지원법」의 비영리민간단체에서 추천한 사람
   ㅂ. 「사회복지공동모금회법」에 따른 사회복지공동모금지회에서 추천한 사람
   ㅅ. 사회보장에 관한 업무를 담당하는 공무원
   ㅇ. 읍·면·동 단위 지역사회보장협의체의 위원장(특별자치시에 한정하며, 공동위원장이 있는 경우에는 민간위원 중에서 선출된 공동위원장을 말함)

(2) 지역사회보장협의체 - (10인 이상 40인 이하)

① 시장·군수·구청장은 지역의 사회보장을 증진하고, 사회보장과 관련된 서비스를 제공하는 관계 기관·법인·단체·시설과 연계·협력을 강화하기 위하여 해당 시·군·구에 지역사회보장협의체를 둔다.

② **지역사회보장협의체는 다음의 업무를 심의·자문한다.**
  ㄱ. 시·군·구의 지역사회보장계획 수립·시행 및 평가에 관한 사항
  ㄴ. 시·군·구의 지역사회보장조사 및 지역사회보장지표에 관한 사항
  ㄷ. 시·군·구의 사회보장급여 제공에 관한 사항
  ㄹ. 시·군·구의 사회보장 추진에 관한 사항
  ㅁ. 읍·면·동 단위 지역사회보장협의체의 구성 및 운영에 관한 사항
  ㅂ. 그 밖에 위원장이 필요하다고 인정하는 사항

③ 지역사회보장협의체의 위원은 다음의 사람 중 시장·군수·구청장이 임명 또는 위촉한다. 다만, 제40조 ④에 해당되는 사람은 위원이 될 수 없다.
  ㄱ. 사회보장에 관한 학식과 경험이 풍부한 사람
  ㄴ. 지역의 사회보장 활동을 수행하거나 서비스를 제공하는 기관·법인·단체·시설의 대표자
  ㄷ. 「비영리민간단체지원법」의 비영리민간단체에서 추천한 사람
  ㄹ. 읍·면·동 단위 지역사회보장협의체의 위원장(공동위원장이 있는 경우에는 민간 위원 중에서 선출된 공동위원장을 말함)
  ㅁ. 사회보장에 관한 업무를 담당하는 공무원

④ 지역사회보장협의체의 업무를 효율적으로 수행하기 위하여 지역사회보장협의체에 실무협의체(10인 이상 40인 이하)를 둔다.

⑤ 보장기관의 장은 지역사회보장협의체의 효율적 운영을 위하여 필요한 인력 및 운영비 등 재정을 지원할 수 있다.

⑥ 지역사회보장협의체, 실무협의체의 조직·운영에 필요한 사항은 보건복지부령으로 정하는 바에 따라 해당 시·군·구의 조례(「제주특별자치도 설치 및 국제자유도시 조성을 위한 특별법」에 따라 행정시의 경우에는 특별자치도의 조례를 말함)로 정한다.

⑦ 특별자치시장 및 시장·군수·구청장은 읍·면·동 단위로 읍·면·동의 사회보장 관련 업무의 원활한 수행을 위하여 해당 읍·면·동에 읍·면·동 단위 지역사회보장협의체(10인 이상)를 둔다.

⑧ 읍·면·동 단위 지역사회보장협의체의 조직·운영에 필요한 사항은 보건복지부령으로 정하는 바에 따라 해당 특별자치시 및 시·군·구의 조례로 정한다.

통합사례관리 - 제42조의2 - 신설

① 보건복지부장관, 시·도지사 및 시장·군수·구청장은 지원대상자의 사회보장 수준을 높이기 위하여 지원대상자의 다양하고 복합적인 특성에 따른 상담과 지도, 사회보장에 대한 욕구조사, 서비스 제공 계획의 수립을 실시하고, 그 계획에 따라 지원대상자에게 보건·복지·고용·교육 등에 대한 사회보장급여 및 민간 법인·단체·시설 등이 제공하는 서비스를 종합적으로 연계·제공하는 통합사례관리를 실시할 수 있다.
② 통합사례관리를 실시하기 위하여 필요한 경우에는 특별자치시 및 시·군·구에 통합사례관리사를 둘 수 있다.
③ 보건복지부장관은 통합사례관리 사업의 전문적인 지원을 위하여 해당 업무를 공공 또는 민간 기관·단체 등에 위탁하여 실시할 수 있다.
④ 통합사례관리사의 자격·업무 등 운영에 필요한 사항은 보건복지부령으로 정한다.

3 | 사회복지사업법(1970년 제정)

기본이념 - 제1조의2

① 사회복지를 필요로 하는 사람은 누구든지 자신의 의사에 따라 서비스를 신청하고 제공받을 수 있다.
② 사회복지법인 및 사회복지시설은 공공성을 가지며 사회복지사업을 시행하는 데 있어서 공공성을 확보하여야 한다.
③ 사회복지사업을 시행하는 데 있어서 사회복지를 제공하는 자는 사회복지를 필요로 하는 사람의 인권을 보장하여야 한다.
④ 사회복지서비스를 제공하는 자는 필요한 정보를 제공하는 등 사회복지서비스를 이용하는 사람의 선택권을 보장하여야 한다.

1) **적용법률(복지 34법)** - 치매관리법, 노인일자리법(약칭), 스토킹 방지법(약칭)이 포함되어 복지 34법이 되었다.

5대 사회보험법, "청소년", "고용촉진", "처벌", "기본"이라는 용어가 들어간 법률은 사회복지사업법의 적용법률 아님(단, 청소년복지지원법과 건강가정기본법은 포함됨)

실력다지기

「사회복지사업법」 제2조(정의)

1) "사회복지사업"이란 다음의 법률에 따른 보호·선도(善導) 또는 복지에 관한 사업과 사회복지상담, 직업지원, 무료 숙박, 지역사회복지, 의료복지, 재가복지(在家福祉), 사회복지관 운영, 정신질환자 및 한센병력자의 사회복귀에 관한 사업 등 각종 복지사업과 이와 관련된 자원봉사활동 및 복지시설의 운영 또는 지원을 목적으로 하는 사업을 말한다.

　가. 「국민기초생활 보장법」
　나. 「아동복지법」
　다. 「노인복지법」
　라. 「장애인복지법」
　마. 「한부모가족지원법」
　바. 「영유아보육법」
　사. 「성매매방지 및 피해자보호 등에 관한 법률」
　아. 「정신건강증진 및 정신질환자 복지서비스 지원에 관한 법률」
　자. 「성폭력방지 및 피해자보호 등에 관한 법률」
　차. 「국내입양에 관한 특별법」 및 「국제입양에 관한 법률」
　카. 「일제하 일본군위안부 피해자에 대한 생활안정지원 및 기념사업 등에 관한 법률」
　타. 「사회복지공동모금회법」
　파. 「장애인·노인·임산부 등의 편의증진 보장에 관한 법률」
　하. 「가정폭력방지 및 피해자보호 등에 관한 법률」
　거. 「농어촌주민의 보건복지증진을 위한 특별법」
　너. 「식품등 기부 활성화에 관한 법률」
　더. 「의료급여법」
　러. 「기초연금법」
　머. 「긴급복지지원법」
　버. 「다문화가족지원법」
　서. 「장애인연금법」
　어. 「장애인활동 지원에 관한 법률」
　저. 「노숙인 등의 복지 및 자립지원에 관한 법률」
　처. 「보호관찰 등에 관한 법률」
　커. 「장애아동 복지지원법」
　터. 「발달장애인 권리보장 및 지원에 관한 법률」
　퍼. 「청소년복지 지원법」
　허. 「스토킹방지 및 피해자보호 등에 관한 법률」
　고. 그 밖에 대통령령으로 정하는 법률

> **「사회복지사업법」 시행령 제1조의2(사회복지사업 관련 법률)**
>
> 「사회복지사업법」 제2조 제1호 허목에서 '대통령령으로 정하는 법률'이란 다음의 법률을 말한다.
> 1. 「건강가정기본법」
> 1의2. 「노인 일자리 및 사회활동 지원에 관한 법률」
> 2. 「북한이탈주민의 보호 및 정착지원에 관한 법률」
> 3. 「자살예방 및 생명존중문화 조성을 위한 법률」
> 4. 「장애인·노인 등을 위한 보조기기 지원 및 활용촉진에 관한 법률」
> 5. 「치매관리법」

2) "지역사회복지"란 주민의 복지증진과 삶의 질 향상을 위하여 지역사회 차원에서 전개하는 사회복지를 말한다.
3) "사회복지법인"이란 사회복지사업을 할 목적으로 설립된 법인을 말한다.
4) "사회복지시설"이란 사회복지사업을 할 목적으로 설치된 시설을 말한다.
5) "사회복지관"이란 지역사회를 기반으로 일정한 시설과 전문인력을 갖추고 지역주민의 참여와 협력을 통하여 지역사회의 복지문제를 예방하고 해결하기 위하여 종합적인 복지서비스를 제공하는 시설을 말한다.
6) "사회복지서비스"란 국가·지방자치단체 및 민간부문의 도움을 필요로 하는 모든 국민에게 「사회보장기본법」에 따른 사회서비스 중 사회복지사업을 통한 서비스를 제공하여 삶의 질이 향상되도록 제도적으로 지원하는 것을 말한다.
7) "보건의료서비스"란 국민의 건강을 보호·증진하기 위하여 보건의료인이 하는 모든 활동을 말한다

2) 사회복지사의 결격사유에서 중요한 내용

(1) 파산자로서 복권되지 아니한 자 – 삭제됨(결격 아니다)
(2) 마약·대마 또는 향정신성의약품의 중독자 – 결격

> **사회복지사의 결격사유 - 제11조의2**
>
> ① 피성년후견인
> ② 금고 이상의 형을 선고받고 그 집행이 끝나지 아니하였거나 그 집행을 받지 아니하기로 확정되지 아니한 사람
> ③ 법원의 판결에 따라 자격이 상실되거나 정지된 사람
> ④ 마약·대마 또는 향정신성의약품의 중독자
> ⑤ 「정신건강증진 및 정신질환자 복지서비스 지원에 관한 법률」에 따른 정신질환자. 다만, 전문의가 사회복지사로서 적합하다고 인정하는 사람은 그러하지 아니하다.

> **기출문제 확인학습**
>
> **사회복지사의 자격취소 등 - 법 제11조의3**
> ① 보건복지부장관은 사회복지사가 다음 각 호의 어느 하나에 해당하는 경우 그 자격을 취소하거나 1년의 범위에서 정지시킬 수 있다. 다만, 제1호부터 제3호까지에 해당하면 그 자격을 취소하여야 한다.
>   1. 거짓이나 그 밖의 부정한 방법으로 자격을 취득한 경우
>   2. 제11조의2 각 호의 어느 하나에 해당하게 된 경우
>   3. 자격증을 대여·양도 또는 위조·변조한 경우
>   4. 사회복지사의 업무수행 중 그 자격과 관련하여 고의나 중대한 과실로 다른 사람에게 손해를 입힌 경우
>   5. 자격정지 처분을 3회 이상 받았거나, 정지 기간 종료 후 3년 이내에 다시 자격정지 처분에 해당하는 행위를 한 경우
>   6. 자격정지 처분 기간에 자격증을 사용하여 자격 관련 업무를 수행한 경우
> ② 보건복지부장관은 제1항제4호에 해당하여 사회복지사의 자격을 취소하거나 정지시키려는 경우에는 제46조에 따른 한국사회복지사협회의 장 등 관계 전문가의 의견을 들을 수 있다.
> ③ 제1항에 따라 자격이 취소된 사람은 취소된 날부터 15일 내에 자격증을 보건복지부장관에게 반납하여야 한다.
> ④ 보건복지부장관은 제1항에 따라 자격이 취소된 사람에게는 그 취소된 날부터 2년 이내에 자격증을 재교부하지 못한다.

3) 사회복지법인(이하 법인) - 법인의 설립 - 허가주의

(1) 사회복지법인을 설립하고자 하는 자는 대통령령에 따라 시·도지사의 허가를 받아야 한다.

(2) 정관

법인이 정관을 변경하고자 할 때에는 시·도지사의 인가를 받아야 한다.

(3) 임원

① 법인은 대표이사를 포함한 이사 7인 이상과 감사 2인 이상을 두어야 한다.
② 이사회의 구성에 있어서 대통령령이 정하는 특별한 관계에 있는 자가 이사현원의 5분의 1을 초과할 수 없다.
③ 이사의 임기는 3년으로 하고 감사의 임기는 2년으로 하되, 각각 연임할 수 있다.
④ 외국인인 이사는 이사현원의 2분의 1 미만이어야 한다.
⑤ 외부 추천이사의 경우는 이사 정수의 3분의 1 이상이어야 한다.
⑥ 임원 결원 시 2개월 이내에 보충하여야 한다.

(4) 임원의 겸직금지

① 이사는 법인이 설치한 사회복지시설의 장을 제외한 당해 시설의 직원을 겸할 수 없다.
② 감사는 법인의 이사, 법인이 설치한 사회복지시설의 장 또는 그 직원을 겸할 수 없다.

(5) 재산 등

① 법인은 사회복지사업의 운영에 필요한 재산을 소유하여야 한다.

② 법인의 재산은 기본재산과 보통재산으로 구분하며, 기본재산은 그 목록과 가액을 정관에 기재하여야 한다.

기출문제 확인학습

사회복지법인의 정관에 포함되어야 할 사항

1) 목적
2) 명칭
3) 주된 사무소의 소재지
4) 사업의 종류
5) 자산 및 회계에 관한 사항
6) 임원의 임면(任免) 등에 관한 사항
7) 회의에 관한 사항
8) 수익(收益)을 목적으로 하는 사업이 있는 경우 그에 관한 사항
9) 정관의 변경에 관한 사항
10) 존립시기와 해산 사유를 정한 경우에는 그 시기와 사유 및 남은 재산의 처리방법
11) 공고 및 공고방법에 관한 사항

기출문제 확인학습

설립허가 취소 등 – 법 제26조

① 시·도지사는 법인이 다음 각 호의 어느 하나에 해당할 때에는 기간을 정하여 시정명령을 하거나 설립허가를 취소할 수 있다. 다만, 제1호 또는 제7호에 해당할 때에는 설립허가를 취소하여야 한다.

1. 거짓이나 그 밖의 부정한 방법으로 설립허가를 받았을 때
2. 설립허가 조건을 위반하였을 때
3. 목적 달성이 불가능하게 되었을 때
4. 목적사업 외의 사업을 하였을 때
5. 정당한 사유 없이 설립허가를 받은 날부터 6개월 이내에 목적사업을 시작하지 아니하거나 1년 이상 사업실적이 없을 때
6. 법인이 운영하는 시설에서 반복적 또는 집단적 성폭력범죄 및 학대관련범죄가 발생한 때
6의2. 법인이 운영하는 시설에서 중대하고 반복적인 회계부정이나 불법행위가 발생한 때
7. 법인 설립 후 기본재산을 출연하지 아니한 때
8. 제18조제1항의 임원정수를 위반한 때
9. 제18조제2항을 위반하여 이사를 선임한 때
10. 제22조에 따른 임원의 해임명령을 이행하지 아니한 때
11. 그 밖에 이 법 또는 이 법에 따른 명령이나 정관을 위반하였을 때

> **사회복지서비스 제공의 원칙 - 제5조의2**
> ① 사회복지서비스를 필요로 하는 사람(이하 보호대상자)에 대한 사회복지서비스 제공(이하 서비스 제공)은 현물(現物)로 제공하는 것을 원칙으로 한다.
> ② 시장(「제주특별자치도 설치 및 국제자유도시 조성을 위한 특별법」에 따른 행정시장을 포함)·군수·구청장은 국가 또는 지방자치단체 외의 자로 하여금 서비스 제공을 실시하게 하는 경우에는 보호대상자에게 사회복지서비스 이용권(이하 이용권)을 지급하여 국가 또는 지방자치단체 외의 자로부터 그 이용권으로 서비스 제공을 받게 할 수 있다.
> ③ 국가와 지방자치단체는 사회복지서비스의 품질향상과 원활한 제공을 위하여 필요한 시책을 마련하여야 한다.
> ④ 국가와 지방자치단체는 사회복지서비스의 품질을 관리하기 위하여 사회복지서비스를 제공하는 기관·법인·시설·단체의 서비스 환경, 서비스 제공 인력의 전문성 등을 평가할 수 있다.
> ⑤ 보건복지부장관은 평가를 위하여 평가기관을 설치·운영하거나, 평가의 전부 또는 일부를 관계 기관 또는 단체에 위탁할 수 있다.
> ⑥ 보건복지부장관은 평가를 위탁한 기관 또는 단체에 대하여 그 운영에 필요한 비용을 지원할 수 있다.

4 | 아동수당법(2018년 제정)

1 총칙

1) 목적 - 제1조

이 법은 아동에게 아동수당을 지급하여 아동 양육에 따른 경제적 부담을 경감하고 건강한 성장 환경을 조성함으로써 아동의 기본적 권리와 복지를 증진함을 목적으로 한다.

2) 국가 등의 책무 - 제3조

(1) 국가와 지방자치단체는 아동수당이 아동 양육에 따른 경제적 부담을 경감하고 아동의 건강한 성장 환경을 조성하는 데 필요한 수준이 되도록 최대한 노력하여야 한다.
(2) 국가와 지방자치단체는 필요한 비용을 부담할 수 있도록 재원을 조성하여야 한다.
(3) 보호자는 아동의 기본적 권리와 복지 증진을 위하여 아동수당을 사용하여야 한다.

2 아동수당의 신청 및 지급 등

3) 아동수당의 지급 대상 등 - 제4조

① 아동수당은 8세 미만의 아동에게 매월 10만원을 지급한다.
② 제1항에도 불구하고 2세 미만의 아동에게는 매월 50만원 이상으로서 대통령령으로 정하는 금액을 추가로 지급한다.

> **아동수당법 시행령**
>
> 제2조(아동수당의 추가 지급 대상 및 지급액)
> 「아동수당법」 제4조 제5항에서 "대통령령으로 정하는 금액"이란 다음의 각 호의 구분에 따른 금액을 말한다.
> 1. 1세 미만의 아동 : 매월 100만원
> 2. 1세 이상 2세 미만의 아동 : 매월 50만원

4) 아동수당의 지급 신청 - 제6조

(1) 아동수당을 지급받으려는 보호자 또는 보건복지부령으로 정하는 보호자의 대리인(이하 보호자 등)은 특별자치시장·특별자치도지사·시장·군수·구청장에게 아동수당의 지급을 신청할 수 있다.
(2) 아동수당의 지급신청의 방법·절차 및 동의의 방법·절차 등에 필요한 사항은 대통령령으로 정한다.

5) 아동수당의 지급 결정 등 - 제9조

(1) 특별자치시장·특별자치도지사·시장·군수·구청장은 조사·질문 등을 거쳐 아동수당 수급권의 발생·변경·상실에 관한 사항을 확인하고, 아동수당의 지급 여부 등을 결정한다.
(2) 특별자치시장·특별자치도지사·시장·군수·구청장은 결정을 한 경우에는 서면 또는 전자적 방법으로 그 결정 내용과 이유를 구체적으로 밝혀 아동수당 지급신청자에게 지체 없이 통지하여야 한다.
(3) 특별자치시장·특별자치도지사·시장·군수·구청장은 수급아동의 보호자가 서류 또는 자료를 제출하지 아니하거나 거짓의 서류 또는 자료를 제출한 경우, 조사·질문을 거부·방해 또는 기피하거나 거짓 답변을 한 경우에는 아동수당 지급의 결정을 취소할 수 있다.
(4) 결정·결정 취소의 절차 및 통지 등에 관하여 필요한 사항은 보건복지부령으로 정한다.

6) 아동수당의 지급 시기 및 방법 등 - 제10조

(1) 특별자치시장·특별자치도지사·시장·군수·구청장은 아동수당의 지급을 결정한 아동에 대하여 아동수당의 지급을 신청한 날이 속하는 달부터 8세 생일이 도래하는 달의 전달까지 매월 정기적으로 수급아동 또는 그 보호자에게 아동수당을 지급한다. 다만, 수급아동이 「아동복지법」의 아동양육시설이나 공동생활가정에서 보호 조치되고 있는 경우 등 보건복지부장관이 정하는 경우에는 아동수당의 전부 또는 일부를 자산형성 지원사업에 따라 개설된 수급아동 명의의 계좌에 입금하여 지급할 수 있다.

(2) (1)에도 불구하고 아동이 출생한 후 출생일을 포함한 60일 이내에 아동수당의 지급을 신청하는 경우에는 출생일이 속하는 달부터 소급하여 지급한다. 다만, 보건복지부령으로 정하는 부득이한 사유로 아동이 출생한 후 출생일을 포함한 60일 이내에 아동수당의 지급을 신청하지 못한 경우에는 그 사유가 존재하는 기간을 60일 이내의 기간에 산입하지 아니한다.

(3) 아동수당은 현금으로 지급한다. 다만, 특별자치시장·특별자치도지사·시장·군수·구청장은 대통령령으로 정하는 바에 따라 해당 지방자치단체의 조례로 정하는 다른 방법으로도 지급할 수 있다.

(4) (1) ~ (3)까지 규정한 사항 외에 아동수당의 지급 시기·방법 및 절차 등에 관하여 필요한 사항은 대통령령으로 정한다.

3 수급아동의 사후관리

7) 아동수당의 지급 정지 - 제13조

(1) 특별자치시장·특별자치도지사·시장·군수·구청장은 다음의 어느 하나에 해당하는 경우에는 그 사유가 발생한 날이 속하는 달의 다음 달부터 그 사유가 소멸한 날이 속하는 달까지 아동수당의 지급을 정지한다.

① 수급아동의 국외 체류기간이 90일 이상 지속되는 경우. 이 경우 아동수당의 지급 신청 당시부터 국외에 체류 중인 수급아동의 국외 체류기간은 해당 아동이 국외로 출국한 날(해당 아동이 국외에서 출생한 경우에는 그 아동이 출생한 날을 말한다)부터 기산(起算)한다.

② 수급아동이 행방불명되거나 실종되는 등 대통령령으로 정하는 바에 따라 사망한 것으로 추정되는 경우

③ 그 밖에 대통령령으로 정하는 경우

(2) 특별자치시장·특별자치도지사·시장·군수·구청장은 수급아동의 보호자가 서류 또는 자료를 제출하지 아니하거나 거짓의 서류 또는 자료를 제출한 경우, 조사·질문을 거부·방해 또는 기피하거나 거짓 답변을 한 경우에는 아동수급의 지급을 정지할 수 있다.

(3) 지급 정지의 절차 등에 관하여 필요한 사항은 보건복지부령으로 정한다.

8) 아동수당 수급권의 상실 - 제14조

수급아동은 다음의 어느 하나에 해당하게 된 경우에는 그 사유가 발생한 날이 속하는 달의 다음 달부터 아동수당 수급권을 상실한다.

① 사망한 경우
② 국적을 상실한 경우
③ 그 밖에 대통령령으로 정하는 아동수당 수급권의 상실 사유가 발생한 경우

4 아동수당 수급권자의 권리 보호

9) 아동수당 수급권의 보호 - 제18조
(1) 아동수당 수급권은 양도하거나 담보로 제공할 수 없으며, 압류 대상으로 할 수 없다.
(2) 아동수당으로 지급받은 금품은 압류할 수 없다.

10) 이의신청 - 제19조
(1) 결정이나 그 밖에 이 법에 따른 처분에 이의가 있는 사람은 특별자치시장·특별자치도지사·시장·군수·구청장에게 이의신청을 할 수 있다.
(2) 이의신청은 그 처분이 있음을 안 날부터 90일 이내에 서면으로 하여야 한다. 다만, 정당한 사유로 그 기간 이내에 이의신청을 할 수 없었음을 증명한 경우에는 그 사유가 소멸한 날부터 60일 이내에 이의신청을 할 수 있다.
(3) 특별자치시장·특별자치도지사·시장·군수·구청장은 이의신청을 받은 날부터 30일 이내에 이를 검토하고 처분이 위법·부당하다고 인정될 때에는 시정하거나 그 밖에 필요한 조치를 하여야 한다. 다만, 그 기간 내에 조치를 할 수 없는 부득이한 사유가 있는 경우에는 30일의 범위에서 연장할 수 있다.
(4) (1) ~ (3)까지 규정한 사항 외에 이의신청의 방법·절차 및 운영 등에 필요한 사항은 보건복지부령으로 정한다.

5 보칙

11) 시효 - 제20조
아동수당 수급권자의 권리와 제16조에 따른 환수금을 환수할 권리는 5년간 행사하지 아니하면 시효의 완성으로 소멸한다.

12) 아동수당정보시스템의 구축·운영 - 제21조
보건복지부장관은 이 법에 따른 아동수당 관련 자료 또는 정보의 효율적 처리·관리와 기록·관리 업무의 전산화를 위하여 대통령령으로 정하는 바에 따라 「사회보장기본법」에 따른 사회보장정보시스템을 연계·활용하여 아동수당정보시스템을 구축·운영할 수 있다.

5 | 아동복지법(1981년 제정)

1) 아동학대

신체적·정신적·성적 폭력 또는 가혹행위 및 아동의 보호자에 의하여 이루어지는 유기와 방임
(**주의** 정서적 학대, 경제적 착취, 언어적 폭력 없음)

2) 아동보호구역에서의 고정형 영상정보 처리기기 설치 등

유치원, 초등학교 또는 특수학교, 어린이집, 도시공원, 육아종합지원센터, 시간제보육서비스 지정기관

3) 금지행위 및 벌칙

(1) 아동을 타인에게 매매하는 행위(10년 이하의 징역, 벌금형은 없음), 아동에게 음란행위를 시키거나 매개하는 행위, 아동을 대상으로 하는 성희롱 등의 성적 학대를 하는 경우(10년 이하의 징역 또는 1억 원 이하의 벌금

(2) 그 외 벌칙

① 아동의 신체에 손상을 주거나 신체의 건강 및 발달을 해치는 신체적 학대행위, 아동의 정신건강 및 발달에 해를 끼치는 정서적 학대행위(가정폭력에 아동을 노출시키는 행위로 인한 경우를 포함), 자신의 보호·감독을 받는 아동을 유기하거나 의식주를 포함한 기본적 보호·양육·치료 및 교육을 소홀히 하는 방임행위, 장애를 가진 아동을 공중에 관람시키는 행위, 아동에게 구걸을 시키거나 아동을 이용하여 구걸하는 행위를 한 자는 5년 이하의 징역 또는 5천만 원 이하의 벌금에 처한다.

② 정당한 권한을 가진 알선기관 외의 자가 아동의 양육을 알선하고 금품을 취득하거나 금품을 요구 또는 약속하는 행위, 아동을 위하여 증여 또는 급여된 금품을 그 목적 외의 용도로 사용하는 행위를 한 자는 3년 이하의 징역 또는 3천만 원 이하의 벌금에 처한다.

③ 공중의 오락 또는 흥행을 목적으로 아동의 건강 또는 안전에 유해한 곡예를 시키는 행위 또는 이를 위하여 아동을 제3자에게 인도하는 행위를 한 자는 1년 이하의 징역 또는 1천만 원 이하의 벌금에 처한다.

> **기출문제 확인학습**
>
> **아동학대의 예방과 방지 의무 – 법 제22조**
>
> ① 국가와 지방자치단체는 아동학대의 예방과 방지를 위하여 다음 각 호의 조치를 취하여야 한다.
>   1. 아동학대의 예방과 방지를 위한 각종 정책의 수립 및 시행
>   2. 아동학대의 예방과 방지를 위한 연구·교육·홍보 및 아동학대 실태조사
>   3. 아동학대에 관한 신고체제의 구축 · 운영
>   4. 피해아동의 보호와 치료 및 피해아동의 가정에 대한 지원
>   5. 그 밖에 대통령령으로 정하는 아동학대의 예방과 방지를 위한 사항
> ② 지방자치단체는 아동학대를 예방하고 수시로 신고를 받을 수 있도록 긴급전화를 설치하여야 한다. 이 경우 그 설치·운영 등에 필요한 사항은 대통령령으로 정한다.

③ 시·도지사 또는 시장·군수·구청장은 피해아동의 발견 및 보호 등을 위하여 다음 각 호의 업무를 수행하여야 한다.
   1. 아동학대 신고접수, 현장조사 및 응급보호
   2. 피해아동, 피해아동의 가족 및 아동학대행위자에 내한 상담·조사
   3. 그 밖에 대통령령으로 정하는 아동학대 관련 업무
④ 시·도지사 또는 시장·군수·구청장은 제3항 각 호의 업무를 수행하기 위하여 아동학대전담공무원(이하 "아동학대전담공무원"이라 한다)을 두어야 한다.
⑤ 아동학대전담공무원은 「사회복지사업법」 제11조에 따른 사회복지사의 자격을 가진 사람으로 하고 그 임용 등에 필요한 사항은 해당 시·도 또는 시·군·구의 조례로 정한다.

아동보호전문기관의 업무 – 제46조

① 아동보호전문기관은 다음 각 호의 업무를 수행한다.
   1. 피해아동, 피해아동의 가족 및 아동학대행위자를 위한 상담·치료 및 교육
   2. 아동학대예방 교육 및 홍보
   3. 피해아동 가정의 사후관리
   4. 그 밖에 대통령령으로 정하는 아동학대예방사업과 관련된 업무

> **아동복지법 시행령 제45조**(아동보호전문기관의 업무)
>
> ① 법 제46조제2항제7호에서 "대통령령으로 정하는 아동학대예방사업과 관련된 업무"란 다음 각 호의 업무를 말한다.
>   1. 아동정보시스템에 피해아동, 그 가족 및 아동학대행위자에 대한 정보와 아동학대예방사업에 관한 정보의 입력에 필요한 자료의 제공
>   2. 아동복지시설, 「영유아보육법」에 따른 어린이집, 「유아교육법」에 따른 유치원, 「초·중등교육법」에 따른 학교, 경찰서, 주민자치센터, 보건소, 의료기관 및 「사회복지사업법」에 따른 사회복지관 등 아동학대예방·피해아동보호와 관련된 기관 간의 연계
>   3. 피해아동 및 피해아동 가정의 기능 회복 서비스 제공

아동 관련기관의 취업제한 등 - 제29조의3

① 법원은 아동학대관련범죄로 형 또는 치료감호를 선고하는 경우에는 판결(약식명령을 포함)로 그 형 또는 치료감호의 전부 또는 일부의 집행을 종료하거나 집행이 유예·면제된 날(벌금형을 선고받은 경우에는 그 형이 확정된 날을 말함)부터 일정기간(이하 취업제한기간) 동안 다음에 따른 시설 또는 기관(이하 아동관련기관)을 운영하거나 아동관련기관에 취업 또는 사실상 노무를 제공할 수 없도록 하는 명령(이하 취업제한명령)을 아동학대관련범죄 사건의 판결과 동시에 선고(약식명령의 경우에는 고지를 말함)하여야 한다. 다만, 재범의 위험성이 현저히 낮은 경우나 그 밖에 취업을 제한하여서는 아니 되는 특별한 사정이 있다고 판단하는 경우에는 그러하지 아니하다.
   - 보장원, 지방자치단체(전담공무원, 민간전문인력, 아동학대전담공무원으로 한정), 취약계층 아동 통합서비스 수행기관, 아동보호전문기관, 가정위탁지원센터 및 아동복지시설·다함께돌봄센터
   - 「가정폭력방지 및 피해자보호 등에 관한 법률」의 긴급전화센터, 가정폭력 관련 상담소 및 가정폭력피해자 보호시설
   - 「건강가정기본법」의 건강가정지원센터

- 「다문화가족지원법」의 다문화가족지원센터
- 「성매매방지 및 피해자보호 등에 관한 법률」의 성매매피해자 등을 위한 지원시설 및 성매매피해상담소
- 「성폭력방지 및 피해자보호 등에 관한 법률」의 성폭력피해상담소 및 성폭력피해자보호시설 및 성폭력피해자통합지원센터
- 「영유아보육법」의 어린이집·육아종합지원센터·시간제 보육서비스 지정기관
- 「유아교육법」의 유치원
- 「의료법」의 의료기관(의료인에 한정)
- 「장애인복지법」의 장애인복지시설
- 「정신건강증진 및 정신질환자 복지서비스 지원에 관한 법률」에 따른 정신건강복지센터, 정신건강증진시설, 정신요양시설 및 정신재활시설
- 「주택법」의 공동주택의 관리사무소(경비업무 종사자에 한정)
- 「청소년기본법」에 따른 청소년시설, 청소년단체
- 「청소년활동진흥법」의 청소년활동시설
- 「청소년복지 지원법」의 청소년상담복지센터, 이주배경청소년지원센터 및 청소년쉼터, 청소년자립지원관, 청소년치료재활센터
- 「청소년 보호법」의 청소년 보호·재활센터
- 「체육시설의 설치·이용에 관한 법률」의 체육시설 중 아동의 이용이 제한되지 아니하는 체육시설로서 문화체육관광부장관이 지정하는 체육시설
- 「초·중등교육법」의 학교
- 「학원의 설립·운영 및 과외교습에 관한 법률」의 학원 및 교습소 중 아동의 이용이 제한되지 아니하는 학원과 교습소로서 교육부장관이 지정하는 학원·교습소
- 「한부모가족지원법」이 한부모가족복지시설
- 아동보호전문기관 또는 학대피해아동쉼터를 운영하는 법인
- 「보호소년 등의 처우에 관한 법률」에 따른 소년원 및 소년분류심사원
- 「민법」에 따라 보건복지부장관의 설립 허가를 받아 아동인권, 아동복지 등 아동을 위한 사업을 수행하는 비영리법인(대표자 및 아동을 직접 대면하는 업무에 종사하는 사람에 한정)
- 「아이돌봄지원법」에 따른 서비스제공기관
- 「국내입양에 관한 특별법」 및 「국제입양에 관한 법률」에 따라 업무를 위탁받은 사회복지법인 및 단체
- 「모자보건법」에 따른 산후조리도우미 서비스를 제공하는 사람을 모집하거나 채용하는 기관(직접 산후조리도우미 서비스를 제공하는 사람에 한정)
- 「모자보건법」에 따른 산후조리원

② <u>취업제한기간은 10년을 초과하지 못한다.</u>
③ 법원은 취업제한명령을 선고하려는 경우에는 정신건강의학과 의사, 심리학자, 사회복지학자, 아동학대 관련 전문가, 그 밖의 관련 전문가로부터 취업제한명령 대상자의 재범 위험성 등에 관한 의견을 들을 수 있다.
④ ①의 각각(공동주택의 관리사무소 및 소년원 및 소년분류심사원은 제외)의 아동관련기관의 설치 또는 설립인가·허가·신고를 관할하는 중앙행정기관의 장, 지방자치단체의 장, 교육감 또는 교육장은 아동관련기관을 운영하려는 자에 대하여 본인의 동의를 받아 관계 기관의 장에게 <u>아동학대관련범죄 전력 조회를 요청하여야 한다.</u> 다만, 아동관련기관을 운영하려는 자가 아동학대관련범죄 전력 조회 회신서를 중앙행정기관의 장, 지방자치단체의 장, 교육감 또는 교육장에게 직접 제출한 경우에는 아동학대관련범죄 전력 조회를 한 것으로 본다.

⑤ 아동관련기관의 장은 그 기관에 취업 중이거나 사실상 노무를 제공 중인 사람 또는 취업하려 하거나 사실상 노무를 제공하려는 사람(이하 취업자 등)에 대하여 아동학대관련범죄 전력을 확인하여야 하며, 이 경우 본인의 동의를 받아 관계 기관의 장에게 아동학대관련범죄 전력 조회를 요청하여야 한다. 다만, 취업자 등이 아동학대관련범죄 전력 조회 회신서를 아동관련기관의 장에게 직접 제출한 경우에는 아동학대관련범죄 전력 조회를 한 것으로 본다.

⑥ 아동학대관련범죄 전력 조회 요청을 받은 관계 기관의 장은 아동학대관련범죄 전력 조회 회신서를 발급하여야 한다.

⑦ 아동학대관련범죄 전력 조회의 요청 절차·범위 등에 관한 사항은 대통령령으로 정한다.

실력다지기

아동권리보장원의 설립 및 운영 - 제10조의2

1) 보건복지부장관은 아동정책에 대한 종합적인 수행과 아동복지 관련 사업의 효과적인 추진을 위하여 필요한 정책의 수립을 지원하고 사업평가 등의 업무를 수행할 수 있도록 아동권리보장원(이하 보장원)을 설립한다.

2) 보장원은 다음의 업무를 수행한다.
   (1) 아동정책 수립을 위한 자료 개발 및 정책 분석
   (2) 아동정책기본계획의 수립 및 아동정책 시행계획 평가 지원
   (3) 아동정책조정위원회 운영 지원
   (4) 아동정책영향평가 지원
   (5) 아동보호서비스에 대한 기술지원
   (6) 아동학대의 예방과 방지를 위한 업무
   (7) 가정위탁사업 활성화 등을 위한 업무
   (8) 지역 아동복지사업 및 아동복지시설의 원활한 운영을 위한 지원
   (9) 「입양특례법」에 따른 국내입양 활성화 및 입양 사후관리를 위한 다음의 업무
      ① 국내외 입양정책 및 서비스에 관한 조사·연구
      ② 양부모 및 예비양부모에 대한 교육 운영
      ③ 「국내입양에 관한 특별법」에 따른 입양정책위원회 운영 지원
      ④ 입양정보 공개 청구 관련 업무
      ⑤ 입양 관련 국제협력 업무
      ⑥ 「국내입양에 관한 특별법」 및 「국제입양에 관한 법률」에 따라 보건복지부장관으로부터 위탁받은 업무
   (10) 아동 관련 조사 및 통계 구축
   (11) 아동 관련 교육 및 홍보
   (12) 아동 관련 해외정책 조사 및 사례분석
   (13) 그 밖에 이 법 또는 다른 법령에 따라 보건복지부장관, 국가 또는 지방자치단체로부터 위탁받은 업무

3) 보장원은 법인으로 하고, 주된 사무소의 소재지에 설립등기를 함으로써 성립한다.
4) 보장원에는 보장원을 대표하고 그 업무를 총괄하기 위하여 원장을 두며, 원장은 보건복지부장관이 임면한다.
5) 보건복지부장관은 보장원의 설립·운영에 필요한 비용을 지원할 수 있다.
6) 보장원에 관하여 이 법에서 정한 사항 외에는 「민법」 중 재단법인에 관한 규정을 준용한다.
7) 보장원은 「기부금품의 모집 및 사용에 관한 법률」에도 불구하고 기부금품을 모집할 수 있다.
8) 보장원의 설립 및 운영에 필요한 사항은 대통령령으로 정한다.

> **실력다지기**

「아동학대범죄의 처벌 등에 관한 특례법」상 아동학대[2] 신고의무

1) 누구든지 아동학대범죄를 알게 된 경우나 그 의심이 있는 경우에는 시·도, 시·군·구 또는 수사기관에 신고할 수 있다.
2) 직무상 신고의무자 - 미신고 시 1,000만 원 이하의 과태료 부과
3) 직무상 신고의무자 중에 경찰관, 아동학대 전담공무원, 성직자, 이웃주민은 포함되지 않는다.
4) 다음의 어느 하나에 해당하는 사람이 직무를 수행하면서 아동학대범죄를 알게 된 경우나 그 의심이 있는 경우에는 시·도 또는 시·군·구 또는 수사기관에 신고하여야 한다(미신고시 1,000만 원 이하의 과태료 부과).
   - 아동권리보장원 및 가정위탁지원센터의 장과 그 종사자
   - 아동복지시설의 장과 그 종사자
   - 「아동복지법」에 따른 아동복지전담공무원
   - 「가정폭력방지 및 피해자보호 등에 관한 법률」에 따른 가정폭력 관련 상담소 및 가정폭력피해자 보호시설의 장과 그 종사자
   - 「건강가정기본법」에 따른 건강가정지원센터의 장과 그 종사자
   - 「다문화가족지원법」에 따른 다문화가족지원센터의 장과 그 종사자
   - 「사회보장급여이용·제공 및 수급권자 발굴에 관한 법률」에 따른 사회복지 전담공무원 및 「사회복지사업법」에 따른 사회복지시설의 장과 그 종사자
   - 「성매매방지 및 피해자보호 등에 관한 법률」에 따른 지원시설 및 성매매피해상담소의 장과 그 종사자
   - 「성폭력방지 및 피해자보호 등에 관한 법률」에 따른 성폭력피해상담소, 성폭력피해자보호시설의 장과 그 종사자 및 성폭력피해자통합지원센터의 장과 그 종사자
   - 「119구조·구급에 관한 법률」에 따른 119구급대의 대원
   - 「응급의료에 관한 법률」에 따른 응급구조사
   - 「영유아보육법」에 따른 육아종합지원센터의 장과 그 종사자 및 어린이집의 원장 등 보육교직원
   - 「유아교육법」에 따른 교직원 및 강사 등
   - 아동보호전문기관의 장이나 종사자
   - 「의료법」에 따른 의료기관의 장과 그 의료기관에 종사하는 의료인 및 의료기사
   - 「장애인복지법」에 따른 장애인복지시설의 장과 그 종사자로서 시설에서 장애아동에 대한 상담·치료·훈련 또는 요양 업무를 수행하는 사람
   - 「정신건강증진 및 정신질환자 복지서비스 지원에 관한 법률」에 따른 정신건강복지센터, 정신의료기관, 정신요양시설 및 정신재활시설의 장과 그 종사자
   - 「청소년기본법」에 따른 청소년시설 및 청소년단체의 장과 그 종사자
   - 「청소년 보호법」에 따른 청소년 보호·재활센터의 장과 그 종사자
   - 「초·중등교육법」에 따른 교직원, 전문상담교사 및 산학겸임교사 등
   - 「한부모가족지원법」에 따른 한부모가족복지시설의 장과 그 종사자
   - 「학원의 설립·운영 및 과외교습에 관한 법률」에 따른 학원의 운영자·강사·직원 및 교습소의 교습자·직원
   - 「아이돌봄 지원법」에 따른 아이돌보미

---

2) 3. "아동학대"란 「아동복지법」 제3조 제7호에 따른 아동학대("아동학대"란 보호자를 포함한 성인이 아동의 건강 또는 복지를 해치거나 정상적 발달을 저해할 수 있는 신체적·정신적·성적 폭력이나 가혹행위를 하는 것과 아동의 보호자가 아동을 유기하거나 방임하는 것을 말한다.)를 말한다. 다만, 「유아교육법」과 「초·중등교육법」에 따른 교원의 정당한 교육활동과 학생생활지도는 아동학대로 보지 아니한다.

- 「아동복지법」에 따른 취약계층 아동에 대한 통합서비스지원 수행인력
- 「입양특례법」에 따른 입양기관의 장과 그 종사자
- 「영유아보육법」에 따른 한국보육진흥원의 장과 그 종사자로서 어린이집 평가 업무를 수행하는 사람
- 「대안교육기관에 관한 법률」에 따른 대안교육기관과 「초·중등교육법 시행령」 제54조에 따라 학교의 장으로부터 학업에 어려움을 겪는 학생들에 대한 교육을 위탁받은 교육기관 등의 장과 그 종사자

6 | 장애인복지법(1989년 제정) - 장애등급제 폐지(2019년) → 장애정도(중증, 경증)

1) 장애인의 정의
신체적·정신적 장애로 오랫동안 일상생활이나 사회생활에서 상당한 제약을 받는 자

2) 기본이념
장애인의 완전한 사회 참여와 평등을 통하여 사회통합을 이룸

3) 2003년 장애의 종 - 5종 추가 [암기법] 안장호간전
안면장애, 장루·요루장애, 호흡기 장애, 간 장애, 뇌전증장애

실력다지기

장애인복지법 시행규칙 제3조(장애인의 등록신청 및 장애진단)
① 장애인의 등록을 신청하려는 자는 장애인 등록 및 서비스 신청서에 사진 1장을 첨부하여 관할 읍·면·동장을 거쳐 특별자치시장·특별자치도지사·시장·군수·구청장에게 제출하여야 한다. 다만, 시장·군수·구청장은 장애인 등록을 하려는 사람에 대해서는 「전자정부법」에 따른 행정정보의 공동이용을 통하여 재외동포 및 외국인임을 증명하는 서류를 확인하여야 하며, 신청인이 확인에 동의하지 않은 경우에는 이를 첨부하도록 하여야 한다.
② 등록신청을 받은 시장·군수·구청장은 등록대상자와의 상담을 통하여 그 장애상태가 장애인의 기준에 명백하게 해당되지 아니하는 경우 외에는 지체 없이 의료기관 또는 보건소와 보건지소 중 보건복지부장관이 정하는 장애유형별 해당 전문의가 있는 의료기관에 장애진단을 의뢰하여야 한다.
③ 장애진단을 의뢰받은 의료기관은 장애인의 장애상태를 진단한 후, 진단서를 장애진단을 의뢰한 시장·군수·구청장에게 통보하여야 한다.
④ 시장·군수·구청장은 통보받은 진단 결과에 대하여 보다 정밀한 심사가 필요하다고 인정되는 경우에는 국민연금공단에 장애정도에 관한 심사를 의뢰할 수 있다. 이 경우 장애정도에 관한 국민연금공단의 심사 방법 및 기준 등에 필요한 사항은 보건복지부장관이 정하여 고시한다.

[장애의 분류]

대분류	중분류	소분류	주요 내용
신체적 장애	외부 신체기능 장애	지체장애	절단장애, 관절장애, 지체 기능장애, 변형 등의 장애
		뇌병변장애	뇌의 손상으로 인한 복합적인 장애
		시각장애	시력장애, 시야 결손 장애
		청각장애	청력장애, 평형기능 장애
		언어장애	언어장애, 음성장애, 구어장애
		안면장애	안면부의 추상, 함몰, 비후 등 변형으로 인한 장애(2003년)
	내부 신체기능 장애	신장장애	투석치료 중이거나 신장을 이식 받은 경우
		심장장애	일상생활이 현저히 제한되는 심장 기능 이상
		간장애	일상생활이 현저히 제한되는 만성·중증 간 기능 이상(2003년)
		호흡기장애	일상생활이 현저히 제한되는 만성·중증 호흡기 기능 이상(2003년)
		장루·요루장애	일상생활이 현저히 제한되는 장루(腸瘻)·요루(尿瘻)(2003년)
		뇌전증장애	일상생활이 현저히 제한되는 만성·중증의 뇌전증(2003년)
정신적 장애	발달장애	지적장애	지능지수가 70 이하인 경우
		자폐성장애	소아청소년자폐 등 자폐성 장애
	정신장애	정신장애	조현병, 조현형 정동장애, 양극성 정동장애, 반복성 우울장애

4) 장애인 학대

신체적·정신적·정서적·언어적 폭력·성적 폭력 및 경제적 착취 또는 가혹행위를 하거나 유기 또는 방임
(주의 직무상 신고의무자 미신고 시 300만 원 이하의 과태료)

> **장애인복지법 제59조의4**(장애인학대 및 장애인 대상 성범죄 신고의무와 절차)
>
> 1) 누구든지 장애인학대 및 장애인 대상 성범죄를 알게 된 때에는 중앙장애인권익옹호기관 또는 지역장애인권익옹호기관이나 수사기관에 신고할 수 있다.
> 2) 다음의 어느 하나에 해당하는 사람은 그 직무상 장애인학대 및 장애인 대상 성범죄를 알게 된 경우에는 지체 없이 장애인권익옹호기관 또는 수사기관에 신고하여야 한다.
>   (1) 사회복지 전담공무원 및 사회복지시설의 장과 그 종사자
>   (2) 장애인 활동지원 인력 및 활동지원기관의 장과 그 종사자
>   (3) 의료인 및 의료기관의 장
>   (4) 의료기사
>   (5) 응급구조사
>   (6) 119구급대의 대원
>   (7) 정신건강복지센터의 장과 그 종사자
>   (8) 어린이집의 원장 등 보육교직원
>   (9) 「유아교육법」에 따른 교직원 및 강사 등
>   (10) 「초·중등교육법」에 따른 교직원, 전문상담교사 등 및 산학겸임교사 등

(11) 「학원의 설립·운영 및 과외교습에 관한 법률」에 따른 학원의 운영자·강사·직원 및 교습소의 교습자·직원
(12) 성폭력피해상담소 및 성폭력피해자보호시설의 장과 그 종사자
(13) 성매매피해자 등을 위한 지원시설의 장과 그 종사자 및 성매매피해상담소의 장과 그 종사자
(14) 가정폭력 관련 상담소의 장과 그 종사자 및 가정폭력피해자 보호시설의 장과 그 종사자
(15) 건강가정지원센터의 장과 그 종사자
(16) 다문화가족지원센터의 장과 그 종사자
(17) 가정위탁지원센터의 장과 그 종사자
(18) 한부모가족복지시설의 장과 그 종사자
(19) 청소년시설의 장과 그 종사자 및 청소년단체의 장과 그 종사자
(20) 청소년 보호·재활센터의 장과 그 종사자
(21) 장기요양요원 및 장기요양인정 신청의 조사를 하는 자
(22) 장애인 평생교육시설의 장과 종사자

3) 보건복지부장관은 신고의무자에게 장애인학대 및 장애인 대상 성범죄의 신고 절차와 방법 등을 안내하여야 한다.
4) 국가와 지방자치단체는 장애인학대 및 장애인 대상 성범죄를 예방하고 수시로 신고를 받을 수 있도록 필요한 조치를 하여야 한다.
5) 소관 중앙행정기관의 장은 직무 상 신고의무자에 해당하는 사람의 자격 취득 과정이나 보수교육 과정에 장애인학대 및 장애인 대상 성범죄 예방 및 신고의무에 관한 교육 내용을 포함하도록 하여야 한다.

5) 장애인 권익옹호기관의 설치 등

(1) 국가는 지역 간의 연계체계를 구축하고 장애인학대를 예방하기 위하여 다음의 업무를 담당하는 중앙장애인권익옹호기관을 설치·운영하여야 한다.
① 지역장애인권익옹호기관에 대한 지원
② 장애인학대 예방 관련 연구 및 실태조사
③ 장애인학대 예방 관련 프로그램의 개발·보급
④ 장애인학대 예방 관련 교육 및 홍보
⑤ 장애인학대 예방 관련 전문인력의 양성 및 능력개발
⑥ 관계 기관·법인·단체·시설 간 협력체계의 구축 및 교류
⑦ 장애인학대 신고접수와 그 밖에 보건복지부령으로 정하는 장애인학대 예방과 관련된 업무

(2) 학대받은 장애인을 신속히 발견·보호·치료하고 장애인학대를 예방하기 위하여 다음의 업무를 담당하는 지역장애인권익옹호기관을 특별시·광역시·특별자치시·도·특별자치도에 둔다.
① 장애인학대의 신고접수, 현장조사 및 응급보호
② 피해장애인과 그 가족, 장애인학대행위자에 대한 상담 및 사후관리
③ 장애인학대 예방 관련 교육 및 홍보
④ 장애인학대사례판정위원회 설치·운영

⑤ 관계 기관·법인·단체·시설 간 협력체계의 구축 및 교류
⑥ 그 밖에 보건복지부령으로 정하는 장애인학대 예방과 관련된 업무

> **참고**
>
> **피해장애인 쉼터 등 - 제59조의13**
> ① 특별시장·광역시장·특별자치시장·도지사·특별자치도지사는 피해장애인의 임시 보호 및 사회복귀 지원을 위하여 장애인 쉼터를 설치·운영할 수 있다.
> ② 특별시장·광역시장·특별자치시장·도지사·특별자치도지사는 장애인학대로 인하여 피해를 입은 장애아동(이하 "피해장애아동")의 임시 보호를 위하여 피해장애아동 쉼터를 설치·운영할 수 있다.
> ③ 장애인 쉼터 및 피해장애아동 쉼터의 설치·운영 등에 필요한 사항은 보건복지부령으로 정한다.

6) 장애수당

(1) 장애인의 장애 정도(18세 이상/경증)와 경제적 수준(기초수급자, 차상위자)을 고려하여 장애인의 소득 보전을 위한 장애수당을 지급할 수 있다. 다만, 「국민기초생활 보장법」에 따른 생계급여 또는 의료급여를 받는 장애인에게는 장애수당을 반드시 지급하여야 한다.

(2) 「장애인연금법」에 따른 중증장애인에게는 장애수당을 지급하지 아니한다.

7) 장애아동수당과 보호수당

(1) 장애아동(18세 미만)에게 보호자의 경제적 생활수준(기초수급자, 차상위자) 및 장애아동의 장애 정도(중증, 경증)를 고려하여 장애로 인한 추가적 비용 보전을 위해 장애아동수당을 지급할 수 있다.

(2) 장애인(18세 이상)을 보호하는 보호자에게 그의 경제적 수준(기초수급자)과 장애인의 장애 정도(중증)를 고려하여 장애로 인한 추가적 비용 보전을 위해 보호수당을 지급할 수 있다.

심화학습

장애인복지법 시행령 제30조(장애수당 등의 지급대상자)

① 장애수당을 지급받을 수 있는 자는 18세 이상으로서 장애인으로 등록한 자 중 「국민기초생활 보장법」에 따른 수급자 또는 차상위계층으로서 장애로 인한 추가적 비용 보전(補塡)이 필요한 자로 한다. 다만, 장애아동수당을 지급받는 자는 제외한다.
② 장애아동수당을 지급받을 수 있는 자는 다음의 요건을 모두 갖춘 자로 한다.
  ㉠ 18세 미만(해당 장애인이 「초·중등교육법」에 따른 고등학교와 이에 준하는 특수학교 또는 각종학교에 재학 중인 경우에는 20세 이하의 경우를 포함한다)일 것
  ㉡ 장애인으로 등록하였을 것
  ㉢ 「국민기초생활 보장법」에 따른 수급자 또는 차상위계층으로서 장애로 인한 추가적 비용 보전이 필요할 것
③ 보호수당을 지급받을 수 있는 자는 다음의 요건을 모두 갖춘 자로 한다.
  ㉠ 「국민기초생활 보장법」에 따른 수급자일 것
  ㉡ 중증 장애로 다른 사람의 도움이 없이는 일상생활을 영위하기 어려운 18세 이상(해당 장애인이 20세 이하로서 「초·중등교육법」에 따른 고등학교와 이에 준하는 특수학교 또는 각종학교에 재학 중인 경우는 제외한다)의 장애인을 보호하거나 부양할 것

8) 장애인복지 전문인력[3] 양성 등

국가와 지방자치단체, 그 밖의 공공단체는 의지·보조기 기사, 언어재활사, 장애인재활상담사, 한국수어 통역사, 점역(點譯)·교정사 등 장애인복지 전문인력, 그 밖에 장애인복지에 관한 업무에 종사하는 자를 양성·훈련하는 데에 노력해야 한다.

9) 벌칙 - 가장 무거운 벌칙(장애인복지법 상)

장애인에게 성적 수치심을 주는 성희롱·성폭력 등의 행위를 한 사람은 10년 이하의 징역 또는 1억 원 이하의 벌금에 처한다.

---

[3] 시행규칙 제55조(장애인복지전문인력의 범위) 전문인력의 범위는 의지·보조기 기사, 언어재활사, 장애인재활상담사, 수화통역사, 점역사(點譯士)·교정사(矯正士)이다.

> **실력다지기**

장애인관련기관에의 취업제한 등 – 제59조의3

① 법원은 장애인학대관련범죄나 성범죄(「성폭력범죄의 처벌 등에 관한 특례법」에 따른 성폭력범죄 또는 「아동·청소년의 성보호에 관한 법률」에 따른 아동·청소년대상 성범죄)로 형 또는 치료감호를 선고하는 경우에는 판결(약식명령 포함)로 그 형 또는 치료감호의 전부 또는 일부의 집행을 종료하거나 집행이 유예·면제된 날(벌금형을 선고받은 경우에는 그 형이 확정된 날)부터 일정기간(이하 취업제한기간) 동안 다음에 따른 시설 또는 기관(이하 장애인관련기관)을 운영하거나 장애인관련기관에 취업 또는 사실상 노무를 제공할 수 없도록 하는 명령(이하 취업제한명령)을 장애인학대관련범죄나 성범죄(이하 장애인학대관련범죄 등) 사건의 판결과 동시에 선고하여야 한다. 다만, 재범의 위험성이 현저히 낮은 경우, 그 밖에 취업을 제한하여서는 아니 되는 특별한 사정이 있다고 판단하는 경우에는 그러하지 아니한다.
  ㉠ 장애인자립생활지원센터, 장애인복지시설 및 장애인권익옹호기관
  ㉡ 「노인복지법」의 노인복지시설
  ㉢ 「노인장기요양보험법」에 따른 장기요양기관
  ㉣ 「발달장애인 권리보장 및 지원에 관한 법률」의 발달장애인지원센터
  ㉤ 「아동복지법」에 따른 취약계층 아동 통합서비스 수행기관 및 아동복지시설
  ㉥ 「의료법」의 의료기관(의료인, 간호조무사 및 의료기사로 한정)
  ㉦ 「장애아동 복지지원법」의 발달재활서비스 제공기관 및 장애영유아를 위한 어린이집
  ㉧ 「장애인활동 지원에 관한 법률」의 활동지원기관
  ㉨ 「정신건강증진 및 정신질환자 복지서비스 지원에 관한 법률」의 정신건강복지센터 및 정신건강증진시설
  ㉩ 「장애인 등에 대한 특수교육법」의 특수교육기관 및 특수교육지원센터
② 취업제한기간은 10년을 초과하지 못한다.
③ 법원은 ①에 따라 취업제한명령을 선고하려는 경우에는 정신건강의학과 의사, 심리학자, 사회복지학자, 장애인학대 관련 전문가, 성범죄 관련 전문가, 장애인단체가 추천하는 장애인 전문가, 그 밖의 관련 전문가로부터 취업제한명령 대상자의 재범 위험성 등에 관한 의견을 들을 수 있다.
④ 장애인관련기관의 설치 신고·허가 등을 관할하는 행정기관의 장(이하 관할행정기관장)은 장애인관련기관을 운영하려는 자에 대하여 본인의 동의를 받아 관계 기관의 장에게 장애인학대관련범죄 등의 경력 조회를 요청하여야 한다. 다만, 장애인관련기관을 운영하려는 자가 장애인학대관련범죄 등 경력 조회 회신서를 관할행정기관장에게 직접 제출한 경우에는 장애인학대관련범죄 등의 경력 조회를 한 것으로 본다.

7 | 노인복지법(1981년 제정)

1) 노인학대

노인에 대하여 신체적·정신적·정서적·성적 폭력 및 경제적 착취 또는 가혹행위를 하거나 유기 또는 방임(언어적 폭력은 없음)

2) 노인학대 신고의무와 절차

(1) 누구든지 노인학대를 알게 된 때에는 노인보호전문기관 또는 수사기관에 신고할 수 있다.
(2) 직무상 신고의무자 - 미신고 시 500만 원 이하의 과태료

> **노인학대 신고의무와 절차 등 - 제39조의6**
> ① 누구든지 노인학대를 알게 된 때에는 노인보호전문기관 또는 수사기관에 신고할 수 있다.
> ② 다음의 어느 하나에 해당하는 자는 그 직무상 65세 이상의 사람에 대한 노인학대를 알게 된 때에는 즉시 노인보호전문기관 또는 수사기관에 신고하여야 한다.
>   - 「의료법」의 의료기관에서 의료업을 행하는 의료인 및 의료기관의 장
>   - 「노인복지법」에 따른 방문요양과 돌봄이나 안전 확인 등의 서비스 종사자, 노인복지시설의 장과 그 종사자 및 노인복지상담원
>   - 「장애인복지법」의 규정에 의한 장애인복지시설에서 장애노인에 대한 상담·치료·훈련 또는 요양업무를 수행하는 사람
>   - 「가정폭력방지 및 피해자보호 등에 관한 법률」에 따른 가정폭력 관련 상담소 및 가정폭력피해자 보호시설의 장과 그 종사자
>   - 「사회보장급여의 이용·제공 및 수급권자 발굴에 관한 법률」에 따른 사회복지전담공무원 및 「사회복지사업법」에 따른 사회복지시설의 장과 종사자
>   - 「노인장기요양보험법」에 따른 장기요양기관의 장과 그 종사자
>   - 「119 구조·구급에 관한 법률」에 따른 119구급대의 구급대원
>   - 「건강가정기본법」에 따른 건강가정지원센터의 장과 그 종사자
>   - 「다문화가족지원법」에 따른 다문화가족지원센터의 장과 그 종사자
>   - 「성폭력방지 및 피해자보호 등에 관한 법률」에 따른 성폭력피해상담소 및 성폭력피해자보호시설의 장과 그 종사자
>   - 「응급의료에 관한 법률」에 따른 응급구조사
>   - 「의료기사 등에 관한 법률」에 따른 의료기사
>   - 「국민건강보험법」에 따른 국민건강보험공단 소속 요양직 직원
>   - 「지역보건법」에 따른 지역보건의료기관의 장과 종사자
>   - 노인복지시설 설치 및 관리 업무 담당 공무원
>   - 「병역법」에 따른 사회복지시설에서 복무하는 사회복무요원(노인을 직접 대면하는 업무에 복무하는 사람으로 한정)
> ③ 신고인의 신분은 보장되어야 하며 그 의사에 반하여 신분이 노출되어서는 아니 된다.

④ 관계 중앙행정기관의 장은 직무상 신고의무자에 해당하는 사람의 자격취득 교육과정이나 보수교육 과정에 노인학대 예방 및 신고의무와 관련된 교육 내용을 포함하도록 하여야 하며, 그 결과를 보건복지부장관에게 제출하여야 한다.

⑤ 노인학대 신고의무자가 소속된 다음의 기관의 장은 소속 노인학대 신고의무자에게 노인학대예방 및 신고의무에 관한 교육을 실시하고 그 결과를 보건복지부장관에게 제출하여야 한다.
  ㉠ 노인복지시설
  ㉡ 「의료법」상 요양병원 및 종합병원
  ㉢ 「노인장기요양보험법」에 따른 장기요양기관

3) 요양보호사의 직무·자격증의 교부 등

요양보호사가 되려는 사람은 요양보호사교육기관에서 교육과정을 마치고 시·도지사가 실시하는 요양보호사 자격시험에 합격하여야 한다.

4) 요양보호사교육기관의 지정 등

시·도지사는 요양보호사의 양성을 위하여 지정기준에 적합한 시설을 요양보호사교육기관으로 지정·운영하여야 한다.

5) 금지행위

누구든지 65세 이상의 사람(노인)에 대하여 다음의 어느 하나에 해당하는 행위를 하여서는 아니 된다.

(1) 노인의 신체에 폭행을 가하거나 상해를 입히는 행위
(2) 노인에게 성적 수치심을 주는 성폭행·성희롱 등의 행위
(3) 자신의 보호·감독을 받는 노인을 유기하거나 의식주를 포함한 기본적 보호 및 치료를 소홀히 하는 방임행위
(4) 노인에게 구걸을 하게 하거나 노인을 이용하여 구걸하는 행위
(5) 노인을 위하여 증여 또는 급여된 금품을 그 목적외의 용도에 사용하는 행위
(6) 폭언, 협박, 위협 등으로 노인의 정신건강에 해를 끼치는 정서적 학대행위

기출문제 확인학습

1) 국가는 노인 보건복지관련 연구시설을 위하여 필요하다고 인정하는 경우 국유재산법 규정에 불구하고 국유재산을 무상으로 대부할 수 있다. - 제54조
2) 지방자치단체는 노인 보건복지관련 사업의 육성을 위하여 필요하다고 인정하는 경우 지방재정법의 규정에 불구하고 공유재산을 무상으로 사용하게 할 수 있다. - 제54조
3) 재가노인복지시설, 노인공동생활가정 및 노인요양공동생활가정, 학대피해노인 전용 쉼터는 단독주택 또는 공동주택에 설치할 수 있다.
4) 노인복지법에 의한 노인복지주택의 건축물의 용도는 건축 관계법령에 불구하고 노유자 시설로 본다. - 제55조 ②항
5) 노인복지시설에서 노인을 위하여 사용하는 건물·토지 등에 대하여는 관계법령이 정하는 바에 의하여 조세, 기타 공과금을 감면할 수 있다. - 제49조

> **실력다지기**
>
> 1) 홀로 사는 노인에 대한 지원 - 제27조의2
>   ① 국가 또는 지방자치단체는 홀로 사는 노인에 대하여 방문요양과 돌봄 등의 서비스와 안전확인 등의 보호조치를 취하여야 한다.
>   ② 국가 또는 지방자치단체는 제1항에 따른 사업을 노인 관련 기관·단체에 위탁할 수 있으며, 예산의 범위에서 그 사업 및 운영에 필요한 비용을 지원할 수 있다.
>   ③ 서비스 및 보호조치의 구체적인 내용 등에 관하여는 보건복지부장관이 정한다.
> 2) 독거노인종합지원센터 - 제27조의3
>   ① 보건복지부장관은 홀로 사는 노인에 대한 돌봄과 관련된 다음의 사업을 수행하기 위하여 독거노인종합지원센터를 설치·운영할 수 있다.
>   ㉠ 홀로 사는 노인에 대한 정책 연구 및 프로그램의 개발
>   ㉡ 홀로 사는 노인에 대한 현황조사 및 관리
>   ㉢ 홀로 사는 노인 돌봄사업 종사자에 대한 교육
>   ㉣ 홀로 사는 노인에 대한 돌봄사업의 홍보, 교육교재 개발 및 보급
>   ㉤ 홀로 사는 노인에 대한 돌봄사업의 수행기관 지원 및 평가
>   ㉥ 관련 기관 협력체계의 구축 및 교류
>   ㉦ 홀로 사는 노인에 대한 기부문화 조성을 위한 기부금품의 모집, 접수 및 배부
>   ㉧ 그 밖에 홀로 사는 노인의 돌봄을 위하여 보건복지부장관이 위탁하는 업무
>   ② 보건복지부장관은 독거노인종합지원센터의 운영을 전문 인력과 시설을 갖춘 법인 또는 단체에 위탁할 수 있다.
>   ③ 그 밖에 독거노인종합지원센터의 설치·운영 등에 필요한 사항은 보건복지부령으로 정한다.

8 | 영유아보육법(1991년 제정) - 교육부장관 주관

1) 국공립어린이집의 설치 등

국가나 지방자치단체는 국공립어린이집을 설치·운영하여야 한다. 이 경우 국공립어린이집은 보육계획에 따라 도시 저소득주민 밀집 주거지역 및 농어촌지역 등 취약지역, 「건축법」에 따른 공동주택 중 대통령령으로 정하는 500세대 이상의 공동주택을 건설하는 주택단지 지역(입주자 등의 과반수가 찬성하는 경우), 산업단지지역에 우선적으로 설치하여야 한다.

2) 폐쇄회로 텔레비전의 설치 등

(1) 어린이집을 설치·운영하는 자는 아동학대 방지 등 영유아의 안전과 어린이집의 보안을 위하여 「개인정보 보호법」 및 관련 법령에 따른 폐쇄회로 텔레비전을 설치·관리하여야 한다.

(2) 폐쇄회로 텔레비전을 설치·관리하는 자는 영유아 및 보육교직원 등 정보주체의 권리가 침해되지 아니하도록 다음의 사항을 준수하여야 한다.
　① 아동학대 방지 등 영유아의 안전과 어린이집의 보안을 위하여 최소한의 영상정보만을 적법하고 정당하게 수집하고, 목적 외의 용도로 활용하지 아니하도록 할 것
　② 영유아 및 보육교직원 등 정보주체의 권리가 침해받을 가능성과 그 위험 정도를 고려하여 영상정보를 안전하게 관리할 것
　③ 영유아 및 보육교직원 등 정보주체의 사생활 침해를 최소화하는 방법으로 영상정보를 처리할 것
(3) 어린이집을 설치·운영하는 자는 폐쇄회로 텔레비전에 기록된 영상정보를 60일 이상 보관하여야 한다.

3) 영상정보의 열람금지 등

폐쇄회로 텔레비전을 설치·관리하는 자는 다음의 어느 하나에 해당하는 경우를 제외하고는 영상정보를 열람하게 하여서는 아니 된다.
(1) 보호자가 자녀 또는 보호아동의 안전을 확인할 목적으로 열람시기·절차 및 방법 등 교육부령으로 정하는 바에 따라 요청하는 경우
(2) 「개인정보 보호법」에 따른 공공기관이 보고와 검사 또는 「아동복지법」 등 법령에서 정하는 영유아의 안전업무 수행을 위하여 요청하는 경우
(3) 범죄의 수사와 공소의 제기 및 유지, 법원의 재판업무 수행을 위하여 필요한 경우
(4) 그 밖에 보육관련 안전업무를 수행하는 기관으로서 교육부령으로 정하는 자가 업무의 수행을 위하여 열람시기·절차 및 방법 등 교육부령으로 정하는 바에 따라 요청하는 경우

4) 결격사유

다음의 어느 하나에 해당하는 자는 어린이집을 설치·운영할 수 없다.
(1) 미성년자·피성년후견인 또는 피한정후견인
(2) 정신질환자
(3) 마약·향정신성의약품 중독자
(4) 파산선고를 받고 복권되지 아니한 자
(5) 금고 이상의 실형을 선고받고 그 집행이 종료되거나 집행이 면제된 날부터 5년(「아동복지법」에 따른 아동학대 관련범죄를 저지른 경우에는 20년)이 경과되지 아니한 자
(6) 금고 이상의 형의 집행유예를 선고받고 그 유예기간 중에 있는 자. 다만, 「아동복지법」에 따른 아동학대 관련범죄로 금고 이상의 형의 집행유예를 선고받은 경우에는 그 집행유예가 확정된 날부터 20년이 지나지 아니한 사람
(7) 어린이집의 폐쇄명령을 받고 5년이 경과되지 아니한 자
(8) 300만 원 이상의 벌금형이 확정된 날부터 2년이 지나지 아니한 사람 또는 「아동복지법」에 따른 아동학대 관련범죄로 벌금형이 확정된 날부터 10년이 지나지 아니한 사람
(9) 아동학대 방지를 위한 교육명령을 이행하지 아니한 자

9 | 정신건강증진 및 정신질환자 복지서비스 지원에 관한 법률[4] (2016년 제정)

1) 기본이념

(1) 모든 국민은 정신질환으로부터 보호받을 권리를 가진다.
(2) 모든 정신질환자는 인간으로서의 존엄과 가치를 보장받고, 최적의 치료를 받을 권리를 가진다.
(3) 모든 정신질환자는 정신질환이 있다는 이유로 부당한 차별대우를 받지 아니한다.
(4) 미성년자인 정신질환자는 특별히 치료, 보호 및 교육을 받을 권리를 가진다.
(5) 정신질환자에 대해서는 입원 또는 입소(이하 입원 등)가 최소화되도록 지역 사회 중심의 치료가 우선적으로 고려되어야 하며, 정신건강증진시설에 자신의 의지에 따른 입원 또는 입소(이하 자의입원 등)가 권장되어야 한다.
(6) 정신건강증진시설에 입원 등을 하고 있는 모든 사람은 가능한 한 자유로운 환경을 누릴 권리와 다른 사람들과 자유로이 의견교환을 할 수 있는 권리를 가진다.
(7) 정신질환자는 원칙적으로 자신의 신체와 재산에 관한 사항에 대하여 스스로 판단하고 결정할 권리를 가진다. 특히 주거지, 의료행위에 대한 동의나 거부, 타인과의 교류, 복지서비스의 이용 여부와 복지서비스 종류의 선택 등을 스스로 결정할 수 있도록 자기결정권을 존중받는다.
(8) 정신질환자는 자신에게 법률적·사실적 영향을 미치는 사안에 대하여 스스로 이해하여 자신의 자유로운 의사를 표현할 수 있도록 필요한 도움을 받을 권리를 가진다.
(9) 정신질환자는 자신과 관련된 정책의 결정과정에 참여할 권리를 가진다.

2) 용어의 정의

(1) 정신질환자

망상, 환각, 사고(思考)나 기분의 장애 등으로 인하여 독립적으로 일상생활을 영위하는 데 중대한 제약이 있는 사람을 말한다.

(2) 정신건강증진사업

정신건강 관련 교육·상담, 정신질환의 예방·치료, 정신질환자의 재활, 정신건강에 영향을 미치는 사회복지·교육·주거·근로 환경의 개선 등을 통하여 국민의 정신건강을 증진시키는 사업을 말한다.

(3) 정신건강복지센터

정신건강증진시설, 「사회복지사업법」에 따른 사회복지시설, 학교 및 사업장과 연계체계를 구축하여 지역사회에서의 정신건강증진사업 및 정신질환자 복지서비스 지원사업(이하 정신건강증진사업 등)을 하는 다음의 기관 또는 단체를 말한다.
   ① 국가 또는 지방자치단체가 설치·운영하는 기관
   ② 국가 또는 지방자치단체로부터 위탁받아 정신건강증진사업등을 수행하는 기관 또는 단체

---

[4] 구. 정신보건법(1995년 제정)

(4) 정신건강증진시설

정신의료기관, 정신요양시설 및 정신재활시설을 말한다.

(5) 정신요양시설

정신질환자를 입소시켜 요양 서비스를 제공하는 시설을 말한다.

(6) 정신재활시설

정신질환자 또는 정신건강상 문제가 있는 사람 중 대통령령으로 정하는 사람(이하 정신질환자 등)의 사회적응을 위한 각종 훈련과 생활지도를 하는 시설을 말한다.

3) 정신건강의 날

(1) 정신건강의 중요성을 환기하고 정신질환에 대한 편견을 해소하기 위하여 매년 10월 10일을 정신건강의 날로 하고, 정신건강의 날이 포함된 주(週)를 정신건강주간으로 한다.
(2) 국가와 지방자치단체는 정신건강의 날 취지에 적합한 행사와 교육·홍보사업을 실시할 수 있다.

4) 정신건강복지센터의 설치 및 운영

(1) 보건복지부장관은 필요한 지역에서의 소관 정신건강증진사업 등의 제공 및 연계 사업을 전문적으로 수행하게 하기 위하여 정신건강복지센터를 설치·운영할 수 있다.
(2) 시·도지사는 관할 구역에서의 소관 정신건강증진사업 등의 제공 및 연계 사업을 전문적으로 수행하게 하기 위하여 광역정신건강복지센터를 설치·운영할 수 있다.
(3) 시장·군수·구청장은 관할 구역에서의 소관 정신건강증진사업 등의 제공 및 연계 사업을 전문적으로 수행하게 하기 위하여 「지역보건법」에 따른 보건소에 기초정신건강복지센터를 설치·운영할 수 있다.

5) 정신건강전문요원의 자격 등

(1) 보건복지부장관은 정신건강 분야에 관한 전문지식과 기술을 갖추고 보건복지부령으로 정하는 수련기관에서 수련을 받은 사람에게 정신건강전문요원의 자격을 줄 수 있다.
(2) 정신건강전문요원은 그 전문분야에 따라 정신건강임상심리사, 정신건강간호사 및 정신건강사회복지사, 정신건강작업치료사(1급 및 2급 자격)로 구분한다. → 정신건강작업치료사는 2022년 4월 시행
(3) 보건복지부장관은 정신건강전문요원의 자질을 향상시키기 위하여 보수교육을 실시할 수 있다.

정신건강전문요원의 업무범위[5]

1) 공통 업무
   (1) 정신재활시설의 운영
   (2) 정신질환자 등의 재활훈련, 생활훈련 및 작업훈련의 실시 및 지도
   (3) 정신질환자 등과 그 가족의 권익보장을 위한 활동 지원
   (4) 법 제44조 제1항에 따른 진단 및 보호의 신청
   (5) 정신질환자 등에 대한 개인별 지원계획의 수립 및 지원
   (6) 정신질환 예방 및 정신건강복지에 관한 조사·연구
   (7) 정신질환자 등의 사회적응 및 재활을 위한 활동
   (8) 정신건강증진사업 등의 사업 수행 및 교육
   (9) 그 밖에 보건복지부장관이 정하는 정신건강증진 활동
2) 개별 업무
   (1) 정신건강임상심리사
      ① 정신질환자 등에 대한 심리 평가 및 심리 교육
      ② 정신질환자 등과 그 가족에 대한 심리 상담 및 심리 안정을 위한 서비스 지원
   (2) 정신건강간호사
      ① 정신질환자 등의 간호 필요성에 대한 관찰, 자료수집, 간호 활동
      ② 정신질환자 등과 그 가족에 대한 건강증진을 위한 활동의 기획과 수행
   (3) 정신건강사회복지사
      ① 정신질환자 등에 대한 사회서비스 지원 등에 대한 조사
      ② 정신질환자 등과 그 가족에 대한 사회복지서비스 지원에 대한 상담·안내
   (4) 정신건강작업치료사
      ① 정신질환자등에 대한 작업 수행 평가, 정신질환자등의 신체적·정신적 기능 향상을 위한 작업 치료
      ② 정신질환자등과 그 가족에 대한 작업치료 교육과 작업치료 서비스 기획·수행

6) 정신건강증진시설의 개설·설치 및 운영 등

(1) 정신요양시설의 설치·운영
① 국가와 지방자치단체는 정신요양시설을 설치·운영할 수 있다.
② 「사회복지사업법」에 따른 사회복지법인과 그 밖의 비영리법인이 정신요양시설을 설치·운영하려는 경우에는 해당 정신요양시설 소재지 관할 특별자치시장·특별자치도지사·시장·군수·구청장의 허가를 받아야 한다.

---

[5] 시행령 [별표 2] 참고

(2) 정신재활시설의 설치·운영

① 국가 또는 지방자치단체는 정신재활시설을 설치·운영할 수 있다.
② 국가나 지방자치단체 외의 자가 정신재활시설을 설치·운영하려면 해당 정신재활시설 소재지 관할 특별자치시장·특별자치도지사·시장·군수·구청장에게 신고하여야 한다. 신고한 사항 중 보건복지부령으로 정하는 중요한 사항을 변경할 때에도 신고하여야 한다.
③ 국가 또는 지방자치단체는 필요한 경우 정신재활시설을 사회복지법인 또는 비영리법인에 위탁하여 운영할 수 있다.

(3) 정신재활시설의 종류 - 제23조 [암기법] 중종/재생품

정신재활시설의 종류는 다음과 같다.
① 생활시설 : 정신질환자 등이 생활할 수 있도록 주로 의식주 서비스를 제공하는 시설
② 재활훈련시설 : 정신질환자 등이 지역사회에서 직업 활동과 사회생활을 할 수 있도록 주로 상담·교육·취업·여가·문화·사회참여 등 각종 재활활동을 지원하는 시설
③ 그 밖에 대통령령으로 정하는 시설

제16조(정신재활시설의 종류)

법 제27조 제1항 제3호에서 '대통령령으로 정하는 시설'이란 다음의 시설을 말한다.
1) 생산품판매시설 : 정신질환자 또는 장애를 가진 사람(이하 정신질환자 등)이 생산한 생산품의 판매·유통 등을 지원하는 시설
2) 중독자재활시설 : 알코올 중독, 약물 중독 또는 게임 중독 등으로 인한 정신질환자 등을 치유하거나 재활을 돕는 시설
3) 종합시설 : 2개 이상의 정신재활시실의 기능을 복합적·종합적으로 제공하는 시설

[정신재활시설의 구체적인 종류 및 사업]

종류	사업
생활시설 (입소 생활시설)	가정에서 생활하기 어려운 정신질환자에게 주거, 생활지도, 교육, 직업재활훈련 등의 서비스를 제공하며, 가정으로의 복귀, 재활, 자립 및 사회적응을 지원하는 시설
재활훈련시설	(1) 주간재활시설 　　정신질환자에게 작업·기술지도, 직업훈련, 사회적응훈련, 취업지원 등의 서비스를 제공하는 시설 (2) 공동생활가정 　　완전한 독립생활은 어려우나 어느 정도 자립능력을 갖춘 정신질환자들이 공동으로 생활하며 독립생활을 위한 자립역량을 함양하는 시설 (3) 지역사회 전환시설 　　지역 내 정신질환자에게 일시 보호 서비스 또는 단기 보호 서비스를 제공하고, 정신의료기관에서 퇴원한 정신질환자에게 다른 사회복귀시설로 연계하는 기능을 수행하며, 이를 위한 주거제공, 생활훈련, 사회적응훈련 등의 서비스를 제공하는 시설

재활훈련시설	(4) 직업재활시설 　정신질환자가 특별히 준비된 작업환경에서 직업적응, 직무기능 향상 등 직업재활훈련을 받거나 직업생활을 할 수 있도록 지원하며, 일정한 기간이 지난 후 직업능력을 갖추면 고용시장에 참여할 수 있도록 지원하는 시설 (5) 아동·청소년 정신건강지원시설 　정신질환 아동·청소년을 대상으로 한 상담, 교육 및 정보제공 등을 지원하는 시설
중독자 재활시설	알코올, 약물 등 유해약물이나 도박, 인터넷 게임 등 유해행위에 의존하거나 그 유해약물이나 유해행위를 남용하여 중독된 정신질환자를 치유하거나 재활을 돕는 시설
생산품 판매시설	정신질환자가 생산한 생산품을 판매하거나 유통을 대행하고, 정신질환자가 생산한 생산품이나 서비스에 관한 상담, 홍보, 마케팅, 판로개척, 정보제공 등을 지원하는 시설
종합시설	정신재활시설 중 2개 이상의 정신재활시설이 결합되어 정신질환자에게 생활지원, 주거지원, 재활훈련 등의 기능을 복합적·종합적으로 제공하는 시설

7) 입원 등

(1) 자의입원 등

① 정신질환자나 그 밖에 정신건강상 문제가 있는 사람은 보건복지부령으로 정하는 입원 등 신청서를 정신의료기관 등의 장에게 제출함으로써 그 정신의료기관 등에 자의입원 등을 할 수 있다.

② 정신의료기관 등의 장은 자의입원 등을 한 사람이 퇴원 등을 신청한 경우에는 지체 없이 퇴원 등을 시켜야 한다.

③ 정신의료기관 등의 장은 자의입원 등을 한 사람에 대하여 입원 등을 한 날부터 2개월마다 퇴원 등을 할 의사가 있는지를 확인하여야 한다.

(2) 동의입원 등

① 정신질환자는 보호의무자의 동의를 받아 보건복지부령으로 정하는 입원 등 신청서를 정신의료기관 등의 장에게 제출함으로써 그 정신의료기관 등에 입원 등을 할 수 있다.

② 정신의료기관 등의 장은 입원 등을 한 정신질환자가 퇴원 등을 신청한 경우에는 지체 없이 퇴원 등을 시켜야 한다. 다만, 정신질환자가 보호의무자의 동의를 받지 아니하고 퇴원 등을 신청한 경우에는 정신건강의학과 전문의 진단 결과 환자의 치료와 보호 필요성이 있다고 인정되는 경우에 한정하여 정신의료기관 등의 장은 퇴원 등의 신청을 받은 때부터 72시간까지 퇴원 등을 거부할 수 있고, 퇴원 등을 거부하는 기간 동안 보호의무자에 의한 입원 또는 특별자치시장·특별자치도지사·시장·군수·구청장에 의한 입원 등으로 전환할 수 있다.

(3) 보호의무자에 의한 입원 등

정신의료기관 등의 장은 정신질환자의 보호의무자 2명 이상(보호의무자 간 입원 등에 관하여 다툼이 있는 경우에는 선순위자 2명 이상을 말하며, 보호의무자가 1명만 있는 경우에는 1명으로 함)이 신청한 경우로서 정신건강의학과 전문의가 입원 등이 필요하다고 진단한 경우에만 해당 정신질환자를 입원 등을 시킬 수 있다. 이 경우 정신의료기관 등의 장은 입원 등을 할 때 보호의무자로부터 보건복지부령으로 정하는 바에 따라 입원 등 신청서와 보호의무자임을 확인할 수 있는 서류를 받아야 한다.

(4) 특별자치시장·특별자치도지사·시장·군수·구청장에 의한 입원

① 정신건강의학과 전문의 또는 정신건강전문요원은 정신질환으로 자신의 건강 또는 안전이나 다른 사람에게 해를 끼칠 위험이 있다고 의심되는 사람을 발견하였을 때에는 특별자치시장·특별자치도지사·시장·군수·구청장에게 대통령령으로 정하는 바에 따라 그 사람에 대한 진단과 보호를 신청할 수 있다.

② 경찰관은 정신질환으로 자신의 건강 또는 안전이나 다른 사람에게 해를 끼칠 위험이 있다고 의심되는 사람을 발견한 경우 정신건강의학과 전문의 또는 정신건강전문요원에게 그 사람에 대한 진단과 보호의 신청을 요청할 수 있다.

③ 신청을 받은 특별자치시장·특별자치도지사·시장·군수·구청장은 즉시 그 정신질환자로 의심되는 사람에 대한 진단을 정신건강의학과 전문의에게 의뢰하여야 한다.

④ 정신건강의학과 전문의가 정신질환자로 의심되는 사람에 대하여 자신의 건강 또는 안전이나 다른 사람에게 해를 끼칠 위험이 있어 그 증상의 정확한 진단이 필요하다고 인정한 경우에 특별자치시장·특별자치도지사·시장·군수·구청장은 그 사람을 보건복지부장관이나 지방자치단체의 장이 지정한 정신의료기관에 2주의 범위에서 기간을 정하여 입원하게 할 수 있다.

(5) 응급입원

① 정신질환자로 추정되는 사람으로서 자신의 건강 또는 안전이나 다른 사람에게 해를 끼칠 위험이 큰 사람을 발견한 사람은 그 상황이 매우 급박하여 시간적 여유가 없을 때에는 의사와 경찰관의 동의를 받아 정신의료기관에 그 사람에 대한 응급입원을 의뢰할 수 있다.

② 입원을 의뢰할 때에는 이에 동의한 경찰관 또는 구급대원은 정신의료기관까지 그 사람을 호송한다.

③ 정신의료기관의 장은 응급입원이 의뢰된 사람을 3일(공휴일은 제외) 이내의 기간 동안 응급입원을 시킬 수 있다.

10 | 국민기초생활보장법(1999년 제정)

1) 용어의 정의와 대상자

(1) 부양의무자 : 수급권자를 부양할 책임이 있는 자로서 수급권자의 1촌의 직계혈족 및 그 배우자(다만, 사망한 1촌의 직계혈족의 배우자는 제외)

(2) 소득인정액 : 개별가구의 소득평가액과 재산의 소득환산액을 합산한 금액

(3) 차상위계층 : 수급권자에 해당하지 아니하는 계층으로서 소득인정액이 기준 중위소득의 50% 이하인 계층

(4) 기준 중위소득 : 보건복지부장관이 급여의 기준 등에 활용하기 위하여 중앙생활보장위원회의 심의·의결을 거쳐 고시하는 국민 가구소득의 중위값

(5) 최저보장수준 : 국민의 소득·지출 수준과 수급권자의 가구 유형 등 생활실태, 물가상승률 등을 고려하여 급여의 종류별로 공표하는 금액이나 보장수준

> **기출문제 확인학습**

> **국민기초생활보장법령 상 소득의 범위 – 시행령 제5조**
>
> 1) 실제소득이란 다음의 소득을 합산한 금액을 말한다.
>   (1) 근로소득 : 근로의 제공으로 얻는 소득
>   (2) 사업소득
>   ① 농업소득 : 경종업(耕種業), 과수·원예업, 양잠업, 종묘업, 특수작물생산업, 가축사육업, 종축업(種畜業) 또는 부화업과 이에 부수하는 업무에서 얻는 소득
>   ② 임업소득 : 영림업, 임산물생산업 또는 야생조수사육업과 이에 부수하는 업무에서 얻는 소득
>   ③ 어업소득 : 어업과 이에 부수하는 업무에서 얻는 소득
>   ④ 기타 사업소득 : 도매업, 소매업, 제조업, 그 밖의 사업에서 얻는 소득
>   (3) 재산소득
>   ① 임대소득 : 부동산, 동산, 권리 또는 그 밖의 재산의 대여로 발생하는 소득
>   ② 이자소득 : 예금·주식·채권의 이자와 배당 또는 할인에 의하여 발생하는 소득 중 보건복지부장관이 정하는 금액 이상의 소득
>   ③ 연금소득 : 「소득세법」에 따라 발생하는 연금 또는 소득과 「보험업법」의 연금보험에 의하여 발생하는 소득
>   (4) 이전소득
>   ① 친족 또는 후원자 등으로부터 정기적으로 받는 금품 중 보건복지부장관이 정하는 금액 이상의 금품
>   ② 「국민연금법」, 「기초연금법」, 「공무원연금법」, 「군인연금법」, 「별정우체국법」, 「사립학교교직원 연금법」, 「고용보험법」, 「산업재해보상보험법」, 「국민연금과 직역연금의 연계에 관한 법률」, 「보훈보상대상자 지원에 관한 법률」, 「독립유공자예우에 관한 법률」, 「국가유공자 등 예우 및 지원에 관한 법률」, 「고엽제후유의증 등 환자지원 및 단체설립에 관한 법률」, 「자동차손해배상 보장법」, 「참전유공자 예우 및 단체설립에 관한 법률」 등에 따라 정기적으로 지급되는 각종 수당·연금·급여 또는 그 밖의 금품
> 2) 다음의 금품은 소득으로 보지 아니한다.
>   (1) 퇴직금, 현상금, 보상금, 「조세특례제한법」에 따른 근로장려금 및 자녀장려금 등 정기적으로 지급되는 것으로 볼 수 없는 금품
>   (2) 보육·교육 또는 그 밖에 이와 유사한 성질의 서비스 이용을 전제로 받는 보육료, 학자금, 그 밖에 이와 유사한 금품
>   (3) 지방자치단체가 지급하는 금품으로서 보건복지부장관이 정하는 금품

2) 생계급여 수급권자 - 외국인에 대한 특례 규정 있음

생계급여 수급권자는 부양의무자가 없거나, 부양의무자가 있어도 부양능력이 없거나 부양을 받을 수 없는 사람 + 소득인정액이 기준 중위소득의 32% 이하인 사람

> **생계급여 부양의무자 기준**
>
> 1) 2024년 : 부양의무자 연 소득 1억 원 또는 일반재산 9억 원 초과 시 수급 탈락
> 2) 2025년 : 부양의무자 연 소득 1억 3천만 원 또는 일반재산 12억 원 초과 시 수급 탈락

> **외국인에 대한 특례 - 법 제5조의2**
> 국내에 체류하고 있는 외국인 중 대한민국 국민과 혼인하여 본인 또는 배우자가 임신 중이거나 대한민국 국적의 미성년 자녀를 양육하고 있거나 배우자의 대한민국 국적인 직계존속(直系尊屬)과 생계나 주거를 같이하고 있는 사람으로서 대통령령으로 정하는 사람이 이 법에 따른 급여를 받을 수 있는 자격을 가진 경우에는 수급권자가 된다.

3) 최저보장수준 결정
(1) 보건복지부장관 또는 소관 중앙행정기관의 장은 급여의 종류별 수급자 선정기준 및 최저보장수준 결정
(2) 보건복지부장관 또는 소관 중앙행정기관의 장은 매년 8월 1일까지 중앙생활보장위원회의 심의·의결을 거쳐 다음 연도의 급여의 종류별 수급자 선정기준 및 최저보장수준 공표

4) 중앙생활보장위원회
보건복지부에 두는 중앙생활보장위원회는 다음의 사항을 심의·의결하며 위원장을 포함하여 16명 이내의 위원으로 구성하고 위원은 보건복지부장관이 위촉·지명하며 위원장은 보건복지부장관으로 함
(1) 기초생활보장 종합계획의 수립
(2) 소득인정액 산정방식과 기준 중위소득의 결정
(3) 급여의 종류별 수급자 선정기준과 최저보장수준의 결정
(4) 급여기준의 적정성 등 평가 및 실태조사에 관한 사항
(5) 급여의 종류별 누락·중복, 차상위계층의 지원사업 등에 대한 조정
(6) 자활기금의 적립·관리 및 사용에 관한 지침의 수립
(7) 그 밖에 위원장이 회의에 부치는 사항

5) 급여
(1) 생계급여 : 현금·정기·직접·차등·근로능력자 조건부·주거에서 지급 - (중위소득의 32% 이상)
(2) 주거급여 : 수급자에게 주거안정에 필요한 임차료, 유지수선비 등 수급품 지급
　　(주거급여법의 적용) - (중위소득의 48% 이상) : 국토교통부 관장/부양의무자 기준 없음
(3) 의료급여 : 수급자에게 건강한 생활을 유지하는 데 필요한 각종 검사 및 치료 등을 지급
　　(의료급여법 적용) - (중위소득의 40% 이상)
(4) 교육급여 : 수급자에게 입학금·수업료·학용품비, 기타 수급품 지원(고등학교까지 지원)
　　- (중위소득의 50% 이상/부양의무자 기준 없음) : 교육부 관장
(5) 해산급여 : 수급자에게 조산(助産)·분만 전과 분만 후의 필요한 조치와 보호
(6) 장제급여 : 수급자 사망 시 사체의 검안·운반·화장 또는 매장, 그 밖의 장제조치
(7) 자활급여 : 창업교육, 기능훈련 및 기술·경영지도 등 창업지원, 자산형성지원 등

> 1) 지방자치단체인 보장기관은 해당 지방자치단체의 조례로 정하는 바에 따라 이 법에 따른 급여의 범위 및 수준을 초과하여 급여를 실시할 수 있다. 이 경우 해당 보장기관은 보건복지부장관 및 소관 중앙행정기관의 장에게 알려야 한다.
> 2) 급여의 기본원칙 - 제3조
>   ① 이 법에 따른 급여는 수급자가 자신의 생활의 유지·향상을 위하여 그의 소득, 재산, 근로능력 등을 활용하여 최대한 노력하는 것을 전제로 이를 보충·발전시키는 것을 기본원칙으로 한다.
>   ② 부양의무자의 부양과 다른 법령에 따른 보호는 이 법에 따른 급여에 우선하여 행하여지는 것으로 한다. 다만, 다른 법령에 따른 보호의 수준이 이 법에서 정하는 수준에 이르지 아니하는 경우에는 나머지 부분에 관하여 이 법에 따른 급여를 받을 권리를 잃지 아니한다.

6) 신청에 의한 조사 내용

(1) 부양의무자의 유무 및 부양능력 등 부양의무자와 관련된 사항
(2) 수급권자 및 부양의무자의 소득·재산에 관한 사항
(3) 수급권자의 근로능력·취업상태·자활욕구 등 자활지원계획수립에 필요한 사항
(4) 기타 수급권자의 건강상태·가구특성 등 생활실태에 관한 사항

기출문제 확인학습

개인정보의 보호 - 법 제18조의11

① 보건복지부장관은 제18조의10제4항에 따른 수행기관의 통합정보전산망 사용 요청에 대하여 같은 조 제2항 각 호의 정보 중 업무에 필요한 최소한의 정보만 제공하여야 한다.
② 수행기관은 제18조의10제4항에 따라 보건복지부장관에게 통합정보전산망 사용을 요청하는 경우 보안교육 등 자활지원사업 참여자의 개인정보에 대한 보호대책을 마련하여야 한다.
③ 수행기관은 제18조의10제2항부터 제4항까지에 따른 자료 및 관계 전산망을 이용하고자 하는 경우에는 사전에 정보주체의 동의를 받아야 한다.
④ 수행기관은 제18조의10제2항부터 제4항까지에 따른 자료 및 관계 전산망을 이용함에 있어 다음 각 호의 개인정보를 제외한 정보는 참여자의 수급이력 및 근로활동현황 등 자활지원사업의 수행·관리 및 효과분석 목적을 달성한 경우 지체 없이 파기하여야 한다.
  1. 자활지원사업 신청자 및 참여자의 특성
  2. 자활지원사업 참여자의 사업 참여 이력
  3. 자활지원사업 참여자의 사업종료 이후 취업 이력
⑤ 제18조의10제2항 각 호의 개인정보는 수행기관에서 자활지원사업을 담당하는 자 중 해당 기관의 장으로부터 개인정보 취급승인을 받은 자만 취급할 수 있다.
⑥ 자활지원사업 업무에 종사하거나 종사하였던 자는 자활지원사업 업무 수행과 관련하여 알게 된 개인·법인 또는 단체의 정보를 누설하거나 다른 용도로 사용해서는 아니 된다.
⑦ 제1항부터 제5항까지에서 정한 개인정보 보호대책, 정보주체에 대한 사전 동의 방법, 목적을 달성한 정보의 파기 시기 및 방법, 개인정보 취급승인의 절차, 보안교육 등에 관한 세부적인 사항은 보건복지부장관이 정한다.

7) 급여의 결정 및 통지/비용부담

(1) 급여의 결정 및 통지 : 시장·군수·구청장은 신청에 의한 조사를 한 때에는 지체 없이 급여실시의 여부와 급여의 내용을 결정하여 통지를 하여야 하고 신청인에 대한 통지는 급여의 신청일부터 30일 이내에 하여야 한다.

(2) 급여의 실시 : 수급자에 대한 급여는 급여의 신청일부터 개시한다.

(3) 비용부담
① 국가는 시·군·구 보장비용의 총액 중 100분의 40 이상 100분의 90 이하 부담
② 시·도는 시·군·구 보장비용의 총액에서 국가 부담분을 차감한 금액 중 100분의 30 이상 100분의 70 이하 부담
③ 시·군·구는 시·군·구 보장비용의 총액 중에서 국가와 시·도가 부담하는 금액을 차감한 금액을 각각 부담

기출문제 확인학습

의료급여법 제11조의2(서류의 보존)

① 의료급여기관은 의료급여가 끝난 날부터 5년간 보건복지부령으로 정하는 바에 따라 급여비용의 청구에 관한 서류를 보존하여야 한다.

② 제1항에도 불구하고 약국 등 보건복지부령으로 정하는 의료급여기관은 처방전을 급여비용을 청구한 날부터 3년간 보존하여야 한다.

의료급여법상 내용

1) 「국내입양에 관한 특별법」에 따라 입양된 18세 미만의 아동은 1종 수급권자이다.
2) 수급권자가 업무 또는 공무로 생긴 질병·부상·재해로 다른 법령에 따른 급여나 보상을 받게 되는 경우에는 이 법에 따른 의료급여를 하지 아니한다. → 중복급여의 제한
3) 의료급여에 관한 업무는 수급권자의 거주지를 관할하는 특별시장·광역시장·도지사와 시장·군수·구청장이 한다. 그럼에도 불구하고 주거가 일정하지 아니한 수급권자에 대한 의료급여 업무는 그가 실제 거주하는 지역을 관할하는 시장·군수·구청장이 한다.
4) 「지역보건법」에 따라 설치된 보건소는 의료급여기관이다.
5) 시장·군수·구청장은 수급권자가 정당한 이유 없이 의료급여기관의 진료에 관한 지시에 따르지 아니한 경우에 의료급여를 제한한다.

11 | 기초연금법(2014년 제정)

1) 기초연금 수급권자의 범위 등
(1) 기초연금은 65세 이상인 사람으로서 소득인정액이 보건복지부장관이 정하여 고시하는 금액 이하인 사람에게 지급한다.
(2) 보건복지부장관은 선정기준액을 정하는 경우 65세 이상인 사람 중 기초연금 수급자가 100분의 70 수준이 되도록 한다.
(3) 다음의 어느 하나에 해당하는 연금의 수급권자와 그 배우자나 다음의 어느 하나에 해당하는 연금을 받은 사람 중 대통령령으로 정하는 사람과 그 배우자에게는 기초연금을 지급하지 아니한다.
  ① 「공무원연금법」 및 「공무원 재해보상법」, 「사립학교교직원 연금법」에 따른 퇴직연금, 퇴직연금일시금, 퇴직연금공제일시금, 장해연금, 장해보상금, 유족연금, 유족연금일시금, 순직유족연금 또는 유족일시금
  ② 「군인연금법」에 따른 퇴역연금, 퇴역연금일시금, 퇴역연금공제일시금, 상이연금, 유족연금 또는 유족연금일시금
  ③ 「별정우체국법」에 따른 퇴직연금, 퇴직연금일시금, 퇴직연금공제일시금, 유족연금 또는 유족연금일시금
  ④ 「국민연금과 직역연금의 연계에 관한 법률」에 따른 연계퇴직연금 또는 연계퇴직유족연금 중 직역재직기간이 10년 이상인 경우의 연계퇴직연금 또는 연계퇴직유족연금

2) 기초연금액(적용기간 : 1월~12월까지)의 산정
(1) 기초연금 수급권자에 대한 기초연금의 금액(이하 기초연금액)은 기준연금액과 국민연금 급여액 등을 고려하여 산정한다.
(2) 기준연금액은 보건복지부장관이 그 전년도의 기준연금액에 대통령령으로 정하는 바에 따라 전국소비자물가변동률(「통계법」에 따라 통계청장이 매년 고시하는 전국소비자물가변동률을 말함)을 반영하여 매년 고시한다.

3) 기초연금액의 감액
(1) 본인과 그 배우자가 모두 기초연금 수급권자인 경우에는 각각의 기초연금액에서 기초연금액의 100분의 20에 해당하는 금액을 감액한다.
(2) 소득인정액과 기초연금액을 합산한 금액이 선정 기준액 이상인 경우에는 선정 기준액을 초과하는 금액의 범위에서 기초연금액의 일부를 감액할 수 있다.

4) 소멸시효 : 5년

12 | 장애인연금법(2010년 제정)

1) 수급권자의 범위 등
(1) 수급권자는 18세 이상의 중증장애인으로서 소득인정액이 그 중증장애인의 소득·재산·생활수준과 물가상승률 등을 고려하여 보건복지부장관이 정하여 고시하는 금액(적용기간 : 1. 1. ~ 12. 31.) 이하인 사람으로 한다. 다만, 20세 이하로서 「초·중등교육법」에 따른 학교에 재학 중인 사람은 제외한다.
(2) 보건복지부장관은 선정기준액을 정하는 경우에 18세 이상의 중증장애인 중 수급자가 100분의 70 수준이 되도록 한다.
(3) 다음의 어느 하나에 해당하는 연금을 받을 자격이 있는 사람과 그 배우자나 다음의 어느 하나에 해당하는 연금을 받은 사람 중 대통령령으로 정하는 사람과 그 배우자에게는 장애인연금을 지급하지 아니한다.
　① 「공무원연금법」 및 「공무원 재해보상법」, 「사립학교교직원 연금법」에 따른 퇴직연금, 퇴직연금일시금, 퇴직연금공제일시금, 장해연금, 장해보상금, 유족연금, 유족연금일시금, 순직유족연금 또는 유족일시금
　② 「군인연금법」에 따른 퇴역연금, 퇴역연금일시금, 퇴역연금공제일시금, 상이연금, 유족연금 또는 유족연금일시금
　③ 「별정우체국법」에 따른 퇴직연금, 퇴직연금일시금, 퇴직연금공제일시금, 유족연금 또는 유족연금일시금
　④ 「국민연금과 직역연금의 연계에 관한 법률」에 따른 연계퇴직연금 또는 연계퇴직유족연금 중 직역재직기간이 10년 이상인 경우의 연계퇴직연금 또는 연계퇴직유족연금

2) 장애인연금의 종류 및 내용
이 법에 따른 장애인연금의 종류 및 내용은 다음과 같다.
(1) 기초급여
　근로능력의 상실 또는 현저한 감소로 인하여 줄어드는 소득을 보전(補塡)하여 주기 위하여 지급하는 급여
(2) 부가급여
　장애로 인하여 추가로 드는 비용의 전부 또는 일부를 보전하여 주기 위하여 지급하는 급여

3) 기초급여액(적용기간 : 1월~12월까지)
(1) 기초급여의 금액(이하 기초급여액)은 보건복지부장관이 그 전년도 기초급여액에 대통령령으로 정하는 바에 따라 전국소비자물가변동률(「통계법」에 따라 통계청장이 매년 고시하는 전국소비자물가변동률을 말함)을 반영하여 매년 고시한다.
(2) 「기초연금법」에 따라 기준연금액을 고시한 경우 그 기준연금액을 기초급여액으로 한다.
(3) 수급권자와 그 배우자가 모두 기초급여를 받는 경우에는 각각의 기초급여액에서 기초급여액의 100분의 20에 해당하는 금액을 감액한다.
(4) 소득인정액과 기초급여액을 합한 금액이 선정기준액 이상인 경우에는 대통령령으로 정하는 바에 따라 기초급여액의 일부를 감액하여 지급할 수 있다.
(5) 수급권자 중 「기초연금법」에 따른 기초연금 수급권자에게는 기초급여를 지급하지 아니한다.

4) 소멸시효 : 5년

13 | 주거급여법(2014년 제정)

1) 수급권자의 범위

수급권자는 소득인정액이 「국민기초생활 보장법」에 따른 중앙생활보장위원회의 심의, 의결을 거쳐 결정하는 금액(이하 주거급여 선정기준) 이하인 사람으로 한다. 이 경우 주거급여 선정기준은 기준 중위소득의 100분의 43 이상(2025년 현재, 기준중위소득의 48%로 적용하고 있다)으로 한다.

2) 임차료의 지급

(1) 임차료는 타인의 주택 등에 거주하는 사람으로서 국토교통부장관이 정하는 사람에게 지급한다.
(2) 임차료의 지급기준은 국토교통부장관이 수급자의 가구규모, 소득인정액, 거주형태, 임차료 부담수준 및 지역별 기준임대료 등을 고려하여 정한다.
(3) 국토교통부장관은 임차료의 지급수준을 정하기 위하여 가구규모, 「주택법」의 최저주거기준 등을 고려하여 지역별 기준임대료를 정할 수 있다.

14 | 국민연금(1986년 제정) 가입자

1) 가입대상 : 국내에 거주하는 18세 이상 60세 미만의 국민(외국인 포함, 상호주의 원칙)

2) 당연가입자 : 사업장 가입자와 지역가입자

3) 지역가입자 당연적용 제외자

(1) 국민기초생활보장법에 따른 생계급여 수급자 또는 의료급여 수급자
(2) 퇴직연금 등 수급권자
(3) 18세 이상 27세 미만인 자로서 학생 또는 군복무 등으로 소득이 없는 자
(4) 국민연금, 퇴직연금, 타 공적연금 등의 가입자의 배우자로서 소득이 없는 자
(5) 1년 이상 행방불명된 자
(6) 전업주부 등 별도의 소득이 없는 자

15 | 국민건강보험(1999년 제정) 가입자와 자격 상실시기

1) 당연가입자 : 지역가입자와 직장가입자(의료급여 수급자 제외)

2) 국민건강보험 자격 상실 시기
  (1) 사망한 날의 다음 날
  (2) 국적을 잃은 날의 다음 날
  (3) 국내에 거주하지 아니하게 된 날의 다음 날
  (4) 직장가입자의 피부양자가 된 날
  (5) 수급권자가 된 날
  (6) 건강보험의 적용을 받고 있던 자로서 유공자 등 의료급여대상자가 된 자가 건강보험의 적용배제신청을 한 날

16 | 노인장기요양보험(2007년 제정) 가입자와 신청자격

1) 장기요양보험의 가입자는 건강보험가입자로 한다.

2) 장기요양인정의 신청자격
장기요양인정을 신청할 수 있는 자는 노인 등으로서 장기요양보험가입자 또는 그 피부양자, 「의료급여법」에 따른 수급권자이다.

17 | 고용보험(1993년 제정)과 산재보험(1963년 제정)의 가입자

1) 가입자 원칙
상시 근로자가 1인 이상인 모든 사업장(산재보험과 고용보험) 및 근로자(고용보험의 경우 근로자, 자영업자, 예술인, 노무제공자가 피보험자이다.)

2) 제외대상 근로자(고용보험의 경우)
  (1) 65세 이상인 자(단, 고용안정 및 직업능력개발사업 중 고령자 등 고용촉진사업은 적용함)
  (2) 공무원, 사립학교 교직원, 별정우체국 직원
  (3) 외국인(단, 출입국관리법에 의해 체류유자격자는 가입 가능)
  (4) 월 근로시간이 60시간 미만인 자(주 15시간 미만인 자)

18 | 5대 사회보험의 전달체계

구분	국민연금	건강보험	고용보험	산재보험	노인장기요양 보험
급여 지급	국민연금 공단	국민건강보험 공단	고용센터 (실업급여 지급)	근로복지공단	국민건강보험 공단
보험료 징수	국민건강보험공단(2011년부터 통합 징수)				
정책 결정 기구	국민연금 심의위원회	건강보험정책 심의위원회	고용보험 위원회	산재보험 및 예방 심의 위원회	장기요양 위원회
관장 부처	보건복지부	보건복지부	고용노동부	고용노동부	보건복지부

기출문제 확인학습

국민건강보험법 제3조의2(국민건강보험 종합계획의 수립 등)

1) 보건복지부장관은 이 법에 따른 건강보험의 건전한 운영을 위하여 건강보험정책심의위원회의 심의를 거쳐 5년마다 국민건강보험 종합계획을 수립하여야 한다. 수립된 종합계획을 변경할 때도 또한 같다.
2) 종합계획에는 다음의 사항이 포함되어야 한다.
    (1) 건강보험정책의 기본목표 및 추진방향
    (2) 건강보험 보장성 강화의 추진계획 및 추진방법
    (3) 건강보험의 중장기 재정 전망 및 운영
    (4) 보험료 부과체계에 관한 사항
    (5) 요양급여비용에 관한 사항
    (6) 건강증진 사업에 관한 사항
    (7) 취약계층 지원에 관한 사항
    (8) 건강보험에 관한 통계 및 정보의 관리에 관한 사항
    (9) 그 밖에 건강보험의 개선을 위하여 필요한 사항으로 대통령령으로 정하는 사항

19 | 시설의 종류 등 정리

1) 어린이집 종류 암기법 국가직민법사협

국공립어린이집(상시 영유아 11인 이상), 가정어린이집(상시 영유아 5인 이상 20인 이하), 직장어린이집(상시 영유아 5인 이상, 의무 설치 기준은 총 근로자 500인 이상 사업장 또는 여성근로자 300인 이상의 경우 설치), 민간어린이집(상시 영유아 21인 이상), 법인·단체 등 어린이집(상시 영유아 21인 이상), 사회복지법인어린이집(상시 영유아 21인 이상), 협동어린이집(상시 영유아 11인 이상)

2) 장애인복지시설의 종류

장애인 거주시설, 장애인 지역사회재활시설, 장애인 직업재활시설, 장애인 의료재활시설, 피해장애아동 쉼터, 피해장애인 쉼터, 장애인 생산품판매시설(장애인 생활시설×, 장애인 유료복지시설×)

3) 아동복지시설의 종류

아동양육시설, 아동일시보호시설, 아동보호치료시설, 공동생활가정, 자립지원시설, 아동상담소, 아동전용시설, 지역아동센터, 아동보호전문기관, 가정위탁지원센터, 아동권리보장원, 자립지원 전담기관, 학대피해아동 쉼터(아동복지관×, 아동단기보호시설×, 아동직업훈련시설×, 다함께 돌봄센터×)

> **참고**
>
> **방과 후 돌봄서비스 지원**
>
> 1) 다함께 돌봄센터 - 제44조의2
>   (1) 시·도지사 및 시장·군수·구청장은 초등학교의 정규교육 이외의 시간 동안 다음의 돌봄서비스(이하 방과 후 돌봄서비스)를 실시하기 위하여 '다함께 돌봄센터'를 설치·운영할 수 있다.
>   ① 아동의 안전한 보호
>   ② 안전하고 균형 있는 급식 및 간식의 제공
>   ③ 등·하교 전후, 야간 또는 긴급상황 발생 시 돌봄서비스 제공
>   ④ 체험활동 등 교육·문화·예술·체육 프로그램의 연계·제공
>   ⑤ 돌봄 상담, 관련 정보의 제공 및 서비스의 연계
>   ⑥ 그 밖에 보건복지부령으로 정하는 방과 후 돌봄서비스의 제공
>   (2) 시·도지사 및 시장·군수·구청장은 '다함께 돌봄센터'의 설치·운영을 보건복지부장관이 정하는 법인 또는 단체에 위탁할 수 있다.
>   (3) 국가는 '다함께 돌봄센터'의 설치·운영에 필요한 비용의 일부를 지방자치단체에 지원할 수 있다.
>   (4) 다함께 '돌봄센터'의 장은 시·도지사 및 시장·군수·구청장이 정하는 바에 따라 아동의 보호자에게 방과 후 돌봄서비스 제공에 필요한 비용의 일부를 부담하게 할 수 있다.
>   (5) '다함께 돌봄센터'의 설치기준과 운영, 종사자의 자격 등에 관한 사항은 보건복지부령으로 정한다.

4) 노인복지시설 종류[노인휴양소×, 노인전문병원×]

노인주거복지시설(양로시설, 노인복지주택, 노인공동생활가정), 노인여가복지시설(경로당, 노인복지관, 노인교실), 재가노인복지시설(주·야간보호, 단기보호, 방문요양, 방문목욕, 방문간호, 복지용구 지원, 재가노인지원서비스), 노인의료복지시설(노인요양시설, 노인요양공동생활가정), 노인보호전문기관(피학대 노인 대상), 노인 일자리지원기관(노인 일자리개발 및 지원), 학대피해노인 전용쉼터

실력다지기

(1) 노인복지주택의 입소자격 등 – 제33조의2
　① 노인복지주택에 입소할 수 있는 자는 60세 이상의 노인(이하 입소자격자)으로 한다. 다만, 다음의 어느 하나에 해당하는 경우에는 입소자격자와 함께 입소할 수 있다.
　　㉠ 입소자격자의 배우자
　　㉡ 입소자격자가 부양을 책임지고 있는 24세 미만의 자녀 · 손자녀
　　㉢ 보건복지부령으로 정하는 장애로 인하여 입소자격자가 부양을 책임지고 있는 24세 이상의 자녀 · 손자녀
　② 노인복지주택을 설치하거나 설치하려는 자는 노인복지주택을 입소자격자에게 임대하여야 한다.
　③ 노인복지주택을 임차한 자는 해당 노인주거시설을 입소자격자가 아닌 자에게 다시 임대할 수 없다.
　④ 시장·군수·구청장은 지역 내 노인 인구, 노인주거복지시설의 수요와 공급실태 및 노인복지주택의 효율적인 이용 등을 고려하여 노인복지주택의 공급가구수와 가구별 건축면적(주거의 용도로만 쓰이는 면적에 한함)을 일정규모 이하로 제한할 수 있다.
　⑤ 노인복지주택을 설치한 자는 당해 노인복지주택의 전부 또는 일부 시설을 시장·군수·구청장의 확인을 받아 대통령령으로 정하는 자에게 위탁하여 운영할 수 있다.
　⑥ 입소자격자가 사망하거나 노인복지주택에 거주하지 아니하는 경우 노인복지주택에 입소한 입소자격자의 배우자 및 자녀·손자녀는 보건복지부령으로 정하는 기간 내에 퇴소하여야 한다. 다만, 입소자격자의 해외 체류 등 보건복지부령으로 정하는 부득이한 사유가 있는 경우에는 그러하지 아니하다.
　⑦ 시장·군수·구청장은 필요한 경우 입소자격 여부 및 입소자격자의 사망 또는 실제 거주 여부를 조사할 수 있다.
　⑧ 시장·군수·구청장은 조사 결과 입소부자격자가 발견되면 퇴소하도록 하는 등 적절한 조치를 취하여야 한다.

(2) 학대피해노인 전용쉼터의 설치 – 제39조의19
　① 국가와 지방자치단체는 노인학대로 인하여 피해를 입은 노인(이하 학대피해노인)을 일정기간 보호하고 심신 치유 프로그램을 제공하기 위하여 학대피해노인 전용쉼터(이하쉼터)를 설치·운영할 수 있다.
　② 쉼터의 업무는 다음과 같다.
　　㉠ 학대피해노인의 보호와 숙식제공 등의 쉼터생활 지원
　　㉡ 학대피해노인의 심리적 안정을 위한 전문심리상담 등 치유프로그램 제공
　　㉢ 학대피해노인에게 학대로 인한 신체적, 정신적 치료를 위한 기본적인 의료비 지원
　　㉣ 학대 재발 방지와 원 가정 회복을 위해 노인학대행위자 등에게 전문상담서비스 제공
　　㉤ 노인학대행위자에 대한 고소·고발 등 법률적 사항의 자문을 위한 대한변호사협회, 지방변호사회 또는 「법률구조법」에 따른 법률구조법인 등에 대한 협조 및 지원 요청
　　㉥ 그 밖에 쉼터에 입소하거나 쉼터를 이용하는 학대피해노인을 위하여 보건복지부령으로 정하는 사항

5) 한부모가족복지 시설 종류 [암기법] 상생/일출양

출산지원시설(임신·출산 및 그 출산 아동(3세 미만 한정)의 양육을 위하여 주거 등을 지원하는 시설), 양육지원시설(6세 미만 자녀를 동반한 한부모가족에게 자녀를 양육할 수 있도록 주거 등을 지원하는 시설), 생활지원시설(18세 미만 - 다만 취학 중인 경우에는 22세 미만 - 의 자녀를 동반한 한부모가족에게 자립을 준비할 수 있도록 주거 등을 지원하는 시설), 일시지원시설(배우자가 있으나 배우자의 물리적·정신적 학대로 아동의 건전한 양육이나 모 또는 부의 건강에 지장을 초래할 우려가 있을 경우 일시적 또는 일정 기간 동안 모와 아동, 부와 아동, 모 또는 부에게 주거 등을 지원하는 시설), 한부모가족복지상담소(한부모가족에 대한 위기·자립 상담 또는 문제해결 지원 등을 목적으로 하는 시설)

6) 가정폭력피해자보호시설 종류

단기보호시설(6개월, 다만, 2회에 한해 3개월 연장 가능), 장기보호시설(2년), 외국인보호시설(2년), 장애인보호시설(2년) - 여성보호시설×/노인보호시설×

기출문제 확인학습

가정폭력방지 및 피해자보호 등에 관한 법률 제4조의6(긴급전화센터의 설치, 운영 등)
성평등가족부장관 또는 특별시장·광역시장·도지사·특별자치도지사는 다음의 업무 등을 수행하기 위하여 긴급전화센터를 설치·운영하여야 한다. 이 경우 외국어 서비스를 제공하는 긴급전화센터를 따로 설치·운영할 수 있다.
(1) 피해자의 신고접수 및 상담
(2) 관련 기관·시설과의 연계
(3) 피해자에 대한 긴급한 구조의 지원
(4) 경찰관서 등으로부터 인도받은 피해자 및 피해자가 동반한 가정구성원의 임시 보호

7) 성폭력피해자보호시설 종류 (상담지원시설×)

일반보호시설(1년), 장애인보호시설(2년), 특별지원 보호시설(19세 될 때까지), 자립지원 공동생활시설(2년), 장애인 자립지원 공동생활시설(2년), 외국인보호시설(2년)

8) 성매매피해자 지원시설 종류

일반지원시설(1년), 청소년지원시설(19세 될 때까지), 외국인지원시설(3개월), 자립지원 공동생활시설(2년)

9) 정신재활시설의 종류 [암기법] 중종/재생품

중독자 재활시설, 종합시설, 재활훈련시설(주간재활시설, 공동생활가정, 지역사회 전환시설, 직업재활시설, 아동·청소년 정신건강지원시설), 생활시설, 생산품판매시설

20 | 허가/인가/지정/신고 정리

1) 허가
정신요양시설(시장·군수·구청장), 사회복지법인(시·도지사), 청소년수련시설(시장·군수·구청장)

2) 인가
사회복지법인 정관 변경(시·도지사), 어린이집(시장·군수·구청장), 가정폭력피해자보호시설(시장·군수·구청장), 사회복지공동모금회(보건복지부장관), 성폭력피해자보호시설(특별자치도지사 또는 시장·군수·구청장), 한국사회복지공제회(보건복지부장관), 한국자원봉사협의회(행정안전부장관), 사회적 협동조합 및 사회적 협동조합 연합회(기획재정부 장관) (단, 협동조합 및 협동조합 연합회는 신고)

3) 지정
아동보호전문기관, 노인보호전문기관, 장기요양기관, 지역자활센터, 광역자활센터, 다문화가족지원센터, 요양보호사 교육기관(교육기관은 모두 지정), 장애영유아어린이집 등

4) 신고
대부분의 시설이 여기에 해당함

21 | 사회보험의 급여 정리

1) 국민연금의 급여 종류 4가지 [암기법] 반장유노
장애연금, 노령연금, 유족연금, 반환일시금

2) 국민연금의 노령연금 종류 3가지 [암기법] 소노조
노령연금, 조기노령연금, 소득활동에 따른 노령연금

3) 국민건강보험급여 종류 - 기본급여(부가급여 제외)
장애인보장구 급여비, 건강검진, 요양급여, 요양비, 방문요양급여
  cf 부가급여 : 상병수당, 임신·출산 진료비 지원(바우처)

4) 산업재해보상보험법 급여 종류 [암기법] 해병유상병특장휴직요
장해급여, 간병급여, 유족급여, 상병보상연금, 특별급여, 장례비, 휴업급여, 직업재활급여, 요양급여
  cf 다만, 진폐에 따른 보험급여의 종류는 요양급여, 간병급여, 장례비, 직업재활급여, 진폐보상연금 및 진폐유족연금으로 한다. [암기법] 진폐/간장요직

5) 고용보험 사업 3가지

　(1) 고용안정 및 직업능력개발사업 – 보험료 : 사업주 전액부담
　(2) 실업급여 사업(보수총액×1.8%)
　(3) 모성보호사업
　　　육아휴직급여, 출산전 후 휴가급여(일반의 경우 90일, 최고 630만 원을 지급하며 다태아의 경우 120일, 840만 원 지급 – 최고급여액), 육아기 근로시간 단축급여

실력다지기

부모급여제도(2023년부터 실시: 기존의 영아수당 + 양육수당)

1) 부모급여는 어린이집, 유치원, 종일제 아이돌봄 서비스를 이용하지 않고 가정에서 영유아를 돌보는 경우 부모들이 받을 수 있다.
2) 2025년 기준: 만 0세 미만(0~11개월) 100만 원, 만 1세 미만(12~23개월)은 50만 원의 부모급여를 받는다.
3) 만약 아동이 어린이집 등에 다닐 경우 보육료를 제외한 차액을 부모급여로 지급받는다.

출산전후휴가 급여

1) 여성 근로자가 자녀를 출산하는 경우 출산전후에 사용할 수 있는 휴가
2) 출산일을 전후하여 90일 사용 가능(다태아의 경우 120일)
3) 출산 후에 받는 휴가(산후 휴가)가 45일 이상이 되어야 함

6+6 부모육아휴직제 [6] – 개정됨

1) 근거: 고용보험법 제95조의3 – 출생 후 18개월 이내의 자녀에 대한 육아휴직 급여 등의 특례
2) 같은 자녀에 대하여 자녀의 출생 후 18개월이 될 때까지 피보험자인 부모가 모두 육아휴직을 하는 경우 그 부모인 피보험자의 육아휴직 급여의 월별 지급액은 다음의 구분에 따라 산정한 금액으로 한다.
　(1) 육아휴직 시작일부터 6개월까지
　　① 부모가 육아휴직을 사용한 기간이 각각 1개월인 경우: 부모 각각에 대하여 월 250만원
　　② 부모가 육아휴직을 사용한 기간이 각각 2개월인 경우: 부모 각각에 대하여 첫 번째 달과 두 번째 달 모두 월 250만원
　　③ 부모가 육아휴직을 사용한 기간이 각각 3개월인 경우: 부모 각각에 대하여 첫 번째 달과 두 번째 달은 월 250만원, 세 번째 달은 월 300만원
　　④ 부모가 육아휴직을 사용한 기간이 각각 4개월인 경우: 부모 각각에 대하여 첫 번째 달과 두 번째 달은 월 250만원, 세 번째 달은 월 300만원, 네 번째 달은 월 350만원
　　⑤ 부모가 육아휴직을 사용한 기간이 각각 5개월인 경우: 부모 각각에 대하여 첫 번째 달과 두 번째 달은 월 250만원, 세 번째 달은 월 300만원, 네 번째 달은 월 350만원, 다섯 번째 달은 월 400만원
　　⑥ 부모가 육아휴직을 사용한 기간이 각각 6개월인 경우: 부모 각각에 대하여 첫 번째 달과 두 번째 달은 월 250만원, 세 번째 달은 월 300만원, 네 번째 달은 월 350만원, 다섯 번째 달은 월 400만원, 여섯 번째 달은 월 450만원

---

[6] 상한액(2025년부터): 부모 각각 1~2개월 250만 원, 3개월 300만 원, 4개월 350만 원, 5개월 400만 원, 6개월 450만 원, 육아휴직 기간 7~12개월: 부모 모두에게 각각 통상임금의 80%를 육아휴직급여로 지급(상한액: 160만 원)

⑦ 육아휴직 7개월째부터 육아휴직 종료일까지: 육아휴직 시작일을 기준으로 한 각 피보험자의 월 통상임금의 100분의 80에 해당하는 금액. 다만, 해당 금액이 160만원을 넘는 경우에는 부모 각각에 대하여 160만원으로 하고, 해당 금액이 70만원보다 적은 경우에는 부모 각각에 대하여 70만원으로 한다.

육아휴직 급여(2025년부터) – 개정됨

1) 육아휴직급여의 지급기준은 육아휴직을 시작한 날을 기준으로 월 통상임금의 80% ~ 100%에 해당하는 금액이다.
2) 육아휴직 급여액 상한액이 육아휴직 기간에 따라 250만원(육아휴직 1개월~3개월 적용), 200만원(육아휴직 4개월~6개월 적용), 160만원(육아휴직 7개월~12개월 적용)으로 구분된다.
3) 육아휴직 급여 지급에 대한 사후지급제도 폐지 → 복귀 후 근속 의무 없이 육아휴직급여를 휴직기간 동안 전액 지급함

육아휴직 기간 연장 – 개정됨

1) 부모 각각 최대 1년 6개월로 연장 → 부부가 모두 사용할 경우, 최대 3년까지 육아휴직 가능 (단, 1명만 사용할 경우는 기존대로 1년 이내의 육아휴직 사용)
2) 2025년부터는 3회까지 분할 사용 가능

배우자 출산 휴가 – 개정됨

1) 배우자가 아이를 출산하고 120일 이내에 청구 시 유급 휴가 20일 부여
2) 3회 한정하여 나눠 사용이 가능함

육아기 근로시간 단축 급여 – 개정됨

1) 2025년부터 대상 자녀의 연령이 만 12세 이하(초등학교 6학년 이하)로 확대되고, 분할 시 최소 1개월 이상 사용 가능
   cf 육아휴직 대상은 자녀의 연령이 만 8세 이하(초등학교 2학년 이하)
2) 육아휴직 미사용 기간을 2배 가산하여 육아기 근로 시간 단축에 사용 가능
3) 육아휴직을 사용하지 않은 경우 최대 3년까지 사용 가능

22 | 노인장기요양보험법의 급여/본인 부담금/노인장기요양 등급

1) 노인장기요양보험법의 급여 3가지

재가급여(주야간보호, 단기보호, 방문요양, 방문목욕, 방문간호, 복지용구 제공), 시설급여, 특별현금급여(가족요양비, 특례요양비, 요양병원 간병비)

> **cf** 본인 부담금
> (1) 재가급여 : 장기요양급여비용×15%
> (2) 시설급여 : 장기요양급여비용×20%

2) 노인장기요양 등급

(1) 장기요양 1등급 : 심신의 기능상태 장애로 일상생활에서 전적으로 다른 사람의 도움이 필요한 자로서 장기요양인정 점수가 95점 이상인 자
(2) 장기요양 2등급 : 심신의 기능상태 장애로 일상생활에서 상당 부분 다른 사람의 도움이 필요한 자로서 장기요양인정 점수가 75점 이상 95점 미만인 자
(3) 장기요양 3등급 : 심신의 기능상태 장애로 일상생활에서 부분적으로 다른 사람의 도움이 필요한 자로서 장기요양인정 점수가 60점 이상 75점 미만인 자
(4) 장기요양 4등급 : 심신의 기능상태 장애로 일상생활에서 일정부분 다른 사람의 도움이 필요한 자로서 장기요양인정 점수가 51점 이상 60점 미만인 자
(5) 장기요양 5등급 : 치매(노인성 질병에 해당하는 경증치매, 신체기능에 문제 있음)환자로서 장기요양인정 점수가 45점 이상 51점 미만인 자
(6) 장기요양 인지지원등급 : 치매(노인성 질병에 해당하는 경증치매, 신체기능에 문제 없음)환자로서 장기요양인정 점수가 45점 미만인 자

23 | 실업급여 정리

실업급여	구직급여 조건 (피보험자[7]가 근로자일 경우)	1) 근로자 : 이직 전 18개월 동안 피보험단위기간이 통산하여 180일 이상일 것(단, 자영업자의 경우 : 폐업일 이전 24개월 간 피보험단위기간이 통산하여 1년 이상일 것) 2) 비자발적 실업일 것 : 개인적인 사정으로 퇴직을 한다든지, 귀책사유가 본인에게 있지 않을 것 3) 취업의 의사, 근로능력이 있음에도 취업하지 못하고 있는 상태일 것 4) 적극적으로 구직 노력을 할 것 ※ 구직급여일액은 기초일액의 60%/하한액은 최저 기초일액의 80%
	상병급여	출산, 질병, 부상으로 적극적 구직 노력을 못했을 때
	연장급여	1) 훈련연장급여 : 훈련이 필요하다고 인정될 때(최대 2년 이내) 2) 개별연장급여 : 개인적으로 취업이 곤란하다고 인정될 때(60일 이내) 3) 특별연장급여 : 경제 침체 등의 상황이 지속될 때(60일 이내) ※ 1)은 구직급여일액의 100%, 2)와 3)은 구직급여 일액의 70%
	취업촉진 수당	1) 이주비 2) 광역구직활동비 3) 조기재취업수당 4) 직업능력개발수당 암기법 **이광조직업**

1) 대기기간 : 실업신고일로부터 7일 이내
2) 구직급여 수급기간 : 이직일 다음날부터 12개월 내
3) 구직급여 소정일수 : 피보험단위기간과 연령에 따라 120일~270일 → 근로자의 경우
   단, 자영업자의 경우는 120일~210일 → 피보험단위기간에 따라

24 | 금융정보, 신용정보, 보험정보 제공 동의서면 제출 관련 법/위반 시 벌칙 정리

1) 금융정보 등 누설 시 - 5년 이하의 징역 또는 5,000만 원 이하의 벌금

(1) 국민기초생활보장법
(2) 주거급여법
(3) 기초연금법
(4) 의료급여법
(5) 한부모가족지원법
(6) 장애인연금법
(7) 장애인복지법

---

7) "피보험자"란 다음에 해당하는 사람을 말한다.
　1)「고용보험 및 산업재해보상보험의 보험료징수 등에 관한 법률」제5조제1항·제2항, 제6조 제1항, 제8조 제1항·제2항, 제48조의2 제1항 및 제48조의3 제1항에 따라 보험에 가입되거나 가입된 것으로 보는 근로자, 예술인 또는 노무제공자
　2)「고용보험 및 산업재해보상보험의 보험료징수 등에 관한 법률」제49조의2 제1항·제2항에 따라 고용보험에 가입하거나 가입된 것으로 보는 자영업자

2) 금융정보, 신용정보, 보험정보 누설 시 - 3년 이하의 징역 또는 3000만 원 이하의 벌금

(1) 긴급복지지원법
(2) 장애아동 복지지원법

25 | 실태조사(3년 모음)

> **암기문장**
> 성아야~ 장기를 잘 두는 보성사람, 사회보장 부정수급, 한부모, 청소년가족의 스토킹 위기청소년, 노가다 발쌈~ 최적짱!

성매매(성접대 포함) 실태조사, 아동 실태조사(아동 자립지원 실태조사 포함), 장기요양 실태조사, 보육 실태조사, 성폭력 실태조사, 사회복지사 실태조사, 사회보장급여 부정수급 실태조사, 한부모가족 실태조사, 청소년 실태조사, 가족 실태조사, 스토킹 실태조사(성평등가족부 장관 실시), 위기청소년 실태조사, 노인 실태조사, 가정폭력 실태조사, 다문화가족 실태조사, 발달장애인 실태조사, 최저생계비 계측조사, 기초생활보장 적정성 평가, 장애 실태조사, 장애아동 및 가족의 복지지원 실태조사

> **기타 실태조사 모음**
> - 매년 실태조사 - 직장어린이집 설치의무 미이행 사업장 명단 공표 등
>   1) 보건복지부장관 및 대통령령으로 정하는 조사기관의 장은 직장어린이집 설치 등 의무 이행에 관한 실태 조사를 매년 실시하여야 한다. 이 경우, 조사기관의 장은 실태 조사를 완료한 후 그 결과를 보건복지부장관에게 통보하여야 한다.
>   2) 장애인의 고용촉진 및 직업재활을 위하여 매년 장애인의 취업직종·근로형태·근속기간·임금수준 등 고용현황 및 장애인근로자의 산업재해 현황에 대하여 전국적인 실태조사를 하여야 한다.
> - 실태조사(2년마다)
>   1) 기획재정부장관은 협동조합의 활동현황·자금·인력 및 경영 등에 관한 실태파악을 위하여 2년마다 실태조사를 실시하여야 한다.
>   2) 성평등가족부장관은 학교 밖 청소년의 현황 및 실태 파악과 학교 밖 청소년 지원 정책수립을 위한 기초자료로 활용하기 위하여 2년마다 학교 밖 청소년에 대한 실태조사를 실시하고, 그 결과를 공표하여야 한다.
> - 그리고 나머지는 5년마다 실태조사 실시

26 | 기타 중요내용 정리

1) 기념일

(1) 성폭력·가정폭력 추방주간 : 11월 25일부터 12월 1일까지

(2) 성매매 추방주간 : 9월 19일부터 9월 25일까지

(3) 노인의 날 : 10월 2일 / 사회복지의 날 : 9월 7일 / 장애인의 날 : 4월 20일 / 가정의 날 : 5월 15일 / 입양의 날 : 5월 11일 / 자원봉사자의 날 : 12월 5일(이 날부터 1주간은 자원봉사주간) / 치매극복의 날 : 9월 21일 / 자살예방의 날 : 9월 10일 / 아동학대 예방의 날 : 11월 19일 / 노인학대 예방의 날 : 6월 15일 / 인구의 날 : 7월 11일 / 협동조합의 날 : 7월 첫째 주 토요일 / 어린이날 : 5월 5일 / 어버이날 : 5월 8일 / 사회적 기업의 날 : 7월 1일 / 경로의 달 : 10월 / 가정의 달 및 청소년의 달 : 5월 / 정신건강의 날 : 10월 10일 / 한부모가족의 날 : 5월 10일

2) 연령 등

(1) 영유아 : 7세 이하의 취학 전 아동 - 영유아보육법

(2) 아동 : 18세 미만 - 아동복지법

(3) 아동 : 18세 미만(다만, 취학 중인 경우 22세 미만) - 한부모가족지원법

(4) 청소년 : 만 19세 미만의 자 - 청소년 보호법

(5) 청소년 : 9세 이상 24세 이하 - 청소년 기본법, 청소년복지지원법, 학교 밖 청소년 지원에 관한 법률

(6) 청소년 한부모 : 24세 이하의 모 또는 부 - 한부모가족지원법

(7) 아동·청소년 : 24세 이하 - 다문화가족지원법

(8) 노년인구 : 65세 이상

(9) 연소인구 : 15세 미만

(10) 노년화 지수 : (노년인구/연소인구)×100

찾아보기

ㄱ

가계도	127
가상적 목표	28
가설	67
가정폭력피해자보호시설 종류	375
가족생활주기	156
가족조각	152
간접적 개입	131, 132
간트 차트(Gantt chart, 시간별 활동계획도표)	303
간헐적 강화계획	37
갈등이론	184
감각운동기	35
감정이입(공감)	121
개념 타당도	74
개방체계	53
개방형 질문	120
개별(개인) 주의적 오류	69
개별화	117
개성화	31
개인심리이론	26
개인옹호	133
개정구빈법	222
거트만 척도	72
걸음마기	45
검사 - 재검사법	74
경계 만들기	152
경계(boundary) 또는 경계선	53
경향조사	65
경험적 가족 치료 모델	148
계약	130
계통표집	76
고용보험 제도	260
고전적 조건화	36
공공 사회복지서비스 전달체계	281
공공부조의 원리	260
공공선택모형	307
과업집단	55
과업환경	289
과정기록	124
과제중심모델	143
과학자로서의 사회복지사	138
과학적 관리론	284
과학적 혁명	62
관계성 질문	152
관계의 7대 원칙	117
관료제(bureaucracy) 이론	284
관리격자(managerial grid) 이론	290
관찰법	84
관찰학습	38
교사	113
교육급여	365
교환이론	185
구 사회위험과 신 사회위험	229
구조기능론	184
구조적 가족치료 모델	148
구조 - 상황이론	289
구체적 조작기	35
국공립어린이집	356
국민건강보험 제도	259
국민기초생활보장법	363
국민연금 제도	257
국제인권규약	323
굴드(R. Gould)	49
권력의존이론	185
규정순응 감사	298
그린우드(Greenwood)의 전문직 속성	139
근거이론	88
근로유지형	206
근로장려세제	268
급여체계	241
기념일	382
기술적 조사	65
기적질문	153
기준 중위소득	363
기초연금법	368
기회의 평등	218
기획의 과정	306
길버트법	223

ㄴ

내용 타당도	74
내용분석	82
내적 일관성 방법	75
내적 타당도	70

넥엔트로피	54
노년기	49
노인복지법	354
노인복지시설 종류	373
노인장기요양 등급	379
노인장기요양보험 제도	258
노인장기요양보험법의 급여	379
노인학대	354
논리모형	309
누적(눈덩이)표집	77

ㄷ

다세대 가족치료 모델	147
다운증후군	43
다원주의론	185
단순 무작위표집	76
단일사례연구 설계	80
대안법	74
대안선택 흐름도표(alterative choice flow chart)	308
대처질문	152
델파이 기법	90
델파이법	310
도덕적 해이	226
도식(schema)	34
독립변수	68
독일의 사회복지정책	225
동기 - 위생이론	294
동의입원	362
동화주의(동화이론)	60
드림스타트 사업	276
등간척도	72

ㄹ

라이덴 방식	262
레빈슨(D. Levinson)	49
로렌츠 곡선	261
로마니쉰(Romanyshyn)의 개념변화	97
로스만(J. Rothman)의 지역사회복지실천모델	179
로웬버그/돌고프의 윤리 7원칙	103
리커트 척도	72

ㅁ

마케팅 기법	301
마케팅 믹스(4P)	300
만족모형	307
매개변수	68
매슬로우(A. Maslow)	40
메타평가	93, 310
면접법	85
명료화(명확화)	121
명목척도	72
모델링	122
목표관리제	285
목표설정의 지침	130
목표설정이론(로크)	295
목표효율성	219
무의식	21
문제중심기록	124
미국의 사회복지정책	224
민간 사회복지서비스 전달체계	282

ㅂ

반물량 방식	262
반분법	75
발달	20
발생주의 감사	298
법적 권리설	321
베버리지 보고서	224
보가더스 척도	73
보편주의와 선별주의의 비교	238
보호수당	351
보호의무자에 의한 입원	362
복수요인 설계(ABCD)	81
복지 31법	334
복지국가의 위기기	227
복지국가의 재편기	228
복지국가의 팽창기	227
부과방식	254
부양의무자	363
부적 강화	36
부적 처벌	36
분권화	287
분석심리이론	29
불문법	319
불평등 지수	261

브래드쇼의 욕구	92
브론펜브레너의 생태학적 체계모형	52
비(非) 실험설계	79
비관여적 연구조사	83
비례적 평등	218
비밀보장 원칙	119
비심판적 태도	119
비용편익분석	311
비용효과분석	311
비율척도	72
비체계적 오류	75

ㅅ

사례관리	135
사례연구	66
사회 관계망 그리드	127
사회계획	180
사회과학과 자연과학의 차이점	64
사회구성론	185
사회권적 기본권	320
사회기술훈련	122
사회기술훈련의 절차	122
사회민주주의이론	230
사회보장	326
사회보장급여의 이용·제공 및 수급권자 발굴에 관한 법률	329
사회보장기본법	326
사회보장위원회	327
사회보장정보시스템	298
사회보장제도의 운영원칙	332
사회보험과 공공부조의 비교	251
사회보험과 민간보험의 차이점	252
사회보험의 급여 정리	376
사회복지공동모금회	198
사회복지관	194
사회복지법인	337
사회복지법인(이하 법인) 및 사회복지시설(이하 시설) 재무회계 규칙	312
사회복지사업법	334
사회복지사의 결격사유	336
사회복지사의 역할	113
사회복지서비스 전달체계 구축의 원칙	246
사회복지실천의 가치 및 윤리	103
사회복지실천의 기능	98

사회복지실천의 목적	98
사회복지실천현장의 분류	112
사회복지와 사회사업	96
사회복지조사의 연구윤리	64
사회복지조직의 특성	280
사회복지협의회	193
사회서비스	326
사회서비스원	174
사회서비스형	206
사회양심이론	230
사회자본의 개념 및 구성	186
사회적 관점 수용능력	46
사회적 목표 모델	160
사회적 배제	267
사회정의론	230
사회지표 분석	90
사회지표조사	310
사회통제이론	230
사회학습이론	37
사회행동	180
사회행동의 전략 및 전술	184
산업재해보상보험 제도	255
산출(output)	53
삼각측정	93
상대적 방식	262
상호결정론	38
상호작용 모델	160
상황이론	285
새마을운동	178
생계급여	365
생계급여 수급권자	364
생태도	128
생태학적 관점	51
생태학적 오류	69
생활력 도표	128
생활모델	102, 116
생활양식	27
서베이 조사	310
서스톤 척도	73
서열척도	72
선개입 설계(BAB)	81
설명적 조사	65
성과주의 예산(기능적 예산)	297
성매매피해자 지원시설 종류	375
성문법	316
성숙	20

성장	20
성폭력피해자보호시설 종류	375
세대 간 재분배	250
소거(관심중단)	36
소극적 자유	219
소득인정액	363
소득재분배	250
소시오그램	128
소진(burn - out)	296
솔로몬 4집단 설계	78
수량적 평등	218
수렴이론	230
수렴적 타당도	74
수속적 권리	322
수용	117
수직적 재분배	250
수평적 재분배	250
순환질문	154
슈퍼비전의 기능(카두신)	296
스핀햄랜드법	223
시계열 기록	124
시민권론(마샬)	230
시설 운영위원회	314
시장진입형	206
실업급여 정리	380
실증주의와 해석주의	87
실체적 권리	322
실태조사(3년 모음)	381
실험설계	78
심리성적발달 5단계	22
십분위 분배율	261
쓰레기통 모형	307

ㅇ

아니마와 아니무스	29
아동기	46
아동복지법	343
아동복지시설의 종류	373
아동수당법	339
아동의 권리에 관한 국제협약	324
아동학대	343
아동학대범죄의 처벌 등에 관한 특례법	347
애인스워스(M. Ainsworth)의 애착유형	44
안정상태	53

안토넨과 시필라	236
양적 연구방법론	87
양적 조사	66
어린이집 종류	372
에스핑 - 안데르센	235
엔트로피	54
엘리자베스 구빈법	222
역기능적 균형 깨뜨리기	152
역량강화 모델	145
역설적 지시(증상처방)	153
역의 선택	226
연계 기술	190
연령	382
연역법과 귀납법	62
열등감과 보상	27
영가설	67
영기준 예산	297
영아기	44, 45
영유아보육법	356
영향평가	93
예술가로서의 사회복지사	138
예외질문	153
옹호 기술	190
옹호의 유형	133
옹호자	113
외부효과	226
외생변수	68
외적 타당도	71
요약	120
요약기록	124
요양보호사	355
요인 척도화	73
요인설계	78
욕구위계이론	39
용광로이론	60
우편 조사(질문지법)	84
운영 감사	298
운영효율성	219
원가족 도표 작성	155
원초아	22
원형	29
웨일과 갬블의 모델	182
위기개입모델	144
윌렌스키와 르보	233
유사 실험설계	79
유아기	45, 46

응급입원	363	재가복지봉사센터	197
의도적인 감정표현	118	재명명	1123, 154
의료급여	365	재보증	121
의사결정 나무 분석(decision tree analysis)	308	재정체계	242
이야기체 기록	124	적극적 경청	120
이차자료 분석	90	적극적 자유	219
이차적 자료 분석	310	적립방식	253
인간관계론	284	전(前) 실험설계	79
인간발달의 원리	20	전달체계	245
인과적 추론 조건	70	전략적 가족 치료 모델	150
인본주의 이론	38	전물량 방식	262
인지발달이론	34	전자바우처 제도	271
인지행동모델	141	전조작기	35
인턴·도우미형	206	전환(conversion operation)	53
일반 환경	288	절대적 방식	262
일반법과 특별법	320	절차적 권리	322
임파워먼트 기술	191	점증모형	307
		접수	125
		정보수집과 사정	125, 126, 127, 128
		정신건강증진 및 정신질환자 복지서비스 지원에 관한 법률	358

ㅈ

		정신건강증진시설	359
자기 강화	37	정신분석이론	21
자기(self)	29	정신요양시설	359
자기결정 원칙	119	정신재활시설	359
자기옹호	133	정신재활시설의 종류	361, 375
자기효능감	37	정적 강화	36
자선조직협회와 인보관운동	99	정적 처벌	36
자아	22	정책적 옹호	133
자아방어기제 이론	23	정치경제이론(= 자원의존이론)	289
자원개발/동원 기술	191	제3의 길	228
자원동원이론	184	조력자	113
자원봉사센터	207	조사자 간 신뢰도	74
자의입원	362	조작적 정의	68
자조집단	55	조작적 조건화	36
자활근로	201, 206	조절변수	68
자활급여	365	조지와 윌딩	234
자활기업	206	조직군 생태이론	289
장애수당	351	조직화 기술	191
장애아동수당	351	종결	134
장애인 권익옹호기관	350	종단조사	65
장애인 학대	349	종속변수	68
장애인복지 전문인력	352	종속이론	230
장애인복지법	348	주거급여	365
장애인복지시설의 종류	373	주거급여법	370
장애인연금법	369	주민운동과 이슈 중심의 사회복지운동	209
장제급여	365	주민참여 단계	210

주요 정보 제공자 조사	91
주요 정보제공자 조사	310
중개자	113
중년기	48, 49
중앙생활보장위원회	365
지니계수	261
지방자치와 지역사회복지	189
지역사회 공개토론회	310
지역사회 사정의 유형	191
지역사회 서베이	91
지역사회 옹호	133
지역사회 통합돌봄	174
지역사회 포럼	91
지역사회(community)에 대한 학자들의 견해	170
지역사회개발	180
지역사회보장계획의 내용	331
지역사회보장계획의 수립 과정	212
지역사회보장협의체	213
직면	121
직무기술서	292
직무명세서	292
직무수행 평가의 측정도구	294
직무순환	292
직무충실	292
직무확대	292
직무확충	292
직접적 개입	131
진단주의와 기능주의	100
질병군별 포괄수가제	255
질적 연구방법론	87
질적 조사	66
집권화	287
집단 치료적 요인 - 얄롬	161
집단구성 원칙	157
집단무의식	30
집단사회복지실천의 과정과 과업	164
집단사회복지실천의 기술	162
집단역동성	157, 158
집단옹호	133
집락표집	76

ㅊ

차별적 타당도	74
차상위계층	363
차세대 사회서비스정보시스템(희망이음)	300
참여행동연구	86
창조적 자아	27
척도질문	153
청년기	47, 48
청소년기	47
체계적 오류	75
초자아	22
초점화	121
촉진자	113
총괄평가	92, 310
총체적 품질관리	285
최저보장수준	363
최저생계비 추정방식	262
최적모형	307
추적하기(Tracking, 따라가기)	155
충분히 기능하는 사람	38
층화표집	76
치료 모델	160
치료집단	55

ㅋ

코호트 조사	65
콤플렉스	30
크리밍	285
클라인펠터 증후군	43

ㅌ

탈삼각화	154
탐색적 조사	65
태내기	42, 43
터너증후군	43
통제된 정서적 관여	117
통합모델	115
통합적 접근	114
투입(input)	53
트래킹	283
특별자치시장·특별자치도지사·시장·군수·구청장에 의한 입원	363

특성이론	290
티트머스	234

ㅍ

파레토 최적(Pareto optimal)	219
파레토 효율(Pareto efficient)	219
판단(유의)표집	77
패널조사	65
패러다임(paradigm)	63
펄먼의 문제해결모델	101
페닐케톤뇨증	43
페르소나	29
편의(임의)표집	77
평생사회안전망	326
폐쇄체계	53
폐쇄형 질문	120
표본조사	66
표집오차	77
품목별 예산제도(점증적 예산)	297
프로그램 규정설	321
프로그램 평가의 오류	93
플렉스너(Flexner)	99

ㅎ

하드캐슬 등(1997)의 힘 균형 전략	188
학습	20
한국의 지역사회복지 역사	172
한부모가족복지 시설 종류	375
할당체계	240
할당표집	77
합류하기	151
합리모형	307
항상성	53
해산급여	365
해석	120
행동이론	290
행동조성	36
행동주의적 학습이론	36
행렬조직	286
허가/인가/지정/신고 정리	376
허시와 블랜차드의 상황적 리더십	290
현상학 이론	38
형성평가	92, 310

형식적 조작기	35
혼합모형	307
확산이론	230
환경 속 인간	114
환기 기술	122
환류	54
횡단조사	65
효과성 평가	310
효율성 평가	310
후기실증주의	63

괄호

(신)제도이론	289

숫자

1종 오류	67
2종 오류	67
4체계 모델	102, 115
6체계 모델	102, 115

영문

OJT(On the Job Training)	292
PERT(프로그램 평가검토기법)	304
PIE(Person in Environment) 분류체계	114
SMART 원칙	301
SWOT 분석	301

참고문헌

국내 도서

- 감정기 외(2015), 지역사회복지론, 나남.
- 강종수(2019), 사회복지조사방법론(3판), 양서원.
- 권중돈(2014), 인간행동과 사회복지실천(이론과 적용), 학지사.
- 길귀숙 외(2015), 사회복지실천기술론, 양서원.
- 김귀환(2019), 사회복지법제론, 정민사.
- 김기원(2020), 사회복지정책론(2판), 학지사.
- 김범수·신원우(2019), 지역사회복지론(5판), 공동체.
- 김정진(2019), 사회복지실천기술론, 학지사.
- 김창곤 외(2015), 인간행동과 사회환경, 양서원.
- 김형식 외(2020), 사회복지행정론, 양서원.
- 김혜영 외(2020), 사회복지실천론, 공동체.
- 김혜영 외(2020), 사회복지실천기술론, 공동체.
- 남기민 외(2020), 사회복지법제론, 공동체.
- 박경일(2020), 사회복지정책론(5판), 공동체.
- 박진화(2020), 사회복지법제론, 지식공동체.
- 신복기 외(2020), 사회복지행정론, 공동체.
- 엄명용 외(2015), 사회복지실천기술의 이해(3판), 학지사.
- 엄태영(2020), 지역사회복지론, 신정.
- 오정수 외(2015), 지역사회복지론(5판), 학지사.
- 윤일현(2019), 지역사회복지론 교안.
- 윤홍식 외(2019), 사회복지정책론(사회평론 아카데미 사회복지학 총서1), 사회평론 아카데미.
- 원석조(2019), 사회복지조사론(3판), 공동체.
- 원석조(2020), 사회복지정책론(9판), 공동체.
- 이근홍(2019), 인간행동과 사회환경(3판), 공동체.
- 조학래(2019), 사회복지실천론, 신정.
- 최옥채 외(2020), 인간행동과 사회환경(6판), 양서원.
- 최지영, 근거이론의 개념과 연구방법.
- 황성동(2015). 알기 쉬운 사회복지조사방법론, 학지사.
- 황성철 외(2020), 사회복지행정론(4판), 정민사.
- 황철수(2009), 사회복지실천론, 양서원.
- John W. Creswell 저(조흥식 역, 2005), 질적 연구방법론, 학지사.

국외 도서

- Charles Zastrow(1999), Introduction to Social work and Social welfare(7th), Wadsworth.
- Karen K. Kirst - Ashman(2001), Generalist Practice with Organizations and Communities(7th), Wadsworth, Brook/Cole.
- Lambert Maguire(2001), Clinical Social work(1st), Wadsworth/Brook/Cole.
- Louise C. Johnson(2000), Social work Practice - A Generalist approach - (7th), Allyn and Bacon.
- Neil Gilbert(1998), Dimensions of Social welfare Policy(4th), Allyn and Bacon.

논문 자료(국내)

- 조수영(2015), 청소년의 여가활동에서 비행이 발생하는 원인에 대한 근거 이론적 접근.
- 최한수(2017). 각국의 기본소득 실험과 정책적 시사, 한국조세재정연구원.
- 한상미(2007), "지역사회복지관 사회복지사들의 사회자본 유형 연구", 사회복지정책학회.

논문 자료(국외)

- Esping - Anderson, G.(1990). Three worlds of welfare capitalism. Princeton, NJ : Princeton University Press. ; 2. De - commodification in social policy : 35 - 54Herbert Stein(1994), Presidential Economics : The Making of Economic Policy from Roosevelt to Clinton.
- Hardcastle , D. A. (1990). Public regulation of social work . In L. Ginsberg , S. Khinduka , J. A. Hall , F. Ross - Sheriff , & A. Hartman (Eds.), Encyclopedia of social work (18th ed., 1990 suppl., pp. 203 - 217). Silver Spring, MD : National Association of Social Workers.

수험 도서

- 사회복지사 1급 수험연구회(2016), 사회복지사 1급 시험 전 과목 시리즈, 퍼시픽 북스
- Seepass 사회복지학개론(2024), 김형준, 배움

기타 자료 출처

- 국민건강보험공단
- 국민연금공단
- 국회예산정책처
- 근로복지공단
- 금융감독원
- 고용노동부
- 대한민국 정책브리핑
- 법제처
- 보건복지부
- 통계청
- 성평등가족부
- 행정안전부
- 사회보장정보원
- 네이버 포털 사이트(네이버 백과서전)
- 다음 포털 사이트(위키 백과사전)
- 인터넷 뉴스 보도자료
- 동아일보

MEMO

2026 김형준의 사회복지사 1급 핵심요약집

발행일 2025년 3월 15일(2쇄)
발행처 인성재단(나눔book)
발행인 조순자
편저자 김형준
디자인 김지원

※ 낙장이나 파본은 교환해 드립니다.
※ 이 책의 무단 전제 또는 복제행위는 저작권법 제136조에 의거하여 처벌을 받게 됩니다.

정 가 29,000원   **ISBN** 979-11-94539-48-3